中国工程院重大咨询项目

交通强国

战略研究 | 第一卷 |

傅志寰　孙永福　**主　编**
翁孟勇　何华武　**副主编**

人民交通出版社股份有限公司
China Communications Press Co.,Ltd.

内 容 提 要

本书是中国工程院会同交通运输部开展的重大咨询项目"交通强国战略研究"成果,由三卷组成。

本书为《交通强国战略研究(第一卷)》,包括总报告和4个课题报告。《交通强国战略研究总报告》分析了我国交通发展形势与使命,阐述了交通强国的内涵、总体目标与阶段目标、评价指标、战略重点、关键突破点、实现交通治理体系现代化的思路及政策建议,着重强调了走中国特色交通强国之路。课题报告1《交通强国战略目标与评价指标体系研究》在深入分析中国特色、充分借鉴国内外经验的基础上,提出了交通强国评价指标体系的定义、内涵和计算方法。课题报告2《运输需求发展态势分析预测研究》分析了未来经济社会发展形势及其对客货运输需求的影响,分析了未来交通需求特点趋势,并揭示了其对运输供给的启示和要求。课题报告3《交通基础设施综合优化研究》分析了交通基础设施的现状、问题与发展趋势,提出了未来发展目标、路线图和发展重点。课题报告4《运输服务水平提升战略研究》提出了运输服务的发展目标、思路、战略,以及落实运输服务战略的具体措施。

本书可为政府部门、交通运输企业和科研机构中从事交通运输行业政策制定、管理决策、咨询研究的人员提供参考,也可供高等院校相关专业师生及其他对交通运输业感兴趣的读者阅读使用。

图书在版编目(CIP)数据

交通强国战略研究. 第一卷 / 傅志寰, 孙永福主编
. — 北京 : 人民交通出版社股份有限公司, 2019.4
ISBN 978-7-114-14755-5

Ⅰ. ①交… Ⅱ. ①傅… ②孙… Ⅲ. ①交通运输业—
经济发展战略—研究—中国 Ⅳ. ①F512.3

中国版本图书馆 CIP 数据核字(2019)第 030360 号

审图号:GS(2019)1060 号

书　　　名:**交通强国战略研究(第一卷)**
著 作 者:傅志寰　孙永福
责任编辑:刘　博　何　亮　姚　旭　周　宇
责任校对:尹　静
责任印制:张　凯
出版发行:人民交通出版社股份有限公司
地　　　址:(100011)北京市朝阳区安定门外外馆斜街 3 号
网　　　址:http://www.ccpress.com.cn
销售电话:(010)59757973
总 经 销:人民交通出版社股份有限公司发行部
经　　销:各地新华书店
印　　刷:北京印匠彩色印刷有限公司
开　　本:787×1092　1/16
印　　张:28
字　　数:537 千
版　　次:2019 年 4 月　第 1 版
印　　次:2021 年 4 月　第 4 次印刷
书　　号:ISBN 978-7-114-14755-5
定　　价:280.00 元

(有印刷、装订质量问题的图书由本公司负责调换)

序
Preface

　　国家要强盛,交通须先行。交通驱动要素流动,带动社会进步。自古以来,交通就在中华文明绵延发展中起到重要的推动作用,京杭大运河承载和见证了数千年的历史演进,丝绸之路为中西方文明的互鉴与交融架起互联互通的桥梁,促进了沿线国家经济发展乃至社会变革。交通运输的每一次重大革新都深深影响到人类文明的进程。

　　交通运输是国家国民经济发展的大动脉,具有基础性、服务性、引领性、战略性属性,是兴国之器、强国之基。新中国成立以来特别是改革开放以来,我国交通运输发展取得巨大进步,实现了历史性跨越,公路成网,铁路密布,高铁飞驰,巨轮远航,飞机翱翔。我国高速铁路、公路、桥梁、港口、机场等交通运输基础设施在规模、客货运输量及周转量方面均已位居世界前列。交通科技创新不断取得突破,安全和服务水平逐步提高,治理体系不断改善,国际影响力明显增强,与世界一流水平的整体差距快速缩小,有的领域实现了领先,我国已经成为世界交通大国,为建设交通强国奠定了坚实基础。

　　对比世界领先的交通强国,我国交通运输在技术装备、服务质量、效率成本、安全水平以及国际竞争力、影响力方面还存在较大差距,还存在发展不平衡、不充分等突出问题,不能很好满足人民群众日益增长的多样化、个性化和品质化要求,尚不能完全适应建设社会主义现代化强国的需要。

　　交通基础设施建设具有先导作用。建设交通强国是推动经济高质量发展的重要支撑,是实现伟大复兴中国梦的必由之路,也是把握新一轮科技革命带来交通运输重大变革机遇的有效途径。在新的历史起点上建设交通强国,努力实现由交通大国向交通强国的转变,具有十分重大的意义。

　　中国工程院是中国工程科学技术界的最高荣誉性、咨询性学术机构,是国家高端智库，为推进国家科学决策，开展前瞻性、针对性、储备性战略研究是中国工程院的神圣使命。为了充分发挥交通的先导性、支撑性作用，走中国特色的交通强国之路，中国工程院会同交通运输部于2017年1月18日启动了"交通强国战略研究"重大咨询项目，项目组由工程院傅志寰院士、孙永福院士担任项目组组长，由工程院副院长何华武院士、中国公路学会翁孟勇理事长担任副组长，包括工程院32位院士，以及科研院所、高校、企业在内的12家单位100多位研究人员参加了项目研究。

党的十九大将建设"交通强国"上升为国家战略，这是党中央根据新时期国内外形势的变化、国家发展目标与建设任务做出的重大战略部署，是新时代赋予中国交通运输业的崇高使命。项目组在深入学习领会十九大精神的基础上，以高度的历史责任感和严谨的科学态度，开展了多学科、多专题分析研讨。通过深入分析现有交通问题，预测未来交通需求发展趋势，借鉴建设交通强国的国际经验，项目组会同交通运输部确定了"人民满意、保障有力、世界领先"的交通强国建设内涵；提出了建设"安全、便捷、高效、绿色、经济"现代化综合交通运输体系的发展目标；重点从工程科技和工程管理角度对建设交通强国的历史使命、战略目标、主要内涵、战略重点、关键突破点、评价指标、实现途径、政策建议，以及实现交通强国的保障体系等内容开展了系统研究。经过两年研究，项目组撰写完成了《交通强国战略研究总报告》和17份课题报告。

这些研究成果，将为国家相关部门制定我国交通运输领域未来发展战略与政策决策提供参考和支撑，为各级决策人员、专家学者进一步深入研究提供参考借鉴，为走出一条中国特色的交通强国之路提供系统思路、理论与政策指导，为加快我国从交通大国走向交通强国的伟大历史进程、实现在21世纪中叶建成社会主义现代化强国伟大目标贡献智慧。

中国工程院院长 李晓红

2019 年 3 月 1 日

前言
Foreword

　　交通是强国之基。为了在实现中华民族伟大复兴中发挥好交通运输"基础性、服务性、引领性、战略性"作用，中国工程院会同交通运输部于 2017 年 1 月启动了中国工程院重大咨询项目——"交通强国战略研究"。研究项目组成员包括中国工程院 32 位院士以及来自科研院所、高校、企业、银行等单位的 100 多位研究人员。

　　研究工作得到中国工程院和交通运输部主要领导同志的高度重视。项目组由中国工程院院长李晓红院士、原院长周济院士、交通运输部杨传堂书记、李小鹏部长、中国铁路总公司董事长陆东福等同志担任顾问。他们对"交通强国战略研究"发挥了十分重要的指导作用。

　　立项伊始，项目组开展了广泛调研，到北京、上海、江苏、浙江、湖北、湖南、贵州、广东等省市有关政府部门、研究机构和运输企业征求意见。调研重点是企业，其中有中国铁路总公司、上海航运、申通地铁、国家开发银行等国有企业，也有阿里菜鸟、顺丰、携程、高德地图、滴滴打车、ofo 共享单车等民营企业。与此同时，项目组还走访了交通领域一些领导干部，举办有经济学家、社会学家、智能专家、交通专家参加的系列研讨会，听取意见。有的项目组成员还到日本、英国进行了考察。这些对于开阔研究思路尤为重要。

　　2017 年 10 月 24 日十九大闭幕。建设"交通强国"作为国家战略写进十九大报告，项目组成员深受鼓舞。大家认真学习领会报告精神，深刻认识到建设交通强国是全面建设社会主义现代化国家的基础支撑，是满足人民美好生活的需要，也是构建世界领先交通运输系统的必由之路，大大增强了历史责任感。项目组成员以习近平新时代中国特色社会主义思想为指导，展开了深入系统的研究，重点从工程科技和工程管理角度对建设交通强国的历史使命、战略目标、主要内涵、战略重点、关键突破点等问题提出了咨询建议,并撰写了《交通强国战略研究总报告》(简称总报告)和17份课题报告。

总报告在对我国交通发展现状、国内外交通发展趋势、面临的机遇与挑战进行深入分析的基础上,按照十九大精神和党中央对交通运输的要求,确定了建设"安全、便捷、高效、绿色、经济"现代化综合交通运输体系的交通强国总目标;凝练出交通强国"人民满意、保障有力、世界领先"的主要内涵。

总报告分为五章。第一章我国交通发展形势与使命,突出强调要走中国特色交通强国之路。第二章交通强国目标与指标体系,主要阐述了交通强国内涵、战略目标、评价指标体系。第三章战略重点,分别论述了构建现代化综合交通基础设施网络、创新驱动交通发展、提升交通智能化水平、实现世界一流交通服务、坚持绿色交通发展、提高交通安全水平、破解城市交通拥堵、完善乡村交通运输体系、建设通达全球的交通体系等重大问题。第四章交通治理体系现代化,内容包括构建完善的交通法律体系、高效率的管理体系、可持续的投融资体制、高素质的人才队伍体系。第五章政策建议,提出了深化交通管理体制改革,完善法律法规;扩大投资要精准发力,实现交通基础设施高质量发展;多措并举,推动运输结构优化;加强顶层设计,支持交通科技创新;突破公共交通导向开发模式(TOD)的发展瓶颈,从源头上破解"大城市病";建立持续稳定的交通建设资金保障机制,化解债务风险等重大政策建议。此外,还提出了关于建设"示范工程"的建议。

与此同时,总报告又进一步聚焦近期工作,将"一体化、绿色化、智能化、共享化"作为交通领域创新发展的关键突破点。即把握转型升级"窗口期",优规划、补短板,推进不同交通方式的无缝衔接,实现交通一体化和高质量发展;重点发展轨道交通和新能源汽车,支撑绿色发展新格局;以智能技术为抓手推动交通系统变革升级,构建世界领先的城市智能交通系统;创新管理理念,提高治理能力,支持共享交通发展。

总报告还突出强调了若干研究亮点。其中有:关于交通"引领性"("交通+")的认识;关于2020年后将出现交通基础设施建设"变坡期",开始展现10年调整的"窗口期"的看法;关于制定"交通运输法"的建议;关于解决交通基础设施债务问题紧迫性的意见。此外,根据我国国情提出了不同于国外的交通评价指标体系,富有新意;打破我国交通运输研究传统,尝试增加对小汽车的运量分析,以使公路客运总量预测以及对运输结构研究更为科学。

为了使研究工作及时发挥效用,项目组边研究,边基于阶段性成果,陆续凝练提出咨询意见。2017年12月以中国工程院名义向中央报送"关于深化综合交通运输体制改革的建议",时任国务院副总理马凯作出批示;2018年9月将"交通强国战略研究"报告(概要版)上报中央。此外,还向交通运输部领导同志提出"制定交通运输法"的建议,以及"关于发展车路协同自动驾驶"的建议,得到采纳。

在工作方法上,项目组既坚持独立研究,又与交通运输部密切配合,以多种形式与部领导及有关同志深入交换意见。在研究过程中,项目组许多成果被起草中的《交通强国建设纲要》所吸收。

《交通强国战略研究总报告》和课题报告,是两年来项目组全体院士、专家智慧和心血的结晶,同时也得益于有关研究的多年积淀。此前中国工程院和交通运输部均大量开展了关于综合运输的研究,为本项目组开展工作创造了十分有利的条件。

最后,在《交通强国战略研究》即将付梓之际,深切期望本书能够为政府部门决策、企业经营、科研院所和学者们的研究工作提供有益的参考,同时也敬请读者对不足之处予以指正。

中国工程院院士 傅志寰

2019 年 2 月 18 日

目录
Contents

项目报告
交通强国战略研究总报告

课题报告 1
交通强国战略目标与评价指标体系研究

课题报告 2
运输需求发展态势分析预测研究

课题报告 3
交通基础设施综合优化研究

课题报告 4
运输服务水平提升战略研究

中国工程院重大咨询项目

项目报告
交通强国战略研究总报告

图片来源于广州港集团。

第一章
我国交通发展形势与使命

交通运输业是基础性、服务性、引领性、战略性产业，其发展关乎生产、流通、消费、人民生活，关乎国家综合国力、竞争力、军事能力和地缘政治。交通运输的每一次重大变革都深深影响着人类文明的进程。改革开放以来，我国交通运输发展实现了从瓶颈制约到基本适应经济社会发展的历史性跨越。

在新的起点，党的十九大明确提出建设交通强国的战略任务，这是党中央根据新时期国内外形势的变化、国家发展目标与建设任务作出的重大战略决策，是新时代赋予中国交通运输业的崇高使命。

建设交通强国具有重大历史意义，是满足人民美好生活需要的基本前提，是建设社会主义现代化国家的重要支撑，也是把握新一轮科技革命带来的交通运输重大变革机遇、构建世界领先的交通运输系统的必由之路。

第一节 现状与问题

一、我国交通发展取得巨大成就

中华人民共和国成立后，特别是改革开放以来，我国持续实施交通领域各项改革，推进交通基础设施建设，提升交通装备质量，提高运输服务保障水平，交通运输的落后面貌和对经济社会发展的瓶颈制约得到了根本改善，实现了历史性跨越。交通运输从改革开放之初的瓶颈制约到 20 世纪末的初步缓解，再到目前的基本适应的阶段性转变，为国民经济持续快速发展提供了强有力支撑。尤其是党的十八大以后，交通运输领域以推进供给侧结构性改革为主线，着力调整交通结构、转变发展方式，基本满足了在人口众多、基础薄弱、经济高速发展背景下的社会经济发展和人民群众不断增长的巨大交通需求。

截至 2017 年底,我国交通基础设施包括高速铁路里程、高速公路里程、内河航道里程、港口万吨级及以上泊位数量、城市轨道交通里程等规模均居世界第一,铁路营业总里程、公路总里程、民用航空机场数量等规模均位居世界第二。客货运量方面,铁路旅客周转量及货运量、公路客货运量及周转量、水路货运量及周转量、全国港口完成货物吞吐量和集装箱吞吐量等均居世界第一,民航运输总周转量、旅客周转量、货邮周转量等均居世界第二。与此同时,交通科技创新不断取得突破,安全和服务水平逐步提高,治理体系不断改善,国际影响力明显增强,与世界一流水平的整体差距快速缩小,部分领域实现了领先,我国已经成为名副其实的交通大国。

1. 交通基础设施规模及运输能力世界领先

近年来,全国交通基础设施建设步伐加快,"五纵五横"综合运输大通道全面贯通,基本形成了由铁路、公路、水路、民航等多种运输方式构成的综合交通基础设施网络。

2017 年底,铁路营业里程达到 12.7 万 km,位居世界第二,其中高速铁路里程 2.5 万 km,位居世界第一;铁路复线率和电气化率分别达到 56.5% 和 68.2%。公路总里程 477.35 万 km,位居世界第二,其中高速公路里程 13.65 万 km,跃居世界首位;农村公路里程达到 400.93 万 km,乡镇、建制村通畅率分别达到 99.39%、98.35%。内河航道通航里程达 12.7 万 km,港口拥有万吨级及以上泊位达 2366 个,均居世界第一。颁证民航运输机场达 229 个,通用机场 300 余个。我国交通运输基础设施发展状态如图总-1 所示。

高速铁路里程	高速公路里程	内河航道里程	港口万吨级及以上泊位数量	城市轨道交通运营里程	铁路营业里程	运输机场数量	公路总里程
2.5万km	13.65万km	12.7万km	2366个	5033km	12.7万km	229个	477.35万km
第一 No.1	第一 No.1	第一 No.1	第一 No.1	第一 No.1	第二 No.2	第二 No.2	第二 No.2

图总-1 我国交通运输基础设施发展状态

2017 年,我国全社会共完成营业性客运量 184.86 亿人次、旅客周转量 32812.55 亿人·km(不包括小汽车);完成营业性货运量 472.43 亿 t、货物周转量 192588.50 亿 t·km。其中,铁路完成旅客周转量 13456.92 亿人·km、货运量 36.89 亿 t,均居世界第一;公路完成营业性客运量 145.68 亿人次、货运量 368.69 亿 t、旅客周转量 9765.18 亿人·km、货物周转量 66771.52 亿 t·km,均居世界第一;海运承担了我国 90% 以上的外贸货物运输量,港口集装箱吞吐量占全世界总量的 1/4 以上,为我国成为世界第一货物贸易大国提供了有力支撑;民航运输旅客 5.52 亿人次、旅客周转量 9512.78 亿人·km,均居世界第二(表总-1)。交通运输服务对经济社会发展的支撑能力持续增强。

2017 年我国营业性客货运输发展状态　　　　　　表总-1

指　　标	数　　据	世 界 排 名
铁路旅客周转量	13456.92 亿人·km	1
铁路货物周转量	26962.20 亿 t·km	2
公路营业性客运量	145.68 亿人次	1
公路营业性旅客周转量	9765.18 亿人·km	1
公路货运量	368.69 亿 t	1
公路货物周转量	66771.52 亿 t·km	1
港口货物吞吐量	140.07 亿 t	1
港口集装箱吞吐量	2.38 亿 TEU	1
水运货运量	66.78 亿 t	1
水运货物周转量	98611.25 亿 t·km	1
民航旅客周转量	9512.78 亿人·km	2

注:数据来源于《2017 年交通运输行业发展统计公报》。

2. 交通科技创新能力及技术水平显著提升

我国交通运输行业始终瞄准国际交通科技发展前沿,在交通装备、交通信息化与智能化、交通安全和交通基础设施建设等方面的技术创新取得了重大突破,并取得了一批标志性的重大科技成果,极大地提升了我国交通运输业的核心竞争力和可持续发展能力,发挥了科技对交通运输的支撑和引领作用。

我国突破了一批交通运输基础设施建设和重点装备的关键技术。我国高速铁路、高速公路、特大桥隧、深水筑港、大型机场工程等建造技术已经达到世界先进水平,京沪高铁、洋山深水港、港珠澳大桥、北京新机场等一批交通超级工程震撼世界。高速列车、C919大型客机、振华港机、新能源汽车等一大批自主研制的交通运输装备成为"中国制造"的新名片。"复兴号"成功运营,高性能铁路装备技术达到世界领先水平。高寒高海拔铁路、高速公路建设等技术难题陆续攻克,以港珠澳大桥为代表的桥岛隧集群工程举世瞩目。自动化码头、桥梁等建造技术进入世界先进行列。

我国攻克了一批交通运输信息化和智能化关键技术,为奥运会、世博会等国家重大活动提供了强有力的技术保障,推动了我国交通系统的发展转型,初步培育并形成了我国智能交通产业。智能交通系统建设速度明显加快、功能不断完善、效果日益显著,部分领域发展已经达到世界先进水平,在智能交通大数据应用、智能分析研判、智能交通执法和智能化便民服务方面正在迅速推进研发应用,有进入世界发展前列的态势。

大数据、云计算、物联网、人工智能等技术与交通产业加速融合,有效推动了行业生产组织的变革。自动驾驶、车路协同、共享出行等新技术、新业态、新产业、新模式不断涌现，初步显示出发展潜能，有望成为我国的一大特色。

同时，交通科技创新平台建设硕果累累，一批包括国家重点实验室、工程技术研究中心、国家工程实验室在内的国家创新能力平台建成运营，组建了一批国家产业技术创新联盟，形成了机制化的协同创新模式，夯实了我国交通科技可持续发展的基础。

3. 交通安全水平和服务质量不断提高

近年来我国交通安全取得了巨大成就，总体表现为"四降一升"。即道路、水路、铁路和民航交通事故总量和死亡人数明显下降，行业应急救援水平显著提升。其中，道路交通事故总数、死亡人数从 2001 年的 75.5 万起、10.6 万人分别下降到 2017 年的 20.3 万起、6.4 万人，年均分别下降 22%、4%（图总-2）。

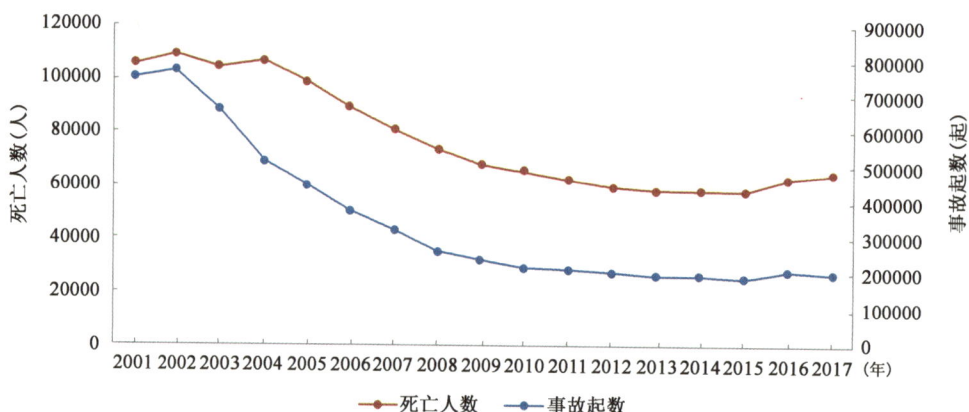

图总-2 2001—2017 年全国道路交通事故数量及死亡人数变化

铁路运输安全态势良好。2017 年全年未发生一般 A 类及以上责任行车事故，未发生造成旅客死亡的责任行车事故。全年事故死亡人数 898 人，责任职工死亡人数同比下降 41.7%，路外死亡人数同比下降 3.9%（表总-2）。

2011—2017 年全国铁路交通事故相关数据　　　　表总-2

年份(年) ＼ 指标	特别重大、重大事故(件)	较大事故(件)	事故死亡人数(人)
2011	1	0	1566
2012	0	0	1463
2013	0	8	1336
2014	0	6	1232
2015	0	6	1037
2016	0	3	932
2017	0	1	898

水运安全水平逐年稳步提升。2017 年,我国共发生一般等级以上中国籍运输船舶水上交通事故 196 件,与 2016 年持平,死亡失踪 190 人,比 2016 年下降 6.4%,沉船 80 艘,比 2016 年下降 2.4%(图总-3)。

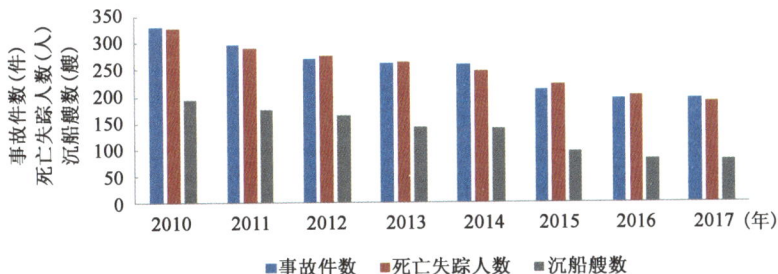

图总-3　2010—2017 年水路运输事故统计

民航安全水平世界领先。2013—2017 年中,我国民航运输航空百万小时重大事故率为 0,同期世界平均水平约为 0.0872。我国民航百万架次重大事故率为 0,同期世界平均水平为 0.1745。我国民航亿客·km 死亡人数为 0,同期世界平均水平为 0.0074。截至 2017 年底,民航已经实现连续安全飞行 88 个月,5670 万 h;应急救援组织体系进一步完善,妥善应对了一系列突发事件。成功组织了中国—东盟国家海上联合搜救实船演习等应急演练。

随着综合交通体系建设的不断完善,客货运输服务的质量和效率也有了很大提高,交通运输基本公共服务供给和管理得以加强。集中连片特困地区交通运输基础设施、城乡客运、城市公共交通发展水平提升,西部地区高速铁路加快发展,中西部地区交通条件显著改善。同时体验交通、"互联网 + 交通"等也得到一定程度的发育。交通运输方式间、方式内的衔接中转配合更加顺畅,助推"门到门"的运输便捷程度提升。近年来,我国建成了一批辐射带动作用较强的综合交通枢纽城市,形成了以机场、铁路车站等为代表的众多大型综合客运枢纽,一大批综合货运枢纽站场(物流园区)投入运营。综合运输枢纽的建设,提升了运输服务效率和质量,方便了客货运输。

4. 交通行业治理能力明显改善

近年来,我国交通管理部门将提升行业治理能力作为重大任务,行业治理体系逐步完善,促进了交通运输持续健康发展。

综合交通运输管理体制机制初步形成。目前,国家层面"一部三局"架构(交通运输部管理国家铁路局、中国民航局、国家邮政局)已经建立。铁路管理体制改革持续推进,区域港口协同发展体制机制创新工作已经起步,直属海事系统核编转制顺利完成,空管系统体制机制以及铁路、港航、机场公安体制改革推进速度加快。

国家完成了交通运输法治政府部门建设顶层设计。综合交通立法统筹推进，《中华人民共和国航道法》《中华人民共和国国防交通法》《国内水路运输管理条例》和《铁路安全管理条例》等制定出台。网约车经营服务管理部门规章颁布。投融资、预算管理、综合行政执法等重点领域改革扎实推进，为开启交通强国建设新征程创造了良好条件。

行业放管服改革成效明显。简政放权力度不断加大，市场准入门槛逐步放宽，行政审批事项大幅精简。加强事中事后监管，全面清理交通领域罚款、检查和收费。自贸试验区航运政策创新得到复制推广。

行业社会共治格局日趋完善。行业信用体系建设有序推进，为统一开放、竞争有序、充满活力的交通运输市场建设打下了较好基础。

5. 交通国际影响力逐步增强

在经济全球化的背景下，我国交通运输基础设施快速扩展，运输能力显著增强，为国家经济的增长和大国实力的提升发挥了基础保障作用。以"一带一路"倡议为重点，我国交通运输行业"走出去"已经取得突破性进展，在基础设施规模、企业国际竞争力、国际交通运输保障能力、参与国际事务、履行国际义务等方面取得了明显成绩，交通运输国际影响力显著提高。

我国国际运输便利化水平大幅提升，"一带一路"沿线交通网络通道互联互通实现重大突破。截至 2018 年 8 月，中欧班列累计开行 10000 列，国际道路客货运输线路达到 356 条。我国与其他国家或地区签订双边航空运输协定 125 个，我国航空公司国际定期航班通航 60 个国家的 158 个城市，国际航线 803 条。海运服务覆盖"一带一路"沿线所有国家和地区。交通基础设施"走出去"步伐不断加快。高速公路、城市轨道交通及港口建设技术与运营服务走向世界，高铁成为"走出去"的新亮点。

我国全部参与全球交通运输 30 个具有重要影响力的国际组织，积极参与国际海事组织（International Maritime Organization ，简称 IMO）、国际民航组织（International Civil Aviation Organization ，简称 ICAO）、国际铁路联盟（International Union of Rail ways ，简称 UIC）、国际道路联盟（International Road Federation，简称 IRF）等组织活动，已连续当选国际海事组织 A 类理事国、国际民航组织一类理事国，我国航海、航空大国地位进一步凸显。中美《适航实施程序》正式签署，实现了中美航空产品全面对等互认。

二、我国交通发展存在的主要问题

虽然我国交通发展取得了巨大成就，但是，对比世界领先的交通强国，我国交通运输在技术装备、服务质量、效率成本、安全水平以及国际竞争力和影响力方面还存在较大差距。对照党的十九大提出的发展目标，与高质量发展总体要求相比，存在发展不平衡、不充分等突出问题,不能很好满足人民群众日益增长的多样化、个性化和品质化要求,尚不能适应建设社会主义现代化强国的需要。我国只是交通大国,还不是交通强国。

1. 基础设施网络布局不尽合理,综合交通体系尚不完善

基础设施运能供给紧张与超前并存。铁路运输存在区段性瓶颈制约,公路通道部分区段已出现拥堵现象,长江等干线航道仍存在通航瓶颈制约,大型机场的基础设施建设滞后。与此同时,部分地区的交通基础设施建设过于超前当地经济发展水平。

区域基础设施布局不均衡,西部路网建设尤须加强,城乡基础设施发展差距较大,"老少边穷"等地区农村公路建设任务仍然艰巨。

综合交通运输方面存在的问题突出,运输结构不尽合理。受多种因素影响,各种运输方式尚未充分发挥其比较优势。铁路完成货物周转量仅占全社会货物总周转量的19%,远低于公路分担比例。而国土面积较大国家,如俄罗斯、美国的铁路货物周转量占比均超30%。

综合枢纽建设相对滞后,公路、铁路、水路、航空衔接问题突出。客运枢纽方面主要表现在集多种交通方式为一体的综合客运枢纽相对较少。例如2017年我国境内民用航空(颁证)机场共有229个(不含香港、澳门和台湾地区),定期航班通航机场228个,其中仅有11个与铁路共站设置。我国32个千万级吞吐量的机场中,连通城市轨道交通的机场只有10个,占比不到1/3。货运枢纽方面主要表现在基础设施衔接不好、集疏运不畅、多式联运发展滞后。

2. 交通运输服务效率与水平差距较大

交通运输服务不能很好满足用户要求。具体表现为:客货运输组织一体化程度不高;旅客运输服务发展不均衡,中西部地区相对滞后;部分边远、贫困地区和山区的运输基本公共服务基础薄弱;一体化综合运输服务缺乏强有力的信息化、智能化、标准化技术和行业协同支撑,跨方式、跨区域、跨行业的信息共享严重缺乏,"信息孤岛""管理孤岛"现象普遍;多样性、个性化服务方式缺乏,体验感不强。

货运服务市场体系不完善。运输方式间、区域间、城乡间的行政、技术壁垒和市场分割依然存在,市场的开放性和竞争性仍不充分;货运市场监管力度不足,诚信体系不健全,规范治理不充分;铁路货运定价机制不完善。

货运服务水平不高,一体化服务比例偏低。铁路货运服务总体上仍难适应高时效性、高附加值货物运输及全程服务的物流需求;远洋、民航运输领域的国际货运服务能力不强,国际铁路联运服务质量和效率仍有待提升;道路、水路运输领域的危险品运输仍不够规范安全,多种运输方式协同应对突发事件的重点物资运输保障能力仍有待提高;货运服

务的差异化、精细化、信息化、智能化、专业化水平总体较低,与物流及商贸流通、制造业、农业等的联动融合程度浅。

物流成本居高不下。2017 年,全社会物流成本占国内生产总值比例达 14.6%(而美国仅为 7.7%、英国为 8.3%)。这不但与交通运输成本高有关,也与我国经济发展总体处于工业化发展阶段,货运需求量大、附加值低有关,还与货运及物流交易成本、管理成本、仓储成本等较高紧密相关。另外,交易环节及手续繁杂、管理粗放、市场分割、衔接不畅、土地成本偏高等也是重要原因。

3. 交通运输总体创新能力不强,国际影响力和话语权较弱

尽管我国已经成为交通运输装备制造大国,但是在一些重要交通运输装备产业中,"关键技术空心化"现象依然严重,一些战略性交通运输装备自主创新能力明显不足。民用飞机、汽车、高技术船舶等重要装备的核心技术受制于人。突出的问题是基础研究薄弱,原始创新不足。

我国交通国际影响力和话语权较弱,主要体现在国际规则和标准的制定、国际纠纷的仲裁、国际运输服务贸易的定价权、国际组织中的主导权等方面。交通企业在管理、运营、服务水平和品牌影响力等方面与欧美相比在全球范围内缺乏竞争力。

国际标准制定的参与度不够,与发达国家和地区存在差距。国际交通组织中话语权仍控制在欧美等发达国家和地区手中。我国在国际交通组织中任职人数偏少,担任领导职务人数与我国的国际地位不符。同时我国整体上对国际重要交通瓶颈节点的影响力有限。

4. 交通运输绿色化、智能化水平有待进一步提高

绿色交通运输方式占比不高,多式联运发展滞后。铁路和水运客运量、旅客周转量比例持续下降。铁路货运量和货物周转量虽然呈缓慢增长,但是占比则呈下降趋势。2016 年我国港口集装箱海铁联运比例仅为 1.8%,而美国则为 40%,法国为 26.2%,印度为 25%。

交通运输的高能耗、高排放及噪声问题突出。2017 年交通能源消耗占全国能源消耗总量的 12.4%(交通能源消耗中成品油占比为 88.0%),交通二氧化碳排放总量占全国二氧化碳排放总量的 11.9%。各城市交通污染贡献率也比较高,以城市 PM2.5 排放为例,机动车已经成为影响大气环境质量的主要来源,根据北京市环境保护局公布的《新一轮北京市 PM2.5 来源解析》,2017 年北京市机动车等移动源占本地 PM2.5 排放的 45%。特别是我国交通机动化程度正在快速加深,未来我国交通节能减排任务艰巨,作为能源消耗主要行业和污染物排放的主要来源之一,交通运输业面临着巨大挑战。

智能化总体水平有待进一步提高,交通信息孤岛现象普遍。我国目前交通大数据的共

享和融合机制不完善,致使现有数据没有发挥应有价值。标准制定工作滞后于行业的发展。在缺乏标准的条件下,许多地区的智能交通系统自成体系,缺乏应有的衔接和配合,没有形成包括供应商、运输商、政府和消费者间完善的智能交通产业链,功能作用发挥不理想。

5. 交通安全水平不高,城市交通拥堵形势严峻

我国交通安全水平虽然进步明显,但是形势依然很严峻,尤其是道路交通安全水平与国际水平有很大差距。

2017 年,我国道路交通事故死亡人数约为 6.4 万人(美国死亡人数为 3.7 万人),道路万车死亡率为 2.07,是英国的 4.3 倍,日本的 3.9 倍,美国的 1.7 倍(图总-4)。交通安全形势严峻,亟须大幅度提高。

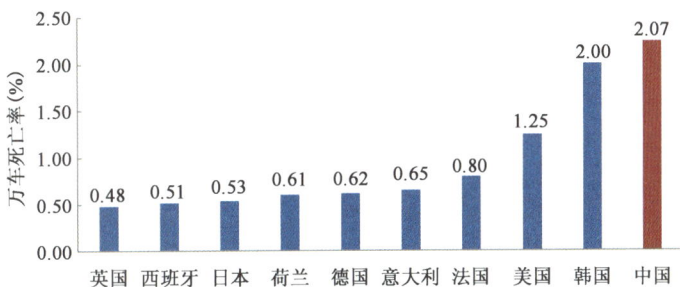

图总-4 各国道路交通事故万车死亡率对比

注:中国为 2017 年数据,其他国家为 2015 年数据。

随着城市化进程的加快,在一线城市交通拥堵加剧的同时,二线城市乃至中小城市也开始出现了交通拥堵问题。交通拥堵呈现常态化、普遍化态势。

交通拥堵呈现区域化常态化特征,成为制约城市可持续发展的重要因素之一。特大城市交通拥堵形势日益严峻,已经成为制约社会经济发展的瓶颈和改善城市居民生活质量的第一要务。

2017 年全国 26% 的城市通勤高峰处于拥堵状态,55% 的城市通勤高峰处于缓行状态。同时,机动车尾气排放已成为影响大气环境质量的主要来源。

6. 交通管理体制机制尚不完善,交通债务问题值得重视

经过几轮"大部制"改革,我国初步形成了综合交通运输管理体制,但是在综合规划、设计、建设、管理等环节还存在不协调、管理交叉、权责不一致等问题。现代综合交通运输体制机制尚不健全、不完善,交通运输投融资等关键领域改革还需继续深化,法律法规建设滞后于行业发展,行业监管跟不上新技术、新模式、新业态步伐。

交通基础设施建设债务问题值得高度重视。近年来,我国铁路和高速公路建设资金主要依赖债务融资方式。截至 2017 年底,中国铁路总公司债务余额已增至 4.99 万亿元,

资产负债率则从 2006 年的 42.6% 攀升至约 65.2%;收费公路债务规模超过铁路,按照目前的收费标准、建设成本以及交通量水平,收费公路总体处于入不敷出情况。此外,城市交通发展的负债情况也不容乐观。

第二节　形势与变化

当前,国内外发展态势、经济结构及产业布局正在发生深刻变革。作为国民经济的重要组成部分和动脉系统,交通运输业既要抓住机遇,也要迎接挑战,要更好地发挥基础性、服务性、引领性和战略性作用。

一、全球经济与运输格局发生深刻变化

世界经济形势虽然面临诸多变数,保护主义、单边主义加剧,但全球化趋势不可逆转。我国与世界经济的联系和相互作用将日益加深,与世界的联系不断增强,要求我国交通运输在立足国内的同时,必须面向全球,提高全球运输服务能力。

扑面而来的科技革命和产业变革浪潮一方面给交通技术迅猛发展提供了机遇,另一方面,也对交通运输提出新的挑战。生产生活方式将发生显著变化,个性化需求增加,创意产业、互联网经济、体验经济、共享经济等将充分发展。

全球经济格局的调整还将带来全球治理体系的重大变化。这些新的变化,要求我国交通运输业必须融入全球交通运输体系,提高国际竞争力和全球运输服务能力,加快全球交通服务体系建设。要积极参与全球交通运输治理,提升国际话语权与影响力。

二、科技发展催生交通运输重大变革

新一代信息技术、制造技术、新材料等世界新一轮技术革命突破了传统的技术局限、发展模式和发展速度。

大数据、云计算、物联网、人工智能、新材料、新能源的快速发展和科技创新的重大突破,将催生新的交通运输重大变革,智能、共享等新技术、新模式、新业态不断涌现;人工智能将会大大提高智能交通的应用广度和深度。"绿色化""智能化""共享化"已经成为交通运输发展潮流。

绿色发展成为主流趋势,各国纷纷提出建设绿色交通为主导的综合交通系统,并确立调整交通结构、提高绿色交通方式分担率、降低交通排放水平的发展目标。

智能技术发展势不可挡,智能交通系统技术(智能预测、智能控制、车路协同、智能服务等)不断深化应用,大数据、云计算、人工智能、精准位置服务等技术的迅速发展,将推动

交通运输智能化时代的到来。

共享交通等发展新模式、新业态接连涌现,不断提高交通工具和交通基础设施的利用效率,将会缓解日益尖锐的交通资源有限性与交通需求快速增长之间的矛盾,私人拥有交通工具的需求将逐步降低。

世界主要发达国家和地区为适应经济社会发展的要求和应对科技发展催生交通运输的重大变革,基于本国(地区)的发展实际,都相继出台了交通发展战略。

2011 年欧盟发表交通白皮书《欧洲交通一体化路线图——构建具有竞争力和资源节约型的交通系统》,从一体化交通体系,交通科技以及政策创新,现代化基础设施建设、智慧定价和融资,国际化视角四个层面提出了交通发展具体行动路线图,旨在未来建立一个有竞争力的交通系统,计划到 2050 年大幅减少欧洲对石油进口的依赖,并减少 60% 的交通碳排放。

2015 年美国运输部发布《2045 美国交通运输:趋势与展望》,对未来 30 年美国交通运输长期发展趋势进行了研判,提出的战略中重点强调了运输效率提高、服务提升、新技术发展、精准规划与政策制定、节能减排、创新性落实建设资金等,为未来交通发展指明了方向,但并未提供框架性约束。

2014 年,日本国土交通省发布《国土战略规划 2050》,提出强化日本全球竞争力和国际影响力的国土开发和交通发展战略,强调了要形成强有力的交通运输网络和信息通信网络,构筑高水平的"广域地方圈",强化国土的紧凑、一体化发展以及提高基础设施的智能化水平。

三、未来我国经济发展展望

1. 经济与产业结构发展预测

自改革开放以来,我国经济保持高速增长。截至 2017 年,我国国内生产总值已达到 82.7 万亿元,按可比价格计算是 1978 年的 34.5 倍,年均增速达 10.04%。

中国社会科学院数量经济与技术经济研究所在其《"两个一百年"目标及经济结构预测》中分别对未来的经济总量、产业结构及经济结构进行了预测。预计到 2020 年,我国国内生产总值将达到 82.2 万亿元(2010 年价格),为 2010 年的 2.0 倍;到 2035 年,国内生产总值将超过 170 万亿元(2010 年价格);2050 年我国不变价格国内生产总值规模将为 2020 年的 3.6 倍,2030 年的 2.1 倍,2040 年的 1.4 倍。中国国内生产总值将在 2035 年左右超过美国,成为世界第一经济大国。中国人均国内生产总值将于 2050 年左右与欧盟和日本水平相同,达到美国人均国内生产总值的 70%。

经深入分析,本研究分别按照低方案、高方案预测国内生产总值增速,见表总-3。

本项目对我国国内生产总值增速预测　　　　　　　　表总-3

名　目	高　方　案	低　方　案
2015—2020 年年均增速(%)	7.0	6.5
2020—2030 年年均增速(%)	6.0	5.0
2030—2045 年年均增速(%)	4.5	4.0

　　根据专家预测,未来 30 多年我国城镇居民消费比例将逐渐增加,而农村居民消费和政府消费比例将逐渐减少。农村居民消费比例减少的主要原因在于未来 30 余年,随着城镇化的大力发展,大量农村居民会逐渐转变成城镇居民,农村总人数会逐渐减少;政府消费比例下降的主要原因在于其消费增长率小于城镇居民消费增长率,其相对占比逐渐下降。

　　本研究对产业结构的预测取值见表总-4。第一产业占国内生产总值的比例将由 2017 年的 7.9% 逐步下降至 2045 年的 4.0% ~5.0%,同期第二产业占比将由 40.5% 下降至 31.0% ~32.0%,第三产业占比则由 51.6% 上升至 63.0% ~65.0%。

2020—2045 年我国产业结构预测　　　　　　　　表总-4

名　目	实际	高　方　案			低　方　案		
年份(年)	2017	2020	2030	2045	2020	2030	2045
第一产业占比(%)	7.9	7.2	5.0	4.0	7.3	6.0	5.0
第二产业占比(%)	40.5	37.4	34.0	31.0	38.9	34.0	32.0
第三产业占比(%)	51.6	55.4	61.0	65.0	53.8	60.0	63.0

　　随着工业化的发展和产业结构的优化,第三产业占比增加,分工进一步细化,产生了对生产性服务业的大量需求,将形成更多的商务出行,尤其对航空、高速铁路等快速、高服务质量的客运出行有更为明显的促进作用。伴随着消费主导经济格局的形成,人民群众的收入水平不断提高,人民群众对出行费用的承受能力不断增强。各种满足精神需要、自我价值实现、追求生活质量的出行消费需求将快速增长,不仅会增加旅游观光、休闲疗养和文化娱乐为目的的出行,而且也将改变交通消费模式,人们选择出行方式时将更加注重时间、安全性和舒适度等方面的影响因素。

　　随着未来第二产业占比的下降,第三产业占比的上升,煤炭、铁矿石和钢铁等大宗货物的运输需求比例也会有所下降,高附加值产品在产品结构中所占比例稳步上升,运输强度会进一步显著下降。产业结构的调整还将导致产品结构中高附加值和轻型化产品比例明显增大,人们消费水平的提高将对消费品有更多的需求,促进小批量、多批次、高价值货物运输需求量的增长,以及对更快速、更便捷、更准时物流配送的需求。

　　2.城镇化发展态势预测

　　2017 年,我国常住人口城镇化率达到 58.52%。与其他国家相比,我国的城镇化率仍然较低,不仅低于发达国家80.7%的平均水平,也低于上中等收入国家61.8%的平均水平。根据世界城市化发展规律,我国正处于城市化快速发展的中期阶段。

根据《"十三五"国民经济和社会发展规划纲要》,未来我国将形成主体功能区规划的"3+18"城市群格局(图总-5)。其中,珠三角、长三角和环渤海三大城市群,将形成能够容纳5000万~1亿人口的具有国际影响力的特大城市群。哈长、海峡西岸、中原、长江中游、北部湾、成渝、关中等地区,将形成一批3000万~5000万人口的大城市群。城市群将汇集世界级港口、机场、通信中心、金融和市场营销中心,将是未来30多年国家经济增长的主要地区。

图总-5　未来中国主要城市群空间布局

注:资料来源于《"十三五"国民经济和社会发展规划纲要》。

中国城市规划设计研究院对2030年我国城镇格局的展望是:至2030年,在"两横三纵"城镇空间格局基础上,形成以20个"城市群"为主体形态,以30个"魅力景观区"为重要补充,以"国家经济—文化走廊"为骨架支撑,以"中心城市和特色城市"为战略引领的多中心、网络化、开放式的国家城镇空间格局(图总-6)。

本研究参照专家预测,对城镇化率的预测取值见表总-5。

图总-6　中国主要城市群空间布局

注:资料来源于中国城市规划设计研究院《全国城镇体系规划(初步成果)》。

城镇化率发展预测　表总-5

年份(年)	城镇化率高方案(%)	城镇化率低方案(%)
2020	63	60
2030	70	66
2045	75	70

　　随着城镇化进程的推进,务工的流动人口逐渐真正融入城市,他们的"打工心态"和"过客心理"将逐渐消失,从思想观念、生活方式、社会交往方式等方面真正适应现代城市生活。转化为城市居民的流动人口客运出行特征将逐渐城市化,每年大规模的"候鸟迁徙"状态将得到缓解,同时城镇客运需求逐步扩大。城镇人口重心虽将向中西部转移,"胡焕庸线"东西两侧的客运需求所占比例虽将有所缩小,但东高西低的格局不会改变(图总-7),"胡焕庸线"以西地区的客货运输需求将主要沿丝绸之路廊道增长。

　　城镇化水平的提高也会促进房地产等相关产业的发展,因此与之对应的货运需求将保持一定增长。另外城镇化水平的提高对货运服务、对物流需求都将从质量上提出更高要求,要求运输更加安全、准时、方便、快捷。

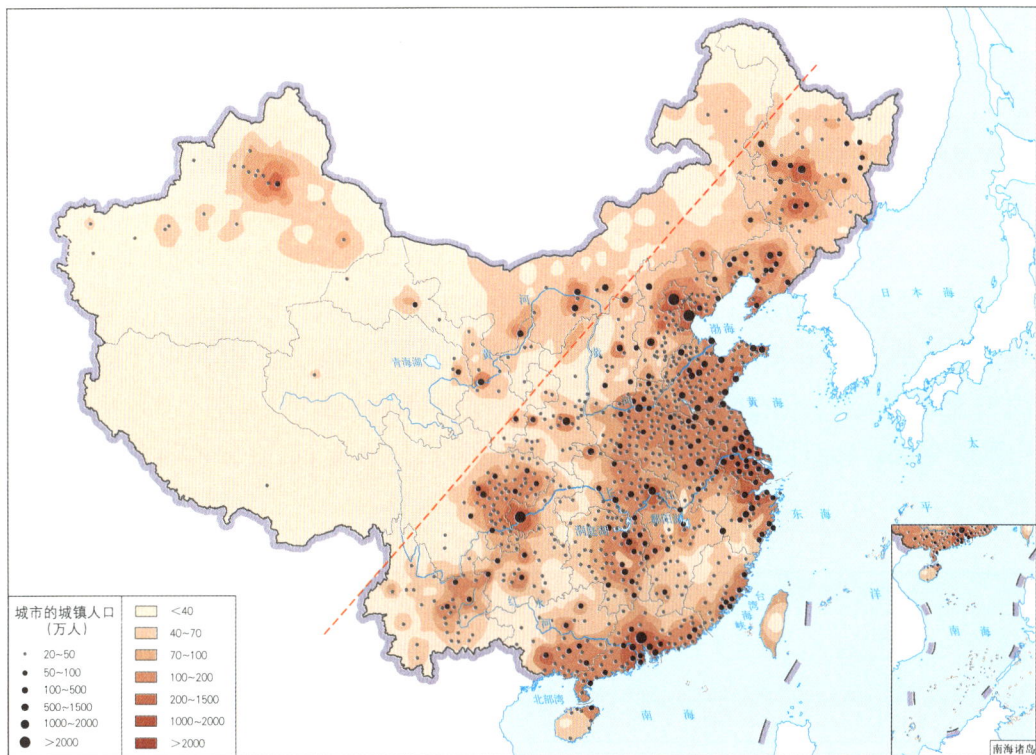

图总-7 2030 年中国城镇人口空间分布示意图布局

注:资料来源于中国城市规划设计研究院《全国城镇体系规划(初步成果)》。

3. 能源生产与消费发展趋势预测

我国的能源结构布局及生产力布局等决定了工业化进程中的货运格局。许多机构和专家对我国未来能源发展走势进行了预测。

中国工程院重大咨询项目"推动能源生产和消费革命战略研究"提出未来能源革命须牢固树立"环境优先、效率至上、市场主导、安全持续"的能源发展理念,明确了"三大发展阶段":2020 年前为能源结构优化期,主要是煤炭的清洁高效可持续开发利用,淘汰落后产能,提高煤炭利用集中度,到 2020 年煤炭、油气、非化石能源消费比例达 6:2.5:1.5;2020—2030 年间为能源领域变革期,主要是清洁能源尤其是可再生能源替代煤炭战略,2030 年煤炭、油气、非化石能源消费比例达 5:3:2;2030—2050 年为能源革命定型期,形成"需求合理化、开发绿色化、供应多元化、调配智能化、利用高效化"的新型能源体系,2050 年煤炭、油气、非化石能源消费比例达 4:3:3。

国际能源署(International Energy Agency,简称 IEA)发布的《世界能源展望 2016》指出:中国近几十年来基础设施的建设高度依赖能源密集型工业部门,主要是钢铁和水泥行业。然而,这些行业的能源需求现在已经过了高点,且下降趋势预计将持续到 2040 年,并拉低中国的工业煤炭消费。中国的煤炭需求实际在2013年就已经达到了峰值,并将于2040年再减少15%。中国几乎所有的新增发电量都来自煤炭以外的能源,煤炭发电在发电量中的占比会从现在的将近3/4降低到2040年的不足45%。中国能源相关的二氧化碳排放会达到平台期,仅略高于当前的水平。到2040年,中国的能源需求"仅"增加85%。未来数十年内,可再生能源和天然气将成为满足能源需求的"主力军"。

国家发展改革委能源运输研究所的《推动能源生产和消费革命的实施途径研究》对我国能源发展趋势的判断是:在不同情景下,中国能源消费增速将随着工业化发展阶段的转换而日趋饱和,但在未来15年内仍将维持1.7%左右的年均增速。到2030年能源消费总量约55亿t标准煤。化石能源总量将在2020—2035年间达到峰值。

本研究综合参照以上所述专家预测,分别按照低方案、高方案两种情景取值,见表总-6。

一次能源需求总量发展预测   表总-6

年份(年)	一次能源需求总量高方案(亿t标准煤)	一次能源需求总量低方案(亿t标准煤)
2020	50	45
2030	60	51
2045	55	48

我国能源发展水平和结构的调整将对能源的运输组织格局产生巨大影响。受能源结构变化的影响,煤炭产量到达峰值后逐渐减少,将造成煤炭运输需求的相应降低。另外特高压输电变长距离运煤为长距离输电,将减少煤炭运输量。据有关部门预测,一条特高压直流输电线路和一条特高压交流输电线路的年输电量,分别相当于运输2000万t和2500万t左右原煤。按照国家电网2013—2020年建设计划,到2020年将建成10条特高压交流输电线路、27条特高压直流输电线路。如规划实现,特高压输电线路能满负荷运行,预计可替代5亿t以上原煤运输量。

以煤炭为主的能源结构更多要求铁路、水路来承担运输任务,当未来煤炭运输需求到达峰值并逐步下降时,将会导致铁路及水路货运能力的释放。

此外,未来石油、天然气占比提高的能源格局将对管道运输提出更多要求。据《石油发展"十三五"规划》,"十三五"期间,我国将建成原油管道约5000km,新增一次输油能力1.2亿t/年;建成成品油管道12000km,新增一次输油能力0.9亿t/年。到2020年,累计建成原油管道3.2万km,形成一次输油能力约6.5亿t/年;成品油管道3.3万km,形成一次输油能力3亿t/年。据《天然气发展"十三五"规划》,"十三五"期间,我国新建天然气主干及配套管道4万km,2020年总里程达到10.4万km,干线输气能力超过4000亿m³/年,比2015年的2800亿m³/年增长42.85%。管道运输能力的增强将降低油气对铁路、公路运输的需求。

4.对外贸易发展趋势分析

我国货物进出口总额在 2013 年首次超过美国,跃居世界第一位。党的十八大以来,我国提出"一带一路"倡议。我国已与 30 多个国家签订"一带一路"共建谅解备忘录,积极规划中蒙俄、新亚欧大陆桥、中国—中亚—西亚、中国—中南半岛、中巴、孟中印缅六大经济走廊建设(图总-8)。相关预测表明,随着经济全球化的进一步发展以及我国"一带一路"倡议的实施,我国工业制成品出口仍将保持较快增长,同时经济增长、产业转型和消费升级对能源、粮食、先进设备、高端零部件、高档消费品仍有较强的进口需求,目前的进出口总量位居世界前列的格局短期内不会发生改变。我国货物进出口的流向也随六大经济走廊的贯通更加多元化。

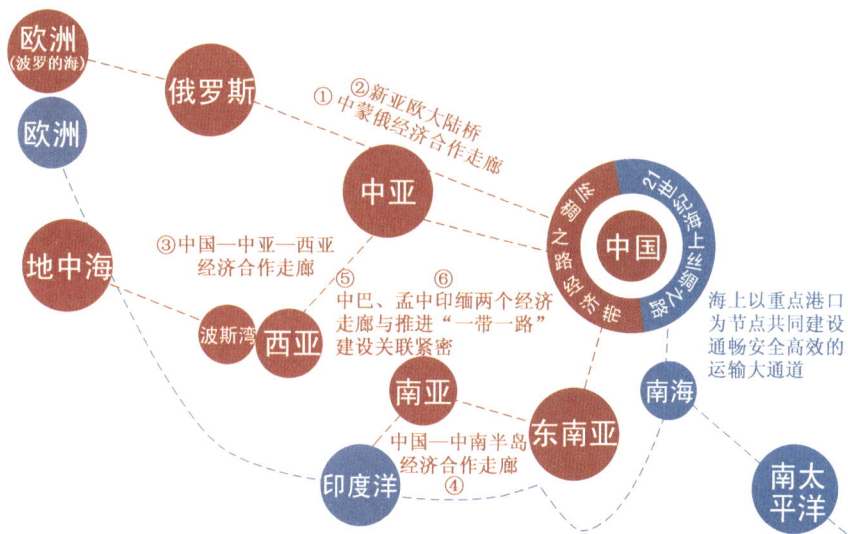

图总-8 我国"一带一路"倡议规划的六大经济走廊

我国与世界各国经济关系的加深必将引起与全球具有比较优势产品的贸易,既会增加我国纺织品、机械、电器等产品的出口,也会加大我国对国外能源、电器、食品等的需求。对外贸易的增长将会带来货物进出口运输总量的增长,对港口、海关、铁路、公路等国际运输通道的能力提出更高要求。货运总量增长也将对全国运输网络上的瓶颈造成更大压力。全球采购、全球生产的模式对跨越国界、跨越运输方式的货物运输的可靠性、无缝衔接和即时性都提出了更高要求。

四、未来社会发展态势分析

1.人口发展趋势

2017 年底,我国大陆人口总量超过 13.9 亿人,约占世界人口的 18.7%。

根据联合国《世界人口预测 2015 版》,中国人口将于 21 世纪 30 年代达到峰值的

14.2亿人,进入21世纪40年代后人口转为负增长,2050年从峰值减少至13.5亿人。

国务院印发的《国家人口发展规划(2016—2030年)》指出,未来十几年特别是2021—2030年,我国人口发展进入关键转折期。根据预测,人口总量将在2030年前后达到峰值,劳动年龄人口波动下降,老龄化程度不断加深,人口流动仍然活跃,家庭呈现多样化趋势。

国家卫生健康委《实施全面两孩政策人口变动测算研究》预计全面两孩政策实施后,2028年中国将达到人口峰值14.5亿人。

本研究综合参照以上所述专家预测,分别按照低方案、高方案两种情景进行取值,见表总-7。

人 口 发 展 预 测　　　　　　　　　　表总-7

年份(年)	人口高方案(亿人)	人口低方案(亿人)
2020	14.2	14.1
2030	14.5	14.2
2045	14.0	13.7

一般来说,收入水平与人均出行次数成正相关,当收入水平提高后,人均出行次数也会相应增加。我国人口基数大,人口数量和人均出行次数的增加、减少都将使客运需求增长或减少。人口老龄化发展趋势将导致生产性出行比例降低,观光、旅行、休闲等消费性出行增多,并对出行的品质、舒适性等提出更高要求。同时,人口老龄化以及人民收入水平的提高会形成人口随季节迁徙的"新候鸟"经济现象,形成冬季向南、夏季向北的季节性大客流。此外,人口分布东高西低的不均衡格局对我国如何以成本效益高的运输供给满足不同区域的客运需求提出挑战。

2.气候变化和环境制约展望

在2015年召开的巴黎气候大会上各国达成的《巴黎协定》指出,各方将加强对气候变化威胁的全球应对措施,把全球平均气温较工业化前水平升高控制在2℃之内,并为把升温控制在1.5℃之内而努力。全球将尽快实现温室气体排放达峰,21世纪下半叶实现温室气体净零排放。我国积极参与国际社会应对气候变化进程,在哥本哈根气候变化峰会上,我国向国际社会承诺到2020年单位国内生产总值二氧化碳排放比2005年下降40%～45%的自主行动目标。在2015年9月25日中美两国发表的《气候变化的联合声明》中,我国又提出了"到2030年单位国内生产总值二氧化碳排放将比2005年下降60%～65%"的新目标。

在应对气候变化的同时,我国还面临环境污染严重等问题。新时期我国确立了"创新、协调、绿色、开放、共享"的发展理念。党的十九大报告中,习近平总书记提出了生态文明建设思想,进一步明确了绿色发展的基本路线。习近平总书记在2017年底的中央经济工作会议上明确提出要打好"蓝天保卫战"等三大攻坚战,并作出"要调整运输结构,减少公路货运量,提高铁路货运量"等指示。

我国交通运输业是工业、建筑业之外的第三大排放部门,2017年交通运输业二氧化碳排放总量占全国二氧化碳排放总量的11.9%。目前在发达国家交通运输业基本是第二大排放部门,交通运输业排放均占全国排放总量的18%~30%。很多研究预测:随着工业化、城镇化加速发展,我国交通运输业二氧化碳排放占比将由目前的12%左右增长到2050年的20%~30%。

构建结构合理、集约高效、节能环保、以人为本的绿色交通运输体系,是交通强国的重要方面,也是我国在可持续发展框架下应对气候变化、解决环境危机的必由之路。交通运输需要在满足运输需求的前提下,通过优化交通运输结构、技术创新和管理创新等,不断提高交通运输业的资源配置效率和资源使用效率,降低环境成本,以最小的社会资源(土地、能源)占用,以尽可能低的资源消耗和环境成本支撑国民经济和社会发展,从而实现交通与环境间关系的变化从互竞、互斥逐步走向互补、互适。

五、国内交通运输主要矛盾发生根本性变化

随着我国发展进入新时代,交通运输发展也将进入新的历史阶段。在国家生产力总体落后的发展时代,交通运输发展的主要矛盾是总量不足和交通运输需求不断增长的矛盾。经过多年的快速发展,我国交通基础设施很多规模类的指标已位居世界第一,交通运输供给能力问题取得了突破性进展,交通运输落后的面貌得到了根本性改观。今后及未来很长一段时期,我国交通运输发展主要矛盾将转变为人们对美好生活的向往与交通运输发展不平衡不充分的矛盾。

发展不平衡主要体现为:区域和城乡之间交通运输发展水平差异仍较大,西部和农村交通运输依然是发展的短板;城市交通拥堵和污染问题亟待解决;各种运输方式发展不平衡,运输结构不尽合理,各运输方式比较优势未能充分发挥。

发展不充分主要体现为:技术创新能力不足问题依然突出,飞机、汽车、高性能与特种船舶对国外技术依存程度依然较高;民航国际运输网络通达和竞争能力较低;铁路货运仍不适应强时效性、高附加值货物运输及全程物流需求;公路运输市场竞争秩序不规范、治理不充分;各运输方式互联互通水平不高,多式联运在技术标准化和行业协同等方面存在问题,交通"信息孤岛""管理孤岛"现象比较普遍;国际通道建设任务很重,国际话语权需要加强;运输效率、服务质量和交通运输安全水平亟待提高,物流成本有待降低;此外,交通治理能力还有差距,市场配置资源的作用仍未充分发挥。

人们在交通领域对美好生活的向往,不仅会对客货出行在服务质量、服务水平、服务成本、服务时限、服务层次、服务模式等各方面提出更高要求,而且使服务内涵、服务链条、服务的时空范围会有很大的突破。要从"走得了"向"走得快、走得好"转变,能够强有力、

无缝化地保障人民跨国、跨区、跨城和城内运输需求,高水平、高效率、低成本地满足国民运输需求。

六、国内交通运输发展趋势分析与预测

项目组采用多种方法对国内客货运输发展进行了发展趋势分析与预测。

1. 客运需求的趋势分析与预测

客运量和旅客周转量预测详见表总-8 和表总-9。客运量在 2020 年、2030 年和 2045 年将分别达到 2017 年的 1.12~1.15 倍、1.68~1.74 倍、1.95~2.20 倍(其中公路含小汽车出行,但民航不含民航国际出行)。

未来客运量预测(单位:亿人次)   表总-8

项目 \ 年份、方案		2017 年	2020 年		2030 年		2045 年	
			低方案	高方案	低方案	高方案	低方案	高方案
营运性	客运合计1(营运性)	185	180	185	179	188	194	206
	铁路	31	38	40	55	60	72	80
	公路	146	132	135	108	110	100	102
	水路	3	3	3	3	3	4	4
	民航 总量	6	7	7	13	15	18	20
	民航 其中:国内	5	6	6	11	13	15	17
	民航 其中:国际	1	1	1	2	2	3	3
小汽车		324	390	400	680	700	800	920
公路运输合计(包括小汽车出行)		470	522	535	788	810	900	1022
客运合计2(包括小汽车出行、民航国际出行)		509	570	585	859	888	994	1126
客运合计3(民航不包括国际出行、公路不包括小汽车出行)		185	179	184	177	186	191	203
客运合计4(民航不包括国际出行、公路包括小汽车出行)		509	569	584	857	886	991	1123

未来旅客周转量预测(单位:亿人·km)   表总-9

项目 \ 年份、方案		2017 年	2020 年		2030 年		2045 年	
			低方案	高方案	低方案	高方案	低方案	高方案
营运性	客运合计1(营运性)	32872	38173	39549	55964	62016	72870	80232
	铁路	13515	16416	17280	23100	25200	28800	32000
	公路	9765	9240	9450	8100	8250	8000	8160
	水路	78	73	73	64	66	70	72
	民航 总量	9513	12444	12746	24700	28500	36000	40000
	民航 其中:国内	7037	8804	8946	15166	17499	20736	23040
	民航 其中:国际	2477	3640	3800	9534	11001	15264	16960

项目 \ 年份、方案	2017 年	2020 年		2030 年		2045 年	
		低方案	高方案	低方案	高方案	低方案	高方案
小汽车	17827	21840	22400	38760	39900	48000	55200
公路运输合计（包括小汽车出行）	27592	31080	31850	46860	48150	56000	63360
客运合计 2（包括小汽车出行、民航国际出行）	50699	60013	61949	94724	101916	120870	135432
客运合计 3（民航不包括国际出行、公路不包括小汽车出行）	30395	34533	35749	46430	51015	57606	63272
客运合计 4（民航不包括国际出行、公路包括小汽车出行）	48222	56373	58149	85190	90915	105606	118472

　　我国旅客城市间人均出行次数发展趋势符合生长曲线发展规律，即可分为起步、快速和趋缓三个阶段。最后，当人均出行次数达到一定水平之后，公众对外出行的欲望受到时间和经济成本约束，便会处于基本稳定阶段。发展趋势是：随着我国城镇化逐渐由目前的中期发展阶段向城镇化后期发展阶段迈进，客运需求将逐步由快速发展阶段向增速趋缓阶段过渡，不过过渡时间可能持续较长。与此同时，我国人口的增长速度也将逐步达到峰值并随之缓慢下降。未来旅客出行总量增速将逐渐趋缓，直至基本保持稳定（图总-9）。

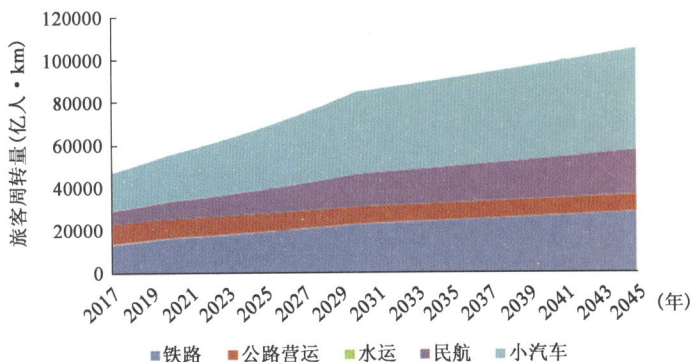

图总-9　低方案旅客周转量预测

　　未来客运量结构和旅客周转量结构预测详见表总-10 和表总-11。可以看出，在客运量结构方面，公路客运需求占客运量总量 90% 以上，铁路客运需求在客运量总量中占比虽有所提高，但 2045 年仍仅为 7.13% ~ 7.27%。在旅客周转量结构方面，尽管公路客运需求占比有所降低，但仍然承担了一半以上的旅客周转量，铁路的客运需求占比不足 30%，航空运输占比在 2045 年达到了近 20%。

未来客运量结构预测（公路含小汽车出行、民航不含国际出行）（单位：%）　　　　表总-10

年份（年）	铁路		公路		水运		民航	
	低方案	高方案	低方案	高方案	低方案	高方案	低方案	高方案
2020	6.68	6.85	91.72	91.57	0.51	0.50	1.09	1.08
2030	6.41	6.77	91.91	91.39	0.37	0.37	1.31	1.47
2045	7.27	7.13	90.84	91.04	0.35	0.32	1.54	1.51

未来旅客周转量结构预测（公路含小汽车、民航不含国际运输）（单位：%）　　　　表总-11

年份（年）	铁路		公路		水运		民航	
	低方案	高方案	低方案	高方案	低方案	高方案	低方案	高方案
2020	29.12	29.72	55.13	54.77	0.13	0.13	15.62	15.38
2030	27.12	27.72	55.01	52.96	0.08	0.07	17.80	19.25
2045	27.27	27.01	53.03	53.48	0.07	0.06	19.64	19.45

2. 货运需求的趋势分析与预测

本研究重点分析了煤炭、钢铁及冶炼物资、建材、粮食、集装箱、快递几大货类在两种预测情景下的运输需求变化趋势。一是"基准情景"，即交通运输发展仍旧延续现有的发展模式和政策，未来虽然能够对交通运输需求提供足够支撑，但可能无法对宏观经济的绿色、低碳、可持续发展提供有效支撑；二是"低碳情景"，即在保证运输服务水平基本稳定的情况下，用低碳理念全面引导交通运输体系的转型升级，在未来货运结构中，能耗强度较小的货运方式比例将比"基准情景"高，相反能源消耗强度较大的方式比例则比"基准情景"低。

未来国内货运预测结果见表总-12～表总-14。

国内货运方式结构预测（单位：%）　　　　表总-12

货运方式		铁路		公路		水运		民航		管道	
预测情景		低碳情景	基准情景	低碳情景	基准情景	低碳情景	基准情景	低碳情景	基准情景	低碳情景	基准情景
货运量	2017 年	7.80	7.80	77.96	78.00	12.51	12.50	0.01	0.01	1.70	1.70
	2020 年	8.53	7.60	78.36	78.50	11.40	12.00	0.01	0.02	1.69	1.80
	2030 年	9.21	7.30	78.67	78.50	10.14	12.00	0.03	0.05	1.95	2.20
	2045 年	9.99	7.00	76.67	78.60	10.29	11.80	0.05	0.10	3.01	2.50
货物周转量	2017 年	18.90	18.90	46.90	46.90	30.60	30.60	0.20	0.20	3.40	3.40
	2020 年	21.50	19.50	46.20	48.60	28.90	28.30	0.20	0.20	3.20	3.40
	2030 年	24.10	18.00	46.40	54.00	25.40	23.80	0.40	0.40	3.80	3.80
	2045 年	25.70	17.00	44.20	57.30	24.00	20.80	0.70	0.80	5.50	4.20

注：不包括远洋运输。

低碳情景下国内货运量预测（单位：亿 t）　　　　　　表总-13

年份（年）	方案	铁路	公路	水运	航空	管道	货运总量
2017	实际	36.89	368.68	59.18	0.07	8.06	472.88
2020	低方案	46.92	431.00	62.69	0.09	9.31	550.00
2030		58.32	498.00	64.16	0.16	12.36	633.00
2045		65.96	506.00	67.90	0.30	19.84	660.00
2020	高方案	48.00	440.00	64.00	0.09	9.91	562.00
2030		60.00	512.00	66.00	0.18	12.82	651.00
2045		68.00	522.00	70.00	0.35	19.65	680.00

注：不包括远洋运输。

低碳情景下国内货物周转量预测（单位：亿 t·km）　　　　表总-14

年份（年）	方案	铁路	公路	水运	航空	管道	货物周转量总量
2017	实际	26962	66772	43527	244	4783	142288
2020	低方案	33312	71544	44823	300	4929	154908
2030		42393	81767	44716	650	6697	176223
2045		49830	85684	46508	1200	10727	193949
2020	高方案	34009	73040	45760	350	4988	158147
2030		43800	84480	46200	750	6840	182070
2045		51000	87696	47600	1500	10708	198504

注：不包括远洋运输。

　　我国经济已由高速增长阶段转向高质量发展阶段。"低碳情景"低方案货物周转量预测如图总-10所示。2030年以前，我国整体处于工业2.0向工业3.0过渡时期，我国正在进行的供给侧结构性改革将进一步深化，货物运输需求增速将有所下降，但由于工业化和城镇化进程还在快速发展中，因此货运需求增幅仍将保持中速增长。2030年后中国整体将处于工业3.0向工业4.0的发展阶段，进入以科技进步和创新为重要支撑的新兴工业化发展阶段。工业产品产量及货物运输量需求增速将进一步降低，货运需求增速在0.5%以下。预计我国2045年前不会出现货运峰值。

　　总之，新阶段交通发展在战略布局上，从基础设施建设、交通组织管理到体制机制、法律标准制定，以及技术人才培养等方面，均应从"快速扩大规模"转变为"提高质量效率"，以供给侧结构性改革为主线，通过三个变革，推动交通转型升级，最终实现由交通大国向交通强国的整体跃升。

　　（1）交通运输的质量变革。建设结构合理、无缝衔接、优质可靠的基础设施；坚持绿色发展，提高安全水平；实现基本公共服务均等化，提供多样化、个性化的运输服务。

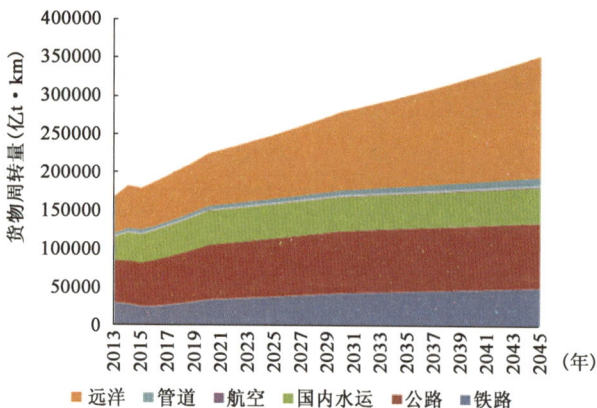

图总-10　低碳情景低方案货物周转量预测

（2）交通运输的效率变革。实现综合交通一体化，挖掘既有基础设施的巨大潜力；发展公共交通、共享交通，普及多式联运，降低运输成本，提高运输效率，实现交通与经济的深度融合。

（3）交通运输的动力变革。充分发挥科技的引领作用，减少对投资、土地、劳动力等生产要素的依赖，提升交通运输装备和智能交通水平，创新经营管理模式，完善以企业为主体、市场为导向、政产学研金用深度融合的技术创新体系。深化综合交通运输体制改革，提升行业现代化治理能力，建立健全统一开放、内外衔接的交通运输市场。

第三节　走中国特色交通强国之路

落实党的十九大精神，把我国建成交通强国，是一项重大而深远的战略任务，也是迎接新的交通革命的必由之路。建设交通强国是满足人民美好生活需要的基本要求，是建设社会主义现代化国家的重要组成部分，也是实现我国交通运输系统"世界领先"的难得机遇。建设交通强国，既要有全球视角、战略思维，又要立足国情、结合实际。

一、借鉴发达国家和地区经验

美国、日本、欧盟等发达国家和地区经过百余年的探索和发展，建立了强大的交通运输体系，成为交通强国。其共性特点是拥有完善的基础设施网络、形成了高效率一体化的交通运输体系、能提供高水平的交通运输服务、具有领先的交通科技创新能力、高度重视交通安全和绿色发展、具有较强的国际话语权与影响力。这些交通强国的成功经验值得学习和借鉴。

然而，一个国家采用何种交通模式，取决于自身的资源禀赋、环境条件、交通需求特性和发展阶段。由于我国国情与这些国家有很大不同，不能简单照搬他国发展模式，必须充分考虑我国人口、资源、环境承载能力、产业布局、城镇化和实现第二个百年目标的战略需要，走中国特色的交通强国之路，形成中国特色的交通运输体系、交通结构、技术路线与发展模式。

二、突出中国国情特点

我国人口总量多，东部与西部生态环境和人口密度差别很大，交通发展模式不能一刀切。东西部不同的人口密度决定了不同的交通需求特性，进而决定了不同的交通发展模式和交通结构。对于高人口密度地区，交通需求总量大，通道交通需求强度高，只有采用大容量、高效率的集约化运输方式才能满足这样的需求特性。当前，我国城市和城市群主要通道上机动车交通量持续快速增长，交通流不断接近饱和状态，导致交通拥堵、交通污染排放日益严峻，这种状态将不可持续。因此，人口密集地区、城市群、大城市要充分发挥轨道交通的骨干作用，这与美国等西方发达国家有很大不同。

我国能源多煤少油，环境脆弱，还是发展中国家，不能走发达国家以汽车为主的老路，尤其不能借鉴美国"汽车 + 飞机"的模式，要大力发展绿色交通、共享交通。随着我国经济的快速增长，能源消耗总量也在迅速增加，目前已经成为全世界最大的能源消耗国。2017年我国原油表观消费量达到 6.1 亿 t，首次超过 6 亿 t，但我国石油产量持续下降，石油对外依存度已经高达 68.4%，能源安全问题突出。高昂的油价以及石油的不可再生性决定了以石油为主要动力来源的小汽车发展模式不符合可持续发展的要求，必须大力推动交通工具的清洁化、电动化。另外，为满足汽车出行需求，扩建城市道路、修建为汽车服务的设施，占用了大量城市有限的土地资源，特别是我国大部分经济快速发展的城市，多位于可耕地集中地区，将减少我国有限的耕地面积，造成严重的、不可逆的后果。因此我国城市交通发展战略及相应的政策，应鼓励发展低土地占用的出行模式，以避免过多地占用有限的可耕地面积。

三、发挥中国交通发展的优势

实现从跟随到引领的历史性跨越，我国交通发展具有自己的优势。我国交通市场容量大、需求旺盛、成长率高，为交通新技术、新装备、新模式成长、发展创造了巨大空间；一些交通领域如高速铁路已具有比较优势，新能源汽车、智能交通、共享交通、高质量交通服务发展空间很大。

在"新能源汽车领域"，我国发展较为迅速，新能源汽车市场占有率不断提升。中国汽车工程学会编制的《节能与新能源汽车技术路线图》提出，我国新能源汽车销量在汽车总销量中的占比在 2020 年将超过 7%，在 2025 年将超过 15%，在 2030 年将超过 40%。虽然新能源汽车仍然面临蓄电池能量密度低与成本高、充电桩普及率低、充电速度慢等方面的发展瓶颈，但长期来看，从能源安全和环保约束出发，传统燃油车向使用电能驱动的新能源车过渡是大势所趋。

在智能交通领域,我国具有市场、数据、技术、政策等方面的优势,我国是全球最大的互联网移动出行市场,高品质多样化出行需求日益强烈,激发智能交通产业变革。预计2020年中国各类数据总量将达8000EB,占全球数据总量的20%,成为世界第一大数据资源大国和全球数据中心,移动出行市场每天产生TB级的数据量,通过对海量数据资源的分析利用,能够建立数据驱动的智能交通系统。我国已成为5G技术、标准、产业、应用引领者之一。互联网、大数据、人工智能相继进入国家发展战略规划,从标准、规划、应用到行动方案国家制定了相关政策。"独角兽"企业上市获得政策支持,出行和物流"独角兽"企业占比位居世界前列。

在共享交通领域,无论是体量还是运营模式及种类,我国都已成为全球共享经济发展的重要力量。在交通出行领域,以"网约车""共享单车""共享汽车"为主要模式的共享交通正在改变交通运输的生态圈,影响并改变着人民的出行及生活模式。自行车相对于小汽车,具有机动灵活、准时性高、低碳环保等特性,是完成人们"最后一公里"出行的理想交通方式。"共享单车"的出现和发展,为自行车回归城市,创造了机遇和可能。

四、重视交通的引领作用

多年来我国交通运输在支撑经济发展和社会进步方面发挥了重要的基础性和服务性作用。进入新时代,交通运输业一方面要服务于我国建设社会主义强国和人民美好生活的需要,服务于世界贸易的需要;另一方面也要发挥好引领经济社会发展的作用,即发挥"交通+"的作用。

交通是国民经济的重要组成部分,也是经济发展的重要推动力量。从世界历史发展经验与人民的根本追求来看,未来社会将由承载信息的互联网和承载实体的交通网双网支撑。交通运输不仅仅是一种服务,而是重要的生产力和社会公共资源。与传统交通不同,交通与经济深度融合(即"现代交通+"),将会激发经济社会发展的新动能,形成新业态和发展新模式。

进入新时代,高速、便捷、网络化的现代交通既要为我国经济社会发展提供高质量的交通服务,也应发挥好先行引领作用("即现代交通+")。具体有以下方面:

(1)发挥"现代交通+"的引领作用,建设交通大通道,构筑经济走廊,打造发展的脊梁。构建国家经济地理新格局,促进新型城镇化等战略的实施。推动对外交通主骨架基础设施建设,支撑"一带一路"倡议实施,承载我国经济、文化走出去。落实推广公共交通为导向的开发(Transit-Oriented Development,简称TOD)模式,实现城市与交通一体化发展,提高土地使用效率,实现城市用地集约高效发展。

(2)发挥"现代交通+"的引领作用,依托高速交通,缩短时空距离,加快经济运行节奏,优化资源配置,放大同城效应和促进区域一体化,提高经济社会运行的效率和效益,重塑生产与生活模式。

(3)发挥"现代交通+"的引领作用,激活交通乘数效应,催生高铁经济、港口经济、空港经济、自由贸易区和自由贸易港等发展新形态,成为经济发展的新"引擎"。

(4)发挥"现代交通+"的引领作用,适应人民新需求。融合互联网,发展智慧出行、现代旅游和现代物流,支撑"门到门"、个性化、多样化服务,使人们享受出行快乐。

综上所述,要基于我国国情确定"交通强国"战略。交通强国战略目标、指标体系的确立,战略重点、发展路径、结构调整、突破点的选取,保障措施的制定都必须符合中国国情,突出中国特色,以建成符合中国国情的现代化综合交通运输体系。

第二章
交通强国目标与指标体系

第一节 内涵

一、建设交通强国指导思想

以习近平新时代中国特色社会主义思想为指导,全面贯彻落实党的十九大精神,以人民满意为根本出发点,借鉴发达国家和地区经验,突出中国特色,发挥社会主义制度优势,深化供给侧结构性改革,推动交通运输质量变革、效率变革、动力变革,建设现代化综合交通运输体系,为建设社会主义现代化强国做好保障、当好先行,实现对世界交通强国的赶超。

二、交通强国的内涵

交通强国是新时代党和国家赋予交通运输业的崇高使命,要求交通运输业通过自身强,实现强国家、使人民满意的目标,支撑中华民族伟大复兴中国梦的实现。

交通强国的内涵是:人民满意、保障有力、世界领先。

"人民满意"是指提供高品质、多样化的交通产品和服务,满足人民不断增长的美好生活需求。

"保障有力"是指交通运输在提供高质量服务的同时,发挥引领作用,实现交通与经济深度融合,成为发展新动能。

"世界领先"是指交通基础设施规模质量、交通服务、交通绿色化和智能化水平世界领先;交通创新能力、交通科技装备、交通安全水平和可持续发展能力世界先进。

第二节　战略目标

一、总体目标

按照党的十九大的战略部署和党中央对交通运输工作的要求,确定我国交通强国战略的总体发展目标为:建成"安全、便捷、高效、绿色、经济"的现代化综合交通运输体系。

安全是交通发展的基本前提,是人民群众对交通运输系统的最基本要求;便捷、高效是实现世界一流交通服务水平的重要体现,是人民群众对出行的基本诉求;绿色是交通发展的根本原则,是实现交通高质量发展的重要内容;经济是降低运输成本,提高交通竞争力的主要内涵。

基于对"交通先行"的思考,本研究认为,建设交通强国目标的时间节点与建成中国特色社会主义现代化强国的总体部署相比,应适度超前,即大约提前五年实现建设交通强国的战略目标。

二、阶段目标

从现在起到 2020 年为交通强国建设准备期;从 2020 年开始,分两步实现交通强国战略目标。阶段目标及实施要点如下。

1. 从现在起到 2020 年发展重点

从现在起到 2020 年是决胜全面建成小康社会的关键时期,也是全面建成小康社会和开启社会主义现代化建设新征程的历史交汇期。这一时期的交通重点工作是推进供给侧结构改革,抓重点、补短板、强弱项,完成《"十三五"现代综合交通运输体系发展规划》规定的任务,着手解决交通领域当前的突出问题,为打好"防范化解重大风险、精准脱贫、污染防治"的攻坚战提供支撑,为交通强国建设创造条件。

2. 第一阶段的发展目标

从 2020 年到 2030 年为第一阶段,基本建成"安全、便捷、高效、绿色、经济"的现代化综合交通运输体系,实现"人便其行、货畅其流、国惠其昌",进入交通强国行列。具体目标如下。

(1)综合交通实现一体化(综合交通一体化是指实现交通与土地利用、不同交通方式、交通运输服务以及交通运输管理体制机制的一体化)。基本建成"能力充分、结构合理、通达便捷、综合一体、安全可靠、绿色智能"的现代化综合交通基础设施网络。

（2）交通科技水平与创新能力显著提高，主要核心技术实现自主可控。交通土建技术、轨道交通技术领先世界，新能源汽车实现"换道超车"，高技术船舶、大型民用飞机技术攻关及其产业化取得重大进展。

（3）智能交通整体进入世界先进行列，智能高铁、智能土建技术、智能交通管理与服务等重点领域世界领先。

（4）交通服务水平大幅度提升。实现基本公共服务均等，客运服务便捷高效、安全可靠。建成都市圈"门到门"1h通勤圈、城市群2h交通圈、全国主要城市间3h交通圈；一站式、多样化、共享交通服务普及；统一开放、竞争有序、一单到底、经济高效的货运服务体系基本形成，物流成本占国内生产总值的比例降到10%以下。

（5）绿色交通主导。实现交通全环节、全生命周期绿色化。铁路客货运量、多式联运占比明显提升，城市绿色出行分担率达到85%，新增车船中清洁能源车船占比超过50%，建成完善的步行与自行车道路系统。

（6）交通安全水平显著提高。以"零死亡"为愿景，铁路、航空安全保持国际先进水平，水运重大风险源防控取得显著成效，道路交通万车死亡率降至0.5以内；交通安全和应急救援体系完备，交通系统的安全性、可靠性全面提升；实现军民深度融合，有力支撑国家安全。

（7）城市交通拥堵明显缓解。城市交通拥堵与交通污染治理取得显著成效，交通运行效率显著提升，居民出行品质和出行体验显著改善，使城市生活更加宜居，为城市发展注入持久活力。

（8）乡村交通服务全面覆盖。深入推进"四好农村路"建设，农村客运服务优质、便捷、多样化；创新农村物流发展模式，完善县、乡、村三级农村物流服务体系。

（9）国际影响力、竞争力显著增强。基本形成高效、可靠、开放共享的全球交通服务网络体系，国际影响力显著提高，国际竞争力显著增强，建成一批世界级交通企业，打造若干驰名全球的交通品牌。

3. 第二阶段的发展目标

从2030年到2045年为第二阶段，高标准建成"安全、便捷、高效、绿色、经济"的现代化综合交通运输体系，成为世界领先的交通强国，实现"人享其行、物优其流、国倚其强"。具体目标如下。

（1）实现高质量交通一体化。各种运输方式实现深度融合、便捷、高效。

（2）交通科技与创新能力进入世界前列。部分关键技术引领世界发展。

（3）智能交通实现世界领先。

（4）交通服务达到世界领先水平。多样化、个性化服务满足大众出行需求。公共交通、共享交通充分发展，大幅度降低私人汽车使用量。

（5）绿色交通世界领先。建成便捷高效、绿色智能的综合交通运输体系。

（6）交通"零死亡"愿景基本实现。道路交通万车死亡率降至 0.3 以内，实现出行安全舒适、人民放心的交通环境。

（7）破解城市交通拥堵难题、大幅度降低交通污染，居民出行品质和出行体验位居世界前列。

（8）形成独具特色的中国乡村交通体系。乡村交通安全大幅提升，高质量公共客运服务覆盖农村，支撑城乡一体、区域协调、美丽乡村建设。

（9）具有与社会主义现代化强国相匹配的国际影响力，成为全球交通标准制定的主要参与者、交通治理体系的引领者之一。

第三节　评价指标体系

一、构建评价指标体系的目的

交通强国评价指标体系，既是评价体系，也是引导体系。作为评价体系应该能够评价我国交通运输系统发展的先进程度和差距，评估交通强国建设的动态进程，能够回答是否进入了交通强国行列、是否走在了交通强国前列、是否实现了世界领先的目标。作为引领体系，应该能够指明走向交通强国这一动态过程中不同时期的努力方向和工作重点，说明应该加强的系统要素和政策导向。

二、指标设置原则

（1）科学性原则。涵盖交通强国的内涵和目标，反映交通强国的主要影响因素及其影响规律，符合中国实际和世界主要交通强国的共性特点。

（2）引领性原则。经济社会、交通技术、需求特性等影响交通运输的核心因素都在动态变化，指标体系需要在充分预测和展望的基础上确定，以保证指标体系的引领作用。

（3）可比性原则。指标体系应该具有全面、客观、公正、可比的特点，应该考虑数据的可获得性、评价工作的可操作性等。指标设置也应考虑世界共识、国际认可程度。

三、评价指标设置及其依据

评价指标体系由目标层、准则层和指标层构成。

1. 准则层设置及其构成

根据交通强国特征与目标,确定准则层由安全、便捷、高效、绿色、经济5大部分构成,如图总-11所示。

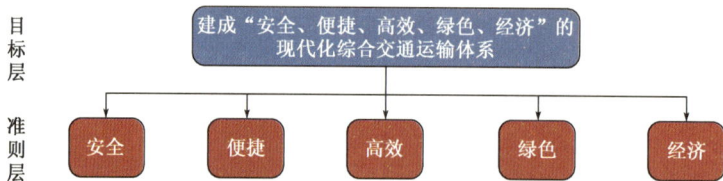

图总-11 评价指标体系的五大准则

2. 评价指标形成过程

按照科学性、引领性、可比性原则,基于交通强国发展目标要求,在分析研究交通发展机理与规律、深度总结国际交通强国发展经验、对比分析达沃斯评价指标、国内外86个相关评价指标体系及多轮专家研讨的基础上形成了由81个基本指标组成的交通强国评价指标库。

在此基础上,通过大规模专家调查和相关分析计算,确定了19个关键指标构成的交通强国核心评价指标体系,见表总-15。

该评价指标体系服务于我国交通强国建设过程的状态评估和发展引领,以及交通强国的国际比较分析。

交通强国评价指标体系关键指标构成 表总-15

准 则 层		序 号	指 标 层
一	安全	1	道路交通事故万车死亡率
		2	交通应急能力
		3	交通军民融合指数
二	便捷	4	交通基础设施通达率
		5	综合交通枢纽一体化水平
		6	"123交通圈"人口覆盖率
		7	交通基本公共服务均等化水平
三	高效	8	城市交通拥堵指数
		9	城市交通管理智能化水平
		10	重要交通技术装备水平
		11	交通全球连通度
四	绿色	12	绿色交通分担率
		13	TOD发展综合指数

准 则 层		序　号	指 标 层
四	绿色	14	交通基础设施绿色化程度
		15	共享交通发展水平
五	经济	16	物流费用占国内生产总值比例
		17	交通运输全要素生产率
		18	交通运输国际影响力
		19	交通与经济发展适应度

四、评价指标的定义与内涵

1.道路交通事故万车死亡率

我国道路交通事故死亡人数占我国交通运输事故死亡人数的比例高达98%,是我国提升交通安全水平的主要矛盾。世界各国的道路交通事故死亡人数占比也普遍超过了94%,可以说道路交通事故死亡人数直接反映了一个国家交通安全的水平,故将其作为评价交通安全的代表性因素。

道路交通事故万车死亡率指标是表征道路交通安全水平的基本指标。指标实质上是计算"单位车辆死亡率",一般选取"万车"作为机动车数量的统计单位,即为万车死亡率。

2.交通应急能力

交通应急能力包括交通系统的日常应急能力、重大事件应急能力和国际应急能力,是交通实力和综合国力的体现。

此项指标采用综合响应时间来度量,通过不同状态下交通系统响应时间的加权平均值计算得到。交通系统的综合响应时间越短越好。

3.交通军民融合指数

建设全方位、多层次、高效率的交通军民融合深度发展体系是保障国家安全的重要举措。

交通军民融合指数是衡量交通军民融合程度的指标,是综合反映军事交通系统和民用交通系统一体化谋划、军民需求兼容、平战结合可利用程度的度量。该指标利用交通法规、技术、装备、设施等军民融合统计数据计算得到。

4.交通基础设施通达率

交通基础设施通达率是考核公铁水航作为一个整体的综合交通基础设施通达与覆盖

程度的指标,分城市和乡村对交通基础设施通达情况进行综合计算,同时考虑到港口铁水联运的重要性,加入重要港口铁路通达码头的情况综合考核计算。

5. 综合交通枢纽一体化水平

综合交通枢纽一体化水平是表征综合交通枢纽(对外交通枢纽和城市综合交通枢纽)无缝衔接、零距离换乘程度的指标,主要体现在设施衔接换乘的便捷水平,是提高交通服务水平和设施使用效率的引领指标,用综合交通枢纽涵盖的不同交通方式平均换乘距离值度量。

6. "123 交通圈"人口覆盖率

"123 交通圈"人口覆盖率是表征公共交通系统尤其是轨道交通与城市用地一体化程度的指标,也是交通基础设施空间布局合理程度、交通系统规划建设合理程度及综合交通服务水平的综合反映,用于引领城市结构和交通系统一体化发展,用指标"123 交通圈"即都市圈"门到门"1h 通勤圈、城市群 2h 交通圈、全国主要城市间 3h 交通圈人口覆盖率计算值来衡量。

都市圈"门到门"1h 通勤圈的发展目标是构建以城市轨道交通为主导的集约、高效的城市综合交通系统,实现"门到门"1h 通勤圈,以"门到门"1h 通勤圈覆盖的人口(人口覆盖率)百分比衡量。

城市群 2h 交通圈的发展目标是以国家高速铁路及城际轨道交通、高速公路、城市轨道交通为骨干,以其他交通方式为补充,实现城市群 2h 交通圈,以城市群主要城市间 2h 覆盖的人口百分比计算。

全国主要城市间 3h 交通圈的发展目标是实现全国主要城市间由高速铁路和航空运输组成的 3h 交通圈,以全国主要城市间 3h 交通圈覆盖的人口百分比衡量。

7. 交通基本公共服务均等化水平

衡量公共交通服务均等化程度,体现公共交通运输服务向中西部延伸、向乡村下沉、向弱势群体倾斜,体现国民平等的交通权,即交通公平性。

从客运和货运两个角度衡量公共基本服务均等化水平,采用自然村客运服务率、自然村直接通邮率、乡镇快递点覆盖率,按算数平均值进行计算。

8. 城市交通拥堵指数

城市交通拥堵指数是衡量道路交通运行畅通程度的指标,为无量纲数值,用城市交通性主干道的自由流车速与高峰期车速之比的加权平均值来考核。

9.城市交通管理智能化水平

提升城市交通管理的智能化水平是破解城市交通难题的重要手段。城市智能交通管理通过对数据资源的深度挖掘和分析研判,提高运行效率,提供高水平服务,减少安全隐患,实现交通管理总体水平的提升。本指标考核交通管理的智能化程度。

采用统计计算方法,对评价对象从交通大数据共享水平、智能分析研判水平、智能停车水平、智能公交水平、智能慢行系统水平、智能交通安全水平等方面进行综合考核。

10.重要交通技术装备水平

重要交通技术装备水平是衡量交通技术装备先进程度的指标,主要反映关键交通技术装备的先进、适用程度,体现交通技术装备整体先进性和可持续发展能力。

从道路、铁路、水路、航空四大领域选取关键技术装备考核,选用汽车核心技术掌握度、高速铁路线路里程占比、万人大飞机拥有率、高技术船舶占比等关键因素综合衡量。

11.交通全球连通度

交通全球连通度是衡量交通运输系统服务全球能力的指标,从公铁水航形成的国际综合交通运输网络的可达性和运输服务高效性角度度量,反映一个国家在全球范围内高效快捷、广覆盖的客货运输服务实力。

12.绿色交通分担率

绿色交通分担率是衡量绿色交通发展程度的指标。绿色交通分担率是引导形成合理结构、实现节能减排和健康发展的关键指标。本指标选取城市和城市间客货运输绿色交通分担率来综合考核。

13.TOD发展综合指数

TOD是指公共交通为导向的开发模式,该指标是城市土地利用与交通系统一体化规划的重要引领指标,是实现紧凑型城市建设和交通与土地利用一体化发展、促进利用公共交通等绿色交通方式出行的重要指标,是实现生态城市建设、破解交通"大城市病"的引领性指标。综合考虑轨道交通站点周边500m范围内就业岗位密度、500m范围内混合用地使用程度、枢纽与周边建筑连接的出入口数、500m范围内步行和自行车交通路网密度等因素,综合评价城市轨道交通TOD发展水平。

14.交通基础设施绿色化程度

交通基础设施绿色化程度是指交通基础设施在建设、使用和养护过程中资源循环利用、能源与土地资源节约利用以及生态环境保护的程度,体现了交通基础设施在资源投入、材料使用、建设组织管理、施工过程影响、设施质量寿命、维护修理等全环节的低碳节能环保综合水平。

15. 共享交通发展水平

共享交通发展水平是衡量共享交通发展程度的指标。共享交通是未来出行领域的主流趋势之一。该指标采用定性和定量分析相结合的方法,重点从交通资源、交通工具、交通服务3个方面进行评估。

16. 物流费用占国内生产总值比例

物流费用占国内生产总值比例是衡量物流成本水平的指标,也是体现交通运输经济效率的重要指标,是指在一定时期内,国民经济各方面用于社会物流活动的各项费用支出总和占国内生产总值的比例,该比例越低越好。

17. 交通运输全要素生产率

交通运输全要素生产率是衡量交通运输生产效率的指标,采用单位从业人员完成的交通运输工作量来计算。

18. 交通运输国际影响力

交通运输国际影响力是衡量一个国家的交通运输在国际竞争力的指标,也是国家交通运输企业国际竞争力的综合体现。采用交通运输企业国际竞争力、交通行业国际话语权与海外运输服务能力进行综合判断度量。

19. 交通与经济发展适应度

交通运输与经济发展适应度是衡量交通基础设施建设与经济发展之间匹配程度的指标,目的是把握交通基础设施建设的总量、结构及其建设的时间节点,从而实现交通基础设施供给与交通需求总量、结构相匹配,建设的时间节点既不能过度超前,也不能严重滞后。过度超前则造成投资浪费,严重滞后则阻碍社会经济的可持续发展。选择交通大通道、城市交通和综合交通枢纽群作为主要的考察和监控对象。

第三章
战略重点

建设交通强国是复杂的系统工程,影响交通强国建设的因素众多,涉及内容广泛。本研究侧重从工程技术和工程管理角度,按照目标导向和问题导向原则,提出了未来我国交通强国建设的九个战略重点:构建现代化综合交通基础设施网络、实施创新驱动交通发展、提升交通智能化水平、实现世界一流交通服务、坚持绿色交通发展、提升交通安全水平、破解城市交通拥堵、加强乡村交通运输体系建设、建设通达全球的交通体系。

建设交通强国的过程、时间较长,应根据不断变化的情况,对顶层设计进行必要的动态调整,以确保交通强国建设的科学性和针对性。

在此基础上,本研究又聚焦交通四大发展趋势——"一体化、绿色化、智能化、共享化",作为交通领域改革创新的关键突破点,进行深入分析,以抓住实现交通强国建设的"牛鼻子"。

第一节　构建现代化综合交通基础设施网络

基础设施是交通运输核心组成部分,是决定交通运输能力、质量、效率水平的关键因素。我国交通进入高质量发展新阶段,科学确定交通基础设施的发展目标,对建设交通强国具有十分重要的意义。

一、综合分析

1. 发展阶段特点

随着中国特色社会主义进入新时代,我国交通也进入高质量发展的新阶段。展望未来发展态势,有两个特点值得注意。

(1)交通基础设施在保持可观规模建设的同时,将逐步进入建设投资增长放缓的"变坡期"。经过多年大规模建设,我国铁路、公路、水路营运里程,港口、民航机场数量均位居世界前两位。尤其是1998年和2008年的两次投资拉动,为交通基础设施的加快建设创造了机遇。目前,除重要铁路和公路的部分路段以及主要枢纽机场存在运力紧张现象以外,我国综合交通基础设施网络就总体而言,基本适应需求,供求关系大体进入"动态平衡"状态。未来30年,随着我国产业结构、消费结构、能源结构、人口结构变化以及特高压输电能力的不断增强,大宗物资运输需求相对减少,国内货物运输总量增长幅度将出现下滑趋势,同时客运需求增速将逐步放缓。通过供给与需求关系的分析,可以预见2020年以后,我国将进入交通需求总量增长和基础设施建设投资规模增长同步放缓的新阶段,亦即我国将进入建设投资既保持可观规模、增长又适度放缓的"变坡期"。进入"变坡期",交通基础设施建设强度将逐步下降,养护和提质改造需求将逐步上升。

(2)交通基础设施建设即将出现10年左右的"窗口期"。"窗口期"是不可多得的"优规划、调结构、补短板、构建现代化综合交通基础设施网络"的机遇期。倘若不能充分利用"窗口期",我国铁路、公路、水路、民航等基础设施还是像目前一样各自规划、各自建设,就不可能实现各种运输方式的整合与优化,既有的问题会愈加突出。假如错过"窗口期",到2030年,由于那时各种交通运输方式基础设施建设基本完成,投资必将大幅度减少,再想进行优化与整合将十分困难。因此必须牢牢抓住尚有较多投资的10年"窗口期",按照供给侧结构性改革的思路,紧紧围绕交通一体化和高质量发展,精准发力,审视和优化现有交通建设规划,既要做加法:补短板、强弱项,又要做减法:去重复、调结构,以建成一体化的现代综合运输体系。

对于即将出现的"变坡期"和宝贵的"窗口期",一定要重视和紧紧抓住不放。

2.发展思路与目标

(1)发展思路。交通基础设施综合优化的指导思想是,以综合交通基础设施提质增效为根本要求,以加快综合网络融合和系统功能提升为主线,以推进综合协调和科技创新为主攻方向,统筹优化基础设施布局,补短板,强弱项,建立绿色发展的交通结构,提高多种运输方式一体化衔接水平,提升国际连通度,推动系统智能化升级,加强基础设施质量维护,实现交通基础设施由大到强的转变。

(2)2030年目标。基本建成"能力充分、结构合理、通达便捷、综合一体、安全可靠、绿色智能"的现代化综合交通基础设施网络。各种运输方式的基础设施运能充分但不过度超前;基础设施网络结构合理,铁路、水路运输的分担率大幅提高;基础设施网络综合覆盖度进一步提升,短板和弱项基本消除,国内通达、通畅性及国际通达性显著提高;建成现代化便捷高效的综合枢纽体系,各种运输方式衔接一体高效,旅客换乘更加便捷,货物换装转运效率显著提高;港口海铁联运、水铁联运水平显著提升,沿海港口集装箱吞吐量与海铁联运比例显著增加,千万吨级吞吐量内河港口基本实现铁路接轨;基础设施可靠性和耐久性提高,技术状况总体保持优良;基础设施绿色环保水平、资源利用效率、对清洁能源运输工具的配套服务水平明显提高。智慧公路、智慧港口、智慧机场部分领域技术世界先进,高速铁路技术保持世界领先。

(3)2045 年目标。到 2045 年,建成高标准的"能力充分、结构合理、通达便捷、综合一体、安全可靠、绿色智能"的现代化综合交通基础设施网络。铁路、水路运输的运输周转量分担率进一步提升,运输结构更加绿色。交通基础设施成为无缝衔接、智能网联、有效控制的一张网。交通基础设施技术状况保持优良,并具有良好的可靠性和弹性,实现与信息网和能源网的有机融合,形成与资源环境承载力相匹配、与生产生活生态相协调的全天候交通基础设施绿色发展体系。公路、铁路、港口、机场的建设维护技术世界先进,交通基础设施网的总体能力和水平世界领先。

二、主要任务

1. 优化综合交通基础设施网络规划建设

(1)优化规划。基于基础设施能力总体基本适应经济社会发展需求、部分短缺和富余并存的现状,在准确把握未来客货运输需求变化趋势和充分考虑科技创新带来存量效能提升的基础上,从综合交通一体化角度,对现有规划进行再优化,做到基础设施供给适度超前、规模合理、布局科学,防止重复建设,避免造成土地资源和投资浪费。

(2)补短板、强弱项。要解决主要交通通道依然存在的"瓶颈"问题,提升铁路、公路繁忙通道的运输效率和能力;加强西部交通基础设施建设;提高枢纽机场地面保障能力,改善空域管理,优化航道港口基础设施;重视国际运输通道及海外支点的规划,增强与周边国家交通基础设施的互联互通;在科学规划前提下,加大轨道交通建设力度,提高城市、城际交通便捷性;结合城镇化和乡村振兴规划,合理提高农村公路覆盖深度,改善欠发达地区和特殊自然条件地区的基本出行条件,加大交通扶贫力度。

(3)调结构,促综合。优化交通基础设施结构,推进运输结构向绿色、经济方向发展。在城市与城市群等人口密集地区,要规划建设以各层级轨道交通为骨架、高速公路和干线公路和城市快速路为基础、各种方式无缝衔接的基础设施网;偏远及自然生态脆弱地区,除公路外,可以考虑通用航空解决便捷出行问题。货运方面,以提高铁路和水运分担率为重点,努力提高铁路集装箱运量及占比;升级改造内河航道,提高内河航道技术等级和服务水平,完善江海直达、干支衔接的航道网络体系,不断加强内河航道的运力挖潜和运能提升。

2. 完善各种运输方式基础设施布局

（1）完善铁路基础设施网络。综合考虑发展国家战略及经济效益等多方面因素，规划建设规模合理、标准适度的中西部铁路网，近期重点抓好川藏铁路建设；加强革命老区、贫困地区铁路建设；加快人口相对密集贫困地区开发性铁路建设；实施成为运输瓶颈的重点通道、重点枢纽的新线建设和扩能改造，提升重点运输通道的集疏运能力；对运输繁忙的铁路既有线进行升级改造；加快货物运输"公转铁"中的短板建设；加强统筹城际轨道、市域（郊）铁路、城市轨道建设，构建城市群内多方式、多层次、高速度、广覆盖的客运服务系统。

（2）完善公路基础设施网络。继续贯通国家高速公路通道，加强国家高速公路主通道拥挤路段扩容改造；畅通主要城市群城际通道，疏通中心城市进出道路；通过规划、投资、信贷等调控措施，引导地方政府合理把握高速公路规模，科学确定项目建设标准和实施时序；加强普通国省道干线低等级路段升级改造，推进普通国省道城镇过境路段改造，提高干线公路与城市道路的衔接水平；实现城市群地区公路与城市道路的规划协调及标准衔接，实施统一的信息引导；把握农村、农业的发展趋势，科学推动农村公路建设；加强边防公路建设。

（3）优化航道港口基础设施。推进长江、西江、京杭运河等干线航道扩能改造、等级提升及系统治理，统筹推进支线航道建设；推进解决三峡枢纽拥堵问题；提升长三角、珠三角高等级航道网络；发展水水中转和江海联运，完善中转能力建设，加强水陆有机衔接；加强既有基础设施的升级改造，提高设施利用效率；促进港口功能合理分工和结构调整，提升主要货类码头设施专业化水平；准确把握国际外贸形势的长期趋势，合理规划外贸原油接卸码头、集装箱码头、煤炭装船码头、外贸铁矿石接卸码头规模，防止重复建设和规模过度超前。

（4）提高机场运行保障能力。提升北京、上海、广州机场国际枢纽竞争力，兴建京津冀、长三角、粤港澳大湾区、成渝等地区世界级机场群，建设成都、昆明、深圳、重庆、西安、乌鲁木齐、哈尔滨等国际航空枢纽；继续推进枢纽机场基础设施建设，加快通用机场建设，鼓励非枢纽机场增加通用航空设施，支持在偏远地区、地面交通不便地区建设通用机场。统筹军民融合发展，增强空域资源保障；推广空域精细化管理，提高空域运行效能。制定并实施全国干线航路航线网规划、繁忙机场终端区规划等重要空域规划，统筹机场布局规划和空域专项规划。

（5）打造国际通道及海外支点。陆上以周边国家为重点，推进中蒙俄经济走廊、新亚欧大陆桥和中国—中亚—西亚经济走廊、中国—中南半岛经济走廊等陆路通道；加强与"一带一路"沿线国家合作，共同推进国际大通道建设，形成连接亚洲各次区域及亚欧非之间的铁路基础设施网络和与周边国家互联互通的公路通道;促进与周边国家互联互通的区域型通道建设。海上以重点港口为节点,共同建设通畅、安全、高效的运输大通道,加强"海上丝绸之路"支点建设,提高能源运输安全保障水平。天上以"空中丝绸之路"为重点,以国际航空枢纽为支点,加密亚洲洲内航线,建设连接欧洲、北美洲、大洋洲等地的空中快线,加大对南美洲、非洲的辐射广度与深度,构筑畅行全球、高效通达的国际航线网络。

3. 推进综合运输大通道的一体化

(1)优化通道布局。贯彻"一带一路"倡议、京津冀协同发展、长江经济带、长江三角洲区域一体化发展、建设粤港澳大湾区等新一轮国家重大倡议与战略,统筹考虑人口和资源分布、国土开发、对外开放,以及国防建设、经济安全和社会稳定对交通运输的要求,在既有综合运输网络基础上,优化布局,统筹构建横贯东西、纵贯南北、内畅外通的综合运输大通道。综合运输通道能力建设要与运输需求相适应并适度超前,通道应覆盖全国主要城市群和其他重要城市以及主要资源地、消费地,顺畅衔接国家重要交通枢纽和口岸城市、交通干线与重要支线。做好综合运输通道对外衔接。

(2)打通通道瓶颈。综合运输大通道中,高速公路、干线铁路和内河高等级航道的能力紧张区段全部消除。

(3)优化通道运输结构。立足于我国经济地理和自然条件,综合高效地利用土地、走廊、岸线及枢纽资源,推进通道绿色集约发展,实现通道内交通资源的合理配置、集约利用。要充分体现各种运输方式的技术经济特征和比较优势,重点支持构建大容量快速客运系统,稳步提高铁路客运比例。健全以铁路、水运为主导的绿色货物运输主通道网络体系,大幅度减少长距离公路运输。

4. 加强综合交通枢纽建设

(1)规划建设综合交通枢纽。统筹规划建设以铁路枢纽、航空枢纽、航运中心为主体的客货综合交通枢纽体系。处理好各层级、不同区域枢纽场站的分工协作。

(2)推进综合交通枢纽规划设计一体化。实现枢纽与集疏运系统的同步规划,推动枢纽内多种运输方式一体化规划设计、同步建设、协同管理;强化枢纽站场之间连通,实现枢纽衔接一体、运转高效,进而实现客运"零距离换乘"、货运"无缝化衔接"。

(3)完善各种运输方式衔接配套设施。加快综合交通枢纽站场设施资源的综合利用,加强货物多式联运、旅客联程运输服务。研究完善综合交通枢纽站场建设和运营服务标准规范,加强不同运输方式在设施、装备、管理、信息等方面的配套衔接。推动发展高铁车站与枢纽机场的零距离换乘和一体化服务,构建"民航+高铁"快捷交通运输模式;推进多式联运型和干支衔接型货运枢纽建设,优化"最后一公里"配送通道,实现重要港区铁路进码头、物流园区直通铁路。

5.建设高品质的交通基础设施

（1）加强交通基础设施安全保障。加强关键交通基础设施安全监测与安全风险防控，及时消除风险隐患；完善交通安全设施建设，完善事故多发、易发路段的公路安全设施，推进危桥（隧）改造工程；建设应急救援体系。

（2）提升交通基础设施建养品质。按照全寿命周期管理要求，建立现代化工程建设质量管理体系，推进精益建造和精细管理；依托重大工程，推动交通基础设施建设向长寿命、标准化方向发展；高度重视交通基础设施逐步老化的趋势，提高交通设施养护质量，延长使用寿命；开展数字化养护，实现动态化管理。

（3）提升基础设施智能化水平。将信息化、智能化发展贯穿于交通基础设施建设、管理、养护、运行各环节。通过智能化手段，将原本相互独立的不同运输方式系统整合成一个集约化交通网络，实现综合运输效率最大化。推进智慧铁路、智慧公路、智慧港口、智慧机场建设。

（4）推进交通基础设施绿色发展。把生态保护理念贯穿到交通基础设施规划、设计、建设、运营和养护全过程。推广使用绿色环保新材料、新能源、新技术。

第二节　创新驱动交通发展

习近平总书记指出，关键核心技术是要不来、买不来、讨不来的，必须把创新主动权牢牢掌握在自己手中。

全面提高科技创新能力是交通强国战略的核心驱动力。要实现从跟跑向并行、领跑的历史性转变，攻克交通技术"制高点"，就要紧紧抓住创新驱动交通发展。

一、综合分析

我国交通科技在基础设施建设、装备制造、信息化与智能化、交通服务等方面，取得了一批标志性的重大科技创新成果，在基础理论与设计方法、重大工程建设、重大装备制造等方面的技术创新取得了重大突破，部分技术实现了赶超，发挥了科技对交通运输的支撑和引领作用。

但是与世界领先的交通科技水平相比，还有很大距离，主要体现在以下方面：

（1）交通基础理论的原创性贡献、建筑信息模型（Building Information Modeling，简称BIM）技术、交通基础设施建养一体化技术等方面基础理论创新能力、研发能力有待进一步提高。

（2）部分运输装备制造差距明显，如民用飞机、汽车、高技术船舶等重要装备的核心技术受制于人。

（3）运营服务与管理技术水平不高，需要打破国外对交通控制核心技术的垄断。

因此，需要全面落实国家创新驱动发展战略，以支撑建设交通强国的目标，解决目前基础研发能力不强、关键装备技术水平不高的问题，突破一批服务国家重大战略和经济社会发展的核心技术瓶颈，加快新技术成果推广应用，不断提升我国交通技术水平，构建满足我国需求、国际先进的现代交通运输核心技术体系；提升我国交通运输业和装备制造业的核心技术全球竞争力，为我国由交通大国向交通强国、从适应发展到引领发展的整体跃升提供有力支撑。

二、主要任务

1. 全方位提升交通科技创新能力

力求在发展中掌握战略主动，推动全行业发展方式由要素驱动向创新驱动转变，使创新成为交通运输业发展的新"引擎"，重点从以下五方面着手：

（1）以资源开放共享为手段，加强资源统筹和组织实施。加强各类创新主体间合作，充分发挥企业技术创新主体作用，促进"政产学研金用"紧密结合，完善协同创新机制，强化部门、行业、国内外创新能力协同的制度性安排和纠错机制，确保国家创新资源能围绕创新规划任务有效配置，强化科技创新成果转化，同时建立基础研究方面的政策引导机制，加强基础研究资金保障，探索多元投入机制，确保科技资金稳定投入。

（2）强化科技创新人才培养，优化创新人才发展环境。构建新型高层次人才队伍建设的培养、引进和使用体系，实施更加积极、开放、有效的人才培养和引进政策；完善科技人才评价和激励制度，培养科技创新人才，打造交通科技创新团队，鼓励科技人才竞争流动。

（3）高度重视基础理论、设计方法研究，支撑基础研究的突破。加强基础研究资金保障，完善基础研究投入机制，充分发挥国家对基础研究投入的主体作用，加大中央财政对基础研究的支持力度，加大对基础学科、基础研究基地和基础科学重大设施的稳定支持，强化政策环境、体制机制、科研布局、评价导向等方面的系统设计，多措并举支持基础研究；探索多元投入机制，确保科技资金稳定投入，形成财政资金、金融资本、社会资本多方投入的新格局。

（4）建设高水平科技创新平台，积极推进国家级创新平台建设。加强原型观测和基础实验站网建设，建立健全科技资源开放共享机制，促进科研仪器设施开放共享。

（5）深化国际科技合作与交流。加强交通科技合作研究，主动参与或牵头开展国际交通领域大科学计划和大科学工程科技合作，全面提升我国交通科技创新能力和现代化水平。

2. 突破核心技术, 提高装备水平

瞄准世界科技前沿, 奋发图强, 加强共性关键技术攻关, 大力提升关键装备技术自主研发水平, 摆脱核心技术受制于人的局面, 掌握引领产业变革的颠覆性技术, 重点从以下五方面着手:

(1) 针对汽车、船舶、飞机动力与控制系统核心技术受制于人的问题, 着力提升创新能力。打造安全可控完整的清洁汽车产业链。提升高技术船舶的设计建造能力, 2030 年实现自主设计、建造的高技术船舶的批量生产。突破大型民用飞机、重型直升机、航空发动机、航空电子、航空材料和空管系统软件等核心技术, 提高关键装备的设计制造水平, 形成支线飞机、单通道干线飞机、双通道干线飞机等系列产品, 提高空管系统装备自主化率。开展超音速飞机关键技术研究。推广无人机应用。

(2) 攻克载运工具节能、低碳关键技术, 实现排放洁净化, 降低传统燃油汽车油耗和有害气体排放。2030 年乘用车燃料消耗量降至 3.2L/100km, 商用车新车燃料消耗量达到国际领先水平。

(3) 发挥我国电动汽车总体竞争优势 (产能、技术研发、蓄电池生产、充电基础设施建设), 占领开发新能源汽车的制高点, 实现 "换道超车"。2030 年公共交通工具全部实现电动化, 电动乘用车销售量占比将达到 40%。

(4) 针对大城市交通控制、机场运行控制、极地航运控制问题, 攻克大城市区域交通控制、动态信息服务、先进机场运行、运输组织与应急指挥一体化、极地航运实时通信等技术与装备。

(5) 研究汽车安全多系统协同控制、轨道列车在途检测与安全预警、车路智能协同控制、船舶远程自主航行、飞行器适航、智能化空管系统等关键技术, 形成一体化系统安全技术与装备。

3. 高度重视交通运营指挥控制和服务技术

为摆脱国外垄断, 解决适合我国交通特点的新一代智能交通控制技术的瓶颈问题, 重点从以下四方面着手:

(1) 突破城市交通协同管控、综合交通集成服务、交通系统在线动态仿真等关键技术, 形成城市综合交通协同管控、动态仿真等方面的技术标准和规范, 并创新应用, 提高城市交通系统运行效率和综合服务水平。

(2) 重点突破区域交通运输态势监测、区域综合交通运输组织调度、应急指挥与协调联动、区域交通信息服务走廊等关键技术, 研发其综合平台与系统, 提升区域综合交通运行效率和服务水平。

（3）深入研究开发空管系统的协同化与智能化运行技术。开展天临空地一体化信息系统、智能化空管系统、无人机/有人机混合运行管控系统、无人机物流系统、亚轨道交通管控系统等方向的前沿技术研究，引领国际智能空管系统装备生产制造。

（4）突破综合交通运输网络运行风险辨识与防控技术，构建面向综合运输运行风险防控的交通行为风险监测与调控系统。

4. 保持高速铁路技术和港机装备技术领先地位

（1）通过科技创新引领世界轨道交通发展。研发时速400km轮轨高速列车系统。攻克时速600km级低真空管（隧）道高速磁悬浮铁路关键技术。近期高速铁路运营全部达到设计速度。

（2）加强既有码头技术改造，结合需求有序提升装备设施水平，完善自动化码头成套技术，保持海港设施技术先进水平，提升港机装备技术国际市场份额。优化设施装备存量资源，提升设施利用效率。

5. 巩固交通土建技术的领跑态势

（1）在现有"世界一流"的基础上，加强基础理论研究和应用技术攻关，掌握先进的全寿命智能化设计理论与方法。

（2）加快高性能混凝土材料、高性能钢材及缆索、复合材料、智能材料及工艺的开发应用。

（3）施工设备和工艺将以重大工程需求为导向，以智能化、一体化、装配化、精细化等"四化"为目标进行研发，重点在桥隧施工、土工结构、吹填造陆、港航和海岸工程方面突破，加大智能建造成套技术与装备研发力度，完善相关技术标准体系。

（4）将信息智能技术应用于交通基础设施监测、检测、养护维修及更新改造方面，建立基于大数据和BIM技术、故障预测与健康管理（Prognostic and Health Management，简称PHM）技术的建养一体化技术和建养一体化平台，以信息化、智能化实现建养一体化，引领交通基础设施养护维修的现代化发展，实现精细化、动态化管理，实现"全生命期内的监管养护"目标。

（5）针对未来发展重点逐步从新建转向既有线路、设施改造升级和运用维护的趋势。从安全、寿命、效能、成本、智能等方面，系统开展交通基础设施服役性能优化和提升技术研究。桥梁隧道建造技术跃升新水平，2030年实现结构寿命延长20年。

第三节　提升交通智能化水平

提高交通智能化水平，是提高交通运输系统效率、安全和服务水平的关键和抓手，借助于交通大数据、移动互联、云计算、人工智能等信息技术的大深度应用和跨界融合应用，是实现我国走向世界交通强国的切入点和抓手。

一、综合分析

近年来,我国在智能交通方面取得了较快进展,个别领域已经呈现领先态势,但总体上发展水平还不高、发展程度还不平衡、与发达国家相比还有一定的差距。

互联网、大数据、人工智能等信息技术的迅速发展,为中国智能交通的快速发展提供了机会和可能。对比美国、日本、欧盟等发达国家和地区,我国具有市场需求旺盛、政府激励创新、开发试验条件优越、科技人员热情高、巨大投资拉动等显著特点。

智能交通发展的总体思路是:紧紧围绕交通发展需求,以交通大数据综合平台为基础,以系统科学思想、交通工程原理和交通运输发展规律为指导,以破解交通拥堵、提高交通安全水平、提高交通运输效率和交通服务质量为目标,显著提高交通运输分析、决策、组织、管理、运营的智能化水平,建设信息感知共享、动态科学决策、实时精准服务、精细智能管理、高效便捷运输、主动安全防控、智能网联协同的新一代智能交通系统,实现智能交通领先世界的目标。

二、主要任务

1. 推进交通大数据共享平台及业务联动应用

建立大数据共享平台及基于共享平台挖掘数据潜在价值,促进业务联动应用,重点从以下四方面着手:

(1)建设交通大数据共享平台。打破信息壁垒、消除信息孤岛,构建国家级、省级、市级三级大数据共享平台,数据逐级汇聚,形成覆盖全国、统筹利用、统一接入的交通大数据共享平台。制定数据接入、共享系列标准,整合交通基础设施数据、载运工具基础数据、交通运行数据、交通管理运营数据、交通出行数据及企业运营数据。制定数据安全管理规范。

(2)完善数据资源共享机制。依托交通大数据共享平台,建立数据的发布与公开机制、完善数据的共享政策、实施数据资源共享的法律保障、建立数据资源共享的利益协调机制,促进数据资源的共享,建立数据政企开放共享模式和机制。

(3)推动交通大数据深度应用。以交通大数据共享平台为基础,挖掘数据潜在价值,建立健全大数据辅助科学决策机制,从便捷交通信息服务、高效货物运输、智能交通管理、交通安全提升方面开展大数据行业深度应用,建立基于大数据的精细化交通需求分析、精准化交通设施评价、实时交通态势研判、动态交通问题诊断、科学交通方案论证。实现政府决策科学化、交通管理精准化、交通安全主动化、交通服务便捷高效。

（4）积极推进云技术在交通中的应用。推进云技术在交通中的应用,实现交通资源优化配置,推动业务联动深化发展。从基础设施层、平台层、软件层搭建云架构,实现基础资源设施云化服务、平台数据云化服务及交通应用云化服务。

2.全面提高城市交通管理的智能化水平,构建世界领先的城市智能交通系统

构建世界领先的城市智能交通系统,助力破解交通拥堵、污染问题和促进节能减排,重点包括以下方面:

（1）构建城市交通大数据综合分析研判平台,全面建设智能交通管理、智能公交、智能停车、智能枢纽、智能出行服务体系。

（2）将智能交通管理系统纳入率先突破领域。基于大数据、互联网、人工智能、电子支付等先进技术,创新交通管理服务模式,率先实现集基于交通大数据的信息全面感知及智能化分析研判预警,交通运行状态实时监测、问题诊断及智能决策支撑,"情指勤督服"一体化可视化指挥调度,智能信号控制与诱导协同,基于大数据的交通管理精准信息服务,交通设施云端运维管理于一体的世界一流智能交通管理系统。

3.推进自动驾驶技术研发与应用

（1）强化车路协同基础理论研究,做好顶层设计。完善自动驾驶测试及上路行驶标准法规,实现自动驾驶技术赶超。基于我国交通在大数据,物联网,5G移动通信,北斗卫星导航,人工智能研究,相关基础设施建设(数字地图、道路设施)等方面的相对优势,以"聪明的路"(基础设施智能化)结合"智慧的车"推进自动驾驶技术发展,闯出一条综合成本低、建设速度快的车路协同技术发展道路。

（2）突破智能网联综合前沿技术。充分挖掘创新资源,加强开放合作、协同研发,大力开展复杂系统体系架构、复杂环境感知、智能决策控制、人机交互及人机共驾、大数据应用、信息安全等基础前瞻技术研究,2030年自动驾驶关键技术与产品达到世界先进水平。

（3）实现道路基础设施智能化提升。制定车路系统顶层设计,以"聪明的路"为主,分阶段、分区域推进道路基础设施的智能化建设,逐步形成多维监测、精准管控服务能力。统一通信接口和协议,推动道路基础设施、智能汽车、运营服务提供商、交通安全管理系统、交通管理指挥系统等信息互联互通。

（4）逐步建成智能汽车大数据云控基础平台。重点开发建设逻辑统一、物理分散的云计算中心,标准统一、开放共享的基础数据中心,自主可控、安全可靠的云控基础软件。

（5）加快制定智能网联汽车标准与规范。研究确定我国智能网联汽车专用短距离通

信频段及相关协议标准,规范车辆与平台之间的数据交互格式与协议,制定车载智能设备与车辆间的接口标准,研究制定车辆信息安全相关标准。

(6)重点推进智能网联汽车示范区建设。重点利用机场、港口、矿区、工业园区和旅游景区等相对封闭区域,相关部门设定的城市公交道路等开放区域,以及北京冬奥会和通州副中心智能交通、雄安新区智慧城市等重大工程建设,开展智能汽车示范运行。高速公路长途客货运输自动驾驶得以推广应用。

4.实现综合运输智能化关键技术的突破

综合运输智能化发展包括智能公路、智能铁路、智能水运、智能民航发展四个方面。

(1)智能公路。

①出行智能信息服务、交通综合优化与智能决策。利用先进的科学技术及移动互联网和智能终端,搭建一站式公共出行服务平台,实现基于大数据的智能调度、路径规划、交易引擎等人工智能技术;建设实时动态、高效统一、适合居民出行需求的实时交通诱导服务系统;建立集地理信息系统、交通信息管理和交通信息服务于一体的综合性交通信息服务平台;对海量交通信息进行比对碰撞、关联分析和趋势预测,建立智能化主动管理和科学决策系统,引导交通系统向智能化、网联化、协同化发展。

②加强科技创新应用。利用大数据、云计算、自动驾驶、道路使用者行为和感知、车路协同等新技术应用,强化公路交通科技创新。全面推进"便捷交通+互联网""现代物流+互联网",推动公路交通产业智能化变革,促进共享交通等新产业、新业态蓬勃发展。

③促进实现基础设施与人车交互、自动驾驶。综合运用信息技术、通信技术、电子控制技术、计算机技术以及智能驾驶技术等,通过在重要道路上覆盖路况传感器,构建智能汽车系统、智能道路系统、车路协同系统,改变车路分离的现状,在车路之间、车车之间建立有效的信息沟通机制,从而使人车路协同交互技术更完备,智能公路和新型运输工具更多,提高车辆与道路资源使用效率,减少交通安全事故的发生。

(2)智能铁路。

①智能列车。以"复兴号"动车组平台为基础,研发工作状态自感知、运行故障自诊断、导向安全自决策的智能动车组。推动网络化、智能化列车运行控制系统(智能化列车控制系统)。采用卫星导航、自动驾驶、人工智能、新一代无线通信(LTE-R)等技术,实现高速动车组自动驾驶下一代列车控制系统(CTCS-3+ATO、CTCS-4+ATO)、智能行车调度指挥系统等的应用。研究容量更大、可靠性更高、速度更快的车地通信、地面通信技术。通过地面局域网、广域网及车—地间的无线通信网,将控制中心、车站及列车连成一个覆盖全线及所有运行列车的网络化控制系统,畅通各类信息传递和沟通。

②智能基础设施。构建基础设施智能检测监测系统。建设关键道岔状态的智能感知和安全预警系统,强化智能数据分析处理及应用。建设智能供电系统,构建由供电装备、供电调度、供电运行管理及通信网络组成的智能供电系统,实现智能故障诊断、预警、自愈重构等功能,形成供电系统健康评估体系。深化研究接触网装备服役性能及全寿命周期管理技术。研究网络、信息、大数据融合的智能供电技术,"互联网 + 供电"信息化运维管理和决策系统,供电系统及装备故障预测与健康管理技术,深化研究牵引供电系统运行可靠性和维修技术。

③智能客货运输服务。深入开展面向全程智能化出行的旅客服务。研究应用购票、进站、候车、乘车、出站(换乘)等全过程旅客智能出行服务技术,研究市场监测技术、票额智能预分和调整技术、电子客票技术、基于人脸识别自主实名制核验技术、无感支付技术、无感安检技术、站车 Wi-Fi 运营服务及优化技术,研发站内智能导航系统、站台引导标识系统,实现旅客安全、快捷、舒适、绿色出行。提升铁路货物运输的智能化、自动化。根据货车运行状态和负载情况实施优化维护,保障车辆安全运行。开发具备智能化识别、分拣、分单、仓库管理功能的现代化立体仓储系统,提升仓储和物流效率。通过信息系统集成和智能化装备,实现全程跟踪及智能配送。

④智能运输管理。构建基于人工智能的高铁智能调度指挥系统,进行智能动态调度、智能协同控制、智能换乘调度、智能故障诊断等功能。建立风、雨、雪等自动监测与报警系统,地震预警及自动应急处置系统,沿线非法入侵自动报警防范系统等。建设智能养护系统,实现设施设备状态自主诊断、预测、修复。推行智能工程建设系统,构建全生命周期一体化的智能铁路设施管理系统。

(3)智能水运。

①加强水运信息化顶层设计。加强水运信息化顶层设计,促进互联网和水运的深度融合。以"互联网 +"上升为国家战略为契机,推进物联网、大数据、云计算、地理信息系统(Geographic Information System,简称 GIS)等技术在港航中的应用。

②建设智慧港口。开展智慧港口示范工程建设,着力创新以港口为枢纽的物流服务模式、安全监测监管方式,推动实现"货运一单制、信息一网通"的港口物流运作体系。积极推广生产作业智能调度系统及全自动码头技术,完善港口智能感知和数据采集系统。推动港口闸口智能化,加快港口商务、物流单证等无纸化和服务全过程的网络化。推进和铁路、水路、公路等不同运输方式的运输企业间物流信息的开放共享与互联互通,推进水运生产组织的智能化。

③加快建设数字化航道。加快建设数字化航道,逐步实现国家高等级航道管理数字化、运行智能化。积极推进船联网技术应用,扩大船舶电子签证、船舶过闸水上电子不停船收费系统(Electronic Toll Collection,简称 ETC)等电子化服务范围,逐步实现船舶电子

监管、船闸调度运行的区域性联网。

（4）智能民航。

①建设智慧机场。实施智慧机场示范工程，以枢纽机场为重点，加强机场新技术的研发应用，推进机场安全防范、生产运行、旅客服务和商业运营等业务环节的集成创新，推动机场管控模式、服务模式的革命性变化，实现"智慧运行""智慧服务"和"智慧管理"。

②机场网、航线网、信息网和服务网深度融合的智能民航体系。通过互联网共享服务信息和服务产品，不断拓展智慧机场群。促进交通资源合理利用和科技创新，加速民航业智能升级，实现客票销售、航空服务、航班运行、公司管理、空中交通管理、安全保障等各个环节的智能化管理，促进机场网、航线网、信息网和服务网深度融合的现代民航运行体系全面发展，形成安全高效、通畅便捷、绿色和谐的现代化航空服务体系。

5.建设基于北斗卫星导航系统的新一代智能交通系统

围绕连续导航、位置服务、紧急救援等领域展开北斗卫星导航系统在交通领域规模化应用，实施北斗基础设施一体化、应用示范一体化和运营服务一体化。推进北斗卫星导航系统在智能交通中的应用，建设基于北斗卫星导航系统的交通监控、管理、公路收费、城市公交、停车以及交通事故应急救援系统。

可取消收费站，实现车辆全程自由流运行，降低全社会物流成本；为里程税、拥挤费、车辆排污费的征收提供技术支持；实行差异化精准计费；厘米级定位有利于精准路政执法；通过车载装置便于紧急路况播报、交通大数据采集、特殊车辆监控等诸多附加功能，为无人驾驶做好技术储备。

第四节 实现世界一流交通服务

服务是交通运输供给者与出行者、托运人的接口和界面，大幅度提高交通运输服务水平、提供高质量交通服务、建设人民满意交通是交通强国战略的核心任务。当前，新技术、新业态、新模式的出现，为提高交通供给能力和改善服务带来难得机遇。

一、综合分析

为了提供与交通强国对应的高水平交通服务，既要解决当前存在的基本公共服务均等化、联程联运衔接无缝化等问题，也要适应未来发展趋势，大力发展全程出行、物流服务，积极探索共享出行、体验交通等代表未来发展方向的新模式、新业态。

1.服务内涵向全程、全环节拓展

客运将拓展至"出行全程",货运将拓展至"全供应链"。客运出行从时间维度上包含行前、行中、行后,在空间维度上包括起点、中转、到达等多个枢纽场站以及载运工具内部空间,基于人的价值,将提升旅客全出行链的体验作为发展目标。随着信息技术的成熟,运输、装卸技术的进步,货运规模、距离、速度均逐步提高,涉及的产业增多,运输权与贸易权、物权、信息权、金融控制力等联系更加密切。货运的内涵从运输产业向物流业拓展的同时,更向商流、物流、信息流、资金流、人流等"五流合一"进化,向计划、供应、生产、销售、回收等全产业链条延伸。

2.发展理念向以人为本、体验交通转变

当前,交通服务发展理念由"以物为本"向"人民交通"转变,在继续追求运输能力主线下,由规模扩张式发展向注重安全、公平、环保、舒适、便捷、灵活的人性化发展转变。

(1)便捷高效是交通运输价值取向一以贯之的发展主轴,也是实现交通运输现代化的首要任务,即要求交通运输以更高性价比、更快的时间克服空间距离。

(2)随着经济社会发展水平的提高,交通运输的人文底线也将显著提升,使人民的生命财产安全得到更好保障;同时更为关注公平,给予更大范围的人群更好的生存发展条件。

(3)追求舒适和体验感将是现代化进程中的必然导向,这与人追求更好生活的本来欲望密切相连。

(4)依托共享经济发展趋势,探索更低成本、更高效益的时间、设施、能力共享形式。

二、主要任务

1.推动交通运输基本公共服务均等化

提高国土全境的可达性和交通公平性,重点解决满足农村、陆岛的出行需求等基本公共服务供给问题,持续提升中西部、经济欠发达地区客运服务水平。针对步行和公共交通,为弱势群体提供便捷的交通服务,逐步形成系统化、连续无障碍基础设施,重点包括以下方面:

(1)推动地域空间公平。

对标东部、经济发达地区,持续提升中西部、经济欠发达地区客运服务水平,依托城市群实现中心城市、小城镇、乡村协调互动发展。推动城市交通公共服务向市郊、农村延伸,扩大城市对乡村地区的辐射带动作用,并分散城市人口和交通压力。推动真正形成支撑"全域城市化"的基本公共服务均等化的交通服务,逐步消除城乡二元结构。

(2)促进不同群体公平。

推动对客运交通环境的无障碍化改造,积极利用新技术,大力发展需求响应、自动驾驶等交通模式,为老龄、残障等弱势群体提供接近普通人群的交通可达性。以大中城市为重点先行一步,以枢纽场站为关键点,进一步完善和落实相关规范标准,逐步形成系统化、网络化和连续性的无障碍化交通基础设施,尤其是步行网络和公共交通网络。政府对低收入人群的公共交通出行进行补贴,更好保障这一群体的交通出行权力。通过发展需求响应交通,补充传统公交服务,结合自动驾驶等先进技术,改善生理性弱势群体出行的条件。

2. 提供一站式"门到门"客运服务,实现"123 交通圈"

经济社会发展和文明进步意味着国民时间的价值将有更显著提升,当前我国的客运服务尤其应注重缩短方式间、线路间衔接换乘所需时间,提供一体化交通服务,树立"出行即服务"理念,实现不同交通方式之间的信息共享、服务一体、无感支付,提供多样化"门到门"的高质量出行服务。未来将全面建成都市圈"门到门"1h 通勤圈、城市群 2h 交通圈、全国主要城市间 3h 交通圈,重点包括以下方面:

(1)打通"数据孤岛",实现一体化交通服务。

目前,我国客运仍存在"信息孤岛"等问题,需要构建成熟的跨系统信息与服务共享平台。具体包括为社会公众提供实时交通运行状态查询、出行路线规划、"随时随地"购票、一票服务"全程有效"、智能停车等服务,以票务一体化为重点,提供旅客随身服务,构建"一站式"服务体系;为管理者提供决策支持、实时管理、规划设计等相关数据支撑;为多种客运服务提供商规划具体运营方案、实施调配运行方案、进行售票和售后服务等,并进行信息沟通和组织方案配合,通过大数据预测等手段按需制定开行方案等。

(2)强化衔接,完善联程联运组织。

受行业、行政壁垒影响,需要进一步提升联程联运组织水平。增加重要线路方向的服务频率,实现多种运输方式的开行方案联合优化,促进"零换乘"的实现。加强各类铁路与城市公共交通等多种交通方式的线路组织衔接,有效促进长途、城际、城市客运轨道系统"三网融合"。实现轨道交通网络与区域机场体系的衔接联动,提高机场使用效率。车站普遍实现刷脸识别进站,使用全社会通用的电子支付方式,普遍推行机器人智能安检和车站引导等,优化旅客出行服务体验。

3. 实现"一单式"货运服务,降低物流成本

加强规划引领和政策导向,抓住货运体系标准化关键,从基础设施、货运组织、政策引

领和市场化改革等方面着力,大力度调整货运结构,提高铁路和多式联运比例,大幅度降低物流成本,重点包括以下方面:

(1)打造综合物流服务平台,构筑全球供应链中心,建设高效便捷的货运服务体系,形成国内 1 天送达、周边国家 2 天送达、全球 3 天送达的"全球 123 快货运输物流圈"。

(2)充分发挥市场作用,深化交通市场改革,建设统一开放、竞争有序的市场体系,强化技术体系标准化和市场监管规范化,培育运输经营人、打造旗舰企业以整合运输链条,提供"一单式"高标准货运服务,提升供应链物流管理和服务水平。

(3)深化铁路货运组织及市场化改革。改善传统的生产和经营模式,大力发展联运装备,完善联运规则,积极向货运集成商、现代化综合型物流企业转型。重构传统铁路运输经营管理组织模式,参与市场竞争,激发系统活力。

(4)发展多式联运,整合运输链。把发展多式联运作为综合货运服务体系建设的主导战略,着力构建设施高效衔接、枢纽快速转运、信息互联共享、装备标准专业、服务一体对接的多式联运组织体系,重点发展以集装箱、半挂列车为标准运载单元的多式联运,推进铁水、公铁、公水、陆空等联运模式有序发展。支持基于标准化运载单元的多式联运专用站场设施建设和快速转运设施设备的技术改造,推进多式联运信息资源共享。鼓励以多式联运产品开发为纽带的跨运输方式经营合作,探索资源整合共享的一体化运作模式。推行"一单制"联运服务,积极推动邮政快递领域多式联运发展。

(5)降低物流环节生产成本和交易费用,2030 年物流成本占国内生产总值的比例下降到 10% 以下,2045 年要进一步下降。强化货运物流重点领域和薄弱环节建设,加强对物流发展的规划和用地支持,鼓励通过"先租后让""租让结合"等多种方式向物流企业供应土地,大幅降低货运物流企业用地成本;鼓励铁路领域企业自备载运工具的共管共用,提高企业自备载运工具的运用效率;创新物流资源配置方式,实现货运供需信息实时共享和智能匹配,减少迂回、空驶运输和物流资源闲置;支持地方建设城市共同配送中心、智能快件箱、智能信包箱等,提高配送效率;结合国家智能化仓储物流基地示范工作,提升仓储、运输、分拣、包装等作业效率和仓储管理水平;加强物流装载单元化建设,促进包装箱、托盘、周转箱、集装箱等上下游设施设备的标准化,推动标准装载单元器具的循环共用,做好与相关运输工具的衔接;推广使用中置轴汽车列车等先进车型,促进货运车辆标准化、轻量化。

探索建立物流领域审批事项的"单一窗口",降低制度性交易费用,完善道路货运证照考核和车辆相关检验检测制度,精简快递企业分支机构、末端网点备案手续,深化货运通关改革;加大降税清费力度,结合增值税立法,统筹研究统一物流各环节增值税税率,全面落实物流企业大宗商品仓储设施用地城镇土地使用税减半征收优惠政策,合理确定车辆通行收费水平,开展物流领域收费专项检查,着力解决"乱收费、乱罚款"等问题;大力促进多式联运经营人、货运代理企业、报关报检企业、货运及物流行业协会等中介机构专业化、规范化、规模化发展,提高供需匹配效率,降低搜寻费用、信息费用、议价费用、决策费用、违约费用等运营过程中的交易费用。

(6)提升供应链物流管理和服务水平。鼓励传统运输、仓储企业向供应链上下游延伸服务,建设第三方供应链管理平台,为制造业企业提供供应链计划、采购物流、入厂物流、交付物流、回收物流、供应链金融以及信息追溯等集成服务。支持大型商贸企业的平台化运作及其自建物流系统的社会化经营,发挥大型商贸企业特别是大型零售企业灵活掌握市场供需的优势,紧扣用户体验,优化制造企业敏捷供应链管理。

鼓励货运物流企业着力优化联合库存管理、供应商掌握库存(Vendor Managed Inventory,简称 VMI)、供应链运输管理、连续补充货物(Continuous Replenishment Program,简称 CRP)、分销资源计划(Distribution Resource Planning,简称 DRP)、准时化技术(Just In Time,简称 JIT)、快速响应系统(Quick Response,简称 QR)、有效率的客户响应系统(Efficient Consumer Response,简称 ECR)等供应链物流管理方法,全面提升物流要素能力以及物流运作能力。

4.创新出行模式,打造体验交通

共享交通是未来出行领域的主流趋势之一,它与"绿色交通""智能交通"既各有侧重,又紧密联系,是推动交通出行服务转型升级、优化城市出行结构、提高交通资源利用率、推动交通节能减排的关键途径之一。

创新体验出行模式,在兼顾提升传统运输服务体验性的同时,重点探索交通资源(空域资源、道路资源、停车场资源、数据信息资源等),交通工具,运输服务的共享形态,创新交通发展模式。

(1)创新运输服务差异化、多元化、个性化供给。

鼓励和支持各类市场主体开展各类体验式运输服务,创新服务模式,鼓励开辟主题体验线路,发展集历史文化风貌讲解、车上全程全方位观景、身心调节与放松等多种功能于一体,参与性强、创意性突出的出行体验服务。打造休闲步道、风景道、景观铁路、邮轮游艇等新型体验客运系统,在形成国内系统的同时,向洲际、国际市场拓展。

(2)大力发展共享交通等新模式。

创新管理体制机制,鼓励交通运输领域共享经济发展,规范城市出租汽车、网约车、汽车租赁、汽车共享、自行车共享等发展,提高运输工具利用率,减小交通压力。随着自动驾驶、互联网汽车技术的推广,探索供给无人驾驶小汽车等共享交通工具,远期推广种类更加齐全的无人驾驶共享交通工具,实现基于移动终端的交通工具实时预约,进一步降低私人交通工具比例。

基于交通大数据、移动互联和云计算,整合居民出行数据和交通资源数据,构建共享交通信息平台,推动交通工具、停车设施和交通数据、信息等共享。充分利用大数据决策,精准匹配供给与需求、调配运输资源、优化路径设计,最大限度提高资源利用效率、降低空驶率和空驶里程。发展定制出行、定制物流模式。以统一的客户端为消费者提供更灵活、更快捷的高质量服务。

加快推进共享交通配套基础设施的研发与应用,推动共享交通与绿色交通、智能交通的融合发展,为减少我国汽车需求总量作出贡献。

第五节　坚持绿色交通发展

绿色交通是以最小的资源投入、最小的环境代价、最大限度地满足社会经济发展所产生的合理交通需求的综合交通系统,该系统应该具有如下主要特征:安全、畅通、舒适、环保、节能、高效率和高可达性。基于我国基本国情,建设绿色交通主导的综合交通体系是走向交通强国的必然选择。

一、综合分析

1. 绿色交通的中国内涵

基于我国人口密度大、土地资源和能源紧缺、城市区域环境容量有限的基本国情,以集约化、低碳化的交通运输方式为主导是中国特色绿色交通的本质特征。

在集约化方面,绿色交通包括铁路运输、水路运输、城市公共交通、步行及自行车交通;在低碳化方面,绿色交通要求使用清洁能源、低排放、对环境影响程度小、对生态冲击程度小、节约土地资源、充分利用建筑垃圾、在交通全环节减少浪费。

发展绿色交通系统,干线运输应尽可能充分利用铁路、水路以及公路客运系统,城市内的绿色交通系统由城市公共交通系统、步行和自行车交通系统构成。

2. 绿色交通的影响要素

基于绿色交通的定义以及中国内涵,绿色交通的影响要素主要体现在以下六个方面:

(1)交通需求的源头影响:城市结构与用地形态。城市结构与用地形态决定交通需求特性,进而影响交通结构。

(2)交通结构:不同交通方式的分担率构成。

(3)交通组织与管理:各种运输方式的衔接、组织、运营及管理模式。

(4)交通基础设施:基础设施在建设、管理、养护等全环节对生态环境的影响及干扰;

土地、线位、桥位、岸线等资源的集约利用程度,以及建筑垃圾的再利用率等。

(5)交通工具:集约化交通工具如火车、公共汽车、城市轨道列车的普及程度,清洁交通工具如航空生物燃油、电气化铁路、电动车的研发及应用情况。

(6)交通行为:交通参与者的出行选择,交通规划及管理者的绿色交通理念。

3.绿色交通发展的总体思路

通过绿色规划引领、绿色方式主导、绿色工具主体、绿色设施支撑、绿色管理保障,构建"结构合理、集约高效、节能环保、以人为本"的绿色交通体系,提高资源利用效率,实现交通发展全环节、全寿命周期的绿色化。

二、主要任务

1.绿色交通规划引领,形成集约利用资源的绿色交通发展模式

规划是"龙头",通过规划实现对资源的集约利用,包括对土地资源、建筑材料、运输能源等的利用,最大限度地合理保护环境、减少浪费和排放,实现交通绿色发展。

(1)将绿色交通理念贯穿于规划、设计、建设、运营、维护、管理、使用等全环节,实现全寿命周期绿色化。

(2)抓好各种运输方式一体规划,合理配置交通资源,实现交通基础设施对土地、岸线和水域等资源的节约集约利用,实现建设用料循环利用,减少生态冲击、降低环境影响。

(3)切实推动TOD模式,引领城市布局向集约化发展,实现公共交通走廊、综合交通枢纽及沿线土地一体化规划和开发。制定并完善城市群、都市圈、城市不同层次TOD模式的顶层规划设计,包括完善法律法规和机制保障,明确TOD开发模式的综合管理职责和事权划分,完善一体化规划与开发的相关制度、流程及规范标准。

2.绿色交通方式主导,构建运输结构合理的综合交通体系

优化运输结构,提高绿色交通分担率,实现城市绿色出行分担率达到85%以上目标,构建以绿色交通为主导的综合交通体系是绿色交通发展的核心任务。

(1)主要交通运输干线、大宗货物运输优先发挥铁路、水路运输作用,因地制宜,充分发挥各种运输方式的比较优势,推动公路运量向铁路和水路转移;充分利用运输能力大的铁路货运骨干网络,提高货物运达速度和服务质量,增加集装箱运输比例;加快内河高等级航道建设,实现大中型海港与铁路网和内河水运系统的无缝衔接;实现高速铁路与航空客运深度融合,减少不合理短途飞行。

(2)城市群、大城市构建以轨道交通为骨干,以公共汽车交通、步行和自行车交通为主体,以私人小汽车为补充的综合交通系统。

(3)打造一流的公共交通出行服务,缩短公共交通和个性化交通间服务差距,加快推动城市轨道交通、公交车专用车道、快速公交系统等公共交通基础设施建设,强化智能化手段在城市公共交通管理中的应用,提升出行的舒适度和可靠性,完善接驳交通,减少候车、换乘等车外时间。与此同时,加强交通需求管理,抑制小汽车的过度使用。

3. 绿色交通工具主体,实现节能减排

交通工具的绿色化、清洁化是交通节能减排的重要举措,也是绿色交通发展的重要任务之一。

(1)优化交通能源结构,支持和鼓励清洁能源交通装备技术研究、推广使用,推动新能源汽车"换道超车",实现 2030 年新增车船中清洁能源车船占比超过 50%、2045 年绿色车船占比超过 90%。

(2)加强现有运输车船节能减排研究,推广应用高效、节能、环保的交通工具。制定各种交通方式节能减排标准,完善运输装备的市场准入和退出机制,限制高耗能运输装备进入运输市场,通过政策加速更新老旧和高能耗、高排放交通工具。

(3)开展燃油动力车退出市场研究,制订计划及其配套措施,力争 2045 年停售燃油动力车,实现重点城市汽车零排放。

(4)注重交通装备降噪、减振技术的研发与应用。促进交通与生态文明以及国民健康的和谐发展,减小噪声、振动对周边环境带来的危害。

4. 绿色基础设施支撑,实现基础设施绿色建设与养护

交通基础设施的生态环保重点体现在技术环保先进、资源集约利用、绿色建设、基础设施生态修复等方面,是绿色交通发展的重要组成部分。

(1)建立落实生态环保原则的交通基础设施设计、建设、管理维护体系并应用推广,最大限度地保护环境,有效利用资源(节能、节地、节水、节材)。统筹规划由多种运输方式组成的综合交通系统。

(2)全面贯彻集约高效、节能减排、生态保护、自然和谐的绿色发展理念,建立科学合理的交通基础设施生态修复体系,推进生态友好型交通基础设施建设。

(3)提升交通运输环境监测智能化水平,强化交通基础设施环境保护,积极进行交通基础设施生态修复。对交通基础设施的生态进行系统评估,对不符合生态要求的交通基础设施进行生态修复工程建设,落实生态补偿机制,降低交通建设造成的生态影响。

(4)交通基础设施建设要全面符合生态功能保障基本要求,加强新建交通基础设施生态保护,有效防治公路和铁路沿线的噪声和振动,减缓大型机场噪声对生态环境及居住环

境的影响,逐步全面推进生态友好型公路、港口、航道等交通基础设施建设。

5.绿色交通管理保障,打造高效、便捷、绿色、先进的运输组织模式

通过科学组织管理、人性化标准设计,提高运输组织精细化程度、信息化水平,充分落实集约化发展的绿色交通理念,提高交通运输效率、节约能源资源、降低运输成本、全方位释放运输效能。

(1)促进各种运输方式的有效衔接和深度融合,推动实现客运"零换乘"、货运"无缝衔接",普及"一站式"客运服务和"一单式"货运服务;推广多式联运、甩挂运输、共同配送等高效、便捷、先进的运输组织模式。

(2)提高物流信息化水平,推进国家交通运输物流公共信息平台建设,建立科学高效的组织交通管理和服务模式,推动跨领域、跨运输方式、跨区域、跨国界的物流信息互联互通,实现精准调度和实时配置,降低货车空驶率。

(3)建立以人为本的运输组织管理标准化体系。实现道路资源向绿色方式倾斜,确保步行、自行车的优先通行。

第六节 提高交通安全水平

交通安全是交通运输的永恒主题。要实现交通强国的目标,一方面要坚持问题导向,解决目前交通安全存在的问题,全面提升交通安全水平;另一方面还需要从目标导向出发,对标国际交通安全发展水平,设立相应的交通安全发展战略,构建世界领先的交通安全系统,实现交通安全强国发展目标。

一、综合分析

解决严峻的交通安全问题是建设交通强国的攻坚战。目前我国交通死亡事故98%发生在道路交通,所以本研究以道路交通为重点提出提高交通安全水平的思路与对策体系。

(1)坚持问题导向。我国交通领域铁路、民航安全水平较高,但管理代价很大。目前存在的突出问题是:道路交通事故率高、死亡人数多,交通事故应急救助能力不足;桥梁隧道等交通关键基础设施存在安全隐患;重大事件和灾害的应急管理机制不完善,应急救助能力不强;交通参与者素质较低,交通安全意识薄弱;交通安全关键技术、先进装备和智能化水平不足等。

(2)坚持目标导向。以实现交通"零死亡"为愿景,以实现万车死亡率2030年降到0.5、2045年降到0.3为目标,以提升交通智能化水平为手段,以交通安全系统工程思路为指

导,以构建交通安全长效机制和社会防控体系为保障,建成国际领先的交通安全发展体系。全面提升道路、铁路、水路、航空和城市综合交通安全水平,重点抓住道路交通安全这一主要矛盾。实现交通军民深度融合,支撑国家安全。

二、主要任务

为实现交通安全愿景,提出如下任务。

1. 构建完善的交通安全发展体系

交通安全体系包括交通运输系统的安全综合治理与防控体系和交通运输系统的安全标准与技术体系。针对前者,要构建政府主导、企业主体、全社会参与的交通安全综合治理与防控体系;针对后者,要健全交通运输系统的安全标准与技术体系,切实解决道路交通事故死亡率过高问题,推动交通死亡事故统计与国际接轨。

(1)政府主导,依法构建治理体系。

完善交通安全法律法规体系,加快制定与完善社会关注度高、重点领域的法规制度。特别是推进自动驾驶环境下交通运输系统的运行法律法规建设。

完善国家交通安全领导体系。把交通安全指标管理改为目标管理,避免粗放型追责模式。系统制定与完善国家交通安全中长期发展规划,全面实施提高交通安全水平的专项行动计划。全面开展交通安全风险管控和隐患系统排查评估与治理。对严重交通违法行为进行专项整治。

针对不同交通运输方式安全中存在的共性和个性问题,实施交通安全提升重点工程。包括:支撑保障体系提升工程、教育培训和文化素养提升工程、预防控制体系提升工程、应急救援能力提升工程、农村交通安全体系构建工程、城市轨道交通安全保障实施工程、基于多源数据的航空安全管理工程以及内河船舶技术创新及示范应用工程等。

(2)企业主体,落实安全生产管理责任。

①实行企业全员安全生产责任制,落实企业主要负责人、管理人员和每个岗位责任。

②有效改善企业安全生产条件,保障安全投入,推动"公铁水航"企业、专业运输企业安全生产标准化达标升级。

③加强企业安全生产信用管理。积极推进运输企业安全生产诚信体系建设,建立和完善安全生产违法违规行为信息库,及时记录企业违法违规信息,建立企业"黑名单"制度,加强对失信企业的惩戒力度,促进企业依法守信做好安全生产工作。

④建立完善安全生产事故和重大隐患的问责追责机制,完善安全生产约谈、挂牌督办机制。研究建立企业安全生产经营全过程安全生产责任追溯制度。按照"四不放过"原则(事故原因未查清不放过、责任人员未处理不放过、责任人和群众未受教育不放过、整改措

施未落实不放过),严格事故调查处理,依法严肃追究责任单位和相关责任人责任。对发生安全生产事故重大责任的社会服务机构和人员实施相应的行业禁入。

(3)全社会参与,构建全社会齐抓共管的交通安全防控体系。

①建立完善各级安全委员会的交通安全态势定期分析研判制度,交通安全评估制度,重点单位、农村地区的交通安全员制度。

②加强宣传引导。建立电视台等主流媒体对重大交通事故的分析解说专题栏目义务宣传制度,利用微信、微博和手机客户端,加强安全生产法律法规、安全和应急知识宣传。

③大力实施交通从业人员安全素质提升工程,加强重点人才培养,推进交通运输安全生产和应急各层级、各领域人才队伍建设,造就一批在交通运输安全生产领域具有国际影响力的人才。

④通过智能交通系统应用建立全体交通出行者的诚信体系,建立针对不同群体的持久性交通安全教育制度,大力提高交通出行者的安全意识和交通素质。充分发挥新技术作用,降低交通事故发生率和致死率。

(4)系统完善交通运输系统的安全标准与技术体系。重点举措包括:

①完善涵盖交通基础设施、载运工具、运行控制、运营管理、风险防控、应急处置等方面的交通运输系统的安全标准与技术体系,积极推动与先进国家的对标衔接。

②全面审定修改交通安全设计规范与标准。完善细化我国交通相关设计规范标准,并适度提升相关标准规范中交通安全部分的强制性地位。编制交通安全设计导则,对已有交通基础设施展开全面的交通安全评估。同时,要加强对新业态、新方式的交通安全规则和标准的跟踪和制定。

(5)推动交通事故死亡数据统计口径和交通安全标准、技术体系与国际接轨。

事故统计是安全规划、安全技术的建设基础。目前国内主要存在公安部和国家卫生健康委两类事故数据,两者之间差异很大。对于判断我国道路交通安全形势,提升交通安全管理水平有很大影响。因此,有必要对这两种统计口径进行进一步深入分析,制定与国际惯例接轨的交通事故尤其是交通死亡人数统计标准规范。

另外,我国交通运输事故调查机制存在独立性不足、专业化不强、法规更新不及时等问题。借鉴发达国家经验,建议建立独立于运输管理部门的事故调查机制,从源头提高事故调查的客观性和科学性。保证既可以发挥熟悉情况、掌握业务技能的优势,又可以保障事故调查相对独立,有利于兼顾事故调查的公正与效率。

充分利用数据交换共享及信息直报方式,建设开放式网站,集成全行业交通安全大数据,实时跟踪报道重大事故统计调查及处理状况,确保统计数据及时、完整和准确。

2.加强交通系统安全科技创新工程

针对未来智能化、无人化、网联化的先进交通系统的重大需求,研发保障先进交通系

统韧性和可靠性的技术体系及系统装备,是破解交通安全问题的关键,重点包括以下方面:

(1)研发及应用具有主动安全智能防控功能的交通基础设施及载运装备。要加快研发及应用具备实时定位、智能视频、主动防疲劳与防碰撞、高级辅助驾驶、不良驾驶行为监控和整车安全运行监管等功能的主动安全智能防控车载终端,做到实时掌握驾驶员驾驶行为,及时预警违规和异常状况,实现事前有效防范事故发生,显著提升道路运输安全水平。确保整个综合交通运输系统在全天候情况下(包括非常态、灾时、战时)均有较好的系统安全性。

(2)建设高度智能化的交通安全监管及防控体系。从交通运行状态实时监测、问题诊断及智能决策、智能交通安全预防预警、交通安全对策方案智能生成、实时动态智能应急救援体系、交通安全大通道建设等方面着手,全面提高交通安全的智能化水平。

(3)强化风险防控体系的实战应用,建立"情指勤"(情报、指挥、勤务)一体化的可视化指挥调度及高效的交通执法勤务体制。网上网下联动、人防技防互补,提高交通安全动态管理执法效能。

(4)构建信息安全、控制可靠、网络韧性和灾后恢复的技术链条。围绕先进交通系统(包括道路、水路、轨道和民航)的技术发展需求,突破先进交通系统的网络通信—载运工具—网络(包括日常和灾后)存在的主要技术难点,形成先进交通系统的韧性与可靠性技术体系和系统平台。

3. 建设一流的综合交通安全应急救援体系

应急救援是交通安全的重要组成部分,是减少事故伤亡的重要手段,高效快速的应急救援能够在很大程度上提升交通安全水平。应急救援水平低是造成我国交通事故致死率远高于美国、日本、欧洲等发达国家和地区的根本原因(2015年中国交通事故致死率为22.5%,同期美国、英国、德国、日本交通事故致死率分别为1.45%、0.85%、0.80%、0.78%)。因此,建设交通强国必须构建高效率、智能化、立体化、快速响应能力强的交通安全应急救援体系,全面提升区域交通应急救援能力和全球交通应急救援能力,支撑国家应急需求和支撑社会稳定,重点包括以下方面:

(1)完善综合交通应急管理体制机制。统筹规划建立全国联动、水陆空协同、军民融合的应急救援联动机制,建立交通事故与医疗数据互通共享机制、应急救援基础数据普查及动态采集报送机制。

(2)强化智能应急救援系统和平台构建。完善应急预案体系、应急指挥系统,强化智能监测、预测、预警和应急演练等工作。

(3)提升应急处置能力,逐步建立应急救援队伍社会化体系,提高救援人员的应急处置能力和装备技术水平。引导发展空中救援模式,提高医疗急救服务的联动效率,大幅降低交通事故致死率。

(4)推动全球应急能力建设。积极推动北极航线海上突发事件的有效救助,布局北极航线环境的保护和治理,积极参与国际应急救助事务,提高深远海以及大水深条件下的应急救助能力。

4.建设全方位、多层次、高效率的军民融合发展体系

交通安全隶属于国家公共安全体系。建设全方位、多层次、高效率的交通军民融合深度发展体系,是支撑国家安全的重要举措。

(1)构建军民深度融合、高效顺畅的工作机制与保障体系。在交通管理部门与军队有关部门之间建立常态化的协调机制。完善军地双方定期重大情况报告制度,依托国家和军队综合职能部门,及时交流有关军民融合式发展的政策法规、融合需求、项目建设等重大情况,就交通基础设施建设贯彻国防需求、军队保障交通应急救援等重大事项进行协调。

(2)进一步完善兼顾国防功能的交通基础设施建设。在交通规划、基础与工程设施、运输装备、国防交通物资储备等方面实现军民深度融合、平战结合,满足国防交通需求,适应国防和军队现代化要求。

(3)依托科技创新,加强军地交通资源与信息的充分共享、技术深度融合,开创高效的、具有中国特色的交通军民融合发展体系。建立一批军民结合、产学研一体化的科技协同创新平台。打破行业封闭,既要推动军工技术向交通领域的转移转化,实现产业化发展,也要加快引导优秀交通企业与资源为国防服务。

第七节　破解城市交通拥堵

坚持"以人为本",构建与经济和社会发展需求相适应、与城市空间布局和土地利用相融合、与资源环境相协调的城市综合交通运输体系,形成便捷高效、绿色宜人、安全智能的城市交通出行环境。

一、综合分析

城市交通最突出的问题是交通拥堵,尤其是特大城市交通拥堵呈现出区域化、常态化特征。交通拥堵降低城市经济活力和宜居性,如何缓解交通拥堵不仅受到各个城市的关注,也成为国家关注的问题。

与此同时,出现城市"摊大饼"式蔓延,公共交通服务水平不高,与小汽车相比竞争力

不够;小汽车不合理保有及使用,停车矛盾日益凸显;步行和自行车出行环境差,出行比例大幅下降;城市货运效率不高,货运引发的拥堵与污染等问题日益突出。

解决交通拥堵是个复杂的系统工程,关键是转变交通发展模式,其中公共交通是根本、停车是抓手、经济是手段、绿色是方向,推进公共交通导向的开发模式(TOD 模式)是破解城市交通拥堵发展难题、实现绿色交通主导发展模式的关键,同时要转变"重客轻货"的传统理念,加强统筹谋划,在提升行业整体信息化水平的基础上,实现对货运基础设施、货运需求的精细化规划、管理和调控。

二、主要任务

1. 推动交通与城市协调发展,实施公共交通引导城市发展模式,从源头减少和均衡交通需求

根据区域及城市发展条件和交通需求等特点,因地制宜地制定城镇空间组织方式和交通发展模式,重点包括以下方面:

(1)人口密集地区以轨道交通走廊为重点,优化城市群空间格局,建设分层次、相融合的轨道交通系统,支撑城镇空间和产业布局优化调整。在国家级或省级层面,根据城市群空间布局和社会经济发展情况,以优化配置资源、避免重复建设为原则,统筹城市群内部航空、铁路、港口等大型物(货)流枢纽的规划建设,明确其合理定位、规模与分工;打破行业条块分割和行政壁垒,联合民航、铁路、公路以及城市交通等行业管理部门,推进区域内综合交通信息的整合和实时共享,构建城市群层面的综合交通信息服务平台。

(2)都市圈和大城市推行以公共交通为导向的空间发展战略,引导城市(都市圈/城市群)沿大容量公共交通走廊紧凑、有序发展,构建以轨道交通为骨干,公共交通、步行和自行车为主体的绿色交通系统,引导功能区建立以公共交通为主导的出行模式。依托市郊铁路或区域快线系统支撑引导新城及周边区域开发建设,促进城市功能及产业合理布局。以公共交通枢纽和站点为中心,按照容积率递减的原则合理确定公共交通走廊沿线土地开发强度。充分发挥枢纽对城市功能的区域效应,提高枢纽周边土地使用集约化程度,实现枢纽与城市综合开发的一体化。加强轨道交通站点与周边用地紧密结合,切实实施综合交通枢纽与周边用地的一体化开发,实现各交通方式无缝衔接、零距离换乘,同时实现轨道交通站点与周边建筑紧密结合,设有便捷安全的直通通道。

(3)中小城市应提供良好的步行、自行车通行条件,构建城市公共交通、步行和自行车为主体的绿色交通系统。

(4)优化城市功能配置,促进混合土地使用,引导居住和就业平衡,构建以社区为基本单位的城市公共服务体系,配置日常生活所需的教育、医疗、文化、体育、商业金融等基本

服务功能和公共活动空间。

2.坚持绿色低碳交通方式,优先发展公共交通

调整交通结构,坚持绿色低碳交通方式。提升城市公共交通"门到门"效率和品质,围绕"快速、便捷、多样"提高公共交通相对于小汽车的竞争力和吸引力,落实公共交通发展设施用地优先、投资安排优先、路权分配优先、财税扶持优先,重点包括以下方面:

(1)提升公共交通出行效率。构建多层次的轨道交通网络,优化既有轨道交通运力配置和运输组织模式。保障地面公交车的通行路权,利用科技手段加大对违法占用公交车专用车道的监控和处罚力度。推进轨道交通、公共交通、慢行交通系统融合,实现网络布局、枢纽设施、运营模式的一体化。将轨道交通配套接驳设施纳入轨道交通规划设计范围。对公共交通体系内部各方式票价、运营时刻表、信息服务进行整合,提升全过程出行体验。

(2)打造多层次、多样化的公共交通服务体系。借助现代信息通信技术,全面提升公共交通实时响应服务能力及可靠性,支持发展个性化、定制化的多元服务模式。引入市场竞争机制,厘清政府与市场在提供公交服务中的关系,应对不同公交需求特征实施差异化供给模式。改革运营服务模式,通过构建适度竞争、政府调控的市场机制,发挥市场在资源配置中的作用。

(3)树立"窄马路、密路网"的城市道路布局理念,推动发展开放便捷、尺度适宜、配套完善、邻里和谐的生活街区,新建住宅推广街区制,实现内部道路公共化,提高路网通达性。推广"完整街道"设计理念及方法,从道路设计回归到街道设计,秉持安全、绿色、低碳、可持续发展的交通理念,保障所有交通方式出行者的通行权,为所有出行者提供一个公平的道路交通空间。对于已有的"宽马路",注重道路通行空间的路权分配向绿色交通倾斜,提供连续、安全、温馨的步行和自行车通行空间。

(4)从节约能源、降低排放和缓解拥堵的层面充分认识促进绿色出行的重要意义,实施街道精细化设计,调整城市道路资源使用分配策略,打造安全、便捷、舒适、宜人的步行和自行车出行环境,促进步行和自行车在中短距离出行中发挥应有的作用并与公共交通良好衔接。

3.加强交通需求管理,抑制小汽车的过度使用

按照"用者自付"原则进行需求管理政策设计,实现道路、停车等交通资源的有价有限使用。发挥市场配置资源的决定性作用,完善交通需求调控体系。以能源、环境、土地可提供的交通基础设施等资源容量为约束,以不同的交通方式(小汽车、公共汽车、轨道交通、自行车等)出行成本为依据,制定有助于资源合理利用、引导和维持交通供需平衡的交

通服务价格体系。

（1）主动建立交通需求管理政策的长效机制，建立、完善以科技和经济调控手段为主、行政管理手段为辅的交通需求管理长效机制。充分利用经济杠杆，提高小汽车的使用成本，实现道路、停车等交通资源的有价有限使用，有效抑制小汽车的过度使用，鼓励集约、绿色、低碳出行。充分利用技术手段，实现对交通需求的主动引导与调控。

（2）发挥停车供给、价格对小汽车保有和使用的调节作用。城市政府要从有利于城市交通可持续发展的战略需要出发，综合考虑城市功能布局、土地开发强度、公共交通服务水平、交通运行状况等因素，按照差别化供给的思路，确定不同区域、不同性质的停车设施分布、规模和建设标准。

（3）制定停车产业发展促进政策，加快各类停车设施建设与经营服务的产业化、市场化进程。通过政策引导，充分发挥市场机制作用，吸引民间投资，促进停车产业的发展。

（4）建立反映土地资源价值的停车价格体系，逐步建立市场定价、政府监管并指导的价格机制，通过调整停车价格抑制小汽车不合理的保有和使用。

（5）加强城市道路与公共空间的停车执法管理，逐步消除违法停车。

（6）实行差别化交通需求管理，建立针对不同区域、不同时段实施不同方式、不同标准的差别化管理制度。

（7）对大城市尤其是特大城市、超大城市，适时实施交通拥堵收费措施；在城市中，科学设置特定区域的"无车区"（限制小汽车进出的区域）。

（8）通过综合对策，科学引导，限制机动车保有总量。鼓励与规范共享交通的科学合理发展，探索利用汽车共享实现制约私人小汽车保有的发展模式。

4.加强城市货运管理，提高共同配送比例

城市货运发展要加强统筹谋划，在提升行业整体信息化水平的基础上，实现对货运基础设施、货运需求的精细化规划、管理和调控，重点包括以下方面：

（1）建立基于大数据技术的城市货运数据体系及公共信息平台，提升货运管理和服务的信息化、智能化水平。

（2）构建并完善货运规划体系，将城市货运可持续发展规划融入交通运输规划和城市总体规划中。

（3）形成"综合货运枢纽/物流园区—配送中心—末端配送节点"三级城市货运基础设施体系。

（4）充分利用大城市、特大城市地下综合管廊，发挥我国城市轨道交通的规模优势，构建"管廊＋地铁"的城市地下货运体系。

（5）加强货运需求引导和管理，优化通行政策，创新运输组织模式，实现城市配送车辆

电动化、清洁化;提高城市共同配送比例。

5.推动城市智能交通发展,提升城市交通精细化管理和服务水平

依托大数据应用提升交通决策管理智能化水平。提升交通服务的精细化水平,实现基于需求实时响应的城市出行与物流配送一站式智能服务。提前部署新型交通基础设施,主动进行政策技术准备。

(1)以大数据作为创新供给手段,提升城市交通战略和公交发展政策、规划、建设、管理水平,支持城市交通决策和管理的精细化、科学化。具体包括基于交通与城市发展的动态追踪和互动响应,以人机交互方式实现交通战略、规划、政策智能决策。结合新一代信息技术、云计算与人工智能技术实现对交通需求的主动引导与精准施策。实现城市交通运行风险动态监测及交通安全智能保障。

(2)提升交通服务精细化水平。深化预约出行、共享交通、出行即服务(Mobility as a Service,简称 MaaS)的理念,借助大数据、移动互联网、人工智能与云计算等技术催生的诸多新业态,精准快速地响应个性化出行需求,实现基于需求实时响应的城市出行与物流配送一站式智能服务。发展出行预约服务系统,通过激励及惩罚措施使出行者按照预约时间窗口及预约路线出行,实现交通有序运行。大城市引导新业态由个体出行向公共出行转变,鼓励支持发展个性化、定制化的公共交通等集约化出行模式。因地制宜发展汽车共享(分时租赁),推动其规范有序发展。近期以中小城市为试点,探索利用汽车共享(分时租赁)实现制约小汽车拥有的发展模式。

(3)提前部署新型交通基础设施,主动进行政策技术准备。基于车联网的人、车、路协同模式作为未来交通发展方向,应提前谋划与车联网相关的城市交通规划建设与运营管理框架体系。针对无人驾驶和各种"共享交通"模式的发展,要加强顶层设计,充分评估各类共享交通模式的负外部性,制定各种共享交通模式规范,实现有序发展。

第八节 加强乡村交通运输体系建设

实施乡村振兴战略,是党的十九大作出的重大决策部署,是决胜全面建成小康社会、全面建设社会主义现代化国家的重大历史任务。乡村交通建设与发展,是脱贫攻坚、全面小康和乡村振兴的必然要求,是解决好"三农"(农村、农业、农民)问题的基础性和先导性条件。

一、综合分析

在交通领域补短板,强弱项是交通强国建设的重要任务,也是实现交通公平性、支撑

实现美好生活的基本前提。

发展任务是补强乡村交通基础设施短板,深化城乡融合,逐步建立健全全民覆盖、普惠共享、城乡一体的交通基本公共服务体系,为服务乡村振兴和打赢脱贫攻坚战作出更大贡献。

基本前提是要满足农村居民日益增长的出行需求。随着乡村建设的不断推进和农村居民生产生活水平的日益提升,农村居民对乡村交通的需求也不断增加,要求进一步延伸农村公路的通达深度,进一步提升乡村交通的服务品质,加强乡村交通的生命安全防护工程建设。

发展重点是服务农村产业发展。随着农村特色种养业、乡村旅游业的发展以及农业生产的规模化、机械化发展,农村地区对农村交通的产业服务需求更加强烈,要求进一步提升农村交通的产业服务能力和水平。

关键举措是畅通城乡连通渠道,促进城乡双向流通与融合。城乡交通基础设施和运输服务的一体化是未来乡村交通建设的重点。

核心目标是建成生态宜居的美丽乡村。应按照美丽宜居乡村建设要求,转变农村交通发展方式,充分考虑农村地区的生态和环境保护要求,集约节约利用土地,灵活采用技术规范和建设标准,体现地域特征因地制宜,实现交通运输发展与自然环境以及社会环境的和谐统一、和谐共美。

二、主要任务

建设"四好农村路",切实提高乡村交通基础设施质量与通达度、提升乡村交通运输服务水平、推动交通精准扶贫脱贫,提出如下三大主要任务。

1. 推进乡村交通基础设施建设,促进转型发展

根据发展现状和需要分类推进乡村交通发展,将乡村交通纳入到乡村振兴的大局中统筹考虑,重点包括以下方面:

(1)加大财政投入,补强交通基础设施短板,形成广覆盖的乡村交通基础设施网络。在城乡接合地区,实现城乡道路与乡村公路规划、建设与养护管理的统筹,积极推进乡村地区对外快速通道建设,促进城镇交通基础设施向乡村延伸;在乡村地区,交通规划要与精准扶贫脱贫、农业农村现代化发展、乡村旅游发展、特色小镇和美丽乡村建设相协调,实现多规合一。建立稳定的农村基础设施管理维护资金来源渠道。

(2)注重质量、安全与绿色发展,切实落实地方政府建设养护的主体责任。质量安全是乡村交通建设的第一要务,需要转变建设理念,从只注重连通向提升质量安全转变,促进乡村交通建设转型发展;推进乡村交通与生态环境、人文历史相交融,进一步连通乡村

各产业经济节点,推进旅游景区、特色小镇、农牧业产业园、水产养殖基地、农家乐集聚地等乡村经济节点连通公路建设,使投资、产业、教育、医疗、农副产品等优质资源顺畅流通,有效推动乡村产业兴旺,助力特色小镇和美丽乡村建设。

2.改善和提升农村客运发展水平

加强小城镇与交通干线、交通枢纽城市的连接,推动城市交通公共服务向市郊、农村延伸,扩大城市对乡村地区的辐射带动作用,逐步消除城乡二元结构,实现基本公共服务均等化。重点包括以下方面:

(1)将农村客运服务纳入基本公共服务范畴,推行灵活化的农村客运线路经营模式,不断提高农村客运建制村覆盖率和通达深度;以城市近郊区域为重点,推进符合安全通行条件的地区实施城乡客运班线公交化改造;完善海岛交通客运体系,实现海岛交通精准扶贫全覆盖,切实改善海岛交通出行条件。

(2)推进城乡客运服务一体化,推动城市公共交通线路向城市周边延伸,推进有条件的地区实施农村客运班线公交化改造,采用城乡公交、区域经营班车、预约响应客车等农村客运组织形式,提升农村客运组织模式的灵活性、适应性。

3.创新农村物流发展模式

加快完善县、乡、村三级农村物流服务体系。发展农村电子商务,鼓励快递企业加强与农业、供销、商贸企业的合作,构建农产品和农业生产资料快递网络和双向流通渠道,重点包括以下方面:

(1)结合国家"乡村振兴"战略,加强货运物流与农业现代化发展的联动,改变原有的农产品、农用设备等工业品以及农村消费品的流通组织模式,促进农村地区商品的双向流通。

(2)近中期,适应农业现代化发展要求和新农村建设需要,探索建立以便捷货运为引导的现代农业产业体系发展模式,推动形成"三农"发展新格局。服务全国农产品市场体系建设,遵循"客货并举、运邮结合、资源共享"的原则,配套完善农村物流网络,创新农村物流服务新模式,统筹推进农村客运和农村物流、农村邮政的融合发展。

(3)鼓励货运企业拓展农村物流服务,发展农村电子商务,支持与农产品基地、农民专业合作社、农村超市等广泛合作与对接。鼓励快递企业加强与农业、供销、商贸企业的合作,构建农产品快递网络,打造"工业品下乡"和"农产品进城"双向流通渠道,服务产地直销、订单生产等农业生产新模式,下沉带动农村消费。

第九节　建设通达全球的交通体系

提升交通国际影响力、提升服务世界交通能力、实现开放共享，是交通强国战略的重要内容。

一、综合分析

"交通运输国际影响力、服务世界交通能力"是一个全面的、综合的概念，是国家交通运输硬实力和软实力在国际上的综合体现。要制定科学合理的发展战略必须对其内涵进行全方位分析。

交通运输国际影响力是指交通运输领域在国际范围内具有广泛性影响的能力，要求拥有一批具有国际竞争力的跨国企业，代表未来技术和行业发展方向；拥有较为完备的基础设施和运输网络，有能力服务和保障国家的内外运输需求；拥有交通运输技术、服务以及理念创新引领能力，以取得国际交通领域更大的话语权。因此，交通运输国际影响力是竞争发展能力、服务保障能力、创新引领能力的整体体现。

对照美国、欧盟、日本，可以看出这些国家和地区均具有很强的国际影响力，它们具备完善的国际交通运输网络、服务体系、创新引领能力，广泛参与国际交通事务，主导一批治理全球交通事务的国际组织，有一批懂规则、善治理的国际人才，有可观数量具有国际竞争力的跨国企业集团，同时根据时代条件变化和各自综合条件确立了适合自身国情的提升交通竞争力和影响力的发展模式。

与此同时，我国交通运输在竞争发展能力、服务保障能力、创新引领能力等方面与交通强国相比存在较大的差距。缺乏一批具有全球竞争力的世界一流交通企业；服务我国全方位对外开放战略和国际化产业布局的全球化交通运输服务网络有待完善，重要国际通道运输的可靠性、安全性有待提升；我国在参与国际标准、规则的制定权方面存在短板，国际事务的话语权较弱，创新引领能力有待增强。

因此，为了实现我国交通国际影响力的全面提升，就应通过打造国际交通运输网络，建设全球供应链服务体系，实现国际运输服务保障能力；加强科技和服务创新，推动交通标准国际化，积极参与和主动发展国际组织，并发出中国声音、贡献中国智慧；鼓励新兴交通企业和品牌参与国际竞争，实施交通企业"走出去"计划，提升交通运输行业的国际竞争力。

二、主要任务

加强国际合作，提升交通服务世界能力和国际影响力，为建设人类命运共同体作出贡献。应具体实施以下六项重点工作。

1. 构建互联互通的国际化交通运输网络

国际化交通运输网络的建设是提高我国交通运输国际影响力的基本保障，重点包括以下方面：

（1）建设国际综合枢纽门户，布局海外交通服务支点。以互利共赢为目标，与相关国家重点城市合作开发建设若干重要港口，丰富和完善海外港口关键节点布局。根据"空中丝绸之路"建设重点，推进国际航空枢纽机场建设。

（2）不断完善国际重要运输通道的建设和治理，支撑"一带一路"倡议。以周边国家为重点，以新亚欧大陆桥、中国-中亚-西亚经济走廊、中国-中南半岛经济走廊、中蒙俄经济走廊等陆路通道为依托，大力推进国际铁路运输大通道建设。完善国际海运通道的合作开发建设和安全维护，提高中国与发达经济体、新兴经济体之间的海运航线密度，构建高效畅通的国际海运大通道。建设连接欧洲、美洲、大洋洲等重点航空市场的空中快线，加大对南美洲、非洲的辐射广度和深度，构建空中运输大通道。

2. 建立高效快捷的全球化物流和供应链服务体系

建立完善的全球化物流和供应链服务体系是我国参与全球竞争与国际分工，增强对外连接能力和国际资源吸附能力的核心保障。重点包括：

（1）提升航空物流全球服务水平。以国际航空物流枢纽为支点，以航空运输为核心，加强航空公司间合作，集中航空货运资源，整合货运物流业务，强化航空货运专业化服务能力。加速推进航空货运物流智能化、信息化，将物联网、移动互联网、云计算、大数据等技术应用在服务产品订制、智能配货、在线查询调度、自动配送等领域，实现货物销售和运输全流程管理。打造航空物流管理中心和国际快件转运中心，推动货运业务承运人向综合物流服务商转型。实施有利于枢纽机场建设的客、货通关政策，简化海关、边防检查和检验检疫等部门的出入境联检手续，实现服务一体化，提高枢纽机场运营和管理效率，打造高品质、高时效的国际航空物流服务系统。

（2）完善国际铁路物流服务系统。加快国际陆上大通道中转型物流节点建设，依托中欧班列，通过中转集结方式，形成覆盖欧亚的铁路物流服务网络。打造连接东北亚、中亚、东南亚、南亚和欧洲方向的集装箱班列集结中心，建立全面的协调平台和机制，与沿线国家共建合理的运输组织模式，大力促进通关便利化，降低运输成本，建设与"一带一路"倡议相适应的陆路国际物流系统。

（3）建设国际航运中心。依托海外重要支点建设，在做强做大港口装卸、中转、换装、临港产业、临港新城开发等功能的同时，拓展陆海双向物流服务体系，加快拓展航运金融、信息、交易、法律仲裁、教育研发等现代航运服务业，更好服务区域港航要素发展，促进全球化航运要素集聚，提升对全球航运和物流资源的配置能力。

（4）构建国际多式联运系统和综合物流枢纽。综合考虑海运、铁路、航空等交通方式的衔接，明确运输任务的层次，在重要区域选择建设若干国际化交通枢纽，建设设施高效衔接、客货快速转运、信息互联畅通、服务高效便捷的国际多式联运组织体系，打造网络化、层次化、立体化的交通组织系统模式，建设集报关报检、国际运输、多式联运、仓储加工、信息处理等功能于一体、具有区域辐射作用的国际综合物流枢纽。

3. 推动交通标准国际化

积极向国际市场推荐中国标准，通过技术和服务创新引领制定新标准并促进国际化。重点包括以下方面：

（1）结合交通运输行业"走出去"，以市场为依托，尊重所在国意愿，适时推荐采用中国标准，以支持当地交通事业的发展。加强与"一带一路"沿线国家标准互认、区域标准共建工作。

（2）加强国际合作，与美国、欧盟、日本等发达国家和地区开展国际标准的兼容研究，为推出适应国际需求方的标准体系提供技术支持。加强国际标准跟踪、评估以及中外标准差异性和等效性研究工作，结合国内外交通运输实践，加快转化为适合我国国情的国际标准。提高我国标准与国际标准融合度，为"中国企业走出去"创造便利条件。

（3）以新技术引领新标准，选择有国际竞争优势尤其是新兴交通领域的技术率先突破，形成中国标准，并促进其国际化。同时要系统梳理我国交通在系统集成、工程建设、交通装备等领域的优势技术，加大推广力度，力求将其上升为国际标准或事实标准。

（4）积极参加国际交通组织和标准化组织工作，更多承担国际标准制定和修订工作。跟踪与标准相关国际组织工作动态，了解标准制修订情况、研究范围及方向、发展趋势等，参与有关重要标准的前期研究工作。同时要结合我国优势技术和领域，协调各方力量，加大工作力度和投入，在国际标准制定中争取到更多主持和参加的项目，贡献更多的中国智慧。在战略、政策和规则的制修订中拥有较强话语权。

4. 实施国际交通组织发展计划

国际交通组织主要在条约和宗旨规定范围内，通过参与国际事务活动，管理交通全球化带来的国际问题。我国交通运输行业想要在竞争日趋激烈的国际环境下实现自身发展的目标，不仅需要加大对国际交通组织的参与力度，同时也要发扬积极主动的进取精神，充分利用国际交通组织落户所带来的"溢出效应"，重点包括以下方面：

（1）加快提升我国在现有重要国际交通组织（机构）中的话语权和影响力。多渠道加强与国际交通组织的沟通协商，争取举办相关国际性会议和论坛，在国际舞台上与同行加深理解，提升我国在国际交通组织中的知名度。超前研究并积极向国际交通组织提出机构改革、发展方向、政策重点等方面的建议提案，为国际交通组织的发展和改革作出积极贡献。在国际交通组织中积极宣传中国交通发展经验、做法，吸引国际交通组织人员来国内考察，深入了解中国交通发展的成就和经验做法。

（2）积极吸引国际交通组织（机构）来华落驻。依托传统优势领域，积极争取国际铁路联盟（UIC）、国际海事组织（IMO）、国际民航组织（ICAO）、国际道路联盟（IRF）等主要国际交通组织来我国设立办事处或亚洲分部。如利用全球航运中心东移，争取国际海事组织在我国设立亚太区域总部；利用我国在高速铁路装备、技术和运营实践的优势，争取国际铁路联盟来我国设立高速铁路分委员会。

（3）倡导设立一批国际交通组织。依托我国技术优势、区域影响力以及新兴交通领域的市场和平台优势，通过官方和非官方的深度合作，新设一批由我国倡议建立的交通建设、运营和管理组织。重点以"一带一路"沿线国家为突破口，从影响力的局部突破到全局提升，可考虑设立以服务"一带一路"沿线国家为主的相关服务组织或机构。

5. 建立交通国际组织人才培养及输送机制

要扩大我国在国际事务中的话语权和影响力，人才至关重要。我国国际交通组织人才储备不足，在很大程度上制约了人才进入国际交通组织任职。因此，应明确国际交通事务人才队伍素质要求，建立后备人才库，制定国际交通组织人才培养及输送机制，重点包括以下方面：

（1）完善交通领域国际人才培养与储备机制。针对国际交通组织人才的培养主要在高校的特点，深化交通类高校人才培养特别是国际化人才培养教育改革，试点设立交通行业重点高校国际交通组织人才培养基地，打通院系、专业壁垒，变革教育组织模式，构建互联互通的人才培养体系。鼓励高校及科研机构与国际交通组织加强合作，探索联合培养或定点培养对口需要人才机制。提升本土交通行业人才的国际化程度，加强交通行业海外人才引进。建设国际交通组织后备人才库，加强对国际交通组织后备人才的认证，有计划地在不同层面为国际交通组织后备人员提供必要的培训服务。

（2）建立国际交通组织人才输送机制。制定国际交通组织初级专业人员（JPO）派遣计划。根据国际交通组织的人才需求，制定相适应的人才专项支持计划，扩大国际交通组织人员的选派范围。将在我国登记的国际交通组织和国际交通组织分支机构作为人才培养和推送工作的重要目标，推动向落户国际交通组织及其分支机构派遣高水平专家、增加我国职员数量、加大实习生规模等。

6. 提升交通企业的国际竞争力

跨国企业往往决定着交通技术和行业发展方向，是展现交通运输硬实力和软实力的具体依托。建成一批具有世界竞争力的大型交通跨国企业，造就若干立足国内、面向国际的交通品牌，是提升交通运输竞争发展能力的关键，重点包括以下方面：

（1）加强科技创新，实现交通行业核心技术的赶超和引领。创建国家交通基础理论、装备制造、管理运营创新中心，瞄准交通科技核心领域重大、关键技术，进行联合技术攻关。引导企业加大技术创新投入力度，强化科技研发平台建设，加强应用基础研究，完善研发体系，持续加强交通装备、交通信息化与智能化、交通安全和交通基础设施等方面的技术创新，强化人工智能、新材料和新能源等技术与交通运输需求的深度融合，发展高效能、高安全、综合化、智能化的系统技术与装备，形成满足我国需求、总体上国际先进的现代交通运输核心技术体系。

（2）打造交通产业链体系，实施联盟化发展，增强交通产业链的竞争能力。针对我国社会主义市场经济的特点，推进交通产业链条的构造，形成完整的政府、交通服务供给、交通产品（服务）提供等互动体系。

支持交通企业之间通过资产重组、股权合作、资产置换、无偿划转、战略联盟、联合开发等方式，提高资源配置效率，提升骨干企业经营能力和综合实力。鼓励交通产业链上下游进行重组，培育骨干企业全产业价值链资源整合与综合集成能力，更好发挥协同效应。鼓励交通企业打破单一产业界限，引导现代农业、加工制造、资源开发、现代物流、邮政快递、商贸流通、金融机构等企业联盟化发展，打造全链条、立体式交通产业链体系。构建全产业链战略联盟，搭建优势产业上下游"走出去"平台、高效产能国际合作平台、商产融结合平台，形成综合竞争优势，增强企业联合参与市场竞争的能力。

（3）拓宽交通"走出去"领域，打造"交通＋"模式。对于参与境外铁路、公路、港口、机场等基础设施的咨询、设计、建设和运营，将过去集中在劳务输出和工程承包，转变为资本输出、标准输出、技术输出、管理输出等高附加值和高利润率的产业链上游高端要素输出，不断增强企业的盈利能力和核心竞争力。配合中国资本外溢和产业转移合作等需求，以产能合作撬动基础设施、交通网络建设和国际交通运输需求，鼓励不同领域企业围绕交通抱团"走出去"，打造"交通＋走出去"模式。

（4）重视交通企业和品牌"走出去"过程中的软实力建设。加强跨国交通企业质量和信用建设，以"讲信誉、守规则、重质量、铸精品"为目标，支持企业将交通产品和品牌打造成国家新"名片"，提升我国交通产品国际形象。鼓励跨国交通企业扎根当地，致力于长期发展，在企业用工、采购等方面努力提高本地化水平，加强当地员工培训，积极促进当地就业和经济发展，融入当地社会文化，履行社会责任，为当地环保、就业作出贡献，积极扶助弱势群体,展现企业责任感,突出中国的大国形象,实现从"走出去"到"走进去""留下来"的转变。增强与东道国民众、媒体与政府的沟通联系,提升中国交通企业国际品牌与声誉,支持非政府组织(Non-Governmental Organizations,简称 NGO)等民间组织开展公益行动,降低政治敏感度。加强国内与国际 NGO 组织、智库及协会的合作,营造良好的社会舆论基础。

第十节　把握交通强国建设的关键突破点

从工程科技与工程管理角度,上述九个战略重点基本覆盖了交通强国建设的主要方面。尽管这些方面都非常重要,然而却有几个"牛鼻子"重要问题,应该更加突出地加以强调。

交通的一体化、绿色化、智能化、共享化发展,是世界交通发展的主流趋势,将引发交通基础设施、能源动力、技术装备、运营管理、服务模式的深刻变革。聚焦这一趋势,作为交通领域创新发展的关键突破点,有利于抓住交通强国建设的"牛鼻子"。

一、充分利用转型升级"窗口期",实现一体化和高质量发展

如前所述,从 2020 年到 2030 年 10 年时间,将是交通基础设施保持合理规模的建设期,也是实现交通基础设施一体化和高质量发展的关键"窗口期"。

要充分利用好"窗口期",在优化规划的基础上,加强短板和弱项,建成一体化综合交通基础设施网。对于由不同交通方式构成的复合交通走廊,要统一规划,形成综合运输能力。

要充分利用好"窗口期",建设一体化的综合交通枢纽,打通"最后一公里",实现公路、铁路、水路、航空和城市交通相互融合,重要港区铁路进码头、大型物流园区直通铁路;做到高铁与机场,地铁与火车站、汽车站的无缝衔接;优化站、港枢纽建设布局,减少城市交通压力。

要充分利用好"窗口期",大力推广网络、智能等新技术,推动各种运输方式信息、服务的一体化发展。

二、重点发展轨道交通和新能源汽车,支撑绿色发展新格局

城市交通拥堵是我国城市化进程中面临的普遍问题和发展瓶颈,城市群是新型城镇化发展的主体形态,破解城市交通拥堵与污染、应对城市群的发展挑战、实现交通绿色化的关键是发展城市、城市群轨道交通和新能源汽车。

建设城市和城市群轨道交通。发展城市和城市群轨道交通是我国交通发展的当务之急。我国城市人口规模和密度大,交通需求强度高,非西方国家可比。国内外经验证明,破解高人口密度城区的交通拥堵、实现节能减排目标的关键,是构建以轨道交通为骨干网络的综合交通系统。不仅如此,推进城市群一体化、实现交通绿色化发展的基本前提条件也是建立轨道交通系统。因此,应在科学规划的前提下,加强轨道交通建设力度。同时,应抓住轨道交通建设的机遇,推进轨道交通站点与周边用地一体化开发,实现交通系统与土地使用的深度融合。

发展新能源汽车。经过多年持续努力,我国新能源汽车实现了快速发展,我国已经成为全球最大的新能源汽车生产国和销售国。从汽车工业发展的角度看,我国在传统汽车发展路径上实现赶超已十分困难,而新能源汽车在动力、控制等机理上与传统汽车完全不同,且当前我国的发展水平与发达国家差距不大。因此,只要充分利用产能、技术研发、蓄电池生产、充电基础设施建设等有利条件,发挥我国制度和市场优势,就有可能抢占新能源汽车的制高点,实现"换道超车"。与此同时,还应加强对燃料电池汽车的研究,推动新能源船舶研发应用。据预测,2030年我国电动乘用车销售量占汽车总销售量的比例将达到40%,公共交通工具可全部实现电动化。为此,要在充(换)电装置、电力输送、废旧蓄电池回收再利用等方面做好相应配套工作。

三、以智能技术为抓手,推动交通系统变革升级

智能交通是提高服务品质、安全水平和运输效率的关键,是实现世界领先的重要抓手。

目前我国交通大数据、物联网、人工智能、5G网络、北斗卫星导航技术发展迅速。我国智能交通发展与发达国家相比除了关键芯片制造技术外差距不大,总体处于并跑状态。由于我国市场需求巨大、应用环境好、数据量大,智能交通有条件在2030年前后进入世界前列。应抓住以下重点实现突破:

(1)构建世界领先的城市智能交通系统。通过构建城市交通大数据共享平台和城市"交通大脑",全面提高交通状况实时分析、交通动态变化预测、交通违法行为自动识别、交通事故隐患自动预警、交通拥堵成因分析、智能应急救援水平,助力破解城市交通拥堵,实现交通节能减排。

(2)加强自动驾驶技术研发与应用,着力通过车路协同,实现动态互联、控制与诱导结合,优化运行组织和控制,提高安全水平。在推进车路协同研究进程中,既要建设智能交通基础设施系统,也要加强汽车自动驾驶功能的开发。我国应充分发挥政府主导作用,当前着力推进以建设智能交通基础设施为主的技术路线,使汽车自动驾驶低成本起步、更快落地,并为自动驾驶进入高级阶段创造条件,走出一条中国特色的自动驾驶系统发展之路。

四、创新管理理念,提高治理能力,支持共享交通发展

共享经济模式在交通领域的应用空间广阔,运输工具、停车设施以及交通数据、信息等都可以通过共享模式发挥更大作用。这样不仅有利于现有交通各类资源的最大化利用、降低交通出行和物流成本、避免再走发达国家"每家有车"的路子,还可以缓解资源有限性与个性化需求不断增长之间的矛盾。

对于共享交通模式暴露出的问题和风险,各级政府既要加强监管,责成相关企业规范经营,也要给共享交通发展提供适度宽松的市场环境。应通过管理创新和科技创新,不断提升治理能力,处理好创新与防范风险的关系,破解新矛盾和新问题,激发和保护企业创新活力;应通过社会信用体系建设、发挥社团协会等第三方组织力量,实现新业态的有序竞争和行业自律;应做好共享交通发展的顶层设计,尽早研究制定相关法律、标准。

第四章
交通治理体系现代化

党的十九大报告提出,要推进国家治理体系和治理能力现代化。交通强国保障体系的建设目标就是要实现交通领域的治理体系和治理能力的现代化。

从国外情况看,发达国家和地区首先都建立了较为完善的综合运输法律法规体系,侧重于解决不同层次、不同阶段交通发展重点和不同领域的问题,如美国为推进各种运输方式的协调发展,先后颁布《库伦议案》《联邦控制法》《航空商务法》《联邦公路资助法案》等一系列法案,1991 年通过"冰茶法案"(陆路综合运输效率法案 Intermodal Surface Transportation Efficiency Act),1998 年又通过"续茶法案"(21 世纪运输公平法案 TEA-21:Transportation Equity Act for the 21st Century);其次,都建立了各级责任清晰的管理体制,如日本行政管理体制实现了中央集权与地方自治的有机统一;再次,都有可观的财政投入和多元化投资主体,如欧盟对交通系统的投资政策相较美国更多元化,财政投入与吸引社会资本更加均衡,财政投入力度也更大,因此欧盟的综合交通基础设施整体技术状况和安全水平明显优于美国;此外,也都重视人才队伍建设,如英国确立了技能立国战略,提出"为成功而开发技能"的口号,德国将高技能人才视为"经济发展的柱石、民族存亡的基础"。

因此,通过系统研究,我国需要通过健全交通法律法规体系,完善交通管理体制与运行机制,建立财政保障有力、权责一致、有效吸引社会资金、风险可控的投融资机制,建设高素质、多层次、创新能力强的交通人才队伍体系,充分有效发挥市场对交通运输领域资源配置的决定性作用,更好发挥政府作用,激发交通的创新活力,最终实现交通领域治理体系和治理能力现代化,保障交通强国战略目标的实现。

第一节　构建完善的交通法律体系

目前我国交通领域现行有效法律包括《中华人民共和国海上交通安全法》《中华人民

共和国铁路法》《中华人民共和国公路法》《中华人民共和国海商法》《中华人民共和国港口法》《中华人民共和国航道法》《中华人民共和国民用航空法》《中华人民共和国邮政法》《中华人民共和国道路交通安全法》《中华人民共和国国防交通法》共 10 部,行政法规包括《铁路安全管理条例》《中华人民共和国收费公路管理条例》《中华人民共和国水路运输管理条例》《中华人民共和国道路运输管理条例》《中华人民共和国船员条例》《民用机场管理条例》《通用航空飞行管制条例》等 65 部,部门规章 300 余件,初步建立起了综合交通法律法规体系,为交通依法行政打下了基础,但我国交通运输领域的法律法规制度滞后于交通运输业的发展,其系统性、全面性不够。我国的综合交通运输长期处于上位法缺失的状态,交通行业法律法规多数是由各运输方式的主管部门主导起草,其内容主要从本运输方式的视角出发,在涉及多种运输方式法律法规的制定中,没有充分考虑到跨运输方式间衔接协调的问题,缺乏对综合交通运输体系的整体考虑,法出多门,法律法规间有矛盾。另外,现有的法律体系在交通基础设施特许经营竞争市场、交通服务体系、交通诚信体系、新业态新模式商业规则等领域尚是空白,与各个交通"龙头法"配套的行政法规还很不健全、链条尚不完整,存在重规制,轻用户权益和政府责任的现象。

因此,以习近平新时代中国特色社会主义思想为指导,加强交通立法的计划性、科学性,全面形成门类齐全、分工合理、上下有序、内外协调的综合交通法律法规体系至关重要。

一、编制出台《中华人民共和国交通运输法》

交通运输体系由不同运输方式组成,在科学的顶层设计下,制定共同的上位法,可以对发展中的基础性问题、共性问题形成统一认识和规制,避免各自为政、法出多门,促进综合交通融合发展、协调发展、高效发展。应以党的十九大精神和《中共中央关于全面推进依法治国若干重大问题的决定》为指导,尽快制定《中华人民共和国交通运输法》(简称《交通运输法》)。

《交通运输法》应明确交通运输的地位,交通运输主体及其权利义务,中央与地方政府权限,管理机构、交通运输设施与设备、交通运输服务、交通运输安全、交通运输契约及运输市场秩序、交通运输与资源环境、交通运输与城镇化、交通运输信息与统计等的法律责任与管理规则,为交通运输发展提供基础性法理依据。与此同时,《交通运输法》也应确立综合运输协调发展的原则,鼓励各种运输方式之间的联运、衔接与协作和系统的一体化。《交通运输法》所要解决的主要问题具体有以下方面:

(1)做好交通运输法律体系的顶层设计。通过制定并实施《交通运输法》,填补目前交通运输领域缺少基本法层次法律的重大缺项。

（2）以立法形式巩固大交通改革成果。明确交通运输优质高效、协调发展的导向和基本规则，强调各运输方式之间的联运、衔接与协作，强调系统的一体化与协同性。

（3）平衡交通运输公平与效率的关系。确立公民基本交通权利、基本公共服务均等化的基本原则，在提高效率的同时要兼顾公平。

（4）建立交通运输依法行政体制，完善行政组织和行政程序法律制度，推进机构、职能、权限、程序、责任法定化。

（5）理顺不同层级政府之间交通运输的事权关系。根据中央与地方政府在交通运输领域的事权划分，《交通运输法》要对不同层级政府在交通规划、交通投融资、公共产品提供与运营监管等职责分工作出基本规定。

（6）明确促进综合运输协调发展的基本原则。

（7）处理好城市交通与综合交通运输体系的关系。要进一步明确公交优先战略，在城市公交规划、交通用地综合开发、交通引领城市形态以及都市圈、城市群交通等方面做出基本规定。

（8）推动交通运输业沿着安全、绿色、节能、环保的可持续方向发展。应在交通安全和绿色交通发展方面提出明确性要求，作为交通发展的基础性要求和重要绩效目标。

（9）规范交通运输领域的政府责任与市场行为。应明确政府提供交通公共服务、维护交通投资和运输市场公平正义的责任，对市场中各类主体的行为进行基本性约束。

（10）规范交通运输信息的获取与统计制度。明确交通用户基本公共信息的及时知晓权和个人隐私保护权，明确交通运输经营者，包括互联网平台对相关公共数据的提供义务，明确政府对交通运输信息的统计和公布职责。

二、健全交通运输法律法规体系

交通运输法律法规体系框架应当与综合交通系统相适应，根据各种运输方式交通系统中不同的社会关系，确定相应的法律法规系统和组成该系统的法律、行政法规和规章，既要避免留下立法空白，也要避免法律、行政法规和规章之间相互重叠。

（1）完善交通运输法律法规体系，应遵循系统性原则。建议有关部门将原已考虑制定的综合交通枢纽和多式联运等条例的核心法理，也加入《交通运输法》的立法思路中，同时制定配套的行政条例。希望尽早将《交通运输法》列入国家立法计划，并争取在3~5年时间内完成《交通运输法》的立法工作。并在这一顶层设计下完成对《中华人民共和国铁路法》《中华人民共和国公路法》《中华人民共和国港口法》《中华人民共和国航道法》《中华人民共和国民用航空法》《中华人民共和国邮政法》《中华人民共和国海商法》等专门法律的必要修改，对一些与改革和交通运输形势发展内容不相适应的内容进行修订，对新的要求进行补充，并完善配套规章制度体系，更好适应国家现代化和建设交通强国的战略安排。

(2)引导和支持地方加强交通运输立法工作。鼓励地方在立法权限范围内积极探索推动综合交通运输、农村公路、城市公共交通、出租汽车、工程质量和安全监管等方面的立法工作。鼓励和指导地方适应交通运输一体化发展需要,开展跨行政区域的交通运输立法探索。加强对地方交通运输立法起草工作的指导,建立交通运输行业立法互动交流机制。

(3)适应未来交通新业态、新模式发展,及时推进相关交通运输法律法规的制定和完善。当前"现代交通+"蓬勃发展,交通智能化、无人化、共享化已成不可阻挡的趋势,新业态、新模式将不断涌现。既要构建开放包容的政策环境,打破新行业的枷锁,也要利用或修改、制定新的法律法规进行管理,科学引导、规范相关行为。重点解决以下方面的法律规制:规定新型无人驾驶交通工具、载人飞行器和无人飞行器的交通出行和运营允许环境、必备条件;明确无人驾驶载运工具的法律责任主体,即发生交通安全事故、法律纠纷时,执法处罚对象;为网约车、共享汽车等新业态、新模式市场化发展提供规范的市场监管制度和良好的市场秩序。

第二节 构建高效率的管理体系

我国交通发展迈进建设交通强国的新时代,走高质高效发展道路,必须按照治理体系和治理能力现代化的要求,建立完善的交通管理体制和运行机制,实现政府职能向创造良好发展环境、提供优质公共服务、维护市场公平正义的根本转变,实现管理组织结构科学化、合理化、精简化,实现运行机制规范化、透明化、高效化,实现管理手段多元化、法制化、人性化,构建面向未来的跨领域、跨方式、跨区域的综合管理体系。

一、深化综合交通运输管理体制改革

由分散管理走向综合管理是世界交通运输管理体制演化的总体趋势。2008年、2013年两次"大部制"改革后,我国综合运输大交通管理体制初步建立,但实际运行中仍存在各自为政、职责交叉、协调不畅、监管执行能力弱、规划整合性不强等突出问题。按照治理体系和治理能力现代化的要求,应进一步深化综合交通运输管理体制改革,解决铁路、公路、水路、民航多头规划、各自建设、部门分割的问题。明确由交通运输部履行组织编制综合交通运输规划的职责,推进不同交通运输方式资源要素共用共享,并据此相应调整有关部委、部管国家局的职能。重点从明确责任、职能归位、协调机制、绩效管理等方面切入,完善综合改革方案。

（1）明确责任主体。坚持一类事项原则上由一个部门统筹、一件事情原则上由一个部门负责，加强相关机构配合联动。由交通运输部履行组织编制包括铁路、公路、水路、民航在内的综合交通运输规划的职责，推进不同交通运输方式资源要素共用共享，解决多头规划、各自建设、部门分割问题。

（2）明确职能分工。将综合运输规划职能划归到交通运输部，国家发展改革委职能转向部门间协调、宏观规划衔接和改革指导。

（3）完善运行机制。加强政府部门对企业的监督管理。在中央层面建立跨部门的协调沟通机制，部署协调重大事项。

（4）完善城市交通管理体制，解决城市管理割裂、分散问题。

二、推进重点领域管理体制改革

以问题为导向，推进交通重点领域管理体制改革，是实现交通运输管理提质增效的重要突破口。

（1）深化铁路行业改革。从建立健全铁路企业现代治理体系和治理能力入手，构建适应市场化经营的现代企业制度和运行机制，确立运输企业的市场主体地位，为铁路紧密围绕运输市场发展需求，推动技术、产品和管理创新，以及广泛开展与其他运输方式及新业态的融合奠定制度基础。要坚持政企分开、政资分开和公平竞争原则，加快推动中国铁路总公司股份制改造。引入战略合作者，积极利用资本市场加快推进优质资产、重点企业股改上市。推进市场化债转股和上市公司再融资工作，利用资本市场扩大融资规模、盘活存量资产。以建立现代企业制度为目标，深化铁路体制机制改革创新，着力构建具有中国特色、行业特点、符合市场经济要求的现代企业法人治理体系和运行机制。

（2）推动国家空域管理体制改革。随着我国公共运输航空、军事飞行和通用航空的持续快速发展，空域使用需求的矛盾不断增加，特别是"京津冀""长三角""珠三角"三个世界级城市群，民用运输飞行密度持续增加，其他城市群民用航空运输量也在不断增长。我国通用航空产业正在蓄势待发，通用航空飞行量在"十三五"期间，预计年增长率将达到10%。空域资源供需矛盾更加突出，空域管理的体制性矛盾和机制性障碍进一步显现。对现行的空域管理体制进行改革，建立健全军民融合发展的国家空域管理体制既是必然要求，也是实现民航强国目标的有力保障。

（3）推进干线公路管理体制改革。实现干线公路统一管理有利于路网的整体完好，有利于规划整体推进，有利于提高路网的融资能力。干线公路管理体制改革的对象主要是国道和省道。国道管理体制改革的重点是要实行"中央统一管理，中央和地方分层负责"制度。交通运输部负责国道网规划，制定国道技术和服务标准，负责中央事权国道的预算管理和中央资金分配。国道的具体建设、养护、日常管理委托省级交通运输管理部门负责。对于收费的国家高速公路网,交通运输部负责特许经营权授予,负责对政府与社会资本合作模式(Public-Private Partnership,简称PPP)项目进行行业监管。省级交通运输管理部门受交通运输部委托,负责省内收费国道特许经营项目具体管理和运营监管。省道管理体制改革的重点是要加强省级交通运输管理部门对省道管理的主体责任,改变目前普通省道"块块"或"条块结合"的管理体制,连同中央委托的普通国道一起,由省级公路管理机构实行统一、垂直管理。

省级交通管理部门负责省级收费公路项目特许经营权授予,收费公路的运营监管由专业公路管理机构负责。全面推进公路养护市场化改革,收费公路养护工程、普通国省干线公路大修养护工程实行向社会公开招投标。

(4)推进交通运输综合执法改革。为解决交通运输多头执法、重复执法、执法力量和资源分散等问题,切实提高交通运输行政执法效能和执法规范化水平,需要进一步理顺交通运输行政执法管理体制。按照减少层次、整合队伍、提高效率的原则,对职能相近、执法内容相近、执法方式相同的部门进行机构和职能整合,逐步实现一个地区、一个领域、一支队伍。建立和完善交通运输综合执法协调机制。建立健全情况通报制度、案件移送制度、协调协助制度,开发完善互联互通的信息网络;建立交通运输综合执法与公安执法等部门联动机制,实现交通运输综合行政执法机构与交通运输主管部门、专业管理机构之间资源共享,形成协调、高效的执法运行机制。加强公路"三乱"(在公路上乱设站卡、乱罚款、乱收费)等重点领域执法整治,建立交通运输、公安、市场监督管理跨部门的综合执法。

三、加强交通运输行业市场机制建设

充分发挥市场机制的作用是实现交通运输行业治理体系与治理能力现代化的根本保障。政府通过加强市场监管制度建设,既要破除行业枷锁,使市场规模得以扩展、市场活力得以激发;也要制定规则和激励约束机制,引导企业良性竞争、交通运输市场健康发展。重点举措包括以下方面:

(1)建立公平开放、统一透明的交通运输市场规则。完善市场准入制度,分类建立负面清单。交通运输领域对外商投资实行准入前国民待遇加负面清单的管理模式。全面清理交通运输领域妨碍统一市场和公平竞争的规定和做法,反对地方保护,反对垄断和不正当竞争。加强交通执法力度,联合公安等部门,对市场违法行为实行从严治理,维护市场秩序。

(2)全面引入特许经营制度,规范政府行为和投资人行为,实现双赢。重点加强投资准入与退出、投资行为与收益、收费价格、服务质量四个环节监管,制定交通基础设施和公共服务的服务标准体系和评价指标体系、基础设施养护管理的定额标准。加强对交通PPP项目的运营监管。

（3）完善交通运输价格形成机制。关注交通运输市场各领域、各环节供求关系和竞争格局情况，及时放开新形成竞争的运输产品价格；在保障基本公共服务基础上，对运输企业新开发、不属于基本公共服务的运输产品价格实行市场调节，鼓励运输企业开发更多适应社会需求变化的新型客货运输产品。

对实行政府定价管理的公益性服务、网络型自然垄断环节交通运输价格，强化成本监管，完善健全定价机制，规范定价程序，最大限度减少政府部门自由裁量权，提高政府定价科学化、规范化水平。

（4）建立健全涵盖交通运输工程建设、运输服务等领域的行业信用体系。针对不同交通运输从业主体，逐步建立具有监督、申诉和复核机制的综合考核评价体系。制定并落实守信激励和失信惩戒制度，建立健全交通运输市场主体和从业人员"黑名单"制度，实施动态监管。建立全国统一的交通运输行业信用信息平台，推进与公安、工商、税务、金融、安监等部门信用系统的有效对接和信息共享。

第三节　构建可持续的投融资体制

长期以来，我国交通基础设施投融资存在政府投资严重不足、事权与支出责任不匹配、债务负担重、融资难融资贵、民间资本进入意愿不强、资金使用管理粗放等突出问题，严重影响交通运输业的健康可持续发展。当前，我国交通已开启建设交通强国的新征程，必须按照政府引导、市场参与、分级负责、多元筹资、科学管理的思路，建立以公共财政为基础、权责一致、规范高效、风险可控、合作共赢的现代交通投融资制度和政策体系，为交通强国战略的实施提供持续稳定的资金保障。

一、建立交通运输发展政府性基金制度

财政性资金是交通投资的重要来源和基础性保障，对拉动投资、推进民生基础设施建设发挥了关键作用。尽管如此，我国交通投资的财政性资金一直存在来源不稳定、规模不稳定、管理过于分散、预算粗放、使用欠规范等突出问题。为顺应新时代建设交通强国的需要，按照财税体制改革的总体要求，借鉴发达国家成功经验，必须探索建立交通运输发展政府性基金制度，构建综合交通运输发展"资金池"，规范资金使用管理，提高投资绩效，为交通运输发展提供持续稳定的财政保障机制。

（1）关于基金的定位和分级。交通运输发展基金为政府性基金，根据需要，可作为引导性投入，吸引社会资本参与设立多种形式的产业基金。建立中央层级和省级两级交通运输发展基金，中央层级基金主要投向中央本级交通财政事权，分担共同财政事权支出，

适当补助地方财政事权支出;省级基金主要投向省级交通财政事权,分担共同财政事权支出,适当补助市县事权支出。

(2)关于基金的组成。交通运输发展基金由目前各种交通专项税费、用于交通支出的一般性财政性资金、政府债券、政府投资收益等组成,有别于向公民、法人和其他组织征收的、新设税费来源性质的政府性基金,是现有资金来源组成的资金池。

(3)关于基金的用途。交通运输发展基金主要用于:交通基础设施建设、养护管理、交通运输基本公共服务支出、政府债务偿还、交通转型升级战略性引导支出。为促进综合运输协调发展,可从中安排部分资金,设立专门的综合交通运输发展子基金。

(4)关于基金的使用管理。交通运输发展基金坚持专项用途、统一管理和规范使用,合理界定财政部门与交通运输主管部门在预算编制和审批、项目计划、资金拨付、资金使用监管、绩效考核的职责分工。按照资金支出的不同性质,严格资金拨付程序。加强基金中的政府性债务管理,为债务确定控制线和合理规模区间,建立债务风险预警及应急处置机制,建立债务风险评测指标。强化基金绩效管理,逐步完善绩效目标设定、绩效跟踪、绩效评价及结果运用有机结合的事前、事中、事后绩效管理机制,建立具有交通特色的预算绩效评价指标体系,将绩效评价结果作为编制三年滚动预算、调整资金支出结构、完善资金政策的主要依据。加强基金对创新性交通PPP项目的支持,严格按照PPP的相关管理规定执行,加强基金中用于产业基金的资金监管。

二、建立分级负责的交通投资制度

长期以来,我国交通投融资存在事权不清晰、事权与支出责任不匹配、权责不一致的突出问题。由于交通领域财政投入严重不足,在事权不清晰的情况下,上级政府倾向于将筹资责任逐层下压,举债发展成为地方政府的唯一出路,为筹集资金,地方成立了多种融资平台,债务风险不断积累。因此,要建立交通投融资长效机制,必须按照"受益范围、政府效率、权责利相统一、激励相容"的原则,合理划分中央与地方交通财政事权,各级财政支出责任与事权相匹配,重点包括以下举措:

(1)将外部性强的、受益范围为全国性的、跨区域的重要交通基础设施纳入中央财政事权,具体包括国边防交通等,如国边防公路、界河航道和桥梁、跨境铁路、公路、航道等以及全国性交通大通道。研究界定全国性交通大通道的范围,根据国家有关规划,将综合运输大通道内的铁路、国家高速公路、高等级航道纳入中央财政事权是必要的,是否将全部干线铁路、国家高速公路纳入全国性交通大通道的范围需要进一步研究。

(2)将有利于调动中央和地方积极性、增进统筹合作、实现整体效益最大化的交通基础设施纳入中央与地方共同财政事权。具体包括:未纳入中央财政事权的其他干线铁路、国道,全国重要的综合客运枢纽,全国主要港口的公共基础设施和集疏运系统,全国干线机场的集疏运系统。

（3）将直接面向基层、点多面广、信息处理复杂度高、由地方管理更方便有效的事项，作为地方财政事权。具体包括：支线铁路、城际铁路、省级公路、农村公路、一般航道、普通客运枢纽等。

（4）中央的财政事权由中央承担支出责任，地方的财政事权由地方承担支出责任，中央与地方共同财政事权区分情况划分支出责任。对地方政府履行财政事权、落实支出责任存在的收支缺口，上级政府可安排一般性转移支付弥补。

三、多渠道并举，防控债务风险

由于交通发展对投资需求巨大，除了提供强有力的公共财政保障外，还必须多渠道并举，积极创新融资模式，严格防控债务风险，重点包括以下举措：

（1）建立外部溢出效益补偿机制。交通基础设施具有明显的外部效应，国家出于战略考虑建设的一些交通项目（如西部地区的铁路、高速公路等），由于造价高，一定时期内交通量有限，因此，财务收益较差，但其对促进区域经济协调发展、"一带一路"通道建设具有重要意义，社会效益显著。应建立外部溢出效益补偿机制，加大财政对这些项目的投入，包括一般性财政资金、沿线土地资源等。

（2）提高政府债券比例。扩大政府一般债券和专项债券发行规模，支持交通发展，提高交通发展资金来源中政府债券的比例，用政府债券置换高成本的金融机构贷款。鼓励交通投资企业积极利用资本市场，发行企业债券融资。

（3）创新投融资机制，有效降低公路和铁路债务风险。

①建立跨区域的"统收统支、交叉补贴"制度。结合中央事权改革和公路管理体制改革，研究在全国层面建立跨区域的"统收统支、交叉补贴"制度，用财务效益较好的项目统筹较差的项目，降低西部地区的债务风险。

②实行差异化公路收费。改革不变的定价机制，建立与服务水平挂钩的动态收费标准，调整公路收费结构。

③参考国外境外铁路债务处理的经验教训，及时采取必要措施，包括实施剥离铁路债务、建立铁路公益性运输服务补贴制度并落实铁路用地综合开发等政策。

（4）引入战略合作方，推进债转股。对于资产负债率比较高的大型交通投资运营企业，引入与交通业务相关的战略投资方，降低资产负债率，研究推动中国铁路总公司上市。

四、完善政府与社会资本合作模式

当前，在政府与社会资本合作模式（PPP）交通投资项目中，社会资本参与方主要为国有资本，而民间资本进入意愿不强，同时，民间资本投资的项目普遍存在服务水平不高的问题,国有资本在投资运营过程中也存在明显的短期行为。导致上述问题的原因是多方面的,如缺乏稳定可靠的回报保障机制、民间资本存在进入障碍、政府监管制度不健全等。为更好地吸引社会资本,特别是民间资本参与交通基础设施投资与运营,应进一步完善政府与社会资本合作模式,重点包括以下举措:

(1)建立"合理投资回报"保障机制。目前,我国PPP政策设计理念是"风险由投资人自担",政府只负责补贴,不承担任何风险。这就导致了国有资本进入后图短期利益,民间资本举步不前,如果发生投资暴利,公众利益就受到了损害。为有效吸引社会资本,必须转变理念,借鉴发达国家经验,研究建立PPP项目的"合理投资回报"保障机制。例如,对于投资回报不足的项目,财政应予以补偿,回到合理回报水平;对于超出合理回报水平的项目,超出部分应确定政府与投资人分成比例;鼓励投资人通过技术创新、管理创新降低成本,增加收益。

(2)加强对PPP项目监管。引入特许经营制度架构,规范政府和投资人行为,改进对投资人服务,加强对投资行为监管。

①要加强市场准入监管,只有符合准入条件的才允许进入,同时必须打破国有资本垄断;

②要加强投资行为监管,对投资周期内的经营活动、资金运作进行规范;

③加强价格监管,限制和确保投资回报在一个合理的水平,既要防止投资者获取超额利润,又要保证投资人的合理回报;

④重点加强服务水平监管,制定基础设施服务考核评价指标,确保养护和公共服务水平,建立奖励和惩罚制度。

(3)探索创新多种形式的PPP模式。依托政府性交通运输发展基金,吸引社会资本,建立多种形式和内容的交通产业基金,与海外机构和企业合作,建立"一带一路"海外交通产业基金。地方政府积极利用旅游、矿产等资源,支持PPP模式。可在普通公路养护领域推广政府购买服务,也可创新建设养护一体化政府付费的PPP模式。

五、创新公路收费技术和机制

创新公路收费机制。"收费公路"通过向车辆用户直接收费的方式为公路建养筹集资金,通行费直接与车辆行驶里程和总质量挂钩,与收税相比,能较好体现"多用路者多负担"的要求,道路占用越多、对路面损耗越大,收费就越大,更具公平性。

建立以普通公路为主的体现政府普遍服务的非收费公路体系和以高速公路为主提供效率服务的收费公路体系,收费公路逐步实现网络自动收费。

受技术手段限制,目前我国收费公路采用的是设置收费站收取通行费,收费成本较高,收费公路主要是一级以上高等级公路,而普通公路则以非收费公路为主。未来随着技术的突破,可以创新公路收费技术和机制,建立基于卫星通信导航、互联网金融、车辆身份识别、车载行驶记录仪、道路车辆传感技术等融合技术的、不设站的公路收费系统,形成基于未来不设站智慧公路收费系统技术上的公路里程总质量收费制度,实现全域公路网络自动收费,包括城市道路、城际公路和农村公路。该系统精确记录每个车辆实时行驶路线、载货信息,定期以电子账单的形式将车辆出行交通消费记录通知车辆用户,车辆用户再通过互联网金融进行缴费。

第四节 构建高素质的人才队伍体系

当前,交通运输行业人才发展的突出问题是高层次和高技能人才相对短缺,科技领军人才相对匮乏,高技能人才严重不足,特别是未来交通科技人才匮乏;人才的专业与地区分布不够合理;"行政化""官本位"导致的人才隐形流失现象严重,人才的可持续发展问题较突出。

交通运输发展归根到底要靠人,交通人才队伍建设要以专业技术人才、技能人才、管理人才为重点,加强优秀拔尖人才和急需紧缺人才培养,继续支持中西部地区专门人才队伍建设,统筹推进各类人才队伍建设,为交通强国建设提供坚强的人才保障和广泛的智力支持。

一、提高交通运输从业人员整体素质

深化人才发展体制机制改革,健全激励机制,把交通运输行业广大职工的报国情怀、奋斗精神、创造活力激发起来。加强专业技术人才、技能人才、管理人才队伍建设,为实施交通强国战略提供人才保障。

加强对建筑施工、物流服务、驾驶员等广大从业人员的教育培训和技能训练,提高交通运输从业人员整体素质。

二、加强优秀拔尖人才培养

加强优秀拔尖人才、急需紧缺人才培养。以人才创新能力建设为核心,重点加强对科技领军人才和优秀青年人才的培养,加大人才引进力度。以战略性、前瞻性决策咨询智力建设为核心,大力培育和引进高端交通智库型人才,支撑政府科学决策、行业改革推进和产业转型升级。以增强人才的实践能力为核心,重点加强高技能人才培养,大幅提高具有技师及以上技能等级人才的比例。以行业政府部门管理干部和国有企业高级管理人员为重点,以提高领导素质和管理能力为核心,加强实践锻炼与教育培训,提高业务素质和服

务精神。

三、加强重点领域急需紧缺人才培养

大力培育现代交通运输业发展、交通转型升级和提质增效急需的紧缺科技人才队伍。大力加强综合运输、现代物流、先进交通装备与制造、交通安全、智慧交通、绿色美丽交通、交通执法等重点领域和特种专业急需紧缺人才的培养，着力优化人才队伍的专业构成，在结构调整中实现人才总量的有效增长。

四、加强人才的国际化培养

打造具有国际影响力的知名专家、学者、企业家、科研团队，坚持高级人才引进来与走出去，扩大中国在世界交通科技发展和交通管理中的影响力。优化科研环境和创业环境，吸引全球尖端人才落户中国，吸引未来交通科技企业和创新型交通企业在中国投资创业。

加强国际化人才培养，适应"一带一路"倡议和提升交通服务世界的能力。向有关国际交通组织输送更多的专家，增强我国在国际交通组织中的影响力和话语权。充分用好中央人才引进政策，吸引全球高端人才来中国交通领域工作。

第五章
政策建议

走中国特色的交通强国之路,实现建成交通强国的伟大目标,需要国家政策的引领和保障,为此提出以下建议。

一、深化交通管理体制改革,完善法律法规

完善综合交通运输规划管理体制,推进各种运输方式融合高效发展。由交通运输部履行编制综合交通运输规划的职责,解决铁路、公路、水路、民航多头规划、各自建设、部门分割问题,并据此相应调整有关部委及部管国家局的职能。

健全交通运输法律法规体系。制定《交通运输法》,填补交通运输基础性法律的缺项。适应形势发展和新技术、经济新业态的涌现,修订完善现行法律法规中与改革和创新发展不相适应的条款,制定新的法律法规。

二、扩大投资要精准发力,实现交通基础设施高质量发展

当前我国面临复杂的国际经济环境,特别是为应对中美贸易"摩擦"对我国经济的影响,近期保持交通基础设施投资的合理规模十分必要。应利用好基础设施建设难得的"窗口期",坚持高质量发展,聚焦需求、明确重点、精准发力。

要优化现有规划,改善交通基础设施网络布局,加强各种运输方式的衔接和融合,着力提升网络运行效率;要加大公共财政投入,加强西部和老少边穷地区交通基础设施建设,着力改善区域发展不平衡的问题;要结合乡村振兴战略,统筹各类规划和资金使用,着力提升中西部乡村交通公共服务的能力和水平;要创新规划和投资机制,系统改善城市和城市群交通一体化程度,着力破解交通拥堵和污染物排放问题;要通过规划、财政政策引导以及价格机制等综合措施,着力发展绿色交通;要抓紧做好重大项目的前期工作,着力推动一批事关国家全局的战略性项目的适时建设。

三、多措并举，推动运输结构优化

建立铁路运价动态调整机制，同时以税收优惠、公益性运输补贴，治理汽车运输超载、超限、超排等形式，支持大宗、长距离货物运输从公路向铁路转移。

根据城市交通供求矛盾突出的现状，在大力发展公共交通、倡导绿色出行的同时，应考虑开征城市交通拥堵费和提高城市尤其是市中心停车收费标准，用价格机制调节私人汽车的过度使用。

四、加强顶层设计，支持交通科技创新

制定低真空管（隧）道高速磁悬浮铁路、大飞机、自动驾驶汽车等关键技术发展的顶层设计和实施路线图。保持已有交通领域技术优势，弥补短板。

继续利用经济、政策手段，支持电动等新能源车船开发、推广。为此要重视配套解决智能电网、可再生能源发电、充电基础设施、蓄电池回收等有关问题，并统筹纳入规划、建设。

加快国家智能交通发展战略的制定与实施，解决信息共享和信息安全问题。建立基于交通大数据平台的国家交通监控中心。

围绕国家重大战略需求，加强国家级交通科研基地建设和智库建设，形成面向全球的合作、开放、共赢的创新平台体系。

五、突破公共交通导向开发模式（TOD）的发展瓶颈，从源头上破解"大城市病"

推广公共交通导向的开发模式，引领城市集约发展。对公共交通走廊沿线和综合交通枢纽周边土地实施统一规划和开发，促进职住均衡，从需求的源头上破解"大城市病"。

修订《中华人民共和国土地管理法》《中华人民共和国土地管理法实施条例》关于土地出让方式、招拍挂制度等相关条款，将城市交通枢纽及其周边的用地性质由"交通用地"调整为"综合用地"，使其能够用于商业、办公等综合开发。修编《城市规划编制办法》，明确在编制城市轨道交通建设规划时，必须同步编制城市轨道交通沿线和站点的控制性详细规划，保证城市轨道交通与周边用地的一体化开发落到实处，适当提高城市轨道交通站点周边土地的容积率。

六、建立持续稳定的交通建设资金保障机制，化解债务风险

当前和今后一段时间我国交通运输建设仍然保持较大规模，同时又将迎来基础设施养护的高峰期，资金需求巨大，亟待研究建立"既惠当前又利长远"的稳定的资金保障机制。

当前，公路、铁路债务问题突出。要有效控制其债务规模，建立交通外部溢出效益补

偿机制,提高政府债券比例,推进债转股;同时要创新交通投融资方式,统筹交通领域相关专项资金,加大中央、地方财政对交通建设投入力度,提升财政资源在交通领域配置效率,更好地发挥财政性资金对社会资本的引领作用。

按照政府引导、市场参与、分级负责、多元筹资、科学管理的思路,构建以公共财政为基础,充分发挥市场作用,事权清晰、规范高效、风险可控、合作互利的现代交通投融资制度和政策体系。

参 考 文 献

[1] 交通运输部综合规划司. 2017 年交通运输行业发展统计公报[EB/OL]. [2018-3-30]. http://zizhan. mot. gov. cn/zfxxgk/bnssj/zhghs/201803/t20180329_3005087. html.

[2] 中共交通运输部党组. 奋力从交通大国向交通强国迈进[EB/OL]. [2017-10-15]. http://www. qstheory. cn/dukan/qs/2017-10/15/c_1121800979. htm.

[3] 公安部交通管理局. 中国道路交通事故统计年报[R]. 北京:公安部交通管理局,2018.

[4] 国家铁路局. 2017 年铁道统计公报[R]. 北京:国家铁路局,2018.

[5] 交通运输部综合规划司. 2010—2017 年历年交通运输行业发展统计公报[R]. 北京:中华人民共和国交通运输部,2017.

[6] 交通运输部综合规划司. 2010—2017 年历年公路水路交通运输行业发展统计公报[R]. 北京:中华人民共和国交通运输部,2017.

[7] 中国民用航空局安全办公室,中国民航科学技术研究院. 中国民用航空安全信息统计分析报告[R]. 北京:中国民航科学技术研究院, 2017.

[8] 王亚琼. 中欧班列累计运行情况[EB/OL]. 北京:人民铁道网-人民铁道报,[2018-8-27]. http://www. peoplerail. com.

[9] 中国民航局. 2017 年民航行业发展统计公报[R]. 北京:中国民航局,2018.

[10] 中国民航局. 中美航空产品全面对等互认推动国产航空产品走向国际[EB/OL]. [2017-11-8]. http://www. caacnews. com. cn/1/1/201711/t20171108_1233270. html.

[11] 经济参考报. 多式联运发展存在两大难题[EB/OL]. 中国物流与采购,[2016-11-1]. http://www. chinawuliu. com. cn/zixun/201611/01/316511. shtml.

[12] 国家发展改革委,中国物流与采购联合会. 2017 年全国物流运行情况通报[R]. 北京:国家发展改革委,中国物流与采购联合会,2018.

[13] 中国铁路科学研究院. 交通强国之铁路交通发展战略研究[R]. 北京:中国铁路科学研究院,2018.

[14] 北京市环境保护局. 新一轮北京市 PM2.5 来源解析[EB/OL]. [2018-12-10]. http://

bjepb. gov. cn/.

[15] 高德地图.2017 年中国主要城市交通分析报告[R].北京:高德地图,2018.

[16] 中国铁路总公司.2017 年年度财报 [R].北京:中国铁路总公司,2018.

[17] 中共中央,国务院.中华人民共和国国民经济和社会发展第十三个五年规划纲要[EB/OL].[2016-3-17].http://www. gov. cn/xinwen/2016-03/16/content_5054356. htm.

[18] 中国工程院.推动能源生产和消费革命战略研究[R].北京:中国工程院,2017.

[19] 国际能源署(IEA).世界能源展望[EB/OL].[2017-10-19].https://www. iea. org/.

[20] 国家发改委能源运输研究所.推动能源生产和消费革命的实施途径研究[R].北京:国家发改委能源运输研究所,2015.

[21] 中国新闻网.中国规划一带一路 6 大经济走廊[EB/OL].[2015-5-29].http://news. d1cm. com/2015052970487. shtml.

[22] 国务院.国家人口发展规划(2016—2030 年)[EB/OL].中华人民共和国中央人民政府网,[2016-12-30].http://www. gov. cn/zhengce/content/2017-01/25/content_5163309. htm.

附件
示范工程

为了推进交通强国建设,推荐实施下述九项示范工程。

(1)雄安新区综合交通规划建设示范(2030年前)。

(2)基于北斗卫星导航系统的新一代智能收费与智能停车管理系统示范工程(2030年)。

(3)以京张、京雄高速铁路为代表的智能铁路系统工程(2020—2030年)。

(4)时速600km级低真空管(隧)道高速磁悬浮铁路示范线(2030年)。

(5)跨海交通土建工程示范(2030年)。

(6)港口智能化装备和管理技术集成示范(2030年)。

(7)绿色智能通道及车路协同应用示范(2020—2045年)。

(8)内河船舶技术创新工程及示范应用(2020—2030年)。

(9)川藏铁路建设技术示范(2026年前)。

一、雄安新区综合交通规划建设示范(2030年前)

雄安新区综合交通规划建设的目标是建设国际一流和谐宜居的绿色城市、智慧城市、海绵城市,打造智能、绿色、互通、和谐、以人为本的综合交通系统示范区,实现新城交通系统建设能复制、可推广,为建设资源节约型、环境友好型社会提供示范。

雄安新区综合交通规划建设的示范内容包括以下方面。

(1)建设"公共交通+共享单车+步行"的绿色交通主导的综合交通体系。

(2)自动驾驶公共汽车及共享交通工具的引领性示范。

(3)基于云计算技术的大数据共享平台及可视化协调联动指挥调度。

(4)基于大数据和移动互联的实时精准一站式客运交通服务。

(5)基于数据情报分析的实时精准智能交通管理。

（6）基于全面信息采集、停车引导、非接触支付的智能停车系统。

（7）无人机货物配送、监控、执法。

（8）刷脸支付、刷脸认证。

（9）绿色智能载运工具。

二、基于北斗卫星导航系统的新一代智能收费与智能停车管理系统示范工程（2030 年）

我国独立自主研发的北斗卫星导航系统已经能够提供非常稳定的商业应用，标准服务精度在 6～10m 之间。截至 2017 年底，已初步建成由超过 2200 个增强站组成的北斗地基增强系统。得益于这些技术进步，推进基于北斗卫星导航系统的收费方式，完全具有可行性，并可以实现降低收费公路管理成本、提高收费效率、提升服务和管理水平、减少交通拥堵、改善服务体验、降低污染排放、减少偷逃通行费的目标，有利于动态实施差异化收费，从而使公路收费更加趋于合理。

基于北斗卫星导航系统的新一代智能收费与智能停车管理系统示范工程的示范内容包括以下方面。

（1）精准路径识别技术示范：包括基于北斗卫星定位和地基增强技术、能实现高精度定位和实时数据通信的车载装置；集数据收集、上传、自动缴费、接收信息等功能为一体的移动终端 APP。

（2）云平台技术示范：云平台是将车载装置产生的数据收集、存储、分析、应用的系统，该平台和既有收费公路管理系统联通。

（3）路政管理示范：通过管理平台接口，路政管理部门及时获得车辆和路况数据，辅助路政管理水平提升，实现智能化、实时化。

（4）智能停车管理系统示范：通过系统实现停车诱导，具备判断是否违法停车、停车收费、及时通信等功能。

三、以京张、京雄高速铁路为代表的智能铁路系统工程（2020—2030 年）

智能铁路系统是综合应用传感器、卫星定位、遥感、自动化控制、通信、物联网和云计算等先进的信息科技手段，实现铁路调度指挥、运营管理的智能化，以及对移动装备和基础设施状态的实时监测和响应。

构建以京张、京雄高速铁路为代表的智能铁路系统，探索形成我国高速铁路创新的新模式，将显著提升我国铁路运输组织水平、效率和效益，推动我国高速铁路向智能化方向发展。

智能铁路系统工程的示范内容包括以下方面。

（1）依托日益完备的通信及信息网络技术，实现信息的互联和共享，为铁路智能化提供基础信息平台。

（2）构建铁路智能服务管理系统，研究适应市场需求的铁路资源动态优化配置技术，研究铁路运营计划编制的智能化，通过调度指挥系统与列车运行控制系统的协同控制及风险实时诊断评估、预警与控制技术，实现铁路客运的综合管理及社会化服务一体化。

（3）构建铁路装备和设施的智能监控平台，通过对铁路移动装备与基础设施的实时监测、动态监测、远程在线诊断分析，实现维修计划和作业的智能化管理。

（4）构建铁路客运全环节智能服务系统，实现旅客乘坐高速铁路全过程全环节的智能化服务。

四、时速 600km 级低真空管（隧）道高速磁悬浮铁路示范线（2030 年）

将磁悬浮技术和低真空管（隧）道技术结合，通过抽取管（隧）道内空气，使之达到低气压环境（低真空），从而实现列车在无接触、低空气阻力、低噪声的环境下高速运行的技术方案。

五、跨海交通土建工程示范（2030 年）

跨海交通土建工程包括研究跨海交通的工程设计、建造、运营维护、应急救援等成套技术，开展隧道衬砌施作工艺、成套工装研究，克服衬砌开裂掉块、渗漏等病害。

跨海交通土建工程的示范内容：选择合适地点，建设跨海交通土建示范工程，引领世界跨海交通建设技术发展。

六、港口智能化装备和管理技术集成示范（2030 年）

港口智能化装备和管理技术集成是将先进的信息技术和自动化技术［包括全球定位系统（Global Positioning System，简称 GPS）、地理信息系统（GIS）、射频识别技术（Radio Frequency Identification，简称 RFID）、实时监控系统（Automatic Identification System，简称 AIS）、自动化装卸系统、物流搬运机器人（Automated Guided Vehicle，简称 AGV）、智能监控技术、智能运输系统（Intelligent Transport System，简称 ITS）］，通过网络的连接应用到整个港口物流作业、运输服务及港口管理中，在信息全面感知和互联的基础上，实现港口集疏运体系、生产操作、仓库管理、物流跟踪、海关监管等方面的智能化，实现车（汽车、火车等），船（货船、客船等），人（港口职员、船客等），物（货物、港口设施等）与港口各功能系统之间无缝连接与协同联动的智能自感知、自适应、自优化，最终使港口形成安全、高效、便捷、绿色可持续发展的形态。港口智能化装备和管理技术集成是智慧港口的重要组成部分，是第五代港口的重要特征。

率先实施港口智能化装备和管理技术集成,是增强港口核心竞争力的重要手段,是降低物流成本、提高物流效率的关键所在,对全国港口的科学建设、可持续发展具有重要的示范作用。

港口智能化装备和管理技术集成的示范内容包括以下方面。

(1)运营管理智能化示范:集成全球最先进的码头操作运营和设备自主控制系统,实现集装箱"信息一网通、监管一体化",建成全球智能化程度最高的全自动集装箱码头。

(2)贸易物流便利化示范:打造功能完备,具有全过程、全方位服务能力的综合性港口物流电子商务平台;建设多式联运系统,整合港口航运信息、公路铁路运力配置、城市物流仓储等功能,实现海港和公路港、铁路港的无缝衔接,打造公水、铁水联运大物流系统。

(3)创新共享生态化示范:建设港航大数据服务系统,通过企业云数据中心,整合港口物流生态圈各方数据资源,为各参与方提供基于全程物流的数据增值服务。

七、绿色智能通道及车路协同应用示范(2020—2045 年)

将车路一体化智能网联交通系统发展列入国家"交通强国战略"道路交通示范工程,同时开始进行智能网联交通系统实施路线图的顶层设计。

通过将先进的自动驾驶、智能网联等技术应用于城市公共交通和长途货运系统,改变其现有的驾驶技术条件,减少驾驶员疲劳驾驶,提高运行安全,缓解公共交通和长途货运驾驶员用工短缺的现象,探寻可复制、可推广的自动驾驶示范模式。建设绿色智能运输通道,实现公共交通和长途货运的智能化驾驶。

首先,完成自动驾驶公共交通系统和自动驾驶长途货运系统的智能驾驶环境搭建及基础设施的升级,建设绿色智慧大通道示范。其次,选择相对封闭的道路完成公共交通系统的自动驾驶示范,在货运专用通道上完成长途货运自动驾驶示范,推广绿色智慧安全大通道建设。最后,通过对自动驾驶系统的不断优化,在城市公交车专用车道上示范无人驾驶公共交通系统,在高速公路上示范无人驾驶货运系统。

绿色智能通道及车路协同应用的示范内容包括以下方面。

(1)无人驾驶公共交通系统在封闭道路示范。

(2)无人驾驶货运系统在货运专用通道示范。

(3)无人驾驶公共交通系统在公交车专用通道示范。

(4)无人驾驶货运系统在高速公路示范。

八、内河船舶技术创新工程及示范应用(2020—2030 年)

内河航运在综合运输系统中占据重要地位。轻量化、绿色化和智能化是内河船舶发展的趋势,也是国家长江经济带和交通强国战略的要求。实施内河船舶技术创新工程,系统解决船舶总体设计、绿色动力、高效推进、智能航行、安全运行和集约营运等方面的问题,将有助于促进内河航运业升级,推动我国水路交通的绿色和智能发展。

内河船舶技术创新工程的示范内容包括以下方面。

(1)内河船舶的总体设计技术。综合考虑船舶轻量化、绿色化、智能化和安全性等方面的需求,优化和提升内河船舶的设计建造标准。

(2)内河船舶的绿色动力系统。根据船舶负载特点和航线需求,设计性价比合适的内河船舶新能源动力系统,推广船舶电力推进技术。

(3)内河船舶的高效推进系统。以高效无轴轮缘驱动推进器替代传统的浆舵系统,实现这种驱动器的协同设计和智能控制。

(4)内河船舶的智能航行系统。基于船岸协同技术,实现夜航、雾航等恶劣环境下的增强驾驶和开阔水域内河船舶自主航行。

(5)内河船舶的通航运行系统。针对内河客(渡)船、危险品运输船和桥区水域三大风险源以及坝区通航效率等通航运行瓶颈问题,开发内河船舶通航运行综合服务平台。

(6)内河船舶的集约运营模式。加强内河船舶运输市场管理,落实经营主体责任,强化内河船舶的安全生产责任落实。

九、川藏铁路建设技术示范

川藏铁路经过四川盆地、川西高山峡谷区、川西高山原区、藏东南横断山区、藏南谷地区五大地貌单元,先后跨越大渡河、雅砻江、金沙江、澜沧江、怒江、易贡藏布、雅鲁藏布江等江河,穿越二郎山、折多山、沙鲁里山、芒康山、他念他翁山、伯舒拉岭、色季拉山等山岭,具有显著的地形高差、强烈的板块活动、频发的山地灾害、敏感的生态环境等工程环境特征,被称为世界上"最难建的铁路"。

川藏铁路建设技术的示范内容:面对世界上最复杂的地理和环境条件下的铁路建造技术。

课题报告 **1**

交通强国战略目标与评价指标体系研究

课题组主要研究人员

课题顾问

孙永福　朱高峰　翁孟勇

课题组长

陆化普(组长)　张永波(副组长)

课题组主要成员

肖天正　杨　鸣　胡　礼　陈明玉　欧阳陈海

李瑞敏　孙智源　王　晶　焦朋朋　王健宇

王天实　张玉环　牛　丰　赵永涛　朱　亮

范思琦　王琳璨

课题主要执笔人

陆化普　张永波

内容摘要

制定交通强国战略必须首先明确交通强国战略目标,进而建立交通强国评价指标体系,以对我国和其他发达国家的交通现状进行分析和对比,找出当前薄弱环节,明确未来发展方向,这对交通事业的发展具有重要而深远的意义。

结合我国国情和交通发展实际,深入阐述了建设"安全、便捷、高效、绿色、经济"的现代化综合交通运输体系的交通强国总目标,以及 2030 年进入交通强国行列、2045 年建成世界领先的交通强国的目标。进而凝练总结了国际案例与经验教训。在深度研究国内外交通相关指标体系和发展战略的基础上,采用机理分析法、专家调查法、案例分析法等理论方法进行深度的系统分析,建立了交通强国评价指标体系,以期指导并推动我国由交通大国走向交通强国。

交通强国指标体系既是评价体系,也是引领体系。作为评价体系,该体系要能够科学、准确地评价各个国家或不同地区交通发展的状态;作为引领体系,要能够指明我国在走向交通强国这一动态过程中不同时期的努力方向和工作重点,明确应该加强的系统要素。按照科学性、引领性、可比性原则,在分析研究交通发展机理与规律、深度总结国际交通强国发展经验、对比分析达沃斯评价指标以及国内外 86 个相关评价指标体系的基础上,围绕交通强国的发展目标和指标体系进行了深入的研讨分析,形成了由 81 个基本指标组成的交通强国评价指标库。在此基础上,通过大规模专家调查(采集了来自国家发展改革委、交通运输部、住房城乡建设部、公安部及其科研单位、著名高校、国际组织等 18 家单位 247位专家的调查问卷)和层次分析法计算,确定了由 19 个指标组成的核心评价指标,给出了核心评价指标的具体定义、内涵与计算方法,并选择 5 个案例国家进行对比分析。

由于交通强国评价指标体系涉及的影响因素众多,主要影响因素之间的关系和相互作用机理复杂,凝练指标的难度很大。同时,由于很多数据采集困难,难以取得精准的计算结果。因此,目前提出的评价指标体系重在战略性、方向性,优先反映主要矛盾,重点说明指标体系的构建思路、指标定义、指标内涵,以及指标的计算方法,辅以案例计算对理论方法的有效性进行验证。随着国内外数据可用性的提高,评价指标体系将会不断接近精准量化分析判断的目标。

Abstract

To formulate the strategy of transportation power, we must first define strategic objectives of transportation power, and then establish evaluation indicator system, analyze and compare the current situation of transportation industry in our country and other developed countries, find out the current weak links and make clear the future development direction. This is of great and far-reaching significance to the development of transportation industry.

Combining national conditions with the reality of traffic development, this report expounds in depth the general goal of building a modern comprehensive transportation system of "safety, convenience, efficiency, green and economy", and the phase objectives: China will be one of the strongest countries with world-class transportation system in 2030 and become leading countries worldwide in transportation field in 2045. Then, the main problems of China's transportation development are systematically analyzed, and the international experience cases are concisely summarized.

On the basis of a deep study of domestic and foreign transportation-related index systems and development strategy, this report makes a deep and systematic analysis by means of mechanism analysis, expert investigation, case analysis and etc. It builds an evaluation indicator system of transportation power, in order to guide and promote China transition from a large transportation country to a transportation power.

The indicator system of "transportation power" is not only an evaluation system, but also a leading system. As an evaluation system, it should be able to scientifically and accurately evaluate the state of transportation development in different countries and regions; as a leading system, it should be able to indicate the direction and focus of different periods in the dynamic process of moving towards a transportation power, and identify the elements that should be strengthened. In accordance with the principles of scientific nature, guidance and comparability, the report has carried out in-depth discussion on the development objectives and indictor system of transportation power based on the analysis of transportation development mechanism and rules, detailed summary of the development experience of international transportation power, the comparative analysis of Davos evaluation index system and 86 related indictor systems at home and abroad. Finally, we form a basic indictor database of transportation power composed of 81 indicators. On this basis, through a large-scale expert survey (collected questionnaires of 247 experts from 18 units, such as National Development and Reform Commission, Ministry of Transport, Ministry of Housing and Urban-Rural Development, Ministry of Public Security and its scientific research units, famous universities, international organizations, etc.) and the calculation of the analytic hierarchy process, the core evaluation indicators composed of 19 indicators is determined, and the concrete definition, connotation and calculation method of the core evaluation indicators are given. Then, five countries are selected as cases for comparative analysis.

Because there are several influencing factors involved in the evaluation indictor system of transportation power, and the relationship and interaction mechanism between the main influencing factors are complex, it is very challenging to generalize a perfect indictor system. At the same time, because of the difficulties in data acquisition, it is quite hard to obtain accurate calculation results. Therefore, the current proposed evaluation indictor system focuses on key principles such as strategies, directions and grasping the main contradictions. Emphasis is laid on the construction of the index system, the definition of the index, the connotation of the index, and the calculation method of the index. The validity of the theoretical method is verified by case calculation. With the improvement of data availability at home and abroad, the evaluation indicator system will continue to approach the goal of accurate quantitative analysis and judgment.

第一章
交通强国内涵与目标

第一节　交通强国的内涵

一、建设交通强国的指导思想

以习近平新时代中国特色社会主义思想为指导,全面贯彻落实党的十九大精神,以人民满意为根本出发点,借鉴发达国家经验,突出中国特色,发挥社会主义制度优势,深化供给侧结构性改革,推动交通运输质量变革、效率变革、动力变革,建设现代化综合交通运输体系,为建设社会主义现代化强国做好保障、当好先行,实现对世界交通强国的赶超。

二、交通强国的内涵

交通强国的内涵是:人民满意、保障有力、世界领先。

"人民满意"是指提供高品质、多样化的交通产品和服务,满足人民不断增长的美好生活需求。

"保障有力"是指交通运输在提供高质量交通服务的同时,发挥引领作用,实现交通与经济深度融合,成为发展新动能。

"世界领先"是指交通基础设施规模质量、交通服务、交通绿色化和智能化水平世界领先;交通创新能力、交通科技装备、交通安全水平和可持续发展能力世界先进。

第二节　交通强国建设总目标

实现交通强国,必须根据本国的自然地理特征、资源禀赋、人口特点、发展战略和交通需求特性,构建符合本国发展需要、支撑社会经济发展的现代化综合交通运输体系。

按照党的十九大战略部署和中央对交通运输工作的要求,研究确定我国交通强国战略的总体发展目标为:建成"安全、便捷、高效、绿色、经济"的现代化综合交通运输体系。

综合分析交通运输系统要素及其相互关系可知,安全可靠是交通发展的基本前提,是人民群众对交通运输系统的最基本要求,是实现交通强国的前提条件。

提供一流的交通服务是交通强国的出发点和落脚点。提供交通服务的核心要素是基础设施、交通装备和运输组织与交通管理。便捷、高效是实现世界一流交通服务的关键,是人民群众对出行的基本诉求。

绿色是交通发展的根本原则,智能是我国实现交通强国的主要抓手和技术途径,是提高交通运输系统效率、实现交通强国战略目标的重要切入点。

交通的经济性是提高交通运输竞争力、实现交通公平性和基本公共服务均等化的重要指标,也是提高交通体验感、获得感和满足多样化、个性化出行的基本要求,同时还是交通与经济深度融合的重要体现、是提升国民经济整体效率的重要方面。

基于对"交通先行"的思考,本研究认为,建设交通强国目标的时间节点与建成中国特色社会主义现代化强国的总体部署相比,应适度超前,即大约提前 5 年实现建设交通强国的战略目标。因此,交通强国建设的阶段目标为:从现在到 2020 年为交通强国建设准备期,从 2020 年开始分两步走;从 2020 年到 2030 年为第一阶段,进入交通强国行列;从 2030 年到 2045 年为第二阶段,建成世界领先的交通强国。

第三节 交通强国发展的阶段目标

实现交通强国战略目标,履行交通率先突破的历史使命,从现在到 2020 年为交通强国建设的准备期,从 2020 年开始分两步走,实现交通强国战略目标,担当起交通率先突破的历史使命。阶段目标及实施要点如下。

一、从现在起到 2020 年的发展重点

从现在起到 2020 年是决胜全面建成小康社会的关键时期,也是全面建成小康社会和开启社会主义现代化建设新征程的历史交汇期。这一时期交通方面的重点工作是推进供给侧结构改革,抓重点、补短板、强弱项,完成"'十三五'现代综合交通运输体系发展规划"规定的任务,着手解决交通领域当前的突出问题,为打好防范化解重大风险、精准脱贫、污染防治的攻坚战提供交通支撑,为交通强国建设创造条件。

二、第一阶段的发展目标

从 2020 年到 2030 年为第一阶段,基本建成"安全、便捷、高效、绿色、经济"的现代化综合交通运输体系,实现"人便其行、货畅其流、国惠其昌",进入交通强国行列。具体目标如下:

(1)实现综合交通一体化。其是指实现交通与土地利用、不同交通方式、交通运输服务以及交通运输管理体制机制的一体化。构建能力充分、结构合理、通达便捷、综合一体、安全可靠、绿色智能的现代化综合交通枢纽基础设施网络。

(2)交通科技水平与创新能力显著提高,主要核心技术实现自主可控。交通土建技术、轨道交通技术领先世界;新能源汽车实现"换道超车",道路公共交通工具全部实现电动化,电动乘用车销售量占比超过 30%(力争达到 40%);高技术船舶、大型民用飞机技术攻关及其产业化取得重大进展,自主设计、建造的高技术船舶进入国际市场,具有自主知识产权的国产关键系统和设备配套率达到 90%,空管系统装备自主化率达到 80% 以上。

(3)智能交通整体进入世界先进行列,智能高速铁路、智能土建技术、智能交通管理与服务等重点领域世界领先。

(4)交通服务水平大幅度提升。实现基本公共服务均等、客运服务便捷高效、安全可靠;建成都市圈"门到门"1h 通勤圈、城市群 2h 交通圈、全国主要城市间 3h 交通圈;一站式、多样化、共享交通服务普及;统一开放、竞争有序、一单到底、经济高效的货运服务体系基本形成,物流成本在国内生产总值(Gross Domestic Product,简称 GDP)中的占比降到 10% 以下;集装箱海铁联运比例超过 10%。

(5)绿色交通主导。实现交通系统全环节、全生命周期的绿色化;铁路客货运量、多式联运占比明显提升;城市绿色出行分担率超过 85%;新增车船中清洁能源车辆占比超过 50%;建成完善的步行与自行车道路系统;交通参与者交通守法率达 95% 以上。

(6)交通安全水平显著提高。以"零死亡"为愿景,铁路、航空安全保持国际先进水平,水运重大风险源防控取得显著成效,道路交通事故万车死亡率降至 0.5 人以内;建成完备的交通安全和应急救援体系,交通系统的安全性可靠性全面提升;实现军民深度融合,有力支撑国家安全。

(7)城市交通拥堵明显缓解。城市交通拥堵与交通污染治理取得显著成效,交通运行效率显著提升,居民出行品质和出行体验感显著改善,使城市生活更加宜居,为城市发展注入持久活力。

(8)乡村交通服务全覆盖。深入推进"四好农村路"建设,农村客运服务优质、便捷、多样化,100% 行政村通公路客运服务、通快递服务;创新农村物流发展模式,完善县、乡、村 3 级农村物流服务体系。

（9）国际影响力、竞争力显著增强。基本形成高效、可靠、开放、共享的全球交通运输服务网络体系，国际影响力显著提高，国际竞争力显著增强，形成3~5个具有区域国际影响力的新兴交通领域国际组织，建成一批世界级交通企业，打造若干驰名全球的交通品牌。

三、第二阶段的发展目标

从2030年到2045年为第二阶段，高标准建成"安全、便捷、高效、绿色、经济"的现代化综合交通运输体系，成为世界领先的交通强国，实现"人享其行、物优其流、国倚其强"。主要特征如下。

（1）实现高质量交通一体化。各种运输方式实现无缝衔接、零距离换乘，高质量建成运力充足、综合协调、资源集约、结构绿色、互联互通、科技先进的现代化综合交通网络体系。

（2）交通科技与创新能力进入世界前列，部分关键技术引领世界发展。综合交通工程科技取得重大进展，交通基础设施和技术装备全面达到国际领先水平，交通系统的智能化水平取得突破；交通土建技术基础理论和设计理论研究取得重大突破，建造一批世界级超级工程，施工装备、建筑材料和施工技术世界领先。

（3）智能交通实现世界领先。

（4）交通服务达到世界一流水平。多样化、个性化服务满足大众出行需求；公共交通、共享交通充分发展，大幅度降低私人汽车使用量；建成全球快货运输"123交通圈"。

（5）绿色交通成为世界样板。建成便捷高效、绿色智能的综合交通运输体系，城市绿色出行分担率达到90%以上，交通运输节能减排达到世界先进水平。

（6）交通"零死亡"愿景基本实现。道路交通事故万车死亡人数降至0.3人以内，实现出行安全可靠、人民放心的交通环境。

（7）破解城市交通拥堵难题，实现合理的城市用地结构、交通结构、路网结构、路权结构，全面落实以公共交通为导向的开发模式（Transit-Oriented Development，简称TOD），交通需求管理向世界提供成功经验。

（8）形成独具特色的中国乡村交通体系。安全可靠、高质量、多样化的公共客运服务覆盖农村，支撑城乡一体化建设、区域协调发展、美丽乡村建设。

（9）具有与社会主义现代化强国相匹配的国际影响力，成为全球交通标准制定工作的主要参与者、全球交通治理的引领者之一。

第二章
世界主要交通强国发展经验借鉴

第一节　世界交通强国发展战略总结

世界主要强国和经济体为适应社会经济不断发展的新要求,结合科学技术的新发展,基于先进的发展理念和本国的发展实际,都相继出台了交通发展总体战略。

2011 年欧盟发表交通白皮书《欧洲交通一体化路线图——构建具有竞争力和资源节约型的交通系统》,从一体化交通体系,交通科技和政策创新,现代化基础设施建设、智慧定价和融资,以及国际化视角 4 个层面提出了交通发展的具体行动路线图,旨在未来建立一个有竞争力的运输系统,计划到 2050 年大幅减少欧洲对石油进口的依赖,并减少 60%的交通碳排放。

2015 年美国运输部发布《2045 美国交通运输:趋势与展望》,对未来 30 年美国交通运输长期发展趋势进行了研判,提出的战略中重点强调了运输效率提高、服务水平提升、新技术发展、精准规划与政策制定、节能减排、创新性落实建设资金等,为未来交通发展指明了方向,但并未提供框架性约束。

2014 年 7 月日本国土交通省发布《国土战略规划 2050》,提出强化日本全球竞争力和国际影响力的国土开发和交通发展战略,强调了要形成强有力的交通运输网络和信息通信网络,构筑高水平的"广域地方圈",强化国土的紧凑、一体化发展以及提高基础设施的智能化水平。

第二节　世界交通强国发展的共性特点

分析世界交通强国的特点可知,建设交通强国既没有固定的模式,也没有完全相同的路径。但是,通过分析总结世界交通强国的经验教训可以发现,这些国家均从本国实际出发,建立符合本国国情的综合交通体系,其共性特点包括:拥有完善的基础设施网络、提供高水平的交通服务、具有领先的交通科技创新能力、高度重视交通安全和绿色发展、建立高效率一体化的交通运输体系、具备完善的法律法规和管理体系,以及具有较强的国际话语权与影响力等。同时,我们也能看到,它们各有各的强项,也各有各的不足,不存在完美的"世界冠军"。

一、拥有完善的交通基础设施网络

交通基础设施是提供交通服务的基本前提,是交通运输的保障,完善的交通基础设施网络是走向交通强国的首要条件。

以美国为例,美国建有世界规模最大,功能最完善的公路网,公路总里程约669万km,位居世界第一。尽管美国的高速公路总里程只有10.6万km(其中州际高速公路7.7万km,类似我国的国家高速公路),已比我国高速公路总里程低了3万km,但美国高速公路覆盖了境内人口超过5万人以上的全部城镇,全国90%以上居民都居住在高速公路网8km服务半径内。可以说,美国的公路网,尤其是高速公路网,在国家经济发展、国防安全及居民出行中起到了巨大支撑作用。在铁路方面,尽管美国铁路网以货运为主,货运比例超过80%,但总里程达到了18.5万km,较我国"十三五"规划目标还多出3万km。在航空方面,截至2016年,美国共建有531个普通民用机场和1.9万个通用航空机场,年运输旅客9.3亿人次,运输旅客量比我国多出整整1倍。

二、提供高水平的交通服务

服务是交通的基本属性,既是交通发展的出发点,也是落脚点,是交通发展的根本追求。纵观世界交通强国的发展进程,无一不将一流的服务作为交通发展的最核心要素,"以人为本"的服务理念在美国、日本、英国、德国等国家的交通建设中均有体现。

美国是机动化水平极高的国家,千人机动车保有量达到849辆(2016年),约为中国千人机动车保有量的4倍,但道路拥堵水平远低于中国,城市高峰期路网平均车速是中国的2倍。另一方面,虽然美国的公共交通分担率仅占5.4%(2016年),但美国的公共交通系统在细节设计和管理上非常精细化、人性化。例如:公交车的车次按照乘客密度进行安排,工作日和休息日各不相同;很多公交线路以及大部分的轨道交通线路运营时间为24h;美国公交车的投币箱附带公交卡充值功能,乘客可以随时在车上投币充值,无须去专门的充值点。

日本高度重视综合交通枢纽换乘的便捷性。以东京的新宿轨道交通站为例,将公共汽车站、出租车站、地下停车场与各种商业设施布局于同一建筑物内,在大约2km²面积内设置了 100 多个出入口，使乘坐轨道交通的出行者可通过地下步道系统直接到达目的地。这种综合交通枢纽与周边用地一体化开发的模式，是日本在人口密集地区交通发展的成功经验，达到了节能减排、缓解拥堵、提高交通服务质量和土地利用效率的综合效果。

芬兰赫尔辛基为出行者提供一站式服务，建立平台将公交车、轨道交通、共享自行车、出租车、租车等交通方式有机整合，通过月付的方法统一票制，平台帮助用户计算到达目的地的最佳组合方式，省去了单独购票的中间环节，为出行者打造一体化无缝衔接的服务。

德国则更强调服务的多样化和人性化，德国高速铁路全线覆盖免费 Wi-Fi 信号，并向所有乘客免费提供影视娱乐服务以及到站城市的旅游指南，同时推出了站点导航 APP，实时更新到站车辆的具体位置，引导乘客到达所要搭乘车厢的位置。

在基本公共服务均等化方面，英国处处体现着交通的公平性和包容性。以重视残障人士出行为例，英国 97% 的公交车、英格兰 58.3%（伦敦 100%）的出租车都设有无障碍设施，多数残疾人可独立完成出行。

三、具有领先的交通科技创新能力

科技创新是交通发展的源泉和动力。世界交通大国崛起的另一个共性特点，就是懂得抓住技术革命的契机，占领交通运输发展的制高点。

美国一直视科技发展为国家经济之本，其交通科技发展一直走在世界的最前沿。借助科技的力量，美国的水路、铁路、公路、航空运输行业依次崛起，交通运输行业发展突飞猛进。进入 21 世纪，美国逐渐将重点转向如何将交通与相关技术相结合，如大数据、云存储、云计算、人工智能（Artificial Intelligence，简称 AI）等。除自动驾驶车辆外，其他大运量、高速度交通方式的研发也是美国的重点关注方向，如管道高速铁路、无人载货汽车队列等，同时美国还关注各类基建传感探测器的研发。

日本的科技创新能力始终处于世界前列。新干线的通车运营、大都市地下铁路网的扩大建设、与铁路安全驾驶有关的技术开发等都为轨道交通的现代化发展打下了坚实的基础。对于未来的铁路发展，日本国土交通省目前主要关注可变轨列车与超导磁悬浮铁路系统的研究开发。

同样，德国也曾借助工业革命的契机迅速崛起。第一辆汽油内燃机驱动的汽车、第一条有轨电车、高速列车核心技术等科技创新，奠定了德国交通强国的地位。

四、高度重视交通安全和绿色发展

安全作为交通发展的基本前提，绿色作为交通运输系统的根本方向，是交通强国的核心内涵和不二选择。以欧洲和日本为例，其发展理念在安全和绿色方面一直处于世界领先状态，值得充分借鉴。

日本和欧洲众多国家在交通安全方面一直保持着较高的水平。从道路交通事故万车死亡率看,英国、德国和日本分别为0.48人、0.59人和0.57人。在安全理念上,瑞典早在1994年就提出了交通事故"零死亡"愿景,日本于2006年宣布了交通"零死亡"规划,欧盟在2011年发布的交通白皮书中明确指出要在2050年基本实现道路交通事故"零死亡",美国也于2016年提出了类似的目标,即在未来30年内实现道路交通事故"零死亡"。

欧洲重视自行车等绿色出行方式的发展,巴黎市区步行分担率高达52%,公共自行车投放量超过2万辆;阿姆斯特丹城市中心区域自行车出行分担率超过60%,城市自行车专用车道密度接近3km/km²,是北京的3倍。日本大都市圈以公共交通为主导,2008年东京区部全交通方式出行构成中,公共交通占比达到了51%,其中轨道交通为48%,公交出行比例为3%。

不仅是城市交通,在大交通方面,欧洲也展现出了超强的绿色发展理念。欧盟交通白皮书中提出,到2030年左右,30%的300km以上公路货物运输应由铁路或水运承担;到2050年左右,大多数300km以上的长途客运应由铁路承担。

五、建立高效率一体化的交通运输体系

便捷高效是交通强国的主要特征之一,长期以来一直是各国追求的目标。以美国为代表的综合货运、以日本为代表的城市综合客运,都是高效率一体化的交通运输体系的典型。

美国基于高度的标准化实现了高效率的交通运输服务。美国公路货运车辆基本采用拖挂运输,并以厢式半挂车为主。运输部联邦公路管理局统一规定了境内所有运输货车的外廓尺寸与荷载质量,单节半挂车尺寸限制为48ft(约合14.63m),半挂加一节全挂车尺寸限制为57ft(约合17.37m)。标准化运输使得美国可实现快速装卸,极大地提高了运输效率,降低了运输成本和运输能耗。

美国的多式联运极其发达。在《陆地联运运输效率法案》《21世纪运输公平法案》等法律和标准化体系的指导下,美国大力发展多式联运,其中集装箱海铁联运比例达到40%(我国仅为1.8%),公铁联运占多式联运货运量比例达53%,极大地提高了综合运输效率;同时美国注重甩挂运输,将其作为发展公铁联运与海陆联运的基础,拥有各类牵引车813万辆、各类挂车2211万辆,拖挂比为1:2.7,提高运输能力约40%。

日本注重综合交通枢纽的一体化开发,东京综合交通枢纽将区域铁路、市郊铁路和地铁有效衔接,并与周边用地一体化开发,88.7%的进出站客流通过步行集散,90%的市民可在10min内步行到达目的地。

六、建立完善的法律法规和管理体系

注重法制先行、建立完善的法律法规体系、颁布交通基本法,是交通运输建设有条不

交通强国战略目标与评价指标体系研究

课题报告 1

素展开的基本保障。回顾美国、日本、欧洲等交通强国的发展历程,不难发现,法制建设始终贯穿在交通运输行业发展的过程中。

1991年颁布的《陆路综合运输效率法案》,即冰茶法案,标志着美国建立了高度完善的法规法律体系。美国交通领域现拥有法律法规80项,涵盖公路、铁路、水运、航空、管道运输等多方面。其中公路方面法规共计39项,涵盖交通工具、交通安全、道路设计、资格认证等方面,从立法角度全方位地设定美国交通框架。对于近年来备受关注的自动驾驶,美国众议院也已于2017年9月率先通过了自动驾驶方面的法律《自动驾驶法案》。

法国于1982年颁布了《法国国内交通基本法》,确认了民众拥有交通权,规定了交通管理部门与交通运营方的关系。2010年,法国政府对历年交通相关的法律法规进行了梳理,制定了《交通法典》。该法典包括总则、铁路、公路、内河航运、海运、民航六大部分共2200多项法条。该法典与《民法典》《商法典》等处于同等地位,为交通一体化管理奠定了法律基础。

除此之外,日本也明确实行了以交通运输领域中基本法作为其他交通运输部门法上位法的立法制度,保障交通系统的综合发展。

七、具有较强的国际话语权与影响力

积极参加国际事务、主导和引领世界交通发展,也是交通强国的共性特点,欧洲和北美传统上作为国际组织落户的首选地,具有先发优势。

总览四大交通方式的国际组织总部,全部坐落于美国、加拿大和欧洲。国际道路联合会设有两个总部,分别位于美国华盛顿和瑞士日内瓦;国际铁路联盟总部位于法国巴黎;国际海事组织位于英国伦敦;国际航空运输协会总部设在加拿大蒙特利尔,执行机构设在瑞士日内瓦。

这些国家直接影响着运输行业的发展。以英国为例,作为老牌的航运中心,世界20%的船级管理机构常驻伦敦,50%的油轮租船业务、40%的散货船业务、18%的船舶融资业务和20%的航运保险业务都在此进行。此外,伦敦还是国际海事仲裁中心,是世界各国和地区众多航运公司和造船集团进行海事纠纷仲裁的首选地,每年的海事仲裁和相关航运服务收入就占英国航运业总收入的45%。

第三节 世界交通强国发展的失败教训

一、美国:城市蔓延式发展导致私人小汽车主导

美国每年有大约1.2万km²的农业土地被转变为非农业用地,城市的蔓延式发展、生

115 │ 第一卷

活的郊区化直接导致了交通方式向私人小汽车主导的方向变化。例如:2009 年洛杉矶市小汽车分担率高达 74.8% ,该数字不断攀升,2014 年洛杉矶大都会区小汽车分担率达到 88% 。

如今的美国,人口虽然只占世界的 5% ,但其消耗的汽油量占全世界汽油总消耗量的 33% ,汽油消耗所排放的 CO_2 量占全球排放量的 22% ,均居世界首位。这样不可持续的发展方式是城市蔓延式开发导致的恶果。

二、日本:大都市圈过度集聚导致居民长距离出行和严重交通拥堵

从交通需求特性的角度看,东京都市圈是典型的单中心城市结构,其大部分中枢功能都集中在东京都区部,居住与就业用地严重分离,造成了都市圈外围与中心之间大规模的通勤、通学交通出行。2010 年,外围各县(相当于我国的省)至东京都区部出行发生量中,通勤、通学比例大多在 60% 以上,东京首都圈平均通勤时间 68.8min,平均通学时间 76.9min,被日本人称为"通勤地狱"。

此外,城市功能过度集聚导致交通拥堵严重。2012 年,高峰时段东京都区部主要道路平均车速为 18.7km/h,东京都市圈平均车速为 24.2km/h,低于全日本 35.1km/h 的平均水平。2013 年,东京都轨道交通系统主要 31 个区间的平均车内拥挤率高达 165% 。

三、日本:铁路改革债务遗留问题严重,至今没有彻底解决

从 20 世纪 50 年代中期开始,由于竞争能力的丧失,日本国铁客货运输市场份额快速下降。到 1986 年,日本国铁累计亏损 16.8 万亿日元,长期债务余额高达 25.4 万亿日元。次年,由于国铁无法维持自身运转,国家不堪重负,日本政府被迫开始实行铁路改革。

国铁债务主要由日本铁路(JR)的 3 个本州公司和国铁清算事业团承担,主要是用出售铁路周边土地、各公司股份和新干线的收入偿还。但在 1998 年,随着国铁清算事业团的解散,全部剩余债务移交给了国家财政,国铁债务变成了国家债务。

由于日本铁路改革的机制设计不到位,JR 的 3 个本州公司没有激发出足够的债务承担能力,再加上清算事业团和财政部门的主体责任没有得到充分发挥,债务遗留问题至今没有彻底解决。

四、欧盟:对受益者收费过低,对社会整体收费过高

近年来,欧盟开始总结其收费体系的问题,发现存在机动车出行者获得更多效益但基础设施建设和维护成本却由全社会承担的倾向,即向直接使用者的收费偏低、向全体出行者的收费偏高。例如,因超载车辆导致的路面损坏或因尾气导致的大气污染,其维修或治理费用并不是由受益者承担,而是通过税收等方式由全社会分担。

这种模式对于非直接导致者所收取的费用是极大的。欧盟每年因交通拥堵产生的费用占 GDP 的 2%、事故占 1.5%、空气和噪声污染至少占 0.6%。这些费用中 90% 以上都源于道路交通,长此以往无法保障交通系统高效、可持续的运行。

对此,欧盟在交通白皮书中提出"用户买单"和"污染者买单"的原则,将外部成本内部化,由受益者承担,从而引导人们减少对私人小汽车和石油的依赖,减少温室气体的排放,保障交通系统的可持续发展。

五、欧洲:各国标准不一,为一体化带来难度

如今的欧洲已形成了一体化的密集铁路网络,然而 30 多年前,欧洲也曾因为各国标准不统一、无法实现各国之间的一体化衔接而烦恼。

19 世纪 80 年代,欧洲的列车信号制式多达 10 余种,信号和控制系统互不兼容,跨国境运营的列车需要在抵达另一个国家后停车更换机车或根据运行线路装备多种不同的控制系统,铁路运营烦琐,无法实现真正意义上的一体化。

为了提高铁路的运行效率,在欧盟和国际铁路联盟的支持下,各国将运营标准化提上日程,开始着手制定统一的列车运行管理系统——欧洲铁路运输管理系统(European Rail Traffic Management System,简称 ERTMS),并于 2000 年正式投入使用。经过对系统不断的调整和更新,ERTMS 现已成为了欧盟标准,超过 2.9 万 km 的轨道里程都配备了该系统,标准化推动了欧洲的一体化发展。

第三章
国内外交通评价指标体系分析借鉴

在交通发展进程中,指标体系作为衡量标准和发展指引,具有重要意义。为科学制定指标体系,课题组对国内外相关指标体系进行了全面系统的比较分析。

第一节 达沃斯指标体系分析

全球竞争力指数(Global Competitiveness Index,简称 GCI)每年由世界经济论坛(也称"达沃斯论坛")发布,也称达沃斯指标体系。该指标体系以 12 项主要竞争力因素为衡量基础,全面反映世界各国的竞争力状况。

一、交通评价指标体系说明

达沃斯指标体系中反映交通行业竞争力的指标主要以基础设施为代表,分别从道路设施、铁路设施、航空设施、港口设施 4 个方面进行评价,并以此为基础评价设施综合水平。

1. 道路设施

道路直线度。采用以下两个距离的平均值:连接国内 10 个最大城市的道路长度与其直线距离的比值;连接国家最北、最南、最东、最西端道路长度与其直线距离的比值。数据主要来源于世界经济论坛、开放街道地图以及谷歌数据。

道路车速。采用以下两个速度的平均值:连接国内 10 个最大城市的常规道路的平均速度;连接国家最北、最南、最东、最西端的平均速度。数据主要来源于世界经济论坛、开放街道地图以及谷歌数据。

道路基础设施质量。主要指道路运输基础设施的质量,如通达性和使用状况等,采用专家打分制进行评价,即1(极度不发达)~7(便捷高效)。数据主要来源于世界经济论坛和问卷调查。

地面运输效率。主要表现为公交、地铁、出租车的运行效率,如发车间隔、准点率、运行速度和票价,采用专家打分制,即1(极度不发达)~7(便捷高效)。数据主要来源于世界经济论坛和问卷调查。

2. 铁路设施

轨道路网密度。指100km²土地上的轨道线路长度。数据主要来源于世界银行和世界发展指标(World Development Indicators,简称WDI)。

铁路基础设施质量。主要指铁路运输基础设施的质量,如延伸性和使用状况,采用专家打分制,即1(极度不发达)~7(便捷高效)。数据主要来源于世界经济论坛和问卷调查。

铁路运输服务效率。主要表现为火车的运行效率,如发车间隔、准点率、运行速度和票价,采用专家打分制,即1(极度不发达)~7(便捷高效)。数据主要来源于世界经济论坛和问卷调查。

3. 航空设施

航空运输连接度。即航空运输网络中各个节点的连接度,包括直接和间接的连接。数据主要来源于世界银行。

航空基础设施质量。主要指航空运输基础设施的质量,如延伸性和使用状况,采用专家打分制,即1(极度不发达)~7(便捷高效)。数据主要来源于世界经济论坛和问卷调查。

航空运输服务效率。主要表现为飞机的运行效率,如航班间隔、准点率、运行速度和票价,采用专家打分制,即1(极度不发达) ~7(便捷高效)。数据主要来源于世界经济论坛和问卷调查。

4. 港口设施

海运运输联结性。是体现国家与全球海运网联结度的指标,包括5部分:船舶拥有量,集装箱运载能力,最大船舶规模,服务数量以及在港口部署集装箱船的公司数量。数据主要来源于联合国贸易和发展会议统计局。

港口基础设施质量。主要指港口基础设施的质量,如延伸性和使用状况,采用专家打分制,即1(极度不发达)~7(便捷高效)。数据主要来源于世界经济论坛和问卷调查。

港口服务效率。主要表现为轮渡的运行效率,如发船间隔、准点率、运行速度和票价,采用专家打分制,即1(极度不发达)～7(便捷高效)。数据主要来源于世界经济论坛和问卷调查。

二、指标分析与借鉴

该指标体系在交通领域主要考虑基础设施指标,指标设计分为客观指标和主观指标两类。

客观指标部分,航空运输连接度、海运运输联结性等指标从构建思路上反映了用交通系统全球联通程度来评价交通强国的重要意义,具有一定的引领作用;道路车速、路网密度、轨道路网密度等指标虽然无法完全反映交通发展水平,但能从某个角度反映交通系统发展的阶段,对指标体系的构建有参考价值。

主观指标只有基础设施质量和服务效率两类指标分别对4种交通方式进行评价,从立意上看没有全面把握住交通服务的重要要求,从调查方法来看也有欠缺,难以对交通强国评价指标体系起到借鉴作用。

总体上看,达沃斯指标对交通运输的部分要素进行以专家打分法为主的评价,具有一定的借鉴意义。但该指标体系存在以下缺点:从总体思路来看,缺少发展理念和对发展方向的指导;从主客观指标的组成来看,主观指标比重过大;从指标的计算方法来看,调查覆盖面窄,样本容量小,难以获得精准的指标取值;从指标的内涵和内容构成来看,专业性不足,说服力欠缺。

第二节 国内外绿色交通相关评价指标体系分析

一、比较对象指标体系要点概括

国内外绿色交通相关评价指标体系的要点概括见表1-1。

绿色交通比较对象指标体系要点概括　　　　　　　　　　　　　　表1-1

序号	指标体系或报告名称	时间(年)	提出机构	指标体系结构	计算方式
1	美国绿色交通发展指标体系(Well Measured)	2016	维多利亚交通政策研究所(Victoria Transport Policy Institute)	分为经济、环境、社会3大方面,经济指标21个、社会指标11个、环境指标9个	量化指标
2	英国交通规划评价体系	2015	剑桥郡议会(Cambridgeshire County Council)	从道路安全、出行方式选择、环境影响和道路及步道道路状况等方面提出了15个指标	量化指标

续上表

序号	指标体系或报告名称	时间(年)	提出机构	指标体系结构	计算方式
3	德国可持续发展指标体系（Sustainability Development in Germany）	2016	德国联邦统计局（Federal Statistical Office of Germany）	从公平性、生活质量、社会凝聚力、国际责任4个方面提出了21个指标	量化指标
4	低碳生态城市指标体系（ELITE CITIES）	2013	中国能源研究室、劳伦斯伯克利国家实验室	从能源气候、水资源、空气、废弃物、交通、经济健康、土地利用、社会健康8个方面提出了33个指标	量化指标
5	德国绿色指数（German Green City Index）	2012	西门子公司	分为温室气体、能源、建筑、交通、水源、垃圾处理与土地利用、空气质量、环境治理水平8个方面	定量、定性指标结合,定性部分由专家打分确定
6	日本可持续发展指标体系	2011	国土技术开发综合研究所	从经济、社会、环境3个方面提出了6个指标	量化指标
7	欧盟交通可持续发展指标体系	2009	欧洲共同体联合研究中心	从经济、社会、环境、机构、科技5个层面提出了55个指标	量化指标
8	欧盟交通可持续发展指标体系（TERM）	2007	欧盟环境协会	从经济、环境、技术3大角度入手,提出了17个指标	量化指标
9	绿色循环低碳交通运输省份、城市、公路、港口考核评价指标体系	2013	交通运输节能减排项目管理中心	分为强度性指标、体系性指标、保障性指标、特色性指标4类共计24个指标	定量、定性指标结合,定性部分通过考核确定

二、指标归类分析

上述 9 个指标体系中,第 3、4、5、6 种指标体系均是从城市层面进行设计,涉及了绿色、低碳、可持续 3 个角度,其对绿色交通指标体系的构建具有借鉴意义。下面从绿色、低碳、可持续 3 个方面对指标进行归类分析。

绿色方面,美国指标体系设计了方式分担率、绿色交通服务质量、慢行交通环境状况和无障碍设施质量 4 类指标。英国设计了公交准点率、等待时间、骑行出行指数、公交旅客出行特性 4 类指标。德国设计了公交加权出行时间、慢行通勤分担率、自行车与公交路网密度 3 类指标。日本设计了公交运输效率、利用次数和分担率 3 类指标。中国交通运输部指标体系设计了公交专用道占比、慢行道占比、公交分担率、多式联运占比 4 类指标。可以看出,各国对绿色交通的评价重点集中在绿色交通方式分担率、绿色交通系统质量、旅客出行方式选择意愿 3 类。各国对方式分担率的关注是一致的,说明其确实是体现交通强国水平的重要指标;对于绿色交通系统质量,美国、德国、中国考虑了设施密度、质量等硬件条件,英国、德国、日本则从准点率、等候时间等角度考虑;对于旅客出行方式选择意愿,英国和日本关注了旅客的公交出行次数等特征。这些指标体系充分说明在构建绿色指标时需要考虑绿色交通方式主导的理念、绿色基础设施水平等。另外,中国交通运输部的指标体系中考虑了绿色货运的问题。

低碳方面,美国考虑了排放引起的气候变化;英国和德国考虑了温室气体排放量;ELITE CITIES 考虑了单位 GDP 的排放量;欧盟和中国考虑了单位运输量、单位运输周转量的排放量。由此可见,各国基本上采用排放量来考察交通的低碳水平,对本项目有一定的参考价值,但该指标的局限性在于仅从结果方面评价,无法指明降低排放应当采取的措施。

可持续方面,美国考虑了高交通噪声影响人口的比例、人均车辆燃油损失、野生动物保护区保留面积、交通不可再生资源消耗、人均化石燃料消费等因素;德国考虑了客货运总能耗、人均能耗总量、可再生能源消费、清洁能源政策、清洁能源运输的利用水平等;日本考虑了旅客单位出行距离的能耗;欧盟考虑了生态车辆和清洁燃料的研发支出、污染预防和清理支出、清洁程度达标车辆比例、运输总能耗与一次能源能耗及占比、使用清洁燃料和替代燃料的汽车数量等因素;我国考虑了单位运量、周转量和吞吐量的综合能耗、节能环保车辆、船舶占比等。可以看出,各国对可持续交通的评价集中在能耗和清洁能源方面,美国还考虑了噪声、动物保护、不可再生资源等。除此之外,日本、欧盟和中国考虑了车辆技术等因素,指出了交通工具绿色水平的重要性,欧盟还更关注研发支出等情况,但该指标仅能间接反映可持续交通水平。

课题报告
1

第三节　国内外智能交通相关评价指标体系和发展战略分析

一、比较对象指标体系和发展战略要点概括

国内外智能交通相关评价指标体系和发展战略的要点概括见表1-2。

智能交通比较对象指标体系和发展战略要点概括　　　　　　　　　　表1-2

序号	指标体系或报告名称	时间(年)	提出机构	指标或发展方向	计算方法
1	新型智慧城市评价指标	2016	国家发展改革委、中央网信办、国家标准委	（1）城市交通运行指数发布情况； （2）公共汽电车信息实时预报率； （3）公共交通乘车电子支付使用率	统计与调查
2	全球智慧城市排名	2014	上海社会科学研究院信息科学研究所	智能交通系统水平	专家评价
3	智慧城市策略（Smart City，Smart Strategy）	2017	罗兰贝格咨询公司	（1）智能交通管理系统水平； （2）公共交通智慧服务水平； （3）智慧城市货运水平	专家评价
4	城市动态指数（IESE Cities in Motion Index）	2017	西班牙纳瓦拉公共大学（IESE）商学院	(1)交通指数； (2)低效率指数； (3)道路事故数； (4)城市地铁站数； (5)进出航班量； (6)交通方式数量； (7)通勤交通指数； (8)共享自行车系统发展水平	统计与调查
5	2015—2019智能交通战略计划	2014	美国交通运输部与智能交通系统联合办公室	（1）实现更安全的车辆和道路； （2）提升个体移动性； （3）减少环境影响； （4）提升创新能力； （5）支持交通互联互通	发展方向，非量化

续上表

序号	指标体系或报告名称	时间(年)	提 出 机 构	指标或发展方向	计 算 方 法
6	公私合作 ITS 路线图	2016	日本先进信息通信网络学会策略本部	(1)高速公路自动驾驶车辆; (2)局部区域无人驾驶运输服务; (3)驾驶安全支持系统; (4)交通数据平台; (5)公私合作模式	发展方向,非量化
7	关于协同式智能交通系统的欧洲战略——面向协同、连接和自动化交通的里程碑	2016	欧盟委员会	(1)风险识别预警; (2)交通诱导控制; (3)交通信息服务; (4)通信安全; (5)数据隐私保护; (6)通信技术与频率; (7)互联互通性; (8)合规评估; (9)法律框架; (10)国际合作	发展方向,非量化

二、比较分析

总体来看,国内外对智能交通的评价指标尚不健全,各指标体系通常采用各种零散指标,没有系统全面地构建评价体系。

智能交通指标或发展方向主要分为3类:第1类是以城市交通运行指数、公交电子支付使用率等为代表的客观量化评价指标;第2类是以智能交通系统水平、城市智能货运水平等为代表,以专家打分为主要计算方式的主观评价指标;第3类是美国《2015—2019智能交通战略计划》、日本《公私合作ITS路线图》、欧盟《关于协同式智能交通系统的欧洲战略——面向协同、连接和自动化交通的里程碑》等文件提出的非评价指标的发展方向。

客观指标中,以城市交通运行指数等评价智能交通系统效果的指标为主,在部分指标体系中也涉及了公交实时预报率和电子支付使用率、共享自行车系统发展水平等评价智能交通系统建设水平的指标。这两种指标都有一定的参考意义,但仅凭城市交通指数等结果导向性指标难以判断当前情况是否是由智能交通系统单独产生的结果,单独采用过程导向性指标又很难全面地评价智能交通发展过程,需要两者结合考虑。

主观指标中,仅通过专家对智能交通系统水平、公交智慧服务水平、城市智能货运水平等指标打分难以获得准确的信息,但分别评价交通管理、智能公交和智能货运等重点发展方向的思路应当纳入指标体系构建的过程中。

发展方向中,安全(包括驾驶辅助、风险识别预警、通信与隐私安全)、信息服务(包括数据合作)、可达性、绿色、通信技术、自动驾驶等是各国在下一阶段的重点发展方向,在指标体系构建过程中需要从这些方面深入凝练指标。

第四节　国内外交通安全相关评价指标体系和发展战略分析

一、比较对象指标体系和发展战略要点概括

国内外交通安全相关指标体系和发展战略的要点概括见表1-3。下列指标或发展方向主要来源于国外政府部门发布的交通安全规划或项目,可作为制定交通强国指标体系时的参考。

交通安全比较对象指标体系要点概括　　　　　　　　　表1-3

序号	报 告 名 称	时间(年)	提 出 机 构	指标或发展方向
1	与 UNECE 共创道路安全[Together with UNECE on the road to safety（Cutting road traffic deaths and injuries in half by 2020）]	2015	联合国欧洲经济委员会	(1)道路交通事故死亡人数/居民人数; (2)道路交通事故受伤人数/居民人数; (3)道路交通事故死亡人数/乘用车数; (4)道路交通事故的严重程度; (5)不同道路使用者死亡人数; (6)不同道路使用者受伤人数
2	安全绩效管理项目（Safety Performance Management）	2017	美国联邦公路局	以下数据取近5年的平均值: (1)道路交通事故死亡人数; (2)每1亿车英里(VMT)的死亡人数; (3)道路交通事故重伤人数; (4)每1亿车英里(VMT)的重伤人数; (5)非机动化方式的死亡人数和非机动化方式的严重受伤人数
3	道路安全项目2011（Road Safety Programme 2011）	2011	德国联邦运输和数字基础设施部	(1)道路交通事故死亡人数; (2)道路交通事故重伤人数
4	第10次交通安全基本计划	2016	日本国土交通省	(1)道路交通事故死亡人数; (2)道路交通事故伤亡人数; (3)铁路乘客死亡数; (4)海域发生船舶事故数; (5)海难救助率; (6)航空死亡事故发生率; (7)航空重大事故的发生率

续上表

序号	报 告 名 称	时间(年)	提 出 机 构	指标或发展方向
5	道路安全性能指数报告	2017	欧洲运输安全理事会	(1)每百万人口道路交通事故死亡数; (2)每百万车 km 道路交通事故死亡数(近3年平均值)

二、指标比较分析

总的来看,以上指标体系都侧重于采用道路交通事故死亡与伤亡人数评价安全水平。指标设计主要有3类:交通事故死亡人数、单位人口的交通事故死亡率和单位机动车或交通周转量的交通事故死亡率。

上述指标中,联合国、美国联邦公路局、德国联邦运输和数字基础设施部、日本国土交通省等机构提出的指标体系用交通事故死亡人数绝对指标评价安全水平。但在人口差距悬殊的国家之间比较,不适宜采用绝对指标。

美国联邦公路局、欧洲运输安全理事会等提出的评价体系采用相对指标,其中百万车·km 死亡人数或亿车·km 死亡人数在一定程度上更能代表交通安全水平,但是数据获取难度较大。因此,国际对比分析时道路交通事故万车死亡率指标较为常用。

第五节 国内外交通服务相关评价指标体系分析

一、比较对象指标体系要点概括

国内外交通服务相关评价指标体系的要点概括见表1-4。

交通服务比较对象指标体系要点概括　　　　　　　　　　表1-4

序号	报 告 名 称	时间(年)	提 出 机 构	指 标 描 述	计 算 方 法
1	新型智慧城市评价指标体系	2016	国家发展改革委	城市交通运行指数发布情况	—
				公共汽电车来车信息实时预报率	
				公共交通乘车电子支付率	
				一卡通应用情况	
				多尺度地理信息覆盖度和更新情况	
				平台在线为部门及公众提供空间信息应用情况	
				为用户提供高精度位置服务情况	

续上表

序号	报告名称	时间(年)	提出机构	指标描述	计算方法
2	美国交通健康监测指标	2013	美国交通运输部	居住地与主要道路的距离	距离日交通量超过125000pcu的主要道路不超过200m的居住人口占比
				超过一定运动量的交通出行量	超过10min的自行车或步行出行量
				人均公共交通出行量	人均公共交通出行量
3	智慧城市思考:行动(Smart City Think: Act)	2017	罗兰贝格咨询公司	公共交通智慧服务	—
				城市智慧物流服务	—
4	符拉迪沃斯托克(海参崴)市旅客运输服务质量评价(Quality Assessment of Transport Service of the Passengers in Vladivostok)	2013	俄罗斯远东联合大学	城市交通量	—
				城市交通信息服务水平	
				交通费可接受程度	
				节省的出行时间	
				节省的出行体力	
				出行服务水平	
				出行安全性	
				公交满载率	
				出行舒适程度	
5	交通服务的评价手法	2005	日本国土技术政策综合研究所	小汽车市中心停车费用	—
				每千人出租车数量	
				城市道路公交站台密度	
				城市道路步行专用道设置率	
6	亚洲大都市交通基础设施现状调查及国际竞争力分析	2010	日本城市基础设施技术推介会	道路平均车速	按照指标名称计算
				机动车保有量	
				人均机动车保有量	
				人均出行次数	
				国际航空出发与到达数	
7	交通与环境申报机制(Transport and Environment Reporting Mechanism,简称TERM)	2010	欧洲环境署(Europen Environment Agency,简称EEA)和欧盟	空间规划和可达性	平均载客时间和距离[分方式、分目的(通勤、购物、休闲)和分地点(城市/乡村)]

续上表

序号	报 告 名 称	时间(年)	提 出 机 构	指 标 描 述	计 算 方 法
8	欧盟可持续发展战略	2010	欧盟委员会	交通运输增长	内陆运输中的小汽车分担率和货运中的公路分担率
9	欧盟交通与可持续发展白皮书	2010	欧盟委员会	运输需求和强度	相对于GDP的运量(t·km和人·km)
					公铁水航分别客运量、货运量、旅客周转量、货物周转量
					联运的周转量(t·km和人·km)
				可达性	平均乘客旅行时间
					平均每名乘客的旅程
					运输质量(残疾,低收入,儿童)
					个人出行量(每日或每年人·km)

二、指标比较分析

总的来看,国内外对交通服务的评价指标体系共有两类。一类是从交通服务供给者的角度,采用交通指数、公交实时预报率、一卡通覆盖率、为用户提供高精度定位服务等指标;另一类是人均公交出行量、出行体力节省、时间节省、交通费用可接受程度、公交满载率等需求侧的行为指标。

中国的一些机构、罗兰贝格、日本国土技术政策综合研究所、欧洲环境署等机构提出的指标体系主要从交通服务供给者的角度,采用了城市交通指数、公交服务水平、交通信息服务水平、城市智慧物流服务、小汽车停车费用、公交及慢行交通基础设施总量、平均车速等指标。

美国交通运输部、俄罗斯远东联合大学、日本城市基础设施技术推介会、欧盟等发布的指标体系更关注出行者的出行选择和出行统计指标方面,采用了出行量、节省的出行时间、公交满载率、机动车保有量等指标进行评价。

借鉴上述指标体系,交通强国评价指标体系构建应关注交通服务的质量、覆盖率、均等化、服务效率、拥堵情况、交通出行者满意度以及全球联通度、可达性等因素。

第六节　国内外交通科技创新相关评价指标体系分析

一、比较对象指标体系要点概括

国内外交通科技创新相关评价指标体系的要点概括见表1-5。

交通科技创新比较对象指标体系要点概括　　　　　　　　　表1-5

序　号	报告名称	时间(年)	提出机构	主要指标或主要内容	备　注
1	"十三五"交通领域科技创新专项规划	2017	中国科技部、交通运输部	交通科技发展的新要求： (1)支撑引领新型城镇化的创新发展； (2)适应区域协同发展模式的重大变革； (3)落实生态绿色发展的重大责任。 交通领域科技发展的新趋势： (1)交通能源动力系统的电动化、高效化和清洁化； (2)交通装备设计制造的轻量化、数字化和一体化； (3)交通运输系统集成的智能化、网联化和协同化； (4)用户消费需求的体验化、共享化和综合化	提出发展方向，明确发展要求
2	区域交通创新发展策略智能指南	2015	欧盟委员会前沿技术联合研究中心	(1)外部环境指标：区域投入与研发强度、区域科技公司比例、区域出版物国际合作比例、区域专利发明数量、区域竞争指数、风险投资投入程度； (2)完成度指标：研发投入资金水平、研发设备投入水平、金融工具使用效率、科技需求与成熟技巧匹配程度、科技人员雇佣情况； (3)结果指标：交通科技公司发展水平、交通从业公司国际化水平、本地公司国际产业化链条整合度、智能网络水平、绿色低碳水平	专家讨论形成具体指标，清晰明确，可操作性强
3	科技创新及政策的任务概览	2017	美国交通运输部国家交通研究中心	(1)先进理念及新兴技术跟踪评价； (2)技术对交通安全及机动性分析； (3)交通资产管理水平分析； (4)先进技术风险性评估； (5)交通数据搜集能力及维护策略评价	明确任务目标和发展方向

续上表

序　号	报告名称	时间(年)	提出机构	主要指标或主要内容	备　注
4	第五期科学技术基本计划(2016—2020)	2017	日本内阁科学技术委员会	第五期科学技术发展目标: (1)保持持续增长和区域社会自律发展; (2)保障国家及国民的安全放心和实现丰富优质的生活; (3)积极应对全球性课题并促进世界发展,源源不断地创造知识产权。 第五期科学技术主要任务: (1)创造未来产业和推动社会变革; (2)积极应对经济和社会课题; (3)强化人才实力、基础知识、资金改革; (4)构筑人才、知识、资金的良性循环体系	提出发展方向,全面架构所有与科技相关内容的发展目标和主要任务
5	江苏省交通运输业科技创新能力评价研究	2015	东南大学	(1)科技创新基础:从业人员创新能力、交通运输业智能化水平、交通运输业发展现状; (2)科技创新环境:政策环境、金融环境、市场环境; (3)科技创新投入能力:资金投入强度、高科技人才投入强度、设备投入强度; (4)科技创新产出能力:新产品经济效益、交通运输创新效率、发明专利能力	层次分析法;专家打分法
6	国家创新能力评价指标体系	2013	科技部	5个一级指标:创新资源、知识创造、企业创新、创新绩效、创新环境	我国最全面的科技创新能力评价指标

二、指标比较分析

总的来看,国内外交通科技创新指标体系或发展战略基本以明确交通发展方向为主。欧盟《区域交通创新发展策略智能指南》等少数评价交通科技发展水平的指标是通过资金投入和公司、出版物、专利数量等指标来评价。

欧盟明确提出了交通科技创新的方向,关注于交通科技创新方向的投入产出、资金保障及外部环境;美国从政府角度出发,对交通科技创新保持密切关注的同时,注重交通科技创新的风险性和安全性;日本突出关注交通等科技对本国和世界的影响,同时强调人才、知识、资金的良性互动。此外,我国科技部提出的创新能力评价指标体系比较适合我国的实际情况,值得借鉴。

从构建指标体系的角度来看,仅通过资金投入或专利产出等进行评价流于形式。前者难以评估资金去向和对推动科技创新的作用,后者存在很多成果转化、评估的问题,难以精准评价科技创新水平。所以在交通强国评价指标体系设计过程中,考虑直接采用重要技术装备水平来评价交通科技创新水平。

第七节 国内外交通基础设施相关评价指标体系分析

一、比较对象指标体系要点概括

国内外交通基础设施相关评价指标体系的要点概括见表1-6。

交通基础设施比较对象指标体系的要点概括   表1-6

序号	报告名称	时间(年)	提出机构	指标内容	计算方法
1	全球竞争力报告2017—2018(The Global Competitiveness Report 2017—2018)	2018	世界经济论坛	交通基础设施质量(整体质量、道路质量、港口质量、航运质量、铁路质量、航空可用座·km)	专家评分
2	交通运输可持续发展(欧盟交通白皮书)	2010	欧盟委员会	(1)道路质量(一般/良好状态); (2)按里程计算的道路总长度; (3)基础设施的密度	专家评分;公式计算
3	交通与环境申报机制(Transport and Environment Reporting Mechanism)	2009	欧洲环境署和欧盟	(1)交通运输网络的容量; (2)不同交通方式基础设施的人均投资	公式计算
4	亚洲大都市交通基础设施现状调查及国际竞争力分析	2012	日本城市基础设施技术推介会	道路长度、万人道路长度、道路密度、城市轨道系统规划长度、船只泊位、国际航空出发与到达数、是否导入BRT、是否导入城市轨道系统等	公式计算。不设基准线,只进行国家间的相对比较
5	交通年报2017—交通基础设施篇章(Transportation Annual Report 2017-Transportation Infrastructure Section)	2017	美国交通运输部	(1)交通总资本(公共/私有); (2)公路(长度、人均长度、公路结构百分比); (3)水运(深港数目,内河航道长度); (4)航空(机场数量、飞机数量、驾驶员数目、乘客人数等); (5)铁路(长度、车次数量、运载人数等)	公式计算

序号	报告名称	时间(年)	提出机构	指标内容	计算方法
6	美国交通基础设施的状况和性能评估(Condition and Performance Evaluation of U. S. Transportation Infrastructure)	2013	美国交通运输部、公路局、联邦运输部	(1)公路/铁路现状指标(长度、年运载人数、年均投资额); (2)港口(深港)数目,机场数目,城市市区停车位比率(停车位数目/小汽车保有数)	公式计算
7	2017年基础设施报告(2017 Infrastructure Report Card)	2017	美国土木协会(The American Society of Civil Engineering,简称 ASCE)	(1)公路(各等级公路长度及在各州的分布情况); (2)港口数目,深港数目; (3)机场数目、平均起落情况	公式计算
8	我国交通运输对标国际研究	2016	交通运输部	(1)各交通运输路网规模(公路里程、内河航道里程、铁路营运里程、民用机场个数等); (2)交通运输设施结构比例	公式计算
9	城市大型交通基础设施的社会评价方法及应用	2017	张娟锋,黄丽影,叶淑娥	是否有完善的道路系统、是否可以改善居民生活、是否可以带动土地增值、路网运行效率、居民出行满意度、环境保护、噪声污染强度	专家评分

二、比较分析

总的来看,定量评价交通基础设施水平的指标中,基础设施的数量、密度、结构(空间和等级)、能力、投资、运量、周转量等指标都被各指标体系所采用。

从单个指标的选择来看,交通基础设施的规模为各指标体系采用的共性指标,欧盟白皮书、日本城市基础设施技术推介会、美国交通部、土木协会及中国交通运输部都将该指标作为第一指标。从计算方式设计来看,在评价自身发展水平时,总量统计与人均统计并重;在进行横向国际比较时,以人均统计为主。从指标组成来看,日本、美国均考虑了区域连通性评价及先进技术的发展。

从表1-6可知,现有评价体系缺乏统一性、完整性。例如,欧洲的2份研究报告中,交通基础设施的统计过于宏观;美国土木协会的统计中未考虑铁路等。此外,指标体系构成中缺乏综合性指标。

国内外城市交通相关评价指标体系分析

一、比较对象指标体系要点概括

国内外城市交通相关评价指标体系要点概括见表1-7。

城市交通比较对象指标体系要点概括 表1-7

序号	报告名称	时间(年)	提出机构	指标	计算方法
1	城市道路交通畅通工程评价体系	2000	清华大学交通研究所（公安部交通管理局委托）	包括12大方面、59个指标。12大方面包括体制、政策与规划，土地利用与公共交通，道路基础设施，交通管理设施，交通管理措施，交通法规宣传教育，交通管理的现代化程度，交通系统管理与交通需求管理，队伍建设情况，交通秩序情况，交通通行状况，交通安全状况	公式计算
2	交通运行评价指标体系	2011	北京交通发展研究中心	(1)道路交通运行指数； (2)道路交通拥堵率； (3)拥堵里程比例； (4)拥堵持续时间； (5)常发拥堵路段数； (6)行程时间可靠性指数	公式计算
3	广州道路交通运行评价指标体系	2013	广州市交通运输研究所	(1)道路交通运行指数； (2)拥堵里程比例； (3)拥堵持续时间； (4)常发拥堵路段数； (5)日路网稳定性指数	公式计算
4	美国的交通拥堵评价指标体系（Congestion Management System，简称CMS）	2010	德克萨斯交通运输研究院	(1)道路负荷度； (2)拥堵持续时间； (3)交通事故率； (4)交叉口拥堵评价	公式计算
5	日本城市评价指标	2012	日本城市基础设施技术推介会	(1)道路平均速度； (2)各种交通方式分担率	调查

续上表

序号	报名名称	时间(年)	提出机构	指 标	计算方法
6	日本官民 ITS 构想线路图 2017——面向社会实施各种先进的自动驾驶系统	2017	高度情报通信网络社会推进战略本部	(1)交通事故减少率; (2)交通拥堵指数; (3)物流运输效率系数	公式计算,其中"物流运输效率系统"计算方法待定
7	英国伦敦交通缓堵对策(Tackling London's Road Congestion)	2010	伦敦交通局(Transport for London)	(1)公共交通的可靠性; (2)交通事故处理的及时性; (3)路网的完整性	未注明

二、指标比较分析

总的来看,国内城市交通的评价指标体系比较全面,既包含过程指标,也包含效果指标,兼具评价与引领功能,涵盖了城市交通发展条件、交通结构调整、交通基础设施、交通管理设施、交通智能化水平以及管理效果指标等。

国外城市交通的评价指标包括交通拥堵类(美国、日本)、交通运行类(日本)、绿色交通类(日本交通方式分担率)、交通安全类(日本)、交通效率类(日本的物流运输效率系数、英国的事故处理及时性)。

在这些指标中,可采用交通拥堵指数反映城市交通供求关系等复杂因素共同作用产生的道路交通流状态。

第九节 国内外国际影响力相关评价指标体系分析

一、比较对象指标体系要点概括

通过分析国际组织及国家与国际影响力相关的指标体系可以认识到,国际影响力方面指标主要分为两种:强化自身竞争力(即"自身强")和提升国际引领能力(即"强国家")。对相关评价指标体系的分析如下。

(1)欧洲交通白皮书(European White Paper on Transport),由欧盟委员会于 2011 年发布,站位较高,从全球的视野出发,在引领能力方面提出了扩大影响力的指标及行动方案,其主要评价指标见表 1-8。

《欧洲交通白皮书》评价指标分析　　　　　　　　　　　表1-8

序号	主要评价指标	行 动 方 案
1	国际组织任职情况	通过与国际组织合作,拓展欧盟内部市场规则
2	标准和系统推广程度	向全球推广欧盟在安全、安防、隐私、环境方面的标准;推广欧洲一体化空中运输管理系统(Single European Sky ATM Research,简称SESAR)的部署
3	国际合作关系建立情况	与主要经济体签订综合航空服务协议;与周边国家建立合作框架提高基础设施连通度

其特点包括:视野较高,主要为战略性指标,可量化,从"强国家"的角度出发,主要强调话语权和引领能力,强调标准、系统、人才如何走出去。虽然不宜直接采用这些指标,但其思想值得参考。

(2)《综合交通战略》,由日本国土交通省于2010年发布,主要从竞争能力的角度,基于海运和航空运输,提出了"加强国际运输网络竞争力"的指标。其主要评价指标见表1-9。

《综合交通战略》主要评价指标　　　　　　　　　　　　表1-9

序号	主 要 评 价 指 标
1	首都圈机场中国际航班服务的城市(客机)数量
2	国际集装箱战略港口深水集装箱码头维修数量
3	国际集装箱战略港口的国际干线航线数量
4	国际海运集装箱散货运输成本下降比例

其特点包括:主要为战术性指标,可量化,强调通过"自身强"来提高国际影响力,指标集中在基础设施和运输能力上,强调自身与世界的连通度。

(3)《全球竞争力报告2017—2018》(The Global Competitiveness Report 2017—2018),由世界经济论坛于2017年发布,主要从竞争能力的角度出发,以公、铁、水、航基础设施的质量作为交通方面国际竞争力的体现。其主要评价指标见表1-10。

《全球竞争力报告2017—2018》主要评价指标　　　　　　表1-10

序号	主要评价指标	评价方法或数据来源
1	基础设施综合水平	专家打分
2	道路设施质量	专家打分
3	铁路设施质量	专家打分
4	港口设施质量	专家打分
5	航空设施质量	专家打分
6	航空可用座·km数量	国际航空运输协会(International Air Transport Association)

二、指标比较分析

总的来看,各国关于国际影响力的指标体系和发展战略较少,构筑的指标体系中采用的指标也以主观评价为主。

客观指标方面,主要关注航空和海运的全球输送能力问题,包括国际航班服务的城市数量、深水集装箱码头维修数量、干线航线数量和航空可用座·km 数量等。在构建评价全球联通水平的指标体系时,应当把以上指标作为参考。

主观指标方面,国际组织的任职、国际合作关系的建立,很大程度上取决于该国家在国际贸易和世界市场中的地位和扮演的角色,国际运输的水平也难以仅通过运输条件的便利性和效益反映出来。

第十节　国内外治理体系相关评价指标体系分析

一、比较对象指标体系要点概括

国内外治理体系相关评价指标体系的要点概括见表 1-11。

治理体系比较对象指标体系要点概括　表 1-11

序号	报告名称	时间(年)	提出机构	指标或发展方向	计算方法及备注
1	"全球治理指数"测评体系(World Governance Indicators,简称 WGI)	1996—2013(每年对全球 215 个国家进行测评)	世界银行	(1)公民表达与政府问责;(2)政治稳定与低暴力;(3)政府效能;(4)管制质量;(5)法治;(6)控制腐败	基于多个调查机构、智库、非政府组织、国际组织和私营部门的调查和统计建立数据库(这些数据并非一些可测量的客观性指标,而是以受访者对相关领域的主观感受为基础)
2	世界治理调查(World Governance Survey,简称 WGS)	2001和 2006	联合国下属联合国大学	(1)公民参与政治活动的程度;(2)社会各方的利益表达;(3)政府作为维护系统的整体性;(4)政策执行效率;(5)国家和市场的关系及调节机制;(6)争议处理以及司法系统争议处理	专家调查

续上表

序号	报告名称	时间(年)	提出机构	指标或发展方向	计算方法及备注
3	二十国集团参与全球治理指数2016报告	2016	华东政法大学政治学研究院、中国外文局对外传播研究中心、中国与全球化智库	(1)机制:由国际组织、国际条约和国际会议3方面组成,考察G20国家在参与、维护国际机制方面的地位和态度; (2)绩效:从全球卫生治理、环境治理、经济治理、气候治理、发展治理和减贫治理来考察; (3)决策:考察各国参与全球治理中的决策话语权; (4)责任:评估各国在全球治理领域的人力和物力付出	研究数据来自世界银行数据库、联合国网站以及国际组织联盟等公开资料
4	中国社会治理评价指标体系	2012	中央编译局"中国社会管理评价体系"课题组	1个一级指标,即中国社会治理指数;6个二级指标,即人类发展、社会公平、公共服务、社会保障、公共安全和社会参与;35个三级指标,其中客观指标有29个,主观指标有6个	基本思路是根据每个评价指标的上下限阈值来计算单个指标指数即无量纲化,指数一般分布在0和100之间,再根据每个指标的权重最终合成社会治理指数
5	美日欧等国家交通治理体系和治理能力现代化的经验借鉴			总体发展方向:决策民主化、运行法制化、运作市场化、组织扁平化、服务信息化。 具体发展方向: (1)法规体系; (2)管理体系; (3)监督机制; (4)市场机制	
6	杨传堂关于"加快推进行业治理体系和治理能力现代化"的重要讲话	2015	交通运输部	总体发展方向:职能科学、权责法定、执法严明、公开公正、廉洁高效、守法诚信。 具体发展方向: (1)完备的综合交通运输法规体系; (2)高效的交通运输法治实施体系; (3)严密的交通运输法治监督体系; (4)有力的交通运输法治保障体系	

二、指标比较分析

总的来看,国外治理体系以法治、政治稳定、政府效率、人权等为指标来评价,我国的研究集中在社会公平与安全、公共服务与管理、社会参与与保障、市场机制、监督机制法治等方面。

国内外几个评价"国家治理体系和治理能力"的指标体系有如下特点:

(1)从指标的设置来看,以"定性指标"为主,包括了"政府治理、市场治理和社会治理"3个最重要的次级体系,以及"公共权力运行的制度化和规范化、民主化、法治、效率和协调"5个重要标准;

(2)从计算方式来看,调查对象主要以某领域专家(含企业经营者)为对象,也会将一般民众考虑在内,调查的主要方式是采访或问卷调查,最后再根据每个指标的得分和权重进行加权计算。

第十一节 国内外交通效率效益相关评价指标体系分析

一、比较对象指标体系要点概括

国内外交通效率效益相关评价指标体系的要点概括见表1-12。

交通效率效益比较对象指标体系要点概括 表1-12

序号	报告名称	时间(年)	提出机构	指标	计算方法
1	物流绩效指数(LPI)	2016	世界银行	物流绩效指数(LPI)	从6个方面进行专家打分:海关与边境管理效率、贸易与运输基础设施的质量、运输价格竞争力水平、物流服务质量竞争力、物流信息追踪能力、货物运到时间
2	美国交通健康监测指标	2010	美国交通运输部	住房与交通负担能力	住房与交通花费占收入的比例
3	运输效益评估	2012	美国国家科学院(The National Academies of Sciences Engineering)	运输价格	全社会交通成本(包括各交通方式与服务)
				交通产出	劳动生产率和全要素生产率
				交通对经济增长的贡献率	交通产出增加值/GDP
				物流对经济贡献率	物流(运输+库存)增加值/GDP
				基础设施经济贡献率	未注明
				交通能力利用率	未注明

续上表

序号	报 告 名 称	时间(年)	提 出 机 构	指 标	计 算 方 法
4	交通与环境申报机制(TERM)	2000	欧洲环境署(EEA)和欧盟	运输基础设施和服务供应	不同交通方式基础设施的人均投资
				技术及利用效率	客货运输的整体能源效率(每人·km 和每 t·km 的能耗)
5	欧盟交通与可持续发展白皮书	2010	欧盟委员会	支付能力	家庭收入中交通费用占比
				就业推动能力	就业增长率中交通行业占比
				能源效率	不同运输方式能耗(油耗/车·km)
					燃料消耗量(车·km)
				使用率	小汽车满载率
					货运载重系数[轻型车(Light-Duty Vehicles,简称 LDV)和重型车(Heavy-Duty Vehicles,简称 HDV)]
6	能效提升(Powering Up Energy Efficiency)	2013	美国能效协会(American Council for an Energy-Efficient Economy,简称 ACEEE)	能效项目预算	未注明
				能效资源标准EERS:强制能效标准推行情况	
				货运能耗强度	新型货车燃油标准:每单位体积燃油可以运行的距离
				新式客车与轻型货车燃油消耗降低情况	每单位体积燃油可以运行的距离
				公交使用情况	人均公交出行次数
7	2016 国际能效记分卡(The 2016 International Energy Efficiency Scorecard)	2016	美国能效协会(ACEEE)	轻型车燃油标准	计算方法详见报告
				轻型车燃油消耗	
				重型货车燃油标准	
				人均车·km 数	
				单位经济活动需要的货运次数	
				货运能源消耗强度	
				轨道、公路投资比	

续上表

序号	报告名称	时间(年)	提出机构	指标	计算方法
8	能量效率2017（Energy Efficiency 2017）	2017	国际能源组织（IEA）	轻型车辆（LDV）燃油经济性标准	未注明
				重型车辆（HDV）燃油经济性标准	
				高能效车辆（BEV）发展	
				标准制定时间	调查
				能效年均增加量	调查
				燃油税等级	专家打分
				国家道路货车收费方案制定	判断有无
				车辆报废项目	
				绿色货运计划	
9	交通效益评价指标	2002	期刊《交通地理》（The Geography of Transport Systems）	交通费用	计算方法详见报告
				交通产出	
				物流成本	
				交通能力利用率	
10	供应链与物流关键绩效指标（KPI Key Performance Indicators in Supply Chain & Logistics）	2017	澳大利亚物流局（Logistics Bureau）	客户需求满足情况	未注明
				库存量	
				货损货差率	
				物流成本	

二、指标比较分析

上述各指标体系从不同角度反映了交通系统的运行效率、综合效益。其中世界银行提出的物流绩效指数是一个评价物流质量的综合指标,此指标在业界认可度较高,但其不足在于采用专家打分评价,主观色彩较浓。

综合分析上述指标体系,发现共性指标可分为4类:第1类强调物流成本或交通费用,例如美国国家科学院的运输价格指标,澳大利亚物流局的物流总成本等;第2类强调交通对经济的贡献率或对经济增长的贡献率,多采用交通 GDP 与总 GDP 的比值计算;第3类强调物流过程中的不同车型的能源利用效率;第4类考虑供求关系,例如交通能力的利用率指标、澳大利亚物流局的客户需求满足情况指标等。

这些指标体系在衡量交通效率效益时,多采用复合指标而不是单一指标进行度量。

所以在构建交通强国指标体系时,可以在上述 4 类共性指标的基础上综合评价。但考虑数据的获取和指标量化计算的可操作性,可采用各国统计的交通行业 GDP 占总 GDP 的比例来衡量。

第十二节　国内外军民融合相关评价指标体系分析

一、比较对象指标体系要点概括

1. 美国军事交通发展情况

美国的军事交通发展情况见表 1-13。

美国军事交通发展情况　　　　　　　　　　　　　　　　表 1-13

序号	美军运输强项	实 现 目 标	主 要 实 现 途 径
1	强大的战略投送能力	根据美国国防部发布的文件《改造美国的军队》(Transforming American's Military),美军的战略投送目标是 24h 内控制全球任何地方的军事局势,96h 内把旅规模战斗部队投送到世界任何地方,并逐步发展成为 120h 内向地面部署 1 个战斗师,在 30 天内部署 5 个师	(1)强大的战略空运,战略海运和战略预置能力。其中战略空运主要投送部队人员,战略海运主要投送物资装备。 (2)发达的本土陆路交通。美国总长达 7.6 万 km 的州际高速公路网把全国大约 200 个重要军事设施、机场、码头连接在一起,实现了公路通驻地、铁路连兵营的陆路交通体系。铁路运输体系总长约 6.2 万 km,并配备超过 1000 节专用车皮,把包括重要军火生产基地在内的 1000 多个军事设施连为一体。 (3)发挥民用交通系统的运力。自海湾战争以来,美军动员了大量的民航飞机和民用船舶参加历次的战略投送任务,发挥了重要作用
2	高技术军事交通装备支撑	(1)高速化; (2)大容量化; (3)多功能化; (4)隐形化; (5)无人化	(1)开发从 8~20km 高度投放 130~500kg 物体的制导空投系统。 (2)运输机的运载量一般为 40~120t,最大运载量可达 250t;新式海运船可载包括 183 辆坦克、120 架直升机在内的一个步兵师 95% 的重型装备,其运载空间仅次于航空母舰。目前美军正在研制"哨兵—1000"大型飞艇,有效载荷 1000t
3	雄厚的军事交通运输动员能力	(1)依法实现民用运输力量动员的规范化; (2)利用市场实现交通运输动员的高效化	(1)运用法律法规,依法实现民用动员。美国军事运输司令部依据《海运法》《民航后备队条例》和《1981 年海事法》等法规,建立了"国防后备船队""预备役部队船队""民用后备航空队"。在伊拉克战争中,美军先后动用了"国防后备船队""预备役部队船队""民用后备航空队"中各种军用、民用运输机 1100 余架次、大型滚装船舶 70 余艘,向海湾地区输送了 300 多万 t 物资,以及 700 余架直升机、1500 余辆装甲车辆等大量装备。 (2)利用市场,以合同补贴提高动员吸引力,用"外包战略"提高军事运输效益并建立相应的动员协调机制

续上表

序号	美军运输强项	实现目标	主要实现途径
4	军事运输可视化系统的建设	实现运输过程的透明化	利用其强大的信息优势,以完善的卫星通信网络系统为支撑,依托"全球运输网""全资产可视系统"和"全球战斗保障系统",构建了从本土到战区、从统帅部到作战平台、从指挥中心到保障基地的战略运输指挥体系,完成了作战力量的战略投送和精确的战区后勤运输支援
5	完备的军事交通运输设施保障	(1)盟国战略; (2)军事基地; (3)战略预置; (4)本土发达的陆路交通体系	(1)注重通过联盟机制把盟国的交通运输资源变为美国军事交通运输的能力; (2)美军在全球30多个国家设有近千个军事基地,驻扎有20多万兵力; (3)目前在世界主要热点地区预置3个中队、几十艘船只,储有各种给养、油料、装备、弹药和医疗设施,一旦需要,即可驶往作战区域; (4)通过铁路、高速公路实现本土军事设施之间互联互通
6	保障体系	(1)统一协调的军事运输指挥机构; (2)高效的指挥手续	(1)经过多年的调整,美国国防部形成下辖军事空运、军事海运和军事交通管理的统管三军运输的联合运输司令部集中管理机构,保证了对陆运、空运和海运的统一领导。 (2)将大量纸质文件电子化,以网络方式保持运输物流单位和民间企业的联系,使军事运输手续得到简化。过去民用运输机构与军方通常要花费60~70天的时间完成结算,现在至多3天就能全部完成结算

2.军事运输能力评价指标借鉴

军事运输能力评价指标主要来源于国外政府部门或国际知名的军事战略咨询机构美国兰德(RAND)咨询公司发布的与军事运输能力相关的指标和发展趋势,见表1-14。考虑到发展趋势是未来的发展方向,因此可以作为运输能力评价的一个方面。

军事运输能力评价指标要点概括   表1-14

序号	报告名称	时间(年)	提出机构	指标或发展方向	计算方法
1	军事能力的衡量(Measuring Military Capability)	2002	美国兰德(RAND)咨询公司	(1)军费预算; (2)战事研究机构的数量、质量; (3)军队规模; (4)国防工业基础; (5)军事基础设施; (6)战略库存和保障	(1)占GNP的百分比; (2)数量和质量(排名); (3)数量和技能水平(排名); (4)武器装备数量、质量(排名); (5)设施数量和分布; (6)库存规模和结构、军事物流效率

续上表

序号	报　告　名　称	时间(年)	提　出　机　构	指标或发展方向	计　算　方　法
2	陆军战略后勤计划(Army Strate-gic Logistics Plan)	2010	美国陆军后勤总部办公室	(1)运输系统智能水平; (2)可视化运输系统水平; (3)先进的物资、装备容器; (4)指挥机构; (5)先进的搬运、装卸设备; (6)能应对海洋环境(波浪和风速)的船舶; (7)顺畅的通行条件; (8)持续的资金支持	未来计划,未量化
3	国防部战略后勤计划(DoD Logistics Strategic Plan)	2002	美国国防部	(1)综合的运输体系; (2)简化的业务流程; (3)社会运输力量的运用; (4)统一联合的物流指挥; (5)便捷的信息沟通; (6)集成的运输数据环境	发展方向,未量化
				(1)获取、供应、维修、运输、配送的最短周期; (2)物流全过程的整合管理; (3)能否满足整个战区的投送和补给水平; (4)运输过程的可视化; (5)物流成本满足国防部降低成本的要求	可量化评价
4	中国空军具备远征能力的第一步(The Chinese Air Force's First Steps Toward Becoming an Expeditionary Air Force)	2017	美国兰德咨询公司	(1)战争持续补给和提前预置能力; (2)大型重载运输装备; (3)长途航行的能力; (4)人员素质(不同类型的运输机的操作和指挥能力); (5)外交能力(例如盟国、军事基地)	未来趋势,未量化

二、指标比较分析

通过对美军运输能力的分析可知,强大的兵员和装备物资投送能力是其军事运输能力的核心。以下 5 项核心因素支撑战略投送能力:先进的技术装备,尤其是海运、空运装备;雄厚的军事交通运输动员能力,并有法律和体制机制的保障;智能信息化技术的应用;完备的军事交通运输网络体系,包括本土发达的连接主要军事要地的交通体系、盟国战略基地、海外军事基地等;高效的指挥系统,信息实时沟通和统一协调的指挥体系。

因此,在构建军民融合指标的时候,应侧重从法律、标准规范、基础设施、运输装备、物资储备、体制机制保障、专业人才培养、信息科学技术支撑等方面的军民融合程度进行综合评价。

第四章
交通强国评价指标体系构建

第一节　构建评价指标体系的目的

　　交通强国评价指标体系,既是评价体系,也是引领体系。作为评价体系,该体系应能够评价我国交通运输系统发展的先进程度和差距,评估交通强国建设的动态进程,能够回答我国是否进入了交通强国行列、是否走在了交通强国前列、是否实现了世界领先的目标;作为引领体系,该体系应能够指明走向交通强国这一动态过程中,不同时期的努力方向和工作重点,说明应该加强的方面和应该调整的政策导向。

第二节　指标确定原则

　　确定交通强国评价指标的原则包括以下 3 项。

　　(1)科学性原则。指标应全面、客观、公正,体现交通强国的内涵和目标,反映交通强国目标的主要影响因素及其影响规律,同时应符合中国实际和世界主要交通强国的共性特点。

　　(2)引领性原则。经济社会、交通技术、需求特性等影响交通运输的核心因素都在动态变化,指标体系的确定需要建立在充分预测和发展展望的基础上,以保证指标体系的引领作用。

　　(3)可比性原则。指标体系应该具有可比的特点,应该考虑数据的可获得性、评价工作的可操作性等。指标设置也应考虑世界共识、国际认可程度。

第三节 指标体系设置及其依据

交通强国评价指标体系由目标层、准则层和指标层构成。

根据交通强国目标和内涵,确定准则层由"安全、便捷、高效、绿色、经济"5 大部分构成,如图 1-1 所示。

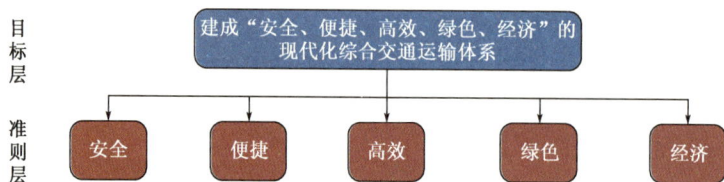

图 1-1 评价指标体系的目标和 5 大准则

指标层的确定,首先按照科学性、引领性、可比性原则,基于交通强国发展目标的要求,在分析研究交通发展机理与规律、深度总结国际交通强国发展经验、对比分析达沃斯评价指标以及国内外 86 个相关评价指标体系、组织多轮专家研讨的基础上,形成了由 5 个准则、24 个评价方向、81 个基本指标组成的交通强国评价指标库,见附件 1。

在指标库的基础上,选择研究领域覆盖公、铁、水、航、城市交通各领域的研究、规划、建设、管理、服务等方面,来自发展改革委、交通运输部、住房城乡建设部、公安部及其科研单位、高校、国际组织等 18 家单位的 247 位专家,开展大规模专家调查并采集调查问卷,经过专家分析研讨并进行层次分析法等相关分析计算,确定了由 19 个关键指标构成的交通强国核心评价指标体系,见表 1-15,其权重见附件 2。本次评价指标体系设计既基于国情,富有开创性,又需要进一步研究,随着"交通强国"建设的动态发展而不断完善。

交通强国核心评价指标体系　　　　　　　　　　　　　　　　　表 1-15

准 则 层	序 号	指 标 层
安全	1	道路交通事故万车死亡率
	2	交通应急能力
	3	交通军民融合指数
便捷	4	交通基础设施通达率
	5	综合交通枢纽一体化水平
	6	"123 交通圈"人口覆盖率
	7	交通基本公共服务均等化水平
高效	8	城市交通拥堵指数
	9	城市交通管理智能化水平
	10	重要交通技术装备水平
	11	交通全球连通度

续上表

准 则 层	序 号	指 标 层
绿色	12	绿色交通分担率
	13	TOD 发展综合指数
	14	交通基础设施绿色化程度
	15	共享交通发展水平
经济	16	物流费用占 GDP 比例
	17	交通运输全要素生产率
	18	交通与经济适应度
	19	交通运输国际影响力

第四节 核心评价指标定义内涵与计算分析

一、道路交通事故万车死亡率

1. 指标定义及内涵

一方面,中国的道路交通事故死亡人数占我国交通运输死亡人数的比重高达98%,是我国交通安全方面存在的主要问题。另一方面,世界各国的道路交通事故死亡人数占比普遍超过了94%。因此,可以说道路交通事故死亡人数指标可以反映一个国家的交通安全水平,故将其作为评价交通安全的代表性指标。

道路交通事故万车死亡率指标是表征道路交通安全水平的基本指标。

2. 计算方法

$$道路交通事故万车死亡率 = 道路交通事故死亡人数 \times 10^4 \div 机动车保有量$$

其中,道路交通事故死亡人数按照欧洲经济委员会和国际运输论坛(International Transport Forum,简称 ITF,以前称为欧洲运输部长会议,即 European Conference of Ministers of Transport,简称 ECMT)的规范,以"事故发生后 30 天内"的统计口径为标准,将事故发生后"24h 内"和"7 天内"的死亡人数分别乘以调整系数 1.30 和 1.08;机动车保有量采用评价对象年度的统计数据,以"当量机动车"数进行计算。

3. 指标分析及计算过程说明

如前所述,虽然各个国家的总体交通安全水平差异较大,但在各运输方式中,道路交通事故死亡人数占比都普遍超过 94% 。因此,"道路交通安全水平"既是国家交通运输系统总体安全水平的表征指标,也是交通安全的关键影响因素。2012—2016 年中国、美国、日本、英国、德国 5 国交通事故平均死亡人数见表 1-16。

中国、美国、日本、英国、德国交通事故死亡人数对比(2012—2016 年平均值)　表 1-16

统 计 项 目	中国	美国	日本	英国	德国
发布机构/数据来源	中华人民共和国国家统计局/道路交通事故统计年报	美国交通运输部统计局/交通统计年报 2017（Transportation Statistics Annual Report 2017）	国土交通省/交通安全对策	英国交通部/英国交通统计 2017（Transport Statistics Great Britain 2017）	德国联邦统计局/交通事故统计（Accidents Registered by the Police）
道路交通事故死亡人数(人)	59635	34473	4962	1753	3396
铁路运输死亡人数(含城市轨道交通系统)(人)	1190	880	290	44	160
水路运输死亡人数(人)	243	705	—	26	—
航空运输死亡人数(含通用航空)(人)	11	428	17	15	13
交通事故死亡人数总计(人)	61079	36486	5269	1838	3569
道路运输死亡人数占比(%)	98	94	94	95	95

4. 计算结果及分析

2016 年中国、美国、日本、英国、德国 5 国的交通安全水平对比情况见表 1-17。

2016 年中国、美国、日本、英国、德国交通安全水平国际对标　表 1-17

统 计 项 目	中国	美国	日本	英国	德国
发布机构/数据来源	中华人民共和国国家统计局/道路交通事故统计年报	美国交通运输部统计局/Transportation Statistics Annual Report 2017	国土交通省/交通安全对策	英国交通部/Transport Statistics Great Britain 2017	德国联邦统计局/Accidents Registered by the Police
道路交通事故死亡人数(人)	64406	34473	6451	1755	3396

续上表

统计项目	中国	美国	日本	英国	德国
机动车保有量（万辆）	26538.5	26045.5	8054.6	3578.3	5308.2
万车死亡率（人/万车）	2.31	1.39	0.75	0.48	0.59
得分（百分制）	66.0	76.1	85.0	90.4	88.2

注：日本、中国的换算死亡人数是按照规则在实际死亡人数基础上分别乘以 1.30 和 1.08 后的数据。

从计算结果来看，我国不仅道路交通事故死亡人数绝对值远高于美国、日本、欧盟等国家和地区，而且万车死亡率这一相对值也与国外发达国家存在很大差距。英国、德国、美国、日本等国家在提高道路交通安全水平方面的共同经验是：形成健全的道路交通安全法律法规体系，建立包含安全管理、车辆管理、宣传教育、应急保障在内的道路交通安全体系。要实现建设交通安全强国的发展目标，应借鉴国际经验，立足国情，大幅度降低道路交通事故万车死亡率。

二、交通应急能力

1. 指标定义及内涵

交通应急能力包括交通系统的日常应急救援能力、重大事件应急救援能力和国际应急救援能力，是交通实力和综合国力的体现。

此项指标采用综合响应时间来度量，通过不同状态下交通系统响应时间的加权平均值计算得到。交通系统的综合响应时间越短越好。

2. 计算方法

交通系统综合应急响应时间
= 日常事件应急权重 ×（日常交通应急事件发生至收到报警的接警时间 + 到达现场时间）+ 重大事件应急权重 ×（重大交通应急事件发生至收到报警的接警时间 + 到达现场时间）+ 国际应急事件权重 ×（国际应急事件发生至收到报警的接警时间 + 到达现场时间）

该方法对不同评价对象的评价内容和量化评价方法见表 1-18。

交通应急能力评价内容和量化评价方法　　　　　　表 1-18

评价对象	评价内容	量化评价方法
日常事件交通应急救援能力	城市道路交通事故救援能力	各国统计的一般交通事故平均到达现场和接受医疗救助的时间
	高速公路普通事故救援能力	

续上表

评价对象	评价内容	量化评价方法
重大事件交通应急救援能力	重大交通事故(铁路、城市轨道事故、高速公路重大事故、航空事故)救援能力	统计期内各国对外公布的可对比的同类事件的实际响应时间;本报告以铁道事故为例说明。各国应急救援标准规定的响应时间对标;本报告以海上救援事件为例说明
	自然灾害性事件(地震、区域大雾、冰雪、洪水等)救援能力	
	水上事故救援能力	
	公共卫生事件救援能力	
	国内范围战时人员、物资投放速度	
国际交通应急救援能力	国际救援队人员、物资送达速度	各国救援队处理典型国际突发事件的应急响应时间

3. 指标分析及计算过程说明

1)常规事件交通应急能力

各国的实践表明,缩短应急救援时间对减少交通事故死亡人数极其关键。交通事故发生后,若能在5min内对重伤人员采取急救措施,在30min内对受伤人员进行救助,则有18%~25%的伤者能免于死亡。

美国建立了完善的"紧急救援医疗服务系统(Emergency Medical Service System,简称EMS)",从事故发生、得到事故信息、救援开始、开始抢救4个方面制定详细的紧急预案,提高救援速度,大幅度减少道路交通死亡率。EMS以30min为救援目标来执行,若路面行程超过30min,则会呼叫医疗直升机救援。但美国也存在不同救援体系之间的协调问题。

德国在现有的医疗资源和应急手段的基础上,单独形成了一套专门的交通事故快速反应与紧急救援机制,并且建设了优秀的应急救援队伍。以德国亚琛地区为例,一旦遇到突发事件,90%以上的应急响应都能够在10min以内启动。第一响应均为专职力量,共有26辆应急车;如果灾情较大,则出动第二响应,即志愿者力量,共有16辆应急车;如果碰到大量伤亡和灾害救援,则有8家志愿者救援组织作为第三响应力量加入。根据统计数据,德国医务人员5~20min可抵达现场,20~45min可将伤员送到医院。

英国则具有完善的空中救援系统,以政府为依托,由多个组织共同合作。代表国家力量的是由英国国防部委托的英国皇家空军(RAF)。此外,16个慈善团体组织成立了空中救援协会(AAA),提供空中救援服务。目前英国有22个空中紧急救护航空队,共有40架直升机和2架固定翼飞机,每个航空队负责相邻的几个郡的空中救护工作。配备的MD 902直升机不使用尾桨,使直升机在市区有大量人群的地方降落时保证绝对安全。该直升机可在456m高空以240km/h的巡航速度飞行,正常载油量400kg可以飞行1h。从空中救援的角度来看,英国的应急能力较强。

据日本官方统计,2013 年日本急救车从接警到抵达现场的平均时间为 8min30s。根据 2014 年日本《警察白皮书》发表的数据,从接警到警察到达现场,全国平均时间是 6min57s。最快的是"抢银行"事件,规定附近警察 3min 内就要赶到现场。在处理紧急事件以外的普通事件时,也有抵达现场的时间达到 30min 的情况。

在中国,由于交通延误、多种救援力量不协调、设备不完整等的限制,交通事故受伤人员平均 1h 之后才能接受救助。2003 年中国国务院办公厅发布的《突发公共卫生事件医疗救助体系建设规划的通知》中规定"15min 内到达患者驻地",英国国家标准的要求则是"3min 内出车,7min 内到达出事地点",国际发达地区平均从接警到抵达现场的时间是 8 ~ 12min。

综合上述分析,根据在事故中伤者平均接受救助的时间来排名,日本最强,其次依次是英国、美国、德国、中国。

2)重大事件应急救援能力

应急响应能力不仅仅要求日常事件的应急反应,面对重大事件的交通系统响应能力尤其重要,更能体现交通实力和国家实力。

(1)重大自然灾害救援。

在重大自然灾害的应急救援能力方面,日本由于自然条件导致事件多发,目前已经形成一套完善的事故救援体系。中国则体现出来强大的体制优势和协调指挥能力。近年来,中国应急能力不断提高。2018 年应急管理部的成立,整合了原来 11 个部门的 13 项应急救援职责以及 5 个国家指挥协调机构的职责,组建了综合性消防救援队伍,全国公安消防部队和武警森林部队 20 万官兵整体转制,对提高我国应急能力具有里程碑式的意义。

(2)铁路事故救援。

通过分析中国"7·23"甬温线事故、德国埃舍德高速铁路脱轨事故、日本 JR 福知山线脱轨事故等典型案例的应急响应水平,判断各国在重大交通事故上的应急能力。根据事故调查报告,日本和德国先期救援队伍都在 6min 就能到达现场,1h 之内就能派出空中救援力量,并且事故发生于 2005 年,时间相对较早。中国"7·23"动车事故中,12min 前期救援人员抵达现场,几小时之后指挥的领导、医疗队伍、武警力量、专业设备才投入救援。从响应时间上看,中国的交通应急能力跟日本、德国相比还较薄弱,但是从重大事故的救援中也能看到中国强大的救援力量和综合协调能力,相比其他国家体现出一定的制度优势。

(3)水上事故救援。

内河、海上的应急能力同样是交通应急能力的重要组成部分,本书以典型的水上溢油事件的应急能力来分析评价各国的水上应急能力。各国的应急规范标准都是基于国家实际情况制定的,在一定程度上能反映其应急能力水平,所以对比各国规定的响应时间可比较国家的应急能力。

我国 2016 年发布的《国家重大海上溢油应急能力建设规划》指出：2020 年将全面构建溢油应急"空中力量 2h，水上力量 6h"到达距岸 50n mile 内的海域。

美国加州《溢油预防与响应指南文件》(Oil Spill Prevention and Response Guidance Document)规定，2h 内清理浮油装置应投入使用，并对装置的最小作业能力和作业范围做了详细规定。

《英国海洋溢油应急组织国家标准》(UK National Standard for Marine Oil Spill Response Organizations)规定，发生溢油事件后，4h 探测泄漏位置的飞机到达现场，6h 内负责计算泄漏量、统计泄漏范围的飞机到达现场，并同时在 6h 内实施清理方案。

日本溢油应急力量主要由海上保安厅和海上防灾中心组成。2016 年 12 月 20 日，日本山口县发生的溢油事件，从接到报案，到找到泄漏源头、部署围油栏，到最后泄漏油膜几乎全部被清除，全过程大约用时 2.5h。

对比水上典型的溢油事件的响应时间规定，中国目前还处于规划阶段，并且规定了 50n mile 的范围，而美国、英国都已经写入标准文件中，并且没有限定地理范围。日本在实际的溢油事件中表现出来的应急能力是世界领先的。

综合重大自然灾害、铁路事故、水上事故的应急响应分析，日本的重大事件应急能力最强，德国、中国、美国、英国的此项应急能力相当，差距不大。

3）国际交通应急救援能力

在考虑国内日常应急能力、国内重大事件应急能力后，全球范围内的应急救助能力也是应急水平的综合体现。集中体现在救援人员和救援物资的抵达速度。

美国依托强大军事投送能力，其国际应急能力也首屈一指。美国在 96h 内能把旅规模的战斗部队投送到世界任何地方，并逐步发展成为在 120h 内向地面部署 1 个战斗师，在 30 天内部署 5 个师。另外，美国国际救援队伍(American Rescue Team International，简称 ARTI)也是其国际应急能力的一个体现，ARTI 拥有全世界最精密的装备。

欧盟在提升其全球应急能力建设上从未间断，2012 年 9 月 25 日，欧盟发布的《关于欧盟人道主义救助和民防保护执行的 2012 年年度报告》提出，要进一步提升欧盟在全球的应急响应能力。欧盟有完善的应急响应机制，2004 年印度洋海啸、2005 年卡特里娜飓风、2008 年汶川大地震、2010 年海地大地震、2011 年东日本大地震和非洲之角饥荒等重特大突发事件中都可以看到欧盟的身影。

目前中国组建了中国国际救援队和核应急救援队，中国国际救援队有能力在震后 2～3h 完成装备物资集结，能够实现部分区域灾后 48h 内抵达灾区，具备在国际救援行动中组建现场协调中心和行动接待中心的能力。

4. 计算结果及分析

综上分析，日常交通应急救援能力、重大事件交通应急救援能力和国际交通应急救援能力同等重要,采用均等权重。由于当前收集各国上述 3 类应急救援能力的实际数据十分困难,故利用各国的响应标准、规范和典型案例的实际响应时间分析进行综合评分,结果见表 1-19。

交通应急能力国际对标   表 1-19

评 价 项 目	中国	美国	日本	英国	德国	数据来源及分析说明
日常交通应急救援能力得分	40	75	100	85	55	根据统计数据对比分析后进行排名打分
重大事件交通应急救援能力得分	70	80	100	70	85	根据各国重大铁路事故、自然灾害、海上溢油救援标准分析后排名打分
国际救援队伍抵达灾区能力得分	70	100	70	85	85	定性分析后打分
交通应急能力综合指标值(百分制)	60	85	90	80	75	等权重求平均分

通过对常规事件应急能力、重大事件应急能力、国际应急响应能力的分析,可以发现综合响应时间在很大程度上能衡量一个国家的交通应急能力。从实际的响应时间来看,我国的日常事件应急响应时间或应急救援队伍抵达现场的时间与欧洲、美国、日本相比还有一定差距。但在重大事故的救援过程中,我国也体现出一定的制度优势,具有较强的社会资源协调能力。

三、交通军民融合指数

1. 指标定义及内涵

建设全方位、多层次、高效率的交通军民融合深度发展体系是保障国家安全、提高资源效率的重要举措。

交通军民融合指数是衡量交通军民融合程度的指标,能综合反映军事交通系统和民用交通系统一体化程度、军民需求兼容程度、平战结合程度。该指数可利用交通法规、技术、装备、设施等方面的军民融合情况统计数据计算得到。

2. 计算方法

此项指标的计算采用加权平均法,计算公式如下。

$$D = \sum_{i=1}^{6} w_i \cdot s_i'$$

式中: w_i——分项权重, $\sum_{i=1}^{6} w_i = 1$;

s_i'——分项指标标准化值，$s_i' = \dfrac{s_i}{s_0}$，s_i 为指标实际值，s_0 为指标基准值；

D——军民融合指数，数值范围为 0 ~ 100，数值越大表明融合程度越高。

各分项指标含义及实际值计算方法见表 1-20。

交通军民融合评价分项指标　　　　　　　　　　　　　　　表 1-20

序号	分项指标	计算方法	说　明
1	交通政策、机制与标准军民融合度	$\alpha \times$ 军民融合规划占比 $+ \beta \times$ 交通军民融合机制完善程度 $+ \gamma \times$ 基础设施建设中考虑国防交通设计标准或建造中采用民用标准占比	交通政策包括法规、条例、措施、办法、方案、规划、政策性文件；α,β,γ 为权重系数
2	交通基础设施军民融合度	$\dfrac{\text{实现了交通军民融合的项目数}}{\text{应该考虑军民融合的项目总数}} \times 100\%$	交通基础设施主要包括路网、交通枢纽、车站、机场、码头、隧道、航道等设施；交通军民融合项目包括贯彻国防要求的项目、军民共建的项目
3	运载工具军民融合度	$\dfrac{\text{贯彻国防要求的民用运载工具数量}}{\text{需要贯彻国防要求的民用运载工具数量}} \times 100\%$	运载工具主要包括民用船舶、铁路机车车辆、载货汽车、民用货机等。需要贯彻国防要求的民用运载工具指的是根据军事运输需求制定的《民用运载工具贯彻国防要求目录》范畴内的运载工具，大型船舶、滚装船、铁路凹底平车、公路特种运输车辆等均是贯彻国防要求的重点
4	交通信息资源军民融合度	$\left(1 - \dfrac{\text{未被国家交通信息资源包含的国防交通信息资源种类数}}{\text{国防交通信息资源种类数}}\right) \times 100\%$	国防交通信息资源种类数来源于《交通信息化军民融合目录和技术标准》
5	交通人才培养军民融合度	$\dfrac{\text{具有地方培训经历的军事交通官兵数量}}{\text{军事交通官兵数量}} \times 100\%$	—
6	交通科技创新军民融合度	$\alpha \times \dfrac{\text{军民融合科研项目投入经费}}{\text{交通科研总投入}} \times 100\% + \beta \times$ 科研成果军转民率 $+ \gamma \times$ 科研成果民参军率	包括科研投入和科研成果转化两部分；α,β,γ 为权重系数

3. 指标分析及计算过程说明

1）交通政策、机制与标准军民融合

美国将军民融合定位为国家战略，采取"军民一体化"的发展模式。美国国会技术评估局 1994 年发布的《军民融合潜力评价》报告,被视为美国全面实施军民融合战略的重要标志。报告给出了军民融合(Civil-Military Integration)的定义;用合作(Cooperation)、融合(Integration)、一体化(Interdependence)3 个词描述结合的程度,提出了美国分阶段实施军民融合的三步走战略。2014 年,美国推出"以创新驱动核心、以发展改变未来战局的颠覆性技术群为重点"的第三次"抵消战略",加速了商业市场颠覆性技术向军事系统的转化,军事和商业技术体系的融合进程加快。美国用政策性法规引导军民融合发展,实现军民有效串联,提升资源配置效率。同时,美国推出一系列法律、法规、计划等,为具体实施提供法律支持和保障。

日本由于军力发展受到种种限制,在发展军民融合方面采取"先民后军、以民掩军、寓军于民"的模式,主要依靠民间企业来发展国防科技和武器装备。日本的军民融合管理体制呈现出高度集中的特点。国防事务由内阁总理大臣亲自掌管,有关武器装备发展的规划及重大项目一律由其亲自审批。总理任主席的国防会议负责最终审核和决策涉及军民结合的发展战略,而武器装备发展和采购计划的监督执行则由防卫厅具体负责。此外,在政府和企业之间,存在着一批民间防卫企业界的组织团体,如"防卫生产委员会""兵器工业会""造船工业会""防卫装备工业会"等。他们通过恳谈、联谊等方式同政府部门和决策人员进行协商讨论,并以建议书等形式提出决策咨询建议,连同政府部门和军方的意见一起,经过内阁会议的进一步协调后正式提交给国防会议,以进行最终的审议和决策。

英国同美国类似,在军民融合方面采取"军民一体化"的模式。为了推动国防工业的进一步发展,英国国防部先后出台了《国防科技和创新战略》和国家"一个工业基础"的发展规划,明确指出国防部应吸引世界范围内技术先进的民用部门,参与国防工业的科研和生产。英国的军事交通运输法律的制定与其他国家不同,除了《紧急全权国防法案》《陆海空三军后备役动员法》外,有关国防交通运输的法律法规均包含在各种民法、行政法、经济法当中。这些法规对执行单位的职责规定明确,因而有利于紧急状态下顺利的贯彻落实。如在《运输法》《民航法》《民航公司法》中均规定,在国家利益需要时,政府可以征用和租用民航飞机、民用商船、民用车辆,用来运输军事人员和物资,并有权制止向国外出售运输工具的行为。这种立法体系军民结合较好,利于交通运输的"军民一体化"。

德国与日本虽同为战败国,但军民融合道路与日本不尽相同。德国政府明确规定,不追求军备独立,无意建立独立的、完全为军备订货服务的企业。所以德国的国防科研和军工生产基本都由民间企业、地方科研机构和高等院校承担,军民融合程度很高。德国制定了以《交通保障法》为核心的军事交通运输法律体系。这些法律规定了详细的战时交通体制的框架,包括具体的实施办法、措施、程序,并对不同角色规定了权利与义务。

与国外相比较,中国军民融合的发展道路更具有中国特色。根据《中国军民融合发展报告 2014》,我国军民融合度在 30% 左右,仍处于初期阶段。2015 年,习近平总书记在十二届全国人大三次会议解放军代表团全体会议上强调,把军民融合发展上升为国家战略,是我们长期探索经济建设和国防建设协调发展规律的重大成果,是从国家安全和发展战略全局出发做出的重大决策,并指出我国军民融合处于由初步融合向深度融合的过渡阶段。

在国家军民融合向深度发展的大背景下,2017 年,我国《国防交通法》正式实施。此外,《国防交通法》还有 134 项下位法,包括行政法规 4 项、规章制度 119 项、标准规范 11 项。其中,行业法规包括铁路 32 项、水路 15 项、公路 10 项,分别占比 23.9%、11.2%、8.5%。在交通军民融合机制建设方面,建立了管理体制和横向沟通协调机制。

2)交通基础设施军民融合

在交通和通信设施的新建、改建中,同时考虑国防和战时需要,实行军民兼容、平战结合,是世界上许多国家的普遍做法。

美国考虑军事力量投送需求,在所有州际公路每 50km 设有一处飞机跑道。1977 年,美国又拟定战略铁路网计划,使美国本土最主要的 1000 个军事设施、基地中的 350 个与铁路连接。英、法、俄、日等国,也都在高速公路上修建了大量的飞机应急跑道。

美国在贯彻国防要求的建设项目上采取多种经费补偿措施。美国公路法规定,州际国防公路系统的建设资金,联邦政府承担 90%,其余 10% 由州和地方政府承担,如果公路穿过未开垦的公共土地、印第安土地、私人或部族土地,联邦政府拨款将达 95%。

美国空管体制发达、成熟。除美国外,加拿大、英国、俄罗斯、巴西等国家,从 20 世纪下半叶就开始以不同方式改革空管体制,使空域资源得到充分开发。

中国早在 1995 年就出台了《交通运输、邮电通信基本建设贯彻国防要求规定》,对交通基本建设贯彻国防要求的程序、范围等进行了规定。《国防交通法》规定交通工程设施,应当依法贯彻国防要求,并规定了贯彻国防要求的程序和各相关部门的职责。交通基础设施建设贯彻国防要求逐步进入常态化。

根据我国《民用航空法》的规定,我国空中交通管制实行统一管制、分别指挥的体制。

3)运载工具军民融合

在运载工具设计和建造中贯彻军事需求也是世界各国通行的做法。美国《民用飞机法》和《商船法》规定,如有国防要求,货机、货船和油船等民用运输工具应有商用和军用两种设计;新造和购买船舶必须满足战时和全面紧急状态下适用于国防要求,并强调"商船建造的巨大计划必须与扩充海军齐头并进"。英国认为"民用船只是皇家海军的生命线"。俄罗斯(原苏联)政府规定,商船从设计、建造、装备到操作都作为军辅船实施。

中国在《国防交通法》中规定,"国家国防交通主管机构应当根据国防需要,会同国务院有关部门和军队有关部门,确定需要贯彻国防要求的民用运载工具的类别和范围,及时向社会公布",并规定"民用运载工具因贯彻国防要求增加的费用由国家承担"。

4）交通信息资源军民融合

军民信息融合是多领域全方位的融合,包括军民信息融合规划,军民信息融合机制构建,军民信息融合制度、标准及规范建设,军民信息融合人才培养以及军民信息融合平台建设。

2001年后的美国大力推进以信息技术为核心的新军事变革,在信息融合方面不断加大投入,强调要用"民用经济中发生的高新技术爆炸来实现国防科技跨越式发展"。日本也在寓军于民,以民掩军的战略中加强了军民信息融合体系建设。日本自二战后就主要依赖民间国防科研生产体系来支持国防建设,且卓有成效。日本为保证其民用企业竞争力和国防生产潜力,其防卫省还将某些军事信息技术无偿转让给民间使用。这种以民掩军战略的实施需要有强大的军民信息融合平台和信息顺畅流动机制来支撑。目前我国还仍处于军民信息融合的初期,军民在信息融合方面存在很大的壁垒。

5）交通人才培养军民融合

在军队人才培养方面,美军非常注意充分开发利用地方院校的资源。目前美军70%的初级军官产生于地方大学的后备军官训练团。

中国军队多年来不断尝试建立军民融合的人才培养模式。根据《国务院、中央军委关于建立依托普通高校培养军队干部制度的决定》,2001年10月,教育部、总政治部联合推出"高层次人才强军计划",在国家研究生招生计划内由部分地方普通高校为军队定向培养一批硕士研究生。

6）交通科技创新军民融合

美国军用技术领先,并将其用于推动民用技术发展。美国单一军工企业很少,大量军品生产与民品生产在同一企业内进行,适合民用的军事技术很容易被企业转化到民品生产中,使民品生产技术不断得到更新。

日本制定了以发展军民两用技术为核心的军民融合发展战略,从军工企业和民间企业同时着手开发军民两用技术和产业。日本没有国营军工企业,武器装备生产均以合同方式委托民间企业完成,开辟了一条技术倒转型的发展道路,以高新技术的商业开发和应用领先,保证军事领域取得成就。

4. 计算结果及分析

由于统计数据缺乏、数据保密等原因,军民融合基础统计数据获取难度较大,目前对于交通军民融合评价难以完全按照算法设计进行客观评价。因此,算例在充分利用现有统计数据的基础上,采用定性定量相结合的方法给出,结果见表1-21。我国评分数据主要依据国家交通战备办公室统计资料和国防交通法规等,国外数据主要来源于《外军交通战备资料汇编》、国外机构官网资料、国防大学和军事科学院军民融合研究机构发布的资料。根据资料的数据和定性描述,进行横向比较后给出分值,各分项指标的权重按照均等权重。

交通军民融合国际对标(百分制,单位:分) 表1-21

统 计 项 目	中国	美国	日本	英国	德国
交通军民融合政策、标准、法规与机制支撑得分	70	90	95	85	95
交通基础设施军民融合度得分	85	95	80	85	85
运载工具军民融合度得分	50	80	85	80	90
交通信息资源军民融合度得分	40	90	75	80	80
交通人才培养军民融合度得分	55	75	100	70	100
交通科技军民融合度得分	60	90	90	80	90
综合评分	60.0	86.7	87.5	80.0	90.0

从以上评估结果可以看出,目前我国军民融合程度与欧美相比差距依然较大。

四、交通基础设施通达率

1.指标定义及内涵

交通基础设施通达率是考核公铁水航作为一个整体的综合交通基础设施通达与覆盖程度的指标,分城市和乡村对交通基础设施通达情况进行综合计算。同时考虑到港口铁水联运的重要性,加入重要港口铁路通至码头的情况综合考核计算。

2.计算方法

交通基础设施通达率 = 权重1 × 行政村硬化路通达率 +
权重2 × 城镇常住人口20万人以上城市全交通方式通达率 +
权重3 × 主要港口铁路通至码头的比例

3.指标分析及计算过程说明

行政村硬化路通达率,指已开通硬化路面公路的行政村占全国行政村总数的比例,反映公路的通达程度。

城镇常住人口20万人以上城市全交通方式通达率,指高速公路、干线铁路、民航机场、水运中两种及以上交通方式覆盖城市的情况。该指标体现交通基础设施网络的综合覆盖范围和覆盖质量。其中,高速公路覆盖是指城市距最近的高速公路的车程小于30min;铁路覆盖指干线铁路在城市设有综合枢纽;民航覆盖是指以城市为中心的100km半径范围内有机场;水运覆盖是指具备服务城市日常生产生活功能的内河等级航道和码头。

主要港口铁路通至码头的比例,指交通运输部发布的《关于发布全国主要港口名录的公告》中的港口中,疏港铁路能直接通至码头的比例;其他国家则采用其国家吞吐量排名前 5% 的港口的对应数据。

各国交通基础设施通达状况见表 1-22。

各国交通基础设施通达状况（%） 表 1-22

统 计 项 目	中国	美国	日本	英国	德国
行政村硬化路通达率	98	92.83	98	100	100
重要节点城市全交通方式通达率	97	100	100	100	100
主要港口铁路进码头比例（采用铁路进港口比例）	75（28 个港口）	100（31 个主要港口）	100（13 个主要港口）	92（28 个主要港口）	100（10 个主要港口）

注：美国和日本的部分数据来源于美国交通局（US Department of Transportation）和日本总务省统计局；英国、德国的行政村硬化路通达率取自世界银行发布的《有铺装路面占比》；国外港口清单来自 https://www.searoutes.com/worldwide-ports；部分中国的数据取自中国交通运输部统计报告、交通运输部规划院研究数据；城市全交通方式通达率通过百度、谷歌等获取。

4. 计算结果及分析

各国交通基础设施通达率指标对标见表 1-23。

交通基础设施通达率国际对标 表 1-23

统 计 项 目	中国	美国	日本	英国	德国
得分（百分制）	93	97	99	98	100

由表 1-23 可知，德国交通基础设施通达率是最好的，实现了村庄 100% 道路通达和重要节点城市全交通方式 100% 通达，同时其主要港口也都实现了与铁路的良好结合，其次是日本、英国、美国。我国稍微落后，但是与其他国家的总体差距不大。我国在行政村硬化路通达率和重要节点城市全交通方式通达率方面与这些国家差距不大，下一步需要在基础设施的精准通达、通达质量方面提升；我国在主要港口铁路通码头方面与这些国家差距较大，仅在 75% 的主要港口实现了铁路进港口，27.7% 铁路进港区（数据来源：交通运输部规划研究院《中国港口铁路集疏运问题分析及政策建议研究》），"连而不畅""邻而不接"问题突出，这也是造成我国港口集装箱铁水联运比例低的主要原因。因此，铁路进港口将是我国基础设施补短板的重要方向之一。

五、综合交通枢纽一体化水平

1. 指标定义及内涵

表征综合交通枢纽（对外交通枢纽和城市综合交通枢纽）无缝衔接、零距离换乘程度的指标，主要体现在设施衔接换乘的便捷水平和效率，是提高交通服务水平和设施使用效率的引领性指标，用综合交通枢纽涵盖的不同交通方式间平均换乘距离值度量。

2.计算方法

综合交通枢纽一体化水平 = 城市对外交通枢纽和城市综合交通枢纽(2 条及以上轨道线相交的枢纽)内不同交通方式之间的平均换乘距离

国际对比时,按照城市人口规模,选择各对象国家城市人口规模排序在前 5% 的城市作为评估对象城市,分别计算该指标,然后取加权平均值。

3.指标分析及计算过程说明

根据指标定义计算方式,进行国际对标,各国选取的城市和站点见表1-24。

各国代表性城市或区域综合交通枢纽情况　　　　　　　　　　表 1-24

国　　家	城市或区域	枢纽站点情况
中国	上海	79 个轨道交通换乘站点
	北京	76 个轨道交通换乘站点
	重庆	13 个轨道交通换乘站点
	广州	27 个轨道交通换乘站点
	深圳	36 个轨道交通换乘站点
美国	纽约	32 个轨道交通换乘站点
	洛杉矶	5 个轨道交通换乘站点
	芝加哥	12 个轨道交通换乘站点
	休斯敦	4 个轨道交通换乘站点
日本	首都圈	170 个轨道交通换乘站点
	中京圈	19 个轨道交通换乘站点
英国	伦敦	18 个轨道交通换乘站点
	曼彻斯特	5 个轨道交通换乘站点
	伯明翰	5 个轨道交通换乘站点
德国	柏林	5 个轨道交通换乘站点
	慕尼黑	5 个轨道交通换乘站点
	法兰克福	7 个轨道交通换乘站点

对每个国家各城市选取主要交通枢纽,根据各国政府公布数据情况,采取不同的方法计算各城市的主要枢纽内平均换乘距离。对中国、美国、英国、德国,分别利用电子地图查询应用功能,查询得到各城市各枢纽内不同轨道交通方式间换乘距离,然后计算各枢纽平均换乘距离,进而计算各国各城市枢纽平均换乘距离值。日本的数据来自日本国土交通省 2017 年公布的"日本三都市圈(轨道)交通调查"报告。统计结果见表1-25。

各国综合交通枢纽平均换乘距离(单位:m)   表 1-25

国　　家	所选城市及其主要枢纽平均换乘距离					所选城市平均换乘距离
中国	上海	北京	重庆	广州	深圳	281.6
	313.0	296.3	300.2	216.8	281.5	
日本	东京	横滨	大阪	名古屋		195.3
	192.0	192.0	220.3	177.0		
美国	纽约	洛杉矶	芝加哥	休斯敦		221.0
	275.1	111.3	257.5	240.0		
英国	伦敦	曼彻斯特	伯明翰			125.1
	185.2	78.0	112.0			
德国	法兰克福	柏林	慕尼黑			95.3
	77.0	120.0	89.0			

4.计算结果及分析

根据前述计算公式和统计数据,计算得到的各国综合交通枢纽一体化水平指标见表 1-26。

综合交通枢纽一体化水平国际对标   表 1-26

国家	中国	美国	日本	英国	德国
平均换乘距离(m)	281.6	221.0	195.3	125.1	95.3
综合交通枢纽一体化水平得分(百分制)	58.0	70.0	75.0	88.0	95.0

从表 1-26 可以看出,德国综合交通枢纽一体化水平最高,英国位居第二,这两个国家针对综合交通枢纽一体化有完善的法律法规、技术规范和落实保障措施,同时实现了多条轨道交通线路共轨运营模式,大大减少了不同线路之间的换乘距离,如柏林的植物园(S-Botanischer Garten)、银河(Yorckstraße),以及英国的贝克街(Baker Street)、西汉普斯特(West Hampstea)、圣彼得广场(St Peter's Square)等站点,都非常值得我国借鉴。

日本在综合交通枢纽一体化方面的做法也很优秀,除换乘距离短、实现一体化开发外,其直通运转模式也成效显著,池袋站、新宿站、涩谷站等国际样板案例值得我国借鉴。

这些优秀国家在综合交通枢纽内不同交通方式的衔接、枢纽交通功能与城市功能融合等方面均值得我国学习借鉴。

我国综合交通枢纽一体化水平较差,普遍存在换乘距离远、运营服务不协调、交通功能与城市功能融合不足等问题,改善这些问题是提升我国交通系统服务品质和效率的重要抓手。

六、"123 交通圈"人口覆盖率

1. 指标定义及内涵

指标"123 交通圈"人口覆盖率,即都市圈"门到门"1h 通勤圈、城市群 2h 交通圈、全国主要城市间 3h 交通圈人口覆盖率,是表征公共交通系统尤其是轨道交通与城市用地一体化程度的指标,也能综合反映交通基础设施空间布局合理程度、交通系统规划建设合理程度及综合交通服务水平,可用于引领城市结构和交通系统一体化发展。

2. 计算方式

都市圈"门到门"1h 通勤圈的发展目标是构建以城市轨道交通为主导的集约、高效的城市综合交通系统,建成"门到门"1h 通勤圈。1h 通勤圈人口覆盖率指"门到门"1h 通勤圈覆盖的人口占都市圈总人口的百分比。

城市群 2h 交通圈的发展目标是以国家高速铁路及城际轨道交通、高速公路、城市轨道交通为骨干,以其他交通方式为补充,建成城市群 2h 交通圈。2h 交通圈人口覆盖率指城市群主要城市间 2h 覆盖的人口占都市圈总人口的百分比。

全国主要城市间 3h 交通圈的发展目标是实现全国主要城市间由高速铁路和航空运输组成的 3h 交通圈。3h 交通圈人口覆盖率指全国主要城市间 3h 交通圈覆盖的人口占全国人口的百分比。

$$\text{"123 交通圈"人口覆盖率} = \text{权重} 1 \times \text{都市圈"门到门"} 1h \text{ 通勤圈人口覆盖率} + \text{权重} 2$$
$$\times \text{城市群} 2h \text{ 交通圈人口覆盖率} + \text{权重} 3 \times$$
$$\text{全国主要城市间} 3h \text{ 交通圈人口覆盖率}$$

3. 指标分析及计算过程说明

基于国内外可对比性和数据的可获得性,本次进行国际对标采用都市圈门到门 1h 通勤圈人口覆盖率和主要城市间 3h 交通圈人口覆盖率加权平均计算。

都市圈"门到门"1h 通勤圈人口覆盖率的计算考虑国家国土面积规模,选取各个国家有代表性的都市圈,中国选取北京、上海、广州,覆盖率数据来源于各城市交通发展年报;美国选取的是纽约、洛杉矶、芝加哥大都会区,英国选取的是伦敦都市圈,德国选取的是柏林都市圈,以上 3 个国家的都市圈的数据来源于以色列的城市出行数据与分析公司(Moovit)的统计数据库。日本选取的是东京都市圈,数据来源于其东京都市圈交通调查报告。

主要城市间 3h 交通圈人口覆盖率的计算方法是以各个国家的主要城市为中心,以 3h 飞机的出行距离为半径绘制交通圈,以交通圈所覆盖的地理范围内的人口占各国总人口的比例作为交通圈的人口覆盖率。主要城市的选择标准是,既是所在国家的经济发展中心,又在地理位置上有一定距离,同时考虑国家国土面积规模。依据这一标准,中国选择的城市是北京、上海、广州,美国选择的城市是纽约、洛杉矶、休斯敦。在这样的选择下,中国仍有西部的部分地区没有在 3h 交通圈中,但这部分区域的人口占比不多。中国的"123交通圈"人口覆盖率为 97%;美国仍主要有阿拉斯加和夏威夷两个区域没有在 3h 交通圈中,这部分人口共约 150 万人,而美国总人口约为 3 亿人,因此美国的"123 交通圈"人口覆盖率为 99%。日本、英国、德国因为国土面积较小,分别选择了一个城市,日本选择的是东京,英国选择的是伦敦,德国选择的是柏林。其中日本和德国均能实现本国 3h 交通圈覆盖,而英国因为有一些海外领地,因此无法实现 100% 覆盖,但海外领地的人口较少,总共20 万 ~ 30 万人,在总人口中的比例不到 1%,因此英国的"123 交通圈"人口覆盖率为99%。以上计算验证了评价指标的可行性。

指标计算过程中的数据来源为各城市交通发展年报以及基于地理信息系统(Geographic Information System,简述 GIS)得出的交通圈覆盖面积,利用统计部门公布的不同区域人口密度估算出相应人口,然后计算覆盖率。

4.计算结果及分析

"123 交通圈"人口覆盖率各国对标情况见表 1-27。

"123 交通圈"人口覆盖率相关数据及计算结果国际对标 表 1-27

统 计 项 目	中国	美国	日本	英国	德国
都市圈门到门 1h 通勤圈人口覆盖率(%)	68	91	90	70	85
主要城市间 3h 交通圈人口覆盖率(%)	97	99	100	99	100
平均覆盖率(%)	83	91	95	85	92
得分(百分制)	83	91	95	85	92

从表 1-27 可以看出,日本、德国和美国在"123 交通圈"人口覆盖率方面相对领先。我国在都市圈门到门 1h 通勤圈人口覆盖率方面与这些国家差距较大,重点问题表现在公共交通车外时间长、末端交通不便捷等方面,需要大力加强。

七、交通基本公共服务均等化水平

1.指标定义与内涵

衡量交通服务均等化程度,体现在公共交通运输服务向中西部延伸、向乡村下沉、向弱势群体倾斜,也体现在国民平等地获得交通服务的权利,即交通公平性。

从客运和货运两个角度衡量公共基本服务均等化水平,选取自然村客运服务拥有率、自然村直接通邮率、乡镇快递点覆盖率、交通无障碍设施覆盖率,最后按算数平均计算指标值。

2. 计算方法

基本公共服务均等化水平 =（自然村客运服务拥有率 + 自然村直接通邮率 +
乡镇快递点覆盖率 + 交通无障碍设施覆盖率）÷4

自然村客运服务拥有率 = 通客车的自然村数量 ÷ 自然村总数

自然村直接通邮率 = 直接通邮的自然村数量 ÷ 自然村总数

乡镇快递点覆盖率 = 有快递点覆盖的乡镇 ÷ 乡镇总数

交通无障碍设施覆盖率 = 无障碍设施覆盖交通基础设施 ÷ 交通基础设施总数

3. 指标分析及过程说明

随着全世界范围内城镇化进程的迅速推进,城乡之间达到同等的交通服务水平是交通强国的基本要求。我国目前对于建制村的管理较自然村更为完善,但考虑到交通强国建设的长期性,选用自然村进行考察更能体现交通基本服务均等化的目标,以自然村为单位衡量通车率和通邮率可以反映交通对自然村运输人和物的服务水平。乡镇快递点覆盖率可以体现交通基本服务均等化指标在电商时代的新特征,有助于通过交通的改善缩小城乡差距。交通无障碍设施覆盖率可以体现交通基础设施对老年人和残疾人的关怀,展现进入社会发展新阶段情况下对行动不方便群体的关注,反映基本交通服务对老年人和残疾人群体的均等化服务水平。根据中消协和中国残联共同发布的《2017 年百城无障碍设施调查体验报告》,可从无障碍出入口、无障碍扶手、无障碍电梯、无障碍卫生间、盲道等方面衡量交通领域无障碍设施覆盖率情况。

4. 计算结果及分析

各国交通基本公共服务均等化水平见表 1-28。

交通基本公共服务均等化水平国际对标 表 1-28

统 计 项 目	中国	美国	日本	英国	德国
建制村客运服务率(%)	96	90	97	97	97
建制村直接通邮率(%)	96	100	100	100	100
乡镇快递点覆盖率(%)	80	100	100	—	—
交通无障碍设施覆盖率(%)	50	94	95	97	97
指标得分值(百分制)	81	96	98	98	98

注:1. 目前无法获取自然村相关数据,本指标暂时采用建制村相关数据。
  2. 数据来源于中国交通运输部统计报告、中国邮政局统计报告、美国联邦交通运输部统计报告、英国政府交通统计报告、德国邮政统计报告、日本国土交通省的相关报告等资料。

上述统计结果表明,我国在基本公共服务均等化水平这一指标上和发达国家相比存在差距,尤其是在乡镇快递点覆盖率、交通无障碍设施覆盖率方面差距较大。根据国家统计局发布的《中华人民共和国2017年国民经济和社会发展统计公报》,我国城镇化水平在2017年末数值为58.52%,远低于美国等发达国家(根据美国中央情报局数据,2018年美国城镇化率82.3%,英国为83.4%,德国为77.3%,日本为91.6%)。因此,相对发达国家而言,我国服务乡村人口的任务重得多。此外,我国对于老年人和残疾人等弱势群体的关注应进一步加强,交通无障碍化设施覆盖率需要进一步提高。

八、城市交通拥堵指数

1. 指标定义及内涵

城市交通拥堵指数是衡量城市道路交通运行畅通程度的指标,为无量纲数值,用自由流车速与高峰期车速之比衡量。

2. 计算方法

本指标采用城市交通性主干道自由流车速与高峰期车速之比计算。

(1)计算高峰时间城市主干路自由流车速与高峰时间的实际行驶车速之比。

$$CI_i = \frac{V_{fi}}{V_{Ri}}$$

式中:CI_i——路段i的自由流车速与高峰时段的实际行驶车速之比;

   V_{fi}——路段i的自由流速度;

   V_{Ri}——路段i高峰时段的实际行驶速度。

(2)计算区域指标值。以路段长度为权重系数对主干路路段的指标值求加权平均值。

$$CI = \frac{\sum_{i=1}^{N}(CI_i \times L_i)}{\sum_{i=1}^{N}L_i}$$

式中:L_i——统计路段长度;

   N——统计对象区域路段数。

3. 指标选择及计算过程说明

对各国的交通拥堵水平进行宏观评价和比较,首先要考虑的是科学性和可比性,同时考虑计算的难度和数据的可获得性。目前来看,以"实际行程时间与自由流行程时间之比"作为城市交通拥堵的评价指标可操作性较强,国际认可度高,而且该指标对城市居民的出行有实际指导意义,便于公众理解,体现了交通的服务功能。

同时,考虑到日本没有关于出行时间比的相关统计数据,而出行时间的计算依据实际上也是"出行速度"。因此本研究推荐以"高峰时间城市主干路自由流车速与高峰时间的实际行驶车速之比"进行计算,并以"里程比例"为权重进行加权平均。具体计算方法及公式如上所述。

4.计算结果及分析

各国交通拥堵指数情况见表1-29。

城市交通拥堵指数国际对标

表1-29

统 计 项 目	中国	美国	英国	德国	日本
数据年份(年)	2016				2015
数据来源	高德地图交通大数据平台	全球交通拥堵状况排名2016(INRIX Global Traffic Scorecard 2016)			日本国土交通省2015年全国道路交通调查报告(平成27年度全国道路・街路交通情势调查)
城市交通拥堵指数	1.97	1.12	1.07	1.08	1.21
指标值(百分制)	61.5	94.0	96.5	96.0	89.7

从计算结果可以看出,中国城市交通拥堵形势非常严峻。同时考虑到道路交通基础设施相对有限,机动车保有量增加也会进一步影响道路交通拥堵水平。美国、日本、欧盟等发达国家和地区的千人机动车保有量已日趋稳定,而中国仍处于上升趋势,这势必会给中国交通系统运行管理带来更大的压力和挑战。因此,破解城市交通拥堵难题和环境问题,必须着力调整交通结构,并充分借鉴发达国家交通管理的经验,提高交通系统整体运行效率。

九、城市交通管理智能化水平

智能化的城市交通管理系统是智能交通的核心应用和重点方向,也是我国在新时期实现智能交通管理赶超的重要抓手,对于破解"现代城市病"具有重要意义。

1.指标定义与内涵

本指标考核城市交通管理的智能化程度。提升城市交通管理的智能化水平是破解城市交通难题的重要手段。城市智能交通管理系统通过对数据资源的深度挖掘和分析研判,生成交通管理优化方案,提高运行效率,提供高水平服务,减少安全隐患,实现交通管理总体水平的提升。

2.计算方法

智能交通管理涉及范围广、影响因素多,仅通过有限指标评价交通管理的智能化水平有相当的难度。本研究采用有代表性的影响因素进行量化评价,主要考虑以下几个方面。

（1）智能交通组织管理系统水平。智能交通数据采集、交通控制、信息服务等基本设施设备是城市交通管理智能化的基础。考察是否建立了完善的交通数据采集、交通控制和信息服务基础设施，每项5分，总分15分。

（2）交通大数据共享平台。大数据平台是实现多源数据融合分析和智能化应用的基础，发挥交通大数据的作用要同时考虑多元数据的接入与共享机制的建立。考察是否建立了跨行业、跨部门的交通大数据平台，该项5分。

（3）智能分析研判水平。基于交通大数据深入分析交通需求特性、交通运行状态、交通问题的成因与症结等是数据共享的目的，也是提高交通效率和安全水平的关键。考察是否有数据融合挖掘能力、问题分析诊断与对策方案生成能力、方案高效实施能力、相关领域协同应用能力与智能化水平自我演化提升能力，每项5分，总分15分。

（4）智能停车系统水平。考察是否能利用大数据，实现停车位无人值守、停车场无感支付、停车设施充分共享，每项5分，总分15分。

（5）智能公交系统水平。考察是否能实现公交智能调度和运行管理、公交需求实时分析、能够支撑提供需求响应式公交服务和定制公交服务、实现公交一卡通与实时公交信息服务，每项3分，总分15分。

（6）智能慢行系统水平。考察是否建成智能末端交通信息服务系统、提供共享单车服务、良好地管理智能单车停放，每项5分，总分15分。

（7）智能交通安全水平。依托智能交通手段可以有效提高城市交通的安全水平，对基础设施和移动装备状态的实时掌握和精准分析可以及时发现安全隐患，实现危险预警和对策智能生成，从而可以有效减少交通事故，车路协同作为智能交通的重要方向对交通安全水平的提升有显著效果。考察智能安全分析、智能安全预警、安全对策智能生成、安全设施设备智能化水平、车路协同水平，每项5分，总分20分。

3.指标分析及计算过程说明

本项目采用定性与定量相结合的分析方法，对中国、美国、日本、英国和德国的交通管理智能化水平进行分析，评估结果见表1-30（篇幅所限，省略分析过程数据）。

交通管理智能化水平国际对标　　　　　　　　　　　　　　　　　表1-30

统 计 项 目	中国	美国	日本	英国	德国
智能交通管理系统水平得分	6	12	15	8	14
交通大数据平台水平得分	1	5	4	2	3
智能分析研判水平得分	8	11	4	9	5
智能停车系统水平得分	11	9	5	7	8
智能公交系统水平得分	7	12	8	11	6

统 计 项 目	中国	美国	日本	英国	德国
智能慢行系统水平得分	13	5	4	8	10
智能交通安全水平得分	8	15	16	10	13
总分	54	69	56	55	59

从对标评价结果来看,中国在智能停车、慢行系统等方面在世界处于先进水平,但在大数据平台的建立、智能分析研判、智能公交系统、智能交通安全等方面与世界领先国家相比还有一定差距,在智能交通问题诊断、对策实施和系统智能进化等方面还有很大的发展空间。美国和英国的交通管理智能化水平较高,在数据共享机制、智能公交系统、安全分析与预警、车路协同等方面各有侧重。

十、重要交通技术装备水平

1. 指标定义及内涵

重要交通技术装备水平是衡量交通装备技术先进程度的指标,主要反映关键交通装备的先进性和适用程度,体现交通装备整体先进性和可持续发展能力。

从道路、铁路、水路、航空四大领域选取关键技术装备考核该指标。选用汽车核心技术掌握度、高速铁路线路里程占比、人均大飞机拥有率、高技术船舶占比等关键因素综合衡量。

2. 计算方法

重要交通技术装备水平得分 =(汽车核心技术掌握度得分 + 高速铁路线路里程占比得分
+ 人均大飞机拥有率得分 + 高技术船舶占比得分)÷4

(1)汽车核心技术掌握度。汽车核心技术掌握度是企业层面的指标,需要考察各国的汽车企业。本研究选择各国自主品牌乘用车产销规模居于前列,且达到 20 万辆量级的汽车企业作为考察对象,考核其汽车领域产品的竞争力、品牌实力、核心技术掌控力、供应链能力、基础工业水平、生产制造能力、市场份额等方面的综合实力。

(2)铁路技术装备水平。选择高速铁路装备水平和磁悬浮技术发展水平衡量该指标,高速铁路装备水平是从高端产品应用广泛程度的角度间接反映一个国家铁路高端技术水平;磁悬浮技术装备发展水平是从尖端技术角度衡量一个国家铁路技术水平的发展水平,用磁悬浮最高载人试验速度衡量。该指标的具体计算公式如下。

磁悬浮列车技术掌握程度 = 高速磁悬浮列车最高试验速度排名得分

高速铁路线路里程占比 = 高速铁路线路里程 ÷ 铁路总里程

铁路技术水平 =(高速铁路线路里程占比得分 + 磁悬浮技术研发应用程度得分)÷2

（3）人均大飞机拥有率是衡量一个国家航空技术装备水平的重要因素。大飞机一般是指起飞总重超过100t的运输类飞机，包括军用大型运输机和民用大型运输机、一次航程达到3000km的军用飞机、座位数量达到100座的民用客机以及大型水上飞机等。该指标的具体计算公式如下。

$$人均大飞机拥有率 = 大飞机保有量 \div 总人口$$

（4）高技术船舶占比是高技术船舶自主化设备平均装船率。高技术船舶是指技术含量较高，依靠先进的技术、技能和工艺，以及复杂劳动和创造性等要素，设计和建造比同期同吨位或同尺度普通船舶具有更高科技含量、更高性能和更高价位，并可使造船企业获得更高经济效益的船舶。《中国制造2025》指出，高技术船舶具有技术复杂度高、价值量高的特点，是推动我国造船产业转型升级的重要方向。由于指标数据目前难以获取，暂时用高技术船舶自主化率数据代替。

3.指标分析及计算过程说明

1）汽车制造核心技术掌握度

参考世界车辆制造企业的情况统计和制造强国中汽车强国综合评价指标体系研究，各国汽车制造核心技术掌握度和先进程度见表1-31。

汽车制造核心技术掌握度国际对标 表1-31

国　　家	考核主要汽车企业	核心技术掌握度得分
美国	通用汽车集团、福特集团、克莱斯勒集团	80
德国	大众系列、宝马集团、戴姆勒集团	87
日本	丰田集团、本田公司、日产公司、三菱汽车、马自达、铃木	90
中国	长安汽车、长城汽车、一汽轿车、上汽集团	60
英国	宾利、劳斯莱斯、捷豹陆虎、阿斯顿马丁	85

注：数据来源于制造强国汽车课题组的研究成果，以及中国汽车报、罗兰贝格咨询公司联合发布的2018年全球汽车零部件企业百强榜。

2）铁路技术装备水平

反映各国铁路技术装备水平的统计数据见表1-32。

铁路技术装备水平国际对标 表1-32

统 计 项 目	中国	美国	日本	英国	德国
高速铁路线路里程（km）	约29000	362	2734	106	1575
铁路里程（km）	约127000	224792	30913	约15800	约37800
高速铁路线路里程占比（%）	23.0	0.2	9.0	0.6	4.2
磁悬浮铁路最高试验速度（km/h）	501.5	—	603	—	550
铁路技术装备水平得分（百分制）	80	70	85	50	75

注：1.数据来源于 https://www.phb123.com/xinwen/rd/25706.html，http://www.sohu.com/a/190541116_763498。
　　2.铁路里程数据中，中国、美国为2017年数据，日本、英国、德国为2015年数据。

3）人均大飞机拥有量

人均大飞机拥有量用亿人大飞机保有量衡量,统计数据见表1-33。

人均大飞机拥有量国际对标　　　　　　表1-33

统 计 项 目	中国	美国	日本	英国	德国
大飞机保有量(架)	3279	3700	434	400～700	800
窄体客机(架)	2871	3200	—	—	—
宽体客机(架)	408	500	—	—	—
人口总量(亿人)	13.94	3.27	1.27	0.67	0.82
亿人大飞机保有量(架)	235.22	1131.50	341.73	820.90	975.61

注:数据来源于 https://baijiahao.baidu.com/s? id =1623438778225071403&wfr = spider&for = pc(引用自中国商飞,2018年数据)、http://www.sohu.com/a/151526016_200814(引用自美国交通运输部,2016 年数据)、https://www.sohu.com/a/236687563_99943817(引用自德国汉莎航空官网,2016 年数据)、http://www.istis.sh.cn/list/list.aspx? id =11750 (引用自 UAC-United Aircraft Corporation,2017 年数据)、http://news.163.com/air/17/0120/10/CB7EK6CF000187H8.html(引用自亚太航空中心 CAPA 官网)。其中日本、英国、德国统计数据难以获得,现根据亚太地区数据和欧洲数据进行推测。

4）高技术船舶占比

高技术船舶占比用高技术船舶自主化率衡量,统计数据见表1-34。

高技术船舶自主化率　　　　　　表1-34

统 计 项 目	中国	美国	日本	英国	德国
高技术船舶自主化率(%)	30	100	90	90	97

4.计算结果及分析

各国重要交通技术装备水平见表1-35。

重要交通技术装备水平国际对标　　　　　　表1-35

统 计 项 目	中国	美国	日本	英国	德国
汽车制造核心技术掌握度得分(百分制)	60	80	90	85	87
铁路技术装备水平得分(百分制)	80	70	85	50	75
亿人大飞机保有量(架)	235.22	1131.50	341.73	820.90	975.61
高技术船舶占比(此指标数据目前难获得,暂用高技术船舶自主化率数据代替)(%)	30	100	90	90	97
交通装备水平综合得分(百分制)	62	90	84	76	83

从指标得分来看,中国在铁路装备方面有显著优势,以大飞机为代表的航空装备保有情况排在美国、欧洲、日本之后,汽车制造、高技术船舶等关键技术受制于人。美国的航空和高技术船舶制造技术世界领先。日本在汽车制造领域独占鳌头,高速铁路和船舶制造技术也有很强的实力。英国、德国的航空、航海装备制造技术较为先进,但在汽车制造技术方面,英国的实力较弱,德国处于世界领先行列。

十一、交通全球连通度

1.指标定义及内涵

交通全球连通度是衡量交通运输系统服务全球能力的指标,从公铁水航形成的国际综合交通运输网络的可达性和运输服务高效性角度度量,反映一个国家在全球范围内高效快捷、广覆盖的客货运输服务实力。

2.计算方法

本指标计算以评价对象国家为中心到全球的综合交通网络的连通程度和服务高效程度。

$$交通全球连通度 = 权重1 \times 综合交通全球直通覆盖国家比例 +$$
$$权重2 \times 综合交通全球服务高效性$$

综合交通全球直通覆盖国家比例为评价对象国家与其他国家在公铁水航各种方式中至少有1种方式存在直通的定期客货运输或日常交通联系的国家数量与全球国家总数之比,反映交通系统全球连接的广度。

综合交通全球服务高效性,主要是指评价对象国家在去往其他国家时用其有效交通方式能够以预定的效果完成出行的概率。本指标重点考虑各国在连接其他国家时的交通效率,体现交通系统全球服务的高效快捷性。

3.指标分析及计算过程说明

1)综合交通网络全球直通覆盖国家比例

公铁水航形成的综合运输网络直通覆盖某国家的内涵如下:民航交通方式覆盖是指两个国家间有定期通航;海运交通方式覆盖是指两个国家间有海运协定;铁路交通方式覆盖是指两个国家间有直通铁路;公路交通方式覆盖是指两个国家间有公路连接。各国综合交通全球直通覆盖国家比例情况见表1-36。

综合交通全球直通覆盖国家比例　　　　　　表1-36

统 计 项 目	中国	美国	日本	英国	德国
综合交通全球直通覆盖国家数量(个)	96	143	118	124	87
综合交通全球直通覆盖国家比例(%)	50	74	61	64	45
得分(百分制)	64	95	78	82	58

注:1. 全球国家数量按照联合国193个成员计算。美国是世界综合交通全球直通覆盖国家比例最高国家,得分为95分,其他国家按照比例关系计算其得分。

2. 数据来源于美国联邦航空管理局(FAA)、英国民用航空管理局(CAA)、世界银行数据、联合国贸易和发展会议统计局数据、国际海事信息网、《2018世界海事领先国家》(挪威船级社、德国劳氏船级社)等。

2）综合交通全球服务高效性

综合交通全球服务高效性是涉及多个方面的综合考核因素，其中运输的稳定、安全、快捷是重点考核内容。该因素用评价对象国家全球快货运输速度来考核。

对每个评价对象国家选取最具代表性、国际快递速度最快的货运公司进行国际对比，情况如下。

DHL（德国）：正常情况下2～4个工作日货通全球；货物运至欧洲和东南亚速度极快，到欧洲3个工作日，到东南亚地区2个工作日；全球快递公司排名第1。

UPS（美国）：正常情况下2～4个工作日通至全球；全球快递公司排名第2。

日本邮政（日本）：正常情况下2～5个工作日通至全球；全球快递公司排名第4。

顺丰（中国）：正常情况下2～7个工作日通至全球；全球快递公司排名第9。

英国皇家邮政（Royal Mail）（英国）：正常情况下3～7个工作日通至全球；全球快递公司排名第10。

数据来源包括：国家邮政局发展研究中心《中、美、德、日邮政业发展的对比分析》；DHL、UPS、日本邮政、顺丰、Royal Mail 官方网站，以及全球邮政业务评估机构万国邮政联盟（UPU）给出的世界邮政指数排名。

各国综合交通全球服务高效性情况见表1-37。

综合交通全球服务高效性国际对标 表1-37

统 计 项 目	中国	美国	日本	英国	德国
对标国家中的排名	4	2	3	5	1
综合交通全球服务高效性得分（百分制）	80	90	85	75	95

注：这5个国家的代表性快递公司在全球快递公司中排名最低是第10名，该因素总体水平均处于优良，因此最低分为75分。

4.计算结果及分析

交通全球连通度各国对标情况见表1-38。

交通全球连通度国际对标 表1-38

统 计 项 目	中国	美国	日本	英国	德国
综合交通全球直通覆盖国家比例得分（百分制）	64	95	78	82	58
综合交通全球服务高效性得分（百分制）	80	90	85	75	95
交通全球连通度得分（百分制）	72.0	92.5	81.5	78.5	76.5

从表1-38可以看出，目前美国交通全球连通度最好，日本次之，与美国、日本等国相比，我国交通全球连接度还有较大差距。

我国综合交通全球直通覆盖国家比例方面仅高于德国，与美国、日本、英国有不小的差距，主要表现在国际定期直接通航国家数量规模与美国、英国差距大，需要通过改善国际综合交通运输网络扩大全球覆盖范围;在国际运输服务高效性方面,我国略逊于德国、美国、日本,需要在运输快捷性、稳定性、服务水平等方面进一步加强。

十二、绿色交通分担率

1.指标定义及内涵

绿色交通分担率是衡量绿色交通发展程度的指标,也是体现绿色发展理念、引导形成合理交通结构、实现节能减排和交通运输绿色化发展的关键指标。

2.计算方法

本指标选取城市绿色交通分担率、城市间客运绿色交通分担率和城市间货运绿色交通分担率进行加权计算,根据重要程度,确定权重分别为0.4,0.3,0.3。

$$绿色交通分担率 = 0.4×城市绿色交通分担率+0.3×城市间客运绿色交通分担率+0.3×城市间货运绿色交通分担率$$

$$城市绿色交通分担率 = 城市建成区居民步行、自行车、公共交通出行次数之和÷城市建成区居民总出行次数$$

$$城市间客运绿色交通分担率 = 城市间铁路、水运和长途公共汽车旅客周转量÷对象区域旅客总周转量$$

$$城市间货运绿色交通分担率 = (城市间铁路、水运货物周转量)÷对象区域货物总周转量$$

进行国家间的比较时,选取对象国家中人口规模前5%的城市进行计算,然后取加权平均值。

3.指标分析及计算过程说明

各国城市内绿色交通分担率情况见表1-39。

城市内绿色交通分担率国际对标   表1-39

统计项目	中国	美国	英国	德国	日本
数据年份(年)	2016	2016	2016	2008	2012
计算范围	人口数量排名前6的城市(按人口比重加权平均)	人口数量排名前10的城市)(按人口比重加权平均)	伦敦	人口数量排名前10的城市(按人口比重加权平均)	东京
数据来源	各城市居民出行特性调查	美国人口普查局《美国国情调查结果》	伦敦局《伦敦出行调查报告》	欧洲机动化管理会议	东京交通需求特性调查

续上表

统 计 项 目	中国	美国	英国	德国	日本
步 行 分 担率(%)	22.1	4.6	24	27.7	23
自 行 车 分 担率(%)	16.2	1.1	2	11.6	14
公 共 交 通 分 担率(%)	34.3	19.7	37	22.0	51
小 汽 车 分 担率(%)	27.4	74.6	37	38.7	12
城市内绿色交通分担率(%)	72.6	25.4	63	61.3	88

注:部分国家城市数据查找困难。其中中国选取北京、上海、广州、深圳、重庆、成都;美国选取纽约、洛杉矶、芝加哥、休斯敦、菲尼克斯、费城、圣安东尼奥、圣迭戈、达拉斯、圣荷西;德国选取柏林、汉堡、慕尼黑、科隆、法兰克福、斯图加特、杜赛尔多夫、多特蒙德、埃森、莱比锡。

不同国家和地区的城市间客运绿色交通分担率情况见表1-40。

城市间客运绿色交通分担率国际对标 　　　表1-40

统 计 项 目	中国	美国	日本	英国	德国	欧盟
数据年份(年)	2017	2016	2015	2016	2016	2016
数据来源	国家统计局	美国交通运输统计局《全国交通统计》	日本统计局《日本统计公报》	《英国交通统计》	欧盟交通委员会《运输袖珍本》	欧盟交通委员会《运输袖珍本》
国内总旅客周转量(亿人·km)	48163.3	85154.6	14133.3	7962.6	11706.3	65699
公路旅客周转量(亿人·km)	9765.2	5578.1	701.2	343.6	640.0	5520
铁路旅客周转量(亿人·km)	13456.9	637.4	4318.0	796.7	958.3	4501
水运旅客周转量(亿人·km)	77.7	7.9	31.4	10.81	—	250
民用航空旅客周转量(不含国际航线)(亿人·km)	7036.5	10789.6	895.9	87.4	640.0	7135
绿色交通分担率(%)	48.4	7.3	35.7	14.5	13.7	15.6

各国城市间货运绿色交通分担率情况见表 1-41。

城市间货运绿色交通分担率国际对标(不含管道运输)　　　　表 1-41

统 计 项 目	中国	美国	日本	英国	德国
数据年份(年)	2017	2016	2016	2016	2016
数据来源	国家统计局	美国交通运输统计局《全国交通统计》	日本国土交通省	《英国交通统计》	德国联邦统计局
总货物周转量(不含管道)(亿 t·km)	137504.7	67026.5	4130.8	2016.5	4878.4
公路货物周转量(亿 t·km)	66771.5	33075.2	2103.2	1484.9	3131.4
铁路货物周转量(亿 t·km)	26962.2	25922.8	212.7	172.5	1122.3
水运货物周转量(不含远洋)(亿 t·km)	43527.4	7813.3	1804.4	303.9	555.2
民用航空货物周转量(亿 t·km)	243.5	215.1	10.6	55.1	69.4
绿色交通分担率(%)	51.3	50.3	48.8	23.6	34.4

根据上述绿色交通分担率计算方法,综合计算出各国绿色交通分担率见表 1-42。

绿色交通分担率国际对标　　　　表 1-42

统 计 项 目	中国	美国	日本	英国	德国
城市内绿色交通分担率(%)	72.6	25.4	88	63	61.3
城市间客运绿色交通分担率(%)	48.4	7.3	35.7	14.5	13.7
城市间货运绿色交通分担率(%)	51.3	50.3	48.8	23.6	34.4
综合绿色交通分担率(%)	58.9	27.4	60.6	36.6	39.0

表 1-39 ~ 表 1-42 的数据来源如下:

(1)各国交通调查数据和国外交通运输统计部门公布的数据,如美国联邦统计局网站、欧盟统计数据库等发布的公布数据。

(2)各国已有的居民出行调查数据。

4. 计算结果及分析

各国绿色交通分担率情况见表 1-43。

绿色交通分担率国际对标　　　　表 1-43

统 计 项 目	中国	美国	日本	英国	德国
综合绿色交通分担率(%)	58.9	27.4	60.6	36.6	39.0
指标得分(百分制)	68.8	37.2	70.5	47.4	49.9

从上述案例计算结果可以看出,日本的绿色交通分担率最高,其城市绿色交通分担率排名第 1,城市间客运绿色交通分担率排名第 2。日本长期坚持公共交通优先发展战略,致力于建设以轨道交通为主的高效绿色交通系统,其轨道交通网络系统四通八达、世界闻

名;在日本,都市圈内和城市群不同城市之间的公共交通系统中,地铁系统和地面铁路系统规格标准统一,城市地铁与市域铁路之间直通运行,极大地提升了直达率,方便了乘客的换乘,并大大缩短了在途时间,提高了出行效率,这是值得我国借鉴之处。

我国的绿色交通分担率比欧洲、美国略高一些,主要原因如下:城市间交通运输方面,我国客运中铁路运输比例相对较高,货运中水运、铁路运输比例较高;城市内交通方面,由于我国还处于快速机动化发展过程中,非机动化交通占比较大,在国外机动车过度发展之时,我们还处于非机动化为主阶段,1973 年以后,在世界范围内绿色发展的理念不断深入人心,从而便于我国借鉴国际经验迅速走上绿色发展之路,大力强调公交优先、绿色发展,所以在绿色交通发展方面我国具有后发优势。因此,我国城市绿色交通分担率比较高。

在绿色规划、绿色交通工具、绿色设施、绿色管理等方面,我国与其他发达国家还存在一定差距,这是我国绿色交通未来发展中应当重视的方面。

十三、TOD 发展综合指数

1. 指标定义及内涵

TOD 是指公共交通为导向的开发模式(Transit-Oriented Development),该指标是城市土地利用与城市交通系统尤其是城市轨道交通系统一体化程度的衡量指标,是实现紧凑型城市建设和交通与土地利用一体化发展、促进利用公共交通等绿色交通方式出行的重要指标,是实现生态城市建设、破解交通"大城市病"的引领性指标。

2. 计算方法

根据建设部《城市轨道沿线地区规划设计导则》,取轨道交通站点核心区为考核对象(站点半径 500m 范围)。

$$TOD 发展综合指数 = (D_1 + D_2 + D_3 + D_4) \div 4$$

其中,每个子因素指标数据均需要进行数据标准化(归一化)处理。4 个因素重要度相同,取相同权重。4 个子因素指标数据的定义和计算方法如下。

D_1:站点半径 500m 范围内就业岗位密度/建成区平均就业岗位密度。

D_2:站点半径 500m 范围内用地混合程度,计算方法如下。

$$D_2 = \frac{-\sum_{j=1}^{5} q_{ij} \ln q_{ij}}{\ln 5}$$

式中:q_{ij}——第 i 个站点辐射区域内第 j 种类型用地面积占该区域总用地面积的比(一般包括住宅用地、商业办公用地、产业用地、公共交通用地和公共设施用地等 5 大类)。

D_3:TOD 范围内枢纽与周边建筑直接连接的出入口数。

D_4:站点半径 500m 范围内步行自行车交通路网密度 ÷ 机动车路网密度。

3. 指标分析及计算过程说明

TOD 模式是实现紧凑型城市建设的重要途径,是有助于实现交通与土地利用一体化发展、促进人们利用公共交通等绿色交通方式出行的城市土地开发模式。

混合土地使用要素用混合用地的混合程度表示。高强度用地开发要素用就业岗位密集程度表示。良好的步行自行车系统要素用步行自行车交通路网密度水平表示。便捷换乘交通因素包含两方面:一方面是各种交通方式间的便捷换乘,这方面的情况在交通强国评价指标"综合交通枢纽一体化水平"指标中考虑,在本指标中不再考虑;另一方面是枢纽与周边建筑的便捷联系,用枢纽与周边建筑连接的出入口数考察。

4. 计算结果及分析

由于数据采集困难,本指标仅对各国以下 3 方面的情况进行对比分析。

(1)关于 TOD 发展的法律法规、政策环境和保障体系是否健全。

(2)TOD 规划设计标准体系是否完善。

(3)TOD 发展深度规划案例及其实施程度。

各国 TOD 发展综合指数统计情况见表 1-44。

TOD 发展综合指数国际对标　　　　　　　　　　　　　　　　表 1-44

统 计 项 目	中国	美国	日本	英国	德国
关于 TOD 发展的法律法规、政策环境和保障体系是否健全	否	是	是	是	是
TOD 规划设计标准体系是否完善	不完善,有规划设计导则	基本完善,是最先提出 TOD 的国家	最完善	基本完善	较完善
TOD 发展深度规划案例及其实施程度	深圳等个别案例	案例普遍	案例普遍,已形成世界优秀案例	案例普遍	案例普遍,已形成拉德芳斯等经典案例
TOD 发展综合指数	40	80	90	70	85

注:数据来源于中国城市建设统计年鉴/中国城市统计年鉴、各城市统计年鉴、电子地图、基于主流开源地图网站的数据挖掘计算、人口与岗位调查数据等。

从计算结果可以看出,日本、美国、德国的 TOD 发展综合水平较高。在美国,各层次地方政府都出台了保障政策来推动 TOD 的实现。日本和德国均有很多值得借鉴的国际知名的 TOD 规划设计项目案例,例如日本的新宿站、涩谷站,德国柏林中央车站等。中国的 TOD 发展与日本、欧洲、美国相比还有一定差距,需要进一步加强。

十四、交通基础设施绿色化程度

1. 指标定义与内涵

交通基础设施绿色化程度是指交通基础设施在建设、使用和养护过程中资源循环利用、能源与土地资源节约利用以及生态环境保护的程度,体现了交通基础设施在资源投入、材料使用、建设组织管理、施工过程影响、设施质量寿命、养护维修等全环节的低碳节能环保综合水平。

2. 计算方法

交通基础设施绿色化程度
=交通基础设施资源投入效率与循环利用权重×交通基础设施资源投入效率与循环利用水平
+交通基础设施清洁能源及节能权重×交通基础设施清洁能源及节能水平+
交通基础设施生态环境保护水平权重×交通基础设施生态环境保护水平

3. 指标分析及计算过程说明

交通是国家节能减排和应对气候变化的重点领域之一,随着我国经济由高速增长转向高质量发展,交通基础设施低碳节能环保水平的提高具有重要意义。

交通基础设施资源投入效率与循环利用水平主要考虑废旧材料的再生和综合利用,选取建筑垃圾的回收利用率作为评价指标。废弃材料不仅造成了资源上的极度浪费,同时也会对环境造成不同程度上的污染。因此,建设中材料的循环利用需要得到广泛重视。实现废弃材料循环利用,是实现低污染、低耗能、低排放目标的关键。

交通基础设施清洁能源及节能水平主要考虑新能源配送体系的铺设和清洁能源的利用程度,选取电动汽车与公共充电桩的比例作为评价指标。新能源配送体系通过将高新技术与基础设施智能化建设的融合,减少能源浪费和环境污染,实现交通资源的可持续发展。

交通基础设施生态环境保护水平主要考虑生态环保设计和建设、养护和运营过程中的噪声防治,选取建筑施工场界环境噪声排放限值作为评价指标。施工过程中各类设备正常运行时产生的大量噪声已然成为环境噪声污染中令人敏感的因素。这些噪声污染不仅在一定程度上影响着人们的听觉等身体机能和正常生活作息,而且还会对动物生存有一定威胁。

各国各类型交通基础设施关键因素的情况见表1-45。

各类型交通基础设施关键因素对比 表1-45

国家	建筑垃圾的回收利用率	电动汽车与公共充电桩的比例	建筑施工场界环境噪声排放限值
中国	到2016年,我国10个省167个地区都出台了相关建筑垃圾管理的政策。其中,河南郑州、山东济南、陕西西安等地预计2020年建筑垃圾利用率都将高于60%,有些甚至将高达80%	截至2018年底,公共充电桩达到29.98万个,电动汽车与公共充电桩比约为7.37∶1	根据《建筑施工场界环境噪声排放标准 GB 12523—2011》:白天70dB,夜间55dB
美国	美国建筑垃圾再生利用的约占70%,其余30%的建筑垃圾"填埋"(利用)在需要的地方,因此美国对建筑垃圾的综合利用率几乎达到了100%	2016年9月公共充电桩突破4.4万个,电动汽车与公共充电桩比约为17.4∶1	《噪声限制法》对居住区噪声限制为55dB
日本	2012年底,日本建筑垃圾的再资源化达96%	截至2015年底,日本公共充电桩保有量约为2.2万个,电动汽车与公共充电桩比约为9.4∶1	《环境基本法》对噪声的限制:市民居住区白天55dB,夜间45dB 以下;住宅和商业、工业混合区域白天60dB ,夜间50dB
英国	2014年英国建筑垃圾的循环利用率达86%	截至2016年底,英国公共充电桩为2.1万个,电动汽车与公共充电桩比约为6.5∶1	根据《规划政策指南24—规划和噪声》(Planning Policy Guidance 24-Planning and Noise)白天55 dB,夜间45dB
德国	2016年德国回收利用率达到87%	截至2016年底,充电桩的数量约1.7万个,电动汽车与公共充电桩比约为4.5∶1	根据《DIN 18005-1-2002》居住区白天50dB,夜间35dB

注:数据来源于交通运输部《加快推进绿色循环低碳交通运输发展指导意见》,国际能源署(IEA)《2017年全球电动汽车展望》,宁波市"十三五"绿色交通发展规划,BIM建筑网,中国建材信息总网,建筑施工场界环境噪声排放标准(GB 12523—2011)。

4.计算结果及分析

考虑到能源节约利用、资源循环利用、生态环境保护具有同等的重要性,因此对能源节约利用水平、资源循环利用水平和生态环境保护水平得分取平均值,最终得出各国交通基础设施低碳节能环保水平,见表1-46。

交通基础设施绿色化程度国际对标   表1-46

统 计 项 目	中国	美国	日本	英国	德国
交通基础设施资源投入效率与循环利用水平得分(百分制)	75	95	90	80	80
交通基础设施清洁能源及节能水平得分(百分制)	85	75	80	90	95
交通基础设施生态环境保护水平得分(百分制)	75	85	88	90	95
总分(百分制)	78	85	86	87	90

从表1-46计算结果可以看出,德国的交通基础设施绿色化程度较高,在交通基础设施节能水平与生态环境保护方面尤其突出。德国在建设生态道路设施、设立低碳交通区等方面有诸多实践,拥有世界上最完整的环保法律法规体系,联邦及各州的环保法律、法规有8000部,德国执行的欧盟相关法规约400部,涉及经济、社会、生活的方方面面。我国的资源循环利用、生态环境保护水平与欧洲、美国、日本相比还有一定差距,需要在交通强国建设过程中不断加强。

十五、共享交通发展水平

1. 指标定义及内涵

共享交通发展水平是衡量共享交通发展程度的指标。共享交通是未来出行领域的主流趋势之一,其重要意义主要包括两个方面:一是通过交通资源、交通工具的共享来破解资源短缺矛盾,推动交通领域节能减排;二是通过提高交通出行集约化和多样化程度,来推动交通出行服务转型升级。

2. 计算方式

采用定性和定量分析相结合的方法,重点从交通工具、交通设施、交通信息、交通服务4个方面进行评估,总分100分。

(1)交通工具共享发展水平,重点考察共享自行车、共享小汽车、共享货车的普及程度。考察对象为提供共享自行车、共享小汽车、共享货车的城市数量占比。

$$R_1 = \sum_{i=1}^{3} \alpha_i \cdot P_i$$

其中,P_1、P_2、P_3分别表示提供3项服务的城市占比,α_1、α_2、α_3分别表示相对应的权重,考虑到普及的相对重要程度,可分别取值0.4、0.3、0.3。该项总分25分,评分规则见表1-47。

交通工具共享服务覆盖城市占比的评分规则   表1-47

覆盖城市占比 R_1	本 项 得 分	覆盖城市占比 R_1	本 项 得 分
0 ~ 10%	0 ~ 5	50% ~ 80%	15 ~ 20
10% ~ 30%	5 ~ 10	>80%	20 ~ 25
30% ~ 50%	10 ~ 15		

（2）交通设施共享发展水平，重点考察共享停车位、共享路权［合乘车道（High-Occupancy Vehicle Lane，简称 HOV）等］的普及程度。考察对象为提供共享停车位服务、共享路权（合乘车道 HOV 等）的城市数量占比。

$$R_2 = \sum_{i=4}^{5} \alpha_i \cdot P_i$$

其中，P_4、P_5 分别表示提供两项服务的城市占比，α_4、α_5 分别表示相对应的权重，考虑到普及共享停车位和共享路权同等重要，因此两者均取值 0.5。该项总分 25 分，评分规则见表 1-48。

交通设施共享服务覆盖城市占比的评分规则　　　　　　　　　表 1-48

覆盖城市占比 R_2	本 项 得 分	覆盖城市占比 R_2	本 项 得 分
0 ~ 10%	0 ~ 5	50% ~ 80%	15 ~ 20
10% ~ 30%	5 ~ 10	>80%	20 ~ 25
30% ~ 50%	10 ~ 15		

（3）交通信息共享发展水平，重点考察综合交通大数据平台数据共享与深度应用情况。该项总分 25 分，评分规则见表 1-49。

综合交通大数据共享与深度应用情况的评分规则　　　　　　　　表 1-49

综合交通大数据共享与深度应用情况	本 项 得 分
制定了数据接入、共享系列标准	0 ~ 5
建立了完善的数据资源发布、公开及共享机制	5 ~ 10
实现了基于交通大数据的深度分析研判	10 ~ 15
实现了跨领域大数据共享应用	15 ~ 20
广泛实现了基于大数据的人工智能应用	20 ~ 25

（4）共享出行服务发展水平，重点考察网约车、多人合乘车（包括顺风车）及定制公交/响应式公交服务的普及程度。

$$R_3 = \sum_{i=6}^{7} \alpha_i \cdot P_i$$

其中：

$$P_6 = \frac{网约车，多人合乘车（包括顺风车）日均出行周转量 /（人 \cdot km）}{小汽车日均出行周转量 /（人 \cdot km）}$$

$$P_7 = \frac{定制公交／响应式公交服务线路}{公交线路总数} \times 100\%$$

α_6、α_7 表示相对应的权重，分别取值 0.50。该项总分 25 分，评分规则见表 1-50。

合乘车及定制公交服务的普及程度的评分规则　　　　　　　　表 1-50

合乘车及定制公交服务普及程度 R_3	本 项 得 分
0 ~ 10%	0 ~ 5
10% ~ 30%	5 ~ 10
30% ~ 40%	10 ~ 15
40% ~ 50%	15 ~ 20
>50%	20 ~ 25

3.计算结果及分析

经分析给出各国共享交通发展水平情况,见表1-51。

共享交通发展水平国际对标　　　　　　表1-51

考察要素	中国	美国	日本	英国	德国
交通工具共享发展水平得分	16	5	3	8	9
交通设施共享发展水平得分	8	19	16	15	17
交通信息共享发展水平得分	11	18	16	17	17
共享出行服务发展水平得分	15	13	9	10	13
共享交通发展总体水平得分(百分制)	49	55	44	50	56

注:数据来源于交通运输部门公开资料、美国可替代燃料的数据中心(Alternative Fuels Data Center,简称AFDC)、英国交通部统计、德国机动车辆管理局、日本国土交通省。

从各国对标结果可以看出,中国目前交通工具和出行服务的共享水平较高,但交通大数据资源和交通设施共享水平远低于其他发达国家和地区。未来,追求交通出行品质和多样化将成为主流,绿色共享出行将成为趋势,创新交通出行模式、推动共享交通发展需要引起重视。为此,我国需要创造良好发展环境,鼓励和引导共享交通新模式新业态的健康发展,尤其要加快建设交通大数据资源共享机制、拓展应用广度及深度。

十六、物流费用占 GDP 比例

1.指标定义与内涵

物流费用占 GDP 比例是衡量物流成本水平的指标,也是体现交通运输经济效率的重要指标。该指标是指在一定时期内,国民经济各方面用于社会物流活动的各项费用支出总和占 GDP 的比例,该比例越低越好。

2.计算方法

物流费用占 GDP 比例 = 社会物流总费用 ÷ 国内生产总值(GDP)

采用定量计算方法,社会物流总费用数据使用政府相关部门或物流协会统计公布数据,GDP 数据采用各国政府公布的国内生产总值数据。部分国家直接公布物流费用占 GDP 的比例值。

社会物流总费用包括交通运输费用、保管费用、管理费用三大部分。

(1)交通运输费用指社会物流活动中,国民经济各方面由于物品运输而支付的全部费用。交通运输费用的基本计算公式如下:

运输费用 = 运费 + 装卸搬运等辅助费 + 运输附加费

(2)保管费用指社会物流活动中,物品从最初的资源供应方(生产环节、海关)向最终消费用户流动过程中,所发生的除运输费用和管理费用之外的全部费用。保管费用的基本计算公式如下:

$$保管费用 = 利息费用 + 仓储费用 + 保险费用 + 货物损耗费用 + 信息及相关服务费用 +$$
$$配送费用 + 流通加工费用 + 包装费用 + 其他保管费用$$

(3)管理费用指社会物流活动中,物品供需双方的管理部门,因组织和管理各项物流活动所发生的费用。管理费用的基本计算方法如下:

$$管理费用 = 社会物流总额 \times 社会物流平均管理费用率$$

3. 指标分析及计算过程说明

社会物流总费用的影响因素包括:

(1)社会物流需求,社会物流需求刺激社会物流费用的增长,社会物流需求是促进物流产业发展的前提与基础;

(2)产业结构,不同的产业结构导致社会物流费用不同,每个国家产业结构的不同必然会影响物流总费用;

(3)物流体制的完善程度,完善的体制不仅可以大大提高物流运行效率,同时还可以节约物流成本;

(4)物流基础技术与设施的发展和应用;

(5)交通运输费用情况;

(6)仓储等其他物流环节费用情况。

本指标能够反映一个国家的物流成本水平以及物流活动的规模、结构和发展水平,能够为各级政府部门制定物流发展政策和发展规划、加强宏观管理和决策提供依据。

各国物流费用及其占 GDP 比例见表1-52 所示。

物流费用及其 GDP 占比国际对标　　　　　　　　　　　表1-52

统 计 项 目	中国	美国	日本	英国	德国
物流总费用(万亿元人民币)	12.1	9.4	2.75	1.6	1.77
GDP(万亿元人民币)	82.7	121.9	29.6	19.3	22.7
物流费用占 GDP 比例(%)	14.6	7.7	9.3	8.3	7.8

注:1. 中国为 2017 年数据,其他国家为 2016 年数据。

　　2. 数据来源于"全国物流运行情况通报"(国家发展改革委),各国官方统计网站,美国供应链管理专业协会(Concil of Supply Chain Management Professionals,简称 CSCMP)定期发布的《美国物流年报》,美国交通运输部、日本国土交通省、德国联邦交通和数字化基础设施部、英国交通部等政府机构的官方网站。

4. 计算结果及分析

各国物流费用占 GDP 比例的情况见表1-53。

物流费用占 GDP 比例指标国际对标 　　　　　　表 1-53

统 计 项 目	中国	美国	日本	英国	德国
物流费用占 GDP 比例(%)	14.6	7.7	9.3	8.3	7.8
得分(百分制)	55	90	80	85	88

注:中国为 2017 年数据,其他国家为 2016 年数据。

从以上计算结果可以看出,美国物流费用占 GDP 比例情况得分最高,其次是德国、英国和日本,我国该指标得分最低。这与我国所处的经济发展阶段和当前的产业结构有关,同时也反映出我国物流成本整体较高的问题。该问题是我国交通发展的一个明显短板,需要采取综合措施降低物流总费用,提高交通运输效率和质量。

十七、交通运输全要素生产率

1.指标定义与内涵

交通运输全要素生产率是衡量交通运输生产效率的指标,采用单位从业人员完成的交通运输工作量来计算。

2.计算方法

$$交通运输全要素生产率 = (公路运输生产率 + 铁路运输生产率 +$$
$$水路运输生产率 + 民航运输生产率) \div 4$$

其中,各方式运输生产率分别为该方式单位从业人员完成的运输工作量(客货周转量)。

3.指标分析及计算过程说明

该指标能够反映交通运输行业的生产效率,通过计算公路、铁路、水运和民航各交通方式的生产效率,能够量化具体生产效率以及我国与其他发达国家之间存在的差距。该指标计算公式简便,可以通过各国统计局的相关统计数据进行计算获得。

中国和美国公路与铁路客货运输效率对比分析见表 1-54。

中国与美国运输生产率对比(公路、铁路) 　　　　　表 1-54

类　　　型	中国(2017 年)			美国(2016 年)		
	旅客周转量 (亿人·km)	货物周转量 (亿t·km)	从业人员数 (人)	旅客周转量 (亿人·km)	货物周转量 (亿t·km)	从业人员数量 (人)
公路运输生产率	9765.18	66771.52	3879657	5578.14	33075.2	1929700
铁路运输生产率	13456.92	26962.2	1874448	637.43	25922.83	240900

4.计算结果及分析

受数据来源所限,本研究只对各国的公路与铁路客货运生产率进行对标分析,见

表1-55。对于旅客、货物周转量,采用国内推荐的转换系数,统一转换为以 t·km 为单位,公路旅客周转量转换系数为0.1,铁路旅客周转量转换系数为1。

交通运输生产率(公路和铁路客货运综合生产率)**国际对标** 表1-55

统 计 项 目	中国	美国	日本	英国	德国
公路(亿 t·km/万人)	175	174	13	21	43
铁路(亿 t·km/万人)	216	1103	216	166	438
综合(亿 t·km/万人)	195	638	115	93	241
指标得分(百分制)	55	95	45	35	62

注:数据来源于《交通运输行业发展统计公报》及统计年鉴,欧盟委员会网站,日本国土交通省及各国统计局。

从计算结果可以看出,中国的公路客货运综合生产率排在首位,略高于美国。中国铁路生产率仍然处于较低水平,主要原因是中国铁路运输投入的人力较多。从公路和铁路的综合计算值可以看出,中国交通运输全要素生产率与发达国家相比有较大差距,需要通过包括铁路市场化改革、管理智能化程度提高以及更加合理的考评机制在内的多项措施,全面提高交通运输全要素生产率。

十八、交通运输国际影响力

1. 指标定义与内涵

交通运输国际影响力是衡量我国交通运输国际竞争力的指标,也是国家交通运输企业国际竞争力的综合体现。

2. 计算方法

本指标考虑交通运输企业国际竞争力、交通行业国际话语权与海外运输服务能力进行综合判断度量。交通运输企业国际竞争力因素用全球500强企业中交通企业数量衡量,交通国际话语权通过国际交通标准和规则的制定权进行综合评判,海外运输服务能力采用被船旗国所认可并代为进行船舶检验、发证以及审批的认可组织(船级社)排名来评价。

交通运输国际影响力指标

= (全球500强企业中交通运输企业数量得分 + 国际交通话语权综合计算得分 +

各国代表船级社排名得分) ÷3

1)全球500强企业中交通企业数量

根据2017年《财富》杂志排行榜,统计全球500强企业中交通运输企业的数量,作为反映交通运输企业国际竞争力的依据。

2)国际交通话语权综合分析计算值

从国际交通事务的话语权、国际交通标准和规则的制定权两方面进行综合评判。

国际交通事务的话语权主要从以下方面评判:交通领域在本国设总部的重要国际组织的数量;主持重要国际组织的数量;在国际组织中任职人员或高级职员的人数和比例;在国际交通活动中提案被采纳的数量。

国际交通标准和规则的制定权主要从以下方面评判:深度参与制定的海运、民航、铁路、公路等国际规则和标准的数量及比例;国内法律、标准和相关规则在世界上的导向性等。

3)船级社排名得分值

根据2018年巴黎备忘录组织(Paris MoU)的评估结果,反映各国对国际海运船舶的服务能力。

3.指标分析及计算过程说明

1)全球500强企业中交通企业数量

各国全球500强企业中交通企业数量情况见表1-56。

全球500强企业中交通企业数量国际对标 表1-56

统 计 项 目	中国	美国	日本	英国	德国
500强企业中交通企业个数	12	14	10	2	11
得分值	77	90	64	30	70

注:数据来源于《财富》杂志排行榜。

2)国际交通话语权综合分析计算值

(1)交通领域重要的国际组织总部所在国家。

国际道路联合会设有2个总部,分别位于美国华盛顿和瑞士日内瓦;国际铁路联盟总部位于法国巴黎;国际海事组织位于英国伦敦;国际航空运输协会总部设在加拿大蒙特利尔,执行机构设在日内瓦。

(2)各国国际交通事务话语权表现。

英国作为传统的航运中心,世界20%的船级管理机构常驻伦敦,50%的油轮租船业务、40%的散货船业务、18%的船舶融资业务和20%的航运保险业务都在此进行。此外,伦敦还是国际海事仲裁中心,是世界各国和地区众多航运公司和造船集团进行海事纠纷仲裁的首选地,每年的海事仲裁和相关航运服务收入就占其航运业总收入的45%。

美国凭借全球领先的技术创新优势,以技术引领相关规则的发展,在国际道路联盟(International Road Federation,简称IRF)中具有强大的话语权;纽约也是受国际公认的海事仲裁中心。

日本在主要交通国际组织总部基本落定的情况下,超前谋划,主动参与国际事务,积极创造条件吸引相关机构设立办事处,从而提高国际影响力,取得了良好的效果。

我国加入了大多数国际交通组织,但其中任职人数偏低,在我国设立总部或办事机构的重要国际交通组织偏少,交通事务提案被采纳少的问题长期存在,国际交通事务话语权有待进一步提高。

欧盟国家在铁路方面主导建立了国际铁路联盟(International Union of Railway,简称UIC),在铁路国际合作及标准化制定等方面发挥了重要作用。

(3)各国在国际交通标准和规则的制定权上的表现。

欧盟是国际海运发展的引领者,在海运规则、技术标准、海运服务等方面建立了较强的话语权体系。欧盟依托历史传统优势,成为世界海运市场的引领者和规则的制定者。从早期《海牙规则》《海牙—维斯比规则》,到现今的《鹿特丹规则》、航运碳排放标准、各种海运服务合同文本、海运仲裁等,大都出于欧盟的海运机构,直接影响着海运行业的发展,尤其英国是公认的海运强国。

美国依托综合国力和创新优势,引领国际交通运输行业技术规则、标准的制定和发展方向。国际民航规则标准的主导权、话语权以欧美国家为主导。

日本通过综合措施积极主动参与国际交通标准和规则的制定。实施"国际组织人才专项奖励""JPO 派遣计划"等举措,迄今已向各类国际机构派遣超过 1400 名代表,为日本在国际交通运输行业标准和规则的制定中赢得主动,对提高日本的国际影响力发挥着重要的作用。

我国交通领域标准的国际认可度不高,牵头制定的国际标准数量不多,在以企业为主体实质性参与国际标准化活动方面还有较大的提升空间,在国际重要交通标准、技术规则制定中长期处于跟随状态,话语权较弱。

通过统计分析,与海运相关的 63 个国际政府间合作组织(International Government Organization,简称 IGO)没有 1 个总部设在我国,而英国伦敦最多,设有 7 个 IGO 总部;在76 个国际非政府间合作组织(Non-Governmental Organization,简称 NGO)中,总部设在我国的只有 1 个(国际海事教师联合会,International Maritime Lecturers Association,简称 IMLA,总部设在上海),英国伦敦最多,有 26 个 IGO 总部。

以海运领域为重点进行国际对标见表 1-57。

海运领域规则标准主导力国际对标   表 1-57

统 计 项 目	中国	美国	日本	英国	德国
向国际海事组织提交的提案数量/排名(1995—2015)	323/第 12 名	1013/第 2 名	1127/第 1 名	916/第 3 名	875/第 4 名
国际海事组织三大公约提案参与率(1995—2015)	2.0%	8.6%	—	—	—
参与开发的国际海事教育示范课程数量(共75门)	没有 1 门是由我国政府或相关机构主导开发	6	—	2	2

续上表

统 计 项 目	中国	美国	日本	英国	德国
国际海事组织会议中担任主席的次数（人次）（1999—2015）	5	21	7	11	15
国际海事组织公约或规则制定过程中担任通信组负责人（人次）（1999—2015）	3	52	24	21	10

注：数据来源于交通强国水运课题研究组《交通强国水运交通发展战略课题研究》。

通过对各国上述要素的综合分析，得到的国际交通话语权综合计算得分见表1-58。

国际交通话语权综合计算得分（百分制）　　表1-58

统 计 项 目	中国	美国	日本	英国	德国
国际交通事务的话语权得分	50	95	70	90	80
国际交通标准和规则的制定权得分	50	95	70	95	80
该因素综合得分	50	95	70	93	80

3）船级社排名

各国世界船级社排名情况见表1-59。

世界船级社排名国际对标　　表1-59

统 计 项 目	中国	美国	日本	英国	德国
世界船级社排名	7	1	8	2	3
得分（百分制）	65	95	60	90	85

注：数据来源于巴黎备忘录组织（Paris MoU）。

4.计算结果及分析

本指标对标结果见表1-60。

交通运输国际影响力得分国际对标（百分制）　　表1-60

统 计 项 目	中国	美国	日本	英国	德国
全球500强企业中交通企业数量得分	77	90	64	30	70
国际交通话语权综合计算得分	50	95	70	93	80
船级社排名得分	65	95	85	90	60
综合得分	64	93	72	71	70

从计算结果可以看出，本指标美国位居第一，无论是全球500强企业中交通运输企业数量比例，还是国际交通话语权、船级社排名等都是世界领先。日本、英国、德国的交通运输国际影响力相近。相比之下中国交通运输国际影响力依然较弱。

随着中国经济的发展和走出去等相关政策的实施,中国运输企业国际竞争力得到了明显提高,500强企业中交通企业个数达到12个,承担越来越多的国际客货运输职能,交通影响力在日益彰显。

但是,与美国等发达国家相比,中国在参与国际标准、规则的制定方面存在明显短板,国际事务的话语权也较弱,需要大力加强。

十九、交通与经济发展适应度

1. 指标定义与内涵

交通运输与经济发展适应度是衡量交通基础设施建设与经济发展之间匹配程度的指标,目的是把握交通基础设施建设的总量、结构及其建设的时间节点,从而实现交通基础设施供给与交通需求总量、结构相匹配,建设的时间节点既不能过度超前,也不能严重滞后。过度超前则造成投资浪费,严重滞后则阻碍社会经济的可持续发展。

交通需求特性综合反映了经济发展需求,因此,本指标选择交通与经济供需平衡程度来评价交通与经济发展的适应度。我国进入高质量发展阶段后,交通与经济发展适应度是引导交通系统高质量发展、实现精准施策战略目标的关键指标。

综合考虑需要总体把控供需适应度的关键环节,本指标选择交通大通道、城市交通和综合交通枢纽群作为主要的考察和监控对象。

交通大通道的评价主要采用通道交通饱和度指标,城市采用道路面积率指标,综合交通枢纽群采用综合饱和度指标进行衡量,总适应度通过上述3个维度的评价结果综合计算得到。

应注意的是,交通饱和度不宜过高或过低。交通饱和度过高说明基础设施负荷过重,其建设落后于社会经济发展,此时交通服务水平、交通效率和交通安全水平会显著下降;饱和度过低说明基础设施利用效率不高,即需求远低于基础设施的供给能力、交通基础设施建设过度超前,存在基础设施建设投资浪费。按照国内外交通基础设施供求平衡的长期经验,饱和度以0.85左右为宜。因此,在评价交通大通道的饱和度和综合交通枢纽群饱和度时,以偏离0.85的程度来衡量。

2. 计算方法

1)交通大通道的饱和度计算方法
第一步,计算各交通通道的饱和度。

$$TBD_i = \frac{D_i}{C_i}$$

式中:TBD_i——通道 i 的饱和度;

i——通道序号;

D_i——通道 i 的总运输需求;

C_i——通道 i 的总运输能力。

第二步,计算对象区域通道饱和度(BD)。

$$BD = 1 - \left| \frac{1}{N}\sum_{i=1}^{N} TBD_i - 0.85 \right|$$

式中:N——通道总数。

2)城市道路面积率计算方法

由于城市交通通道数量较大,计算工作复杂,可采用上述通道计算方法,也可采用极限状态分析思路简化计算。针对当前状况,本研究采用城市道路面积率评价城市交通供求适应度。

城市道路面积率 = 城市道路用地总面积 ÷ 评价地区总面积

城市道路面积率是反映道路建设总体水平的指标,合理的城市道路面积率是城市健康发展的重要度量和城市优化发展模式。

《城市道路交通规划设计规范(GB 50220—95)》中规定"城市道路用地面积应占城市建设用地面积的8% ~15%,对规划人口在200万以上的大城市,宜为15% ~20%"。

城市道路面积率不应超过上述规范要求,越靠近规范要求值表示适应度越高。参考公安部、住建部"城市道路交通管理评价指标体系"中对道路面积率规定,提出不同类型城市道路面积率与城市交通适应度对应情况见表1-61。

城市道路面积率与城市交通适应度对应表　　　　表1-61

超大城市(%)	[15,20]	[13,15)	[11,13)	[9,11)	[0,9)
特大城市(%)	[13,18]	[11,13)	[9,11)	[7,9)	[0,7)
大城市(%)	[11,16]	[9,11)	[7,9)	[5,7)	[0,5)
中小城市(%)	[9,14]	[7,9)	[5,7)	[3,5)	[0,3)
城市交通适应度	[0.9,1]	[0.8,0.9)	[0.7,0.8)	[0.6,0.7)	[0,0.6)

3)综合交通枢纽群饱和度和适应度计算方法

本指标对不同区域内不同类型综合交通枢纽群,尤其是港口群和机场群的饱和度和适应度分别进行计算考核。

综合交通枢纽群饱和度 = 综合交通枢纽总需求 ÷ 综合交通枢纽总供给

综合交通枢纽群适应度 = 1 - |综合交通枢纽群饱和度 - 0.85|

4）交通与经济发展适应度及其等级划分

根据交通与经济发展适应匹配程度，对本指标值划分为 5 个等级，见表 1-62。

交通与经济发展适应度和其适应度等级划分对应表　　　　　　表 1-62

适应度	[0.9,1]	[0.8,0.9)	[0.7,0.8)	[0.6,0.7)	[0,0.6)
适应程度等级	优秀	良好	一般	差	较差

本研究定义的交通与经济发展适应度指标可以用于通道、城市和城市群的交通基础设施建设安排优化程度评价，可以用于"交通强国"建设过程中交通基础设施规模、结构和时间安排的分析判断。

由于本指标涉及数据量大，国外数据收集起来尤其困难，故此次没有进行国际对标计算。

第五节　交通强国评价指标案例国家对比计算与评价

一、各指标计算值与判断值的确定

采集各国统计数据计算并对计算值进行归一化处理，得到各国某项指标的对应指标判断值。

二、交通强国的评价方法

通过逐层线性加权求和的综合计算得到判断值。

$$A = B_1X_1 + B_2X_2 + \cdots + B_nX_n$$

其中：X_1、X_2、$\cdots X_n$——各指标的计算值；

B_1、B_2、$\cdots B_n$——各指标对应的权重。

三、中国、美国、日本、英国、德国案例国家计算与分析

1. 各评价指标原始计算值汇总

第四节中各指标原始计算值见表 1-63（未包括交通与经济发展适应度指标）。

交通强国评价指标计算值国际对标　　　　　　表 1-63

序号	指　标　层	中国	美国	日本	英国	德国	备　注
1	道路交通事故万车死亡率	2.31	1.39	0.75	0.48	0.59	统计计算
2	交通应急能力	60	85	90	80	75	根据标准统计计算
3	交通军民融合指数	60.0	86.7	87.5	80.0	90.0	综合评分
4	交通基础设施通达率	93	97	99	98	100	按照指标定义计算

续上表

序号	指 标 层	中国	美国	日本	英国	德国	备 注
5	综合交通枢纽一体化水平	281.6	221.0	195.3	125.1	95.3	按照指标定义计算
6	"123交通圈"人口覆盖率	83%	91%	95%	85%	92%	加权平均
7	交通基本公共服务均等化水平	81	96	98	98	98	加权平均
8	城市交通拥堵指数	1.97	1.12	1.21	1.07	1.08	国际公布值计算
9	城市交通管理智能化水平	54	69	56	55	59	综合统计计算
10	重要交通技术装备水平	62	90	84	76	83	加权平均
11	交通全球连通度	72.0	92.5	81.5	78.5	76.5	综合计算
12	绿色交通分担率	58.9%	27.4%	60.6%	36.6%	39.0%	综合计算
13	TOD发展综合指数	40	80	90	70	85	统计计算
14	交通基础设施绿色化程度	78	85	86	87	90	统计加权值
15	共享交通发展水平	49	55	44	50	56	统计判断值
16	物流费用占GDP比例	14.6%	7.7%	9.3%	8.3%	7.8%	统计数据
17	交通运输全要素生产率	195	638	115	93	241	客货综合生产率
18	交通运输国际影响力	64	93	72	71	70	综合统计计算

2. 各国评价指标值

将上述计算指标值换算成百分制得分,结果见表1-64。

中国、美国、日本、英国、德国指标值百分制得分 表1-64

序号	指 标 层	中国	美国	日本	英国	德国
1	道路交通事故万车死亡率	66.0	76.1	85.0	90.4	88.2
2	交通应急能力	60	85	90	80	75
3	交通军民融合指数	60.0	86.7	87.5	80.0	90.0
4	交通基础设施通达率	93	97	99	98	100
5	综合交通枢纽一体化水平	58	70	75	88	95
6	"123交通圈"人口覆盖率	83	91	95	85	92
7	交通基本公共服务均等化水平	81	96	98	98	98
8	城市交通拥堵指数	61.5	94.0	89.7	96.5	96.0
9	城市交通管理智能化水平	54	69	56	55	59
10	重要交通技术装备水平	62	90	84	76	83
11	交通全球连通度	72.0	92.5	81.5	78.5	76.5
12	绿色交通分担率	68.8	37.2	70.5	47.4	49.9

续上表

序号	指 标 层	中国	美国	日本	英国	德国
13	TOD 发展综合指数	40	80	90	70	85
14	交通基础设施绿色化程度	78	85	86	87	90
15	共享交通发展水平	49	55	44	50	56
16	物流费用占 GDP 比例	55	90	80	85	88
17	交通运输全要素生产率	55	95	45	35	62
18	交通运输国际影响力	64	93	72	71	70

基于上述得分,结合附件 2 给出的指标权重,计算得到中国、美国、日本、英国、德国 5 个国家的综合得分及其对应排名,见表 1-65。

中国、美国、日本、英国、德国综合得分和排名 表 1-65

项 目	中国	美国	日本	英国	德国
得分(百分制)	65.1	82.3	80.7	77.7	81.6
排名	5	1	3	4	2

由以上计算结果可知,目前美国交通水平最高,是世界领先的交通强国,德国次之,日本第 3,英国第 4,均处于交通强国行列,我国交通整体水平低于这 4 个国家。

我国在绿色交通分担率、交通基础设施通达率等指标方面水平较高,需要通过创新驱动高质量发展,保持较高水平并按照国际领先要求进一步提高。

在交通圈覆盖率、城市交通管理智能化水平、共享交通发展水平、交通基础设施绿色化程度、基本公共服务均等化水平、重要交通技术装备水平、交通运输全要素生产率、交通运输国际影响力等指标方面,我国落后于上述对标国家,但差距不太大,是需要努力追赶的领域。

在道路交通事故万车死亡率、交通应急能力、交通军民融合指数、综合交通枢纽一体化水平、交通全球连接度、城市交通拥堵指数、TOD 发展综合指数、物流费用占 GDP 比例等指标方面,我国明显处于劣势,与上述国家水平差距较大,是需要下大力气全面提升的领域。

从计算结果也可以看出,交通强国各有各的强项,也各有各的不足。我们应当紧密结合中国实际,走出一条"交通强国"的中国之路。

参考文献

［1］ European Commission. Mobility and Transport［EB/OL］.［2017-10-21］https：//ec. europa. eu/transport/index_en.

［2］ U. S. Department of Transportation. Beyond Traffic 2045 Trends and Choices［EB/OL］. ［2017-12-19］. https：//www. transportation. gov/.

［3］ 日本国土交通省.国土のグランドデザイン2050（国土战略规划2050）［EB/OL］.［2016- 12-04］. http：//www. mlit. go. jp/about/index. html.

［4］ Bureau of Transportation Statistics. Transportation Statistics Annual Report［EB/OL］.［2017- 11-02］. https：//www. bts. gov/.

［5］ INRIX. Global Traffic Scorecard［EB/OL］.［2018-9-20］. http：//www. inrix. com/.

［6］ 陆化普. 生态城市与绿色交通：世界经验［M］.北京：中国建筑工业出版社,2014.

［7］ Department for Transport. Transport Statistics Great Britain［EB/OL］.［2018-7-8］. https：// www. gov. uk/government/organisations/department-for-transport.

［8］ U. S. Department of Transportation. National Transportation Statistics［EB/OL］.［2017-2- 25］. https：//www. transportation. gov/.

［9］ Los Angeles County Metropolitan Transportation Authority. Los Angeles Metropolitan Area Travel Survey Report［EB/OL］.［2017-3-12］. https：//ladot. lacity. org/.

［10］ 国土交通省.都市における人の動き－平成22年全国都市交通特性调查集计结果［R］. 东京：国土交通省,2012.

［11］ 荣朝和, 王大鹏. 日本国铁巨额债务产生的缘由与清偿过程［J］. 综合运输, 2017（10）.

［12］ Alstom Transport etc. The European Rail Traffic Management System［EB/OL］.［2018-1- 16］. http：//www. ertms. net/.

［13］ 钟志华,乔英俊,王建强,等.新时代汽车强国战略研究综述（二）［J］.中国工程科学, 2018,20（01）:11-19.

［14］ 赵福全,刘宗巍,郝瀚,等.汽车强国综合评价指标体系研究［J］.汽车工程学报,2016,6

(02):79-86.

[15] 王悦,刘宗巍,赵福全.汽车产业核心技术掌控力评价体系研究[J].汽车工程学报,2015,5(04):235-243.

[16] 赵福全,刘宗巍,郝瀚,等.中国实现汽车强国的战略分析和实施路径[J].中国科技论坛,2016(08):45-51+76.

[17] 李振宇,高平.日本城市交通发展的经验与启示[J].建设科技,2009(17):42-43.

[18] 张守城,王巧稚.英国建筑垃圾管理模式研究[J].再生资源与循环经济,2017,10(12):38-41.

[19] 周紫君.英国交通运输发展的新动态及新趋势[J].工程研究—跨学科视野中的工程,2017,9(02):139-147.

[20] 杨光,武平,董娜.德国生态综合交通发展概况及对我国的启示[J].综合运输,2014(04):63-68.

[21] 涂瑞和,方丹群,方向明,等.各国建设施工噪声控制标准和法规[J].国外环境科学技术,1989(04):30-34.

[22] 贾大山.海运强国战略[M].上海:上海交通大学出版社,2013.

附件 1
交通强国评价指标库

交通强国评价指标构成见表1-66。

评 价 指 标 构 成 　　　　　　　　表 1-66

准 则 层		序 号	指 标 层
1	安全	1	道路交通事故万车死亡率
		2	铁路10亿人·km死亡率
		3	运输船舶百万t港口吞吐量水上交通事故死亡人数
		4	运输航空百万飞行h重大事故率
		5	交通应急能力
		6	交通网络弹性
		7	交通军民融合指数
2	便捷	8	高等级公路规模(高速与国道公路)
		9	铁路交通基础设施规模
		10	内河高等级航道规模(3级及以上等级)
		11	港口万t级及以上泊位数
		12	通航机场数
		13	交通基础设施通达率
		14	铁路货运强度(改善运输结构重点)
		15	铁路客运强度(改善运输结构重点)
		16	综合交通枢纽一体化水平
		17	建成区公交站点300m半径覆盖率(含轨道交通站点覆盖率)
		18	交通基本公共服务均等化水平
		19	对外客运枢纽服务半径覆盖人口比例
		20	城市群主要城市间2h城际铁路覆盖人口
		21	国家中心城市"3h交通圈"覆盖人口

准 则 层		序 号	指 标 层
2	便捷	22	一站式客运服务占比(提供门到门全程一体化交通服务占比)
		23	区域性货运枢纽两种及以上方式无缝衔接"零换装"比例
		24	集装箱海铁联运比例
		25	城市共同配送比例
		26	一单式货运服务占比
		27	"一卡通"或无感支付使用覆盖范围比例
		28	全球枢纽机场连接度
		29	海运全球连接指数
		30	国际交通运输领域定价话语权
		31	交通运输技术标准国际通用数量
		32	国际交通组织领导人比例
3	高效	33	公路运输装备标准化率
		34	公路运输装备自主化水平
		35	铁路客运装备水平
		36	铁路货运装备水平
		37	内河船型标准化率
		38	港口装备水平
		39	重要技术装备自主化率
		40	国产飞机市场份额
		41	交通科技创新能力
		42	综合交通大数据平台共享与深度应用水平
		43	交通管理智能化水平
		44	综合交通运输组织与决策的智能化一体化水平
		45	客运服务的智能化水平
		46	货运服务的智能化水平
		47	车路协同发展水平
		48	自动驾驶商用车普及率
		49	城市公共交通高峰时段平均行程速度(备选方案:小汽车与地面公交门到门出行时间比)
		50	城市交通拥堵指数
		51	交通服务准点率
		52	交通满意度
4	绿色	53	交通基础设施绿色化程度
		54	城市内绿色交通分担率
		55	城市间绿色客运分担率

准 则 层		序 号	指 标 层
4	绿色	56	绿色货运分担率
		57	综合交通单位运输周转量平均能耗
		58	交通运输 CO_2 排放强度
		59	清洁能源车辆占比
		60	TOD 发展综合指数
5	经济	61	公路运输生产率
		62	铁路运输生产率
		63	水路运输生产率
		64	民航运输生产率
		65	物流绩效指数
		66	物流费用占 GDP 比例
		67	甩挂运输比例
		68	综合运输密度
		69	共享交通发展水平
		70	交通对经济贡献度
		71	综合交通管理体制一体化程度
		72	交通法律法规体系完善程度
		73	运输价格市场化水平
		74	社会资本参与交通建设规模
		75	公路财务可持续能力
		76	铁路财务可持续能力
		77	国民交通素质水平
		78	交通与经济发展适应度
		79	交通企业国际竞争力
		80	海运国货国运比重
		81	交通运输国际影响力

附件 2
评价指标权重的确定

本研究采用专家调查法和层次分析法确定指标权重。本次大规模调查选择研究领域覆盖公、铁、水、航、城市交通各领域的研究、规划、建设、管理、服务等方面的大量专家。为保证最终权重得分的科学合理，课题组对专家组成员组成从人数分布、研究领域、专家级别方面进行了系统设计。

本次调查专家来自国家发展改革委、交通运输部、住房城乡建设部、公安部系统及其科研单位、著名高校、国际组织等 18 家单位的 247 位专家。

首先由专家对准则层、指标层指标进行两两比对，按 9 分位比率确定各评价指标的相对重要性判断矩阵；然后通过数学计算获得各个专家对 81 个指标的相对重要性权值；最后，通过算术平均的方法求得所有专家给出的指标权重均值。表 1-67 显示了计算后得到的 19 个指标权重值。

核心评价指标权重表   表 1-67

准 则 层	权 重	指 标 层	权 重
安全	0.21	道路交通事故万车死亡率	0.093
		交通应急能力	0.077
		交通军民融合指数	0.04
便捷	0.22	交通基础设施通达率	0.077
		综合交通枢纽一体化水平	0.05
		"123 交通圈"人口覆盖率	0.061
		交通基本公共服务均等化水平	0.032
高效	0.19	城市交通拥堵指数	0.04
		城市交通管理智能化水平	0.03
		重要交通技术装备水平	0.07
		交通全球连通度	0.05

续上表

准 则 层	权 重	指 标 层	权 重
绿色	0.18	绿色交通分担率	0.048
		TOD 发展综合指数	0.044
		交通基础设施绿色化程度	0.03
		共享交通发展水平	0.058
经济	0.20	物流费用占 GDP 比例	0.06
		交通运输全要素生产率	0.04
		交通与经济发展适应度	0.06
		交通运输国际影响力	0.04

课题报告 **2**

运输需求发展态势
分析预测研究

课题组主要研究人员

课题顾问

傅志寰　孙永福　卢春房

课题组长

郭小碚(组长)　李　茜(副组长)

课题组主要成员

刘昭然　王淑伟　向爱兵　王杨堃

课题主要执笔人

李　茜　宿凤鸣

内容摘要 Abstract

"运输需求发展态势分析预测研究"是中国工程院"交通强国战略研究"重大咨询项目的子课题之一。研究目的是明确客货运输需求发展态势,为制定交通强国战略提供基础和依据。

本研究的思路是根据相关理论,借鉴发达国家客货运输需求发展规律,综合分析经济社会、产业发展、人口变化、技术进步等因素对交通需求产生的影响,以2030年和2045年为目标年,预测、分析我国国内、国际客货运输的需求水平、结构以及流量、流向趋势等。

本研究坚持预测方法和研究内容的创新,研究内容既包括营运性交通运输需求,也包括小汽车的交通需求。预测方法综合运用了理论分析、国外对标、定性和定量预测,特别是在定量预测中创新性地应用生长曲线模型、产运关系分析方法。在数据采集方面,创新地运用大数据进行分析。

本研究提出新时代我国交通运输需求将在总量、结构、质量方面发生根本性、历史性变化,要求交通供给由"规模速度型"向"质量效率型"转变。

Abstract

Research on China's Transportation Demand Trend is one of the sub-topics of the major consulting project-Research on the transportation Power Strategy launched by Chinese Academy of Engineering. The purpose of this study is to clarify the trend of passenger and cargo transportation demand for the next 30 years, to provide the foundation and basis for making China's transportation power strategy.

The idea of this study is based on relevant theories, drawing lessons from the passenger and cargo transport demand development law of developed countries, analyzing the impact that China's future development, including economic and social, population, technique improvement and other factors have on traffic demand. Taking

2030 and 2045 year as target year, the demand level and structure of passenger and freight transport in China are forecasted and analyzed.

This study adheres to the innovation of prediction methods. The research forecasts not only on operational transportation demand, but also on car transportation demand. The prediction method includes theoretical analysis, foreign benchmarking, qualitative and quantitative prediction, especially innovatively applies growth curve model and means of analysis of production and transportation relationship in quantitative prediction. In terms of data collection, big data is involved for analysis.

This study puts forward that China's transportation demand will undergo fundamental and historic changes in terms of total volume, structure and quality in the new era, which requires the transportation supply change from "scale speed type" to "quality efficiency type".

第一章
我国运输需求预测的思路和方法

第一节 研究思路

运输需求是一种派生性需求,源于经济社会发展对客货空间位移方面的可支付需求。影响运输需求的因素繁多,除国家的地理、资源特征外,还包括经济社会因素、技术因素、运输供给因素等(图 2-1)。

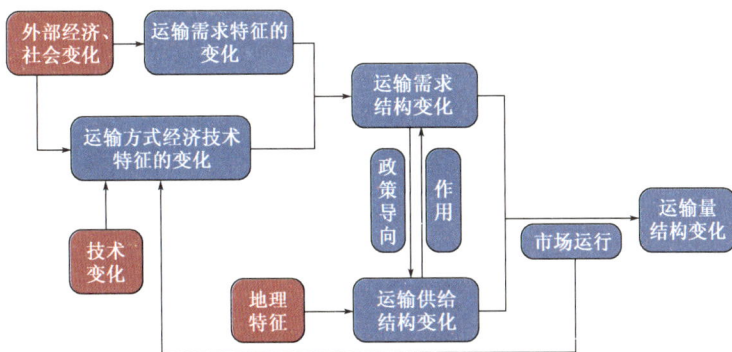

图 2-1　客货运输需求的影响因素

根据预测的连续性、相关性、类推性、概率性、系统性原则,本研究将在分析我国客货运输发展历史、现状的基础上,充分借鉴国外经验,总结发展规律,运用运输需求相关理论,对我国经济社会发展趋势及其对客货运输需求的影响进行深入分析,判断我国客货运输需求的发展态势,综合运用理论分析、国外对标分析、情景分析、预测模型和专家判断相结合的方法,分别以 2020 年、2030 年和 2045 年为目标年,预测在不同经济社会发展情境下我国客货运输需求的水平、结构,分析客货运输需求的特征。

本研究的思路框架如图 2-2 所示。

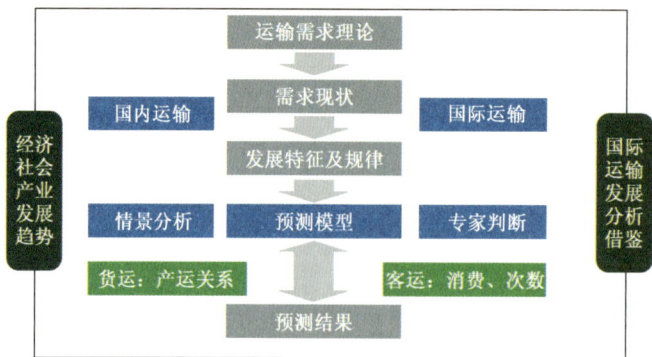

图 2-2 总体思路框架

为保证预测的连续性,本研究根据统一口径对运输量的历史数据进行调整。为反映客运需求的变化趋势,本研究除应用传统统计数据预测营运性客运需求外,还应用高德地图大数据对小汽车运输需求进行分析。

第二节 预测方法和步骤

一、预测方法

为增强预测准确性,本研究采取定性、定量预测相结合的方法。

定性预测方法,是指由预测者通过调查研究,基于专家的知识背景,根据掌握的实际情况和实践经验,对运输需求前景的发展方向和程度作出判断的方法。其优点在于注重事物发展在性质方面的预测,有很大的灵活性,综合性强,需要的数据少,省时、省费用。其缺点是易受主观因素影响。

定量预测方法,是指根据准确、系统、全面的调查统计资料和信息,运用统计方法和数学模型进行科学的加工整理,从而达到对运输需求未来发展的规模、水平等预测的方法。其优点在于注重事物发展在数量方面的分析,对事物发展变化进行数量上的描述,更多地依据历史统计资料,较少受主观因素影响,具有一定的科学性;其缺点是比较机械,缺乏灵活性,不易处理有较大波动的数据资料,更难于预测发展趋势的变化。

常用的定量预测方法有回归分析法、时间序列法、运输强度法、增长率法、趋势外推法、类比法等。针对货运预测还有投入产出法、一般均衡模型等。

回归分析预测、时间序列预测、运输强度法、增长率法、趋势外推法均属于趋势外推模型,这类模型预测结果置信的前提,是要保证研究对象在统计期与预测期是同构的,这一预测方法较少考虑系统机理的方向性及结构性变化,且大部分模型与方法都要预先知道被控对象的数学模型。实际上许多对象具有复杂的不确定性、时变性和非线性变化特征。

类比法是要参照某一时期一些国家与我国未来几十年发展特性类似阶段的特征,用类比的方法,直接采用其发展模型或弹性系数进行预测。但是,不同国家由于地理特征、产业布局、经济发展战略不尽相同,弹性系数也各不相同,直接拿来预测需要一定的经验。投入产出法以及基于投入产出表的一般均衡模型(CGE 模型),是在产业变动不大情况下的一种货运需求预测方法,适用于短期的、产业结构变动不大且市场体系比较完善的预测,较难应用于我国新常态及之后阶段的产业结构变动较大情况下的货运预测。

二、预测步骤

运输需求预测的步骤如下:

(1)根据客货运输发展规律的理论对未来客货运输趋势进行定性判断。

(2)根据国际客货运输的发展规律判断我国客货运输需求的发展阶段。

(3)分析经济、社会、科技及基础设施等的变化趋势,及其与客货运量和客货运周转量之间的关系。

(4)参考相关经济发展规划及相关研究,预测与客货运量和客货周转量相关程度较高的经济社会发展主要指标。

(5)建立客货运输总量与客货运输周转量预测模型。

(6)预测客货结构比例,包括铁路、公路、水路和民航的客运量和客运周转量比例,以及铁路、公路、水路、民航和管道的货运量和货运周转量比例。

我国客货运输需求总量及各种运输方式客货运输需求量的预测步骤如图 2-3 和图 2-4所示。

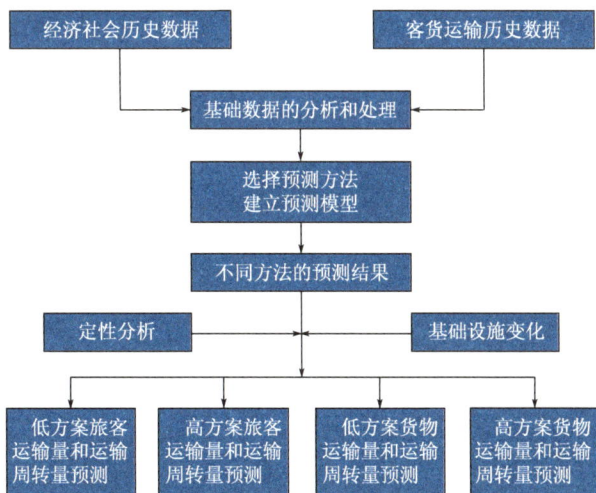

图 2-3　客货总运量和客货总周转量预测步骤

```
┌─────────────────┐                              ┌─────────────────┐
│ 现状各种客运方式 │                              │ 现状各种货运方式 │
│ 客运量和旅客周转量│                              │ 货运量和货物周转量│
│      比例       │                              │      比例        │
└────────┬────────┘                              └────────┬────────┘
         │         ┌──────────────┐  ┌──────────────┐     │
         │◄────────┤ 基于各种客运 │  │ 基于各种货运 ├────►│
         │         │ 方式客运需求变│  │ 方式货运需求变│     │
         │         │ 化的情景设定 │  │ 化的情景设定 │     │
         │         └──────────────┘  └──────────────┘     │
┌────────▼────────┐                              ┌────────▼────────┐
│ 不同情景下各种客 │                              │ 不同情景下各种货 │
│ 运方式客运量和旅客│                              │ 运方式货运量和货物│
│ 周转量发展趋势分析│                              │ 周转量发展趋势分析│
└────────┬────────┘                              └────────┬────────┘
┌────────▼────────┐                              ┌────────▼────────┐
│ 不同情景下铁路、 │                              │ 不同情景下铁路、 │
│ 公路、水运和民航客│                              │ 公路、水运、民航和│
│ 运量和旅客周转量比│                              │ 管道货运量和货物周│
│    例预测       │                              │  转量比例预测    │
└────────┬────────┘                              └────────┬────────┘
         │         ┌──────────────┐  ┌──────────────┐     │
         │◄────────┤ 低方案和高方 │  │ 低方案和高方 ├────►│
         │         │ 案客运量和旅客│  │ 案货运量和货物│     │
         │         │ 周转量预测   │  │ 周转量预测   │     │
         │         └──────────────┘  └──────────────┘     │
┌────────▼────────┐                              ┌────────▼────────┐
│ 各种客运方式不同 │                              │ 各种货运方式不同 │
│ 情景低方案和高方案│                              │ 情景低方案和高方案│
│ 客运量及旅客周转量│                              │ 货运量及货物周转量│
│    预测         │                              │    预测          │
└─────────────────┘                              └─────────────────┘
```

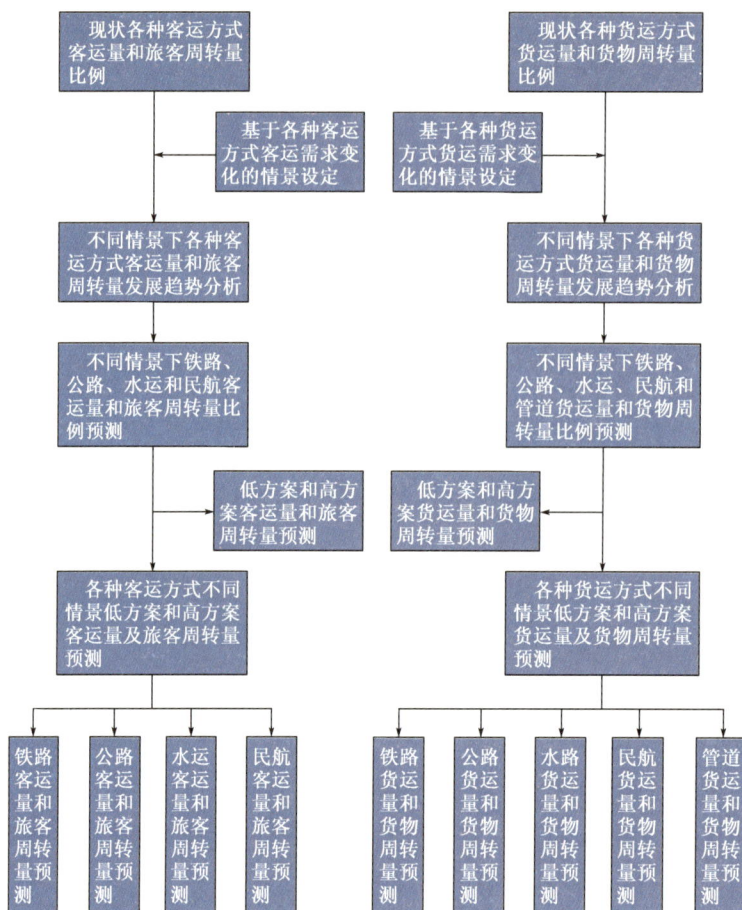

图 2-4　各种运输方式客货运量和客货周转量预测步骤

第二章
我国运输量的历史及现状分析

我国旅客运输量现状分析

一、客运总量

1. 营运性客运量

改革开放以来,我国客运量和旅客周转量呈现快速增长趋势。2017 年,我国全社会完成客运量和旅客周转量分别为 184.86 亿人次和 32812 亿人·km(表 2-1)。

我国 1980 年以来客运量及客运周转量变化 　　　　　　表 2-1

年份(年)	客运量(万人)	旅客周转量(亿人·km)
1980	341785	2281
1985	620206	4435
1990	772682	5628
1995	1172596	9002
2000	1478573	12261
2005	1847018	17467
2008	2867892	23197
2010	3269508	27894
2012	3804035	33383
2017	1848620	32812

续上表

指　　标	客运量增速(%)	旅客周转量增速(%)
1980—1990 年年均增速	8.50	9.45
1990—2000 年年均增速	6.70	8.10
2000—2010 年年均增速	8.26	8.57
2008—2012 年年均增速	7.32	9.53
2013—2017 年年均增速	-3.40	4.45

注:资料来源于各年《中国统计年鉴》,且 2008 年、2013 年公路客运统计口径有显著变化。

2. 小汽车客运量

表 2-1 中的旅客运输量数据仅包含营业性运输完成的运输量,不包含非营业性运输的小客车完成的客运量数据。与营业性运输方式比较,小客车享受独立空间且在较短距离内更为快速、便捷、舒适。近年来,随着我国机动化进程的推进和家庭小客车日益普及,自驾车旅行包括探亲、旅游、公务和商务等已经成为主要的出行方式之一,加上顺风车、汽车租赁、共享汽车等供给侧的新变化,小客车的出行量逐年大幅增长。

据《2016 中国高速公路运输量统计调查分析报告》显示,2016 年 1—10 月,我国 23 个省(自治区、直辖市)❶高速公路七座以下小客车通行量达到 372052 万辆次。以此为依据,按 23 个省份占全国的人口比例折算,1—10 月全国的高速公路小客车通行量为 446462.4万辆次,由此估算,2016 年全国高速公路小客车通行量约有 54 亿辆次。由《2016 交通运输行业发展统计公报》分析,全国高速公路平均日交通量是普通国道的约 2.1 倍,普通国道总里程为高速公路总里程的 3.6 倍。由此估算,2016 年普通国道小客车的交通量约为92.5 亿辆次,公路小客车交通量总计为 146.5 亿辆次。按每辆次乘坐 2 人估算,2016 年小客车客运量共计完成 293 亿人次。

据《2017 年中国高速公路运输监测报告》显示,2017 年,高速公路七座及以下小客车通行比 2016 年增长 15.6%。另据《2017 交通运输行业统计公报》显示,我国普通国道年平均机动车日交通量比 2016 年增长 7.0%。据此分别推算高速公路小客车交通量为 63亿辆次、普通国道小客车交通量 99 亿辆次,合计 2017 年公路小客车交通量达 162 亿辆次。按每辆次乘坐 2 人估算,2017 年,我国共计完成小汽车客运量为 324 亿人次。

二、客运结构

在旅客运输领域,在铁路、公路、民航以及水路四种运输方式中,公路(不包括小汽车)

---

❶　23 个省(自治区、直辖市)包括天津、河北、山西、辽宁、黑龙江、上海、江苏、浙江、安徽、福建、江西、山东、河南、湖北、湖南、广西、重庆、四川、贵州、陕西、甘肃、青海、宁夏。

完成的旅客运输比例持续上升,由 1980 年的 65% 提高到 2017 年的 78.8%;铁路旅客运输量比例由 1980 年的 27% 下降到 2012 年的低点 4.98% 后反弹至 2017 年的 16.7%;水路完成的旅客运输量大幅萎缩,占比由 1980 年的 7.7% 下降到 2017 年的 1.5%;航空旅客运输比例不断提高,由 1980 年的 0.1% 提高到 2017 年的 3.0%(图 2-5)。

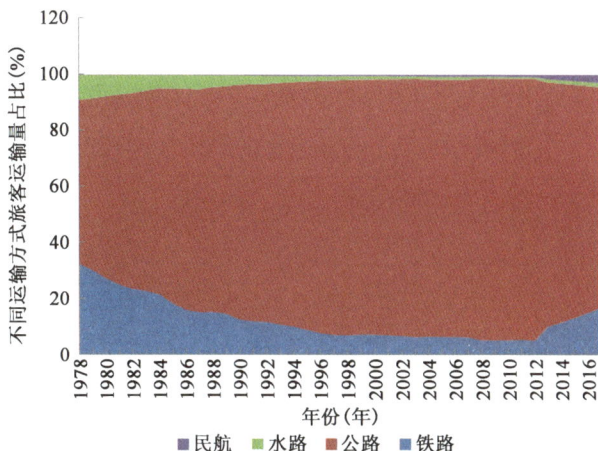

图 2-5　我国不同运输方式旅客运输量结构

注:数据来源于各年《中国统计年鉴》,且 2008 年、2013 年公路客运统计口径有显著变化。

在旅客周转量结构方面,铁路完成的旅客周转量比例从 1980 年的 60.6% 下降到 2017 年的 41.0%,所占份额最大;公路旅客周转量比例由 1980 年的 32% 提高到 2017 年的 29.8%,居第二位;民航旅客周转量比例大幅提高,由 1980 年的 1.74% 提高到 2017 年的 29.0%;水路完成的旅客周转量持续萎缩,占比由 1980 年的 5.7% 下降为 2017 年的 0.24%(图 2-6)。

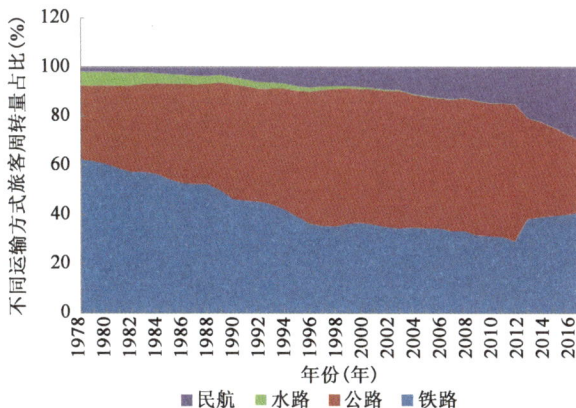

图 2-6　我国不同运输方式旅客周转量结构

注:数据来源于各年《中国统计年鉴》。

我国2017年完成全社会客运量509亿人次,其中公路含小汽车客运量470亿人次。全年铁路、公路、水路、民航完成的客运量份额分别为全社会客运量的6.1%、92.3%、0.5%和1.1%。营运性客运量占全社会客运量的36.4%。

三、人均出行次数

自1980年以来,我国人均出行次数不断增加(表2-2)。2017年,我国铁路、公路、水路、民航四类交通方式的人均出行次数达到13.30次。2017年小汽车人均出行次数为23.3次。

我国铁路、公路、水路、民航运输方式人均出行次数　　　　表2-2

年份(年)	总次数(次)	铁路(次)	公路(次)	水路(次)	民航(次)
1980	3.46	0.93	2.26	0.28	—
1990	6.76	0.84	5.67	0.24	0.01
2000	11.67	0.83	10.63	0.15	0.05
2005	14.09	0.89	12.94	0.15	0.11
2010	24.38	1.25	22.77	0.17	0.20
2015	14.14	1.84	11.78	0.20	0.32
2016	13.75	2.03	11.16	0.20	0.35
2017	13.30	2.22	10.48	0.20	0.40

注:数据来源于国家统计局,且2008年、2013年公路统计口径发生变化,水路统计数据不包括远洋数据。表中数据不包括小汽车出行数据。

四、旅客平均运距

客运平均运距也在不断延长。1980—2017年,我国旅客运输平均运距从67km延长到177km,各种运输方式的旅客平均运距呈现出不同的变化趋势,详见表2-3。2017年,小汽车的平均运距为55km。

我国铁路、公路、水路、民航运输方式旅客平均运距　　　　表2-3

年份(年)	综合(km)	铁路(km)	公路(km)	水路(km)	民航(km)
1980	67	150	33	49	1153
1990	73	273	40	61	1388
2000	83	431	49	52	1444
2005	95	523	55	35	1479
2010	85	523	59	32	1507
2015	155	475	66	27	1670
2016	164	447	66	26	1717
2017	178	436	67	27	1725

注:数据来源于各年《中国统计年鉴》。

五、客运区域特征

如图 2-7 所示,1979—2015 年,我国中、西部地区的客运量(不含水路)比例分别由 24.7% 和 17.7% 上升至 28.8% 和 29.4%,而同期东部地区由 38.8% 下降至 34.0%;东北地区由 18.8% 下降至 7.7%,比例下降最为明显。

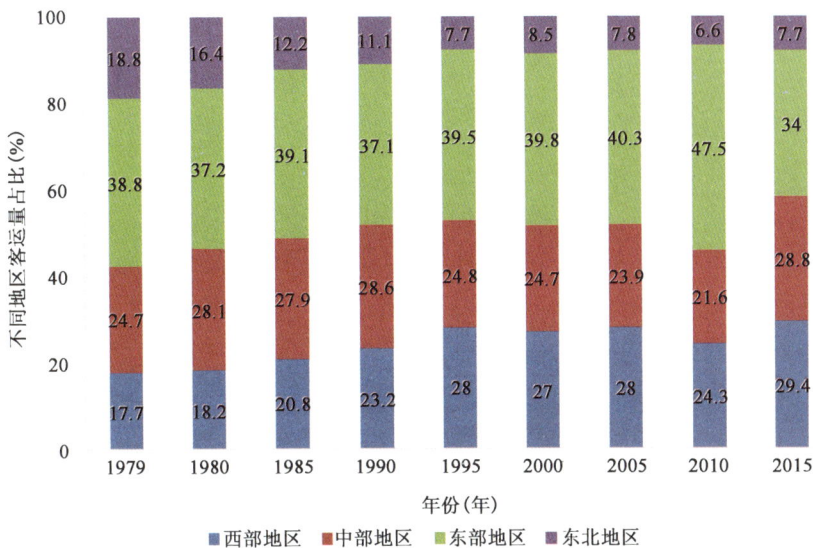

图 2-7　1979—2015 年我国四大板块客运量结构变化

据葛晓鹏、王庆云对胡焕庸线东西两侧客运总量变动的考察显示,胡焕庸线以东地区产生的客运量在 1979—2015 年一直保持在 94% 以上,是客运需求的密集区域;而胡焕庸线西侧的客运总量所占比例虽然随着我国西部开发的实施有所增长,但所占份额很小,2015 年达到的最高值也仅为 5.7%(图 2-8)。

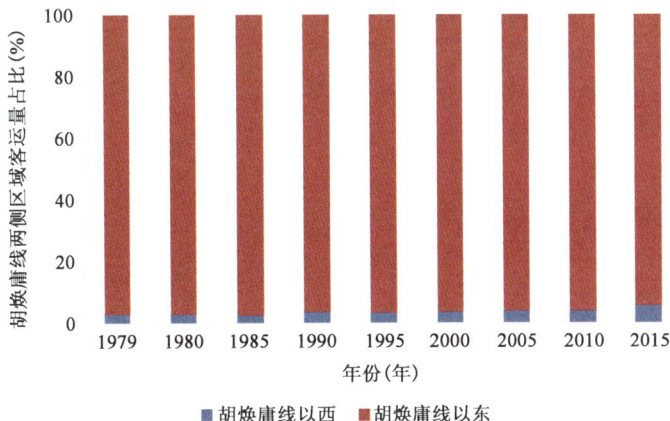

图 2-8　1979—2015 年我国胡焕庸线两侧区域客运量比例变化

六、客流分布

1. 铁路客流

高速铁路以高速度、大容量、集约型、全天候的特征,在中等距离的出行上具备较强的竞争力。蒋海兵、祁毅等的研究表明:高铁客运量城市集中于东部地区和区域中心城市。全国城市高铁客运量与城市等级体系、经济发展格局基本对应。高强度联系网络主要分布于东部城市群内部和东中部地区"四纵两横"沿线部分区段,中心城市密集地区的高速铁路联系强度普遍较高。

2. 高速公路客流

从高德地图的小汽车跨城出行数据看,人口越密集的地方城际出行量也越大。我国三大经济区城际出行量约占50%,其中长三角城市群小汽车城际出行量最大;山东半岛、中原、成渝地区城际出行量逐渐崛起,如图2-9所示。

图 2-9　全国排名前 20 的小汽车跨城出行城市对及小汽车交通量

七、国际旅客运输

据《中国交通年鉴(2017)》数据显示,2016 年通过我国边境口岸由中、外双方承运者完成的国际道路客运量(不含内地与香港特别行政区、内地与澳门特别行政区之间)为727.85 万人次,旅客周转量4.99 亿人·km。其中,由我国承运者完成的旅客运输量为374.33 万人次。

2016 年,全国铁路口岸完成出入境旅客运量47.26 万人次,比 2015 年下降8.69%,入境19.62 万人次,比 2015 年增长0.36%。

根据中国民用航空局发布的《2017 年民航行业发展统计公报》显示,2017 年,国际航线完成旅客运输量 5545 万人次,比 2016 年增长 7.4%;国际航线完成旅客周转量 2476.51 亿人·km,比 2016 年增长 14.6%。

从上述数据可见,国际旅客运输中由民航完成的旅客运输数量远远超过铁路和公路国际运输完成的数量。

第二节 我国货物运输量现状分析

一、货运总量

改革开放以来,随着中国经济的高速增长,货物运输量快速增长。1978—2017 年,我国国内生产总值增长了 34.51 倍,货运量和货物周转量分别增长 15.04 倍和 19.88 倍,在 2017 年分别达到 472.43 亿 t 和 192588.5 亿 t·km(图 2-10、图 2-11)。

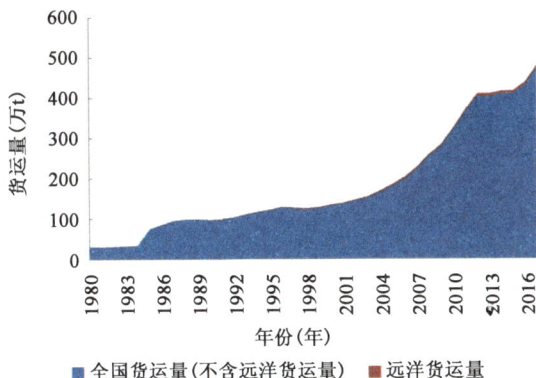

图 2-10　全国货物运输量变化情况

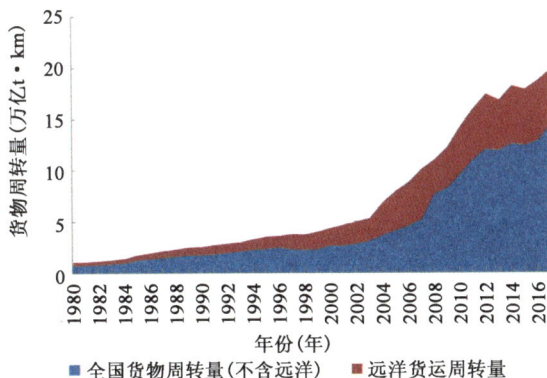

图 2-11　全国货物周转量变化情况

注:数据来源于各年《中国统计年鉴》,且 2008 年、2013 年公路统计口径发生变化。

二、货运结构

我国货运结构的变化情况如图 2-12、图 2-13 所示。除远洋运输外,铁路货运量占全国货运量的比例已由 1980 年的 36.30% 降低到 2017 年的 7.80%,同期货物周转量占比由70.61% 下降为 18.95%;而同期公路货运量占比由 46.39% 提高到 77.97%,货物周转量占比由 4.23% 提高到 46.93%。国内水路货运量占比由 1980 年的 13.88% 略下降到 2017年的 12.52%,但其周转量占比由 1980 年的 19.07% 增长到 2017 年的 30.59%。管道货运量在 1980—2017 年占比由 3.43% 下降至 1.70%,货物周转量同期占比由 6.06% 下降为3.36%。民航货运量和货物周转量占比虽有所增长,但占比较小,2017 年货运量和货物周转量占比分别为 0.015% 和 0.171%。各种运输方式货物量和货物周转量变化情况详见表 2-4。

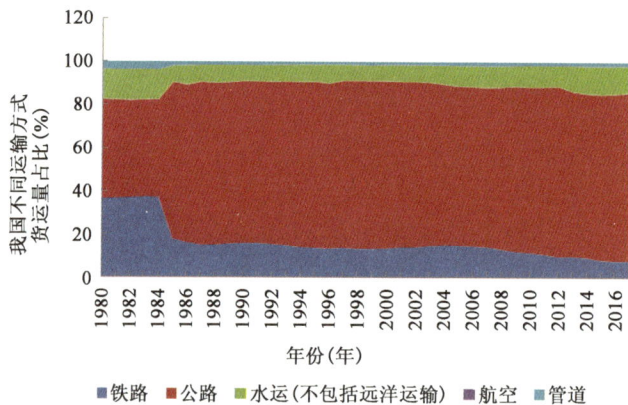

图 2-12　全国货运量结构变化(不包括远洋运输)

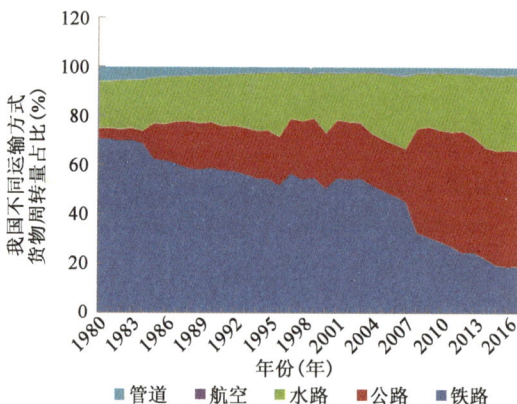

图 2-13　全国货物周转量的结构变化(不包括远洋运输)

我国货运量结构变化(不包括远洋运输)　　　　表2-4

年份(年)	货运量结构(%)					货物周转量结构(%)				
	铁路	公路	水路	航空	管道	铁路	公路	水路	航空	管道
1980	36.30	46.39	13.88	0.00	3.43	70.61	4.23	19.07	0.02	6.06
1985	17.68	72.80	7.67	0.00	1.85	62.34	14.60	18.41	0.03	4.63
1990	15.68	75.33	7.35	0.00	1.64	58.79	18.59	19.10	0.05	3.47
1995	13.61	77.10	8.03	0.01	1.25	54.44	19.59	23.42	0.09	2.46
2000	13.37	77.77	7.44	0.01	1.40	50.54	22.49	24.45	0.18	2.33
2005	14.85	73.99	9.43	0.02	1.71	49.70	20.84	26.66	0.19	2.61
2010	11.44	76.89	10.08	0.02	1.57	28.84	45.27	23.40	0.19	2.29
2011	10.82	77.62	9.97	0.02	1.57	26.79	46.72	23.71	0.16	2.62
2012	9.68	79.03	9.74	0.01	1.54	24.24	49.45	23.50	0.14	2.67
2013	9.85	76.39	12.13	0.01	1.62	24.45	46.72	25.76	0.14	2.93
2014	9.32	76.07	12.79	0.01	1.80	21.90	45.21	29.30	0.15	3.44
2015	8.19	76.81	13.14	0.02	1.85	19.14	46.69	30.24	0.17	3.76
2016	7.74	77.58	12.97	0.02	1.70	18.51	47.51	30.54	0.17	3.26
2017	7.80	77.97	12.52	0.01	1.70	18.95	46.93	30.59	0.17	3.36

三、货运强度

改革开放以来,我国货运强度(按照GDP当年价计算)变化趋势如图2-14所示。可以看出,我国货运强度在1996年前总体上呈现快速下降趋势,1996年以后货运强度基本平稳,2017年我国包括远洋货运的货运强度为2383.26t·km/万元,不包括远洋运输的货运强度为1720.28t·km/万元。

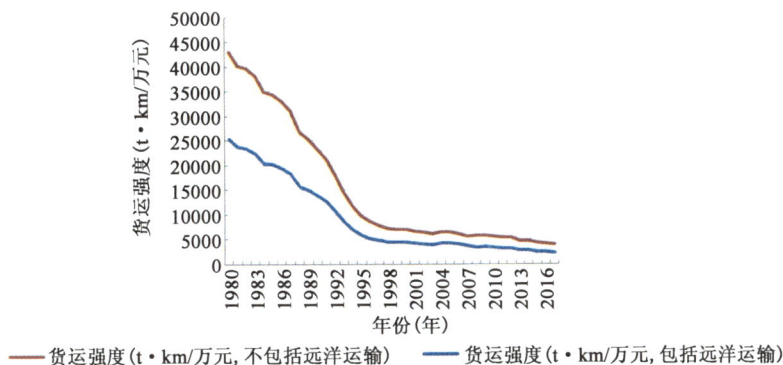

图2-14　我国货运强度变化情况

四、人均货运量

2017 年我国人均货运量为 34.57t,不包括远洋运输的人均货运量为 34.02t,而 1980 年我国人均货运量仅为 3.01t(图 2-15),增长了 10.5 倍。

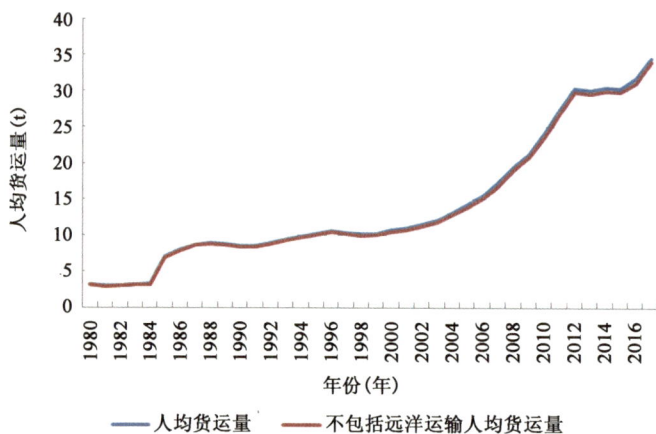

图 2-15 我国人均货运量变化

五、货物平均运距

1980—2017 年,我国货运平均运距从 220km 延长到 410km。公路和航空货物平均增幅较大,其中公路货运平均运距从 1980 年的 20km 延长到 2017 年的 181km,年均增幅 6.1%,高于同期其他方式的平均运距增幅(图 2-16)。

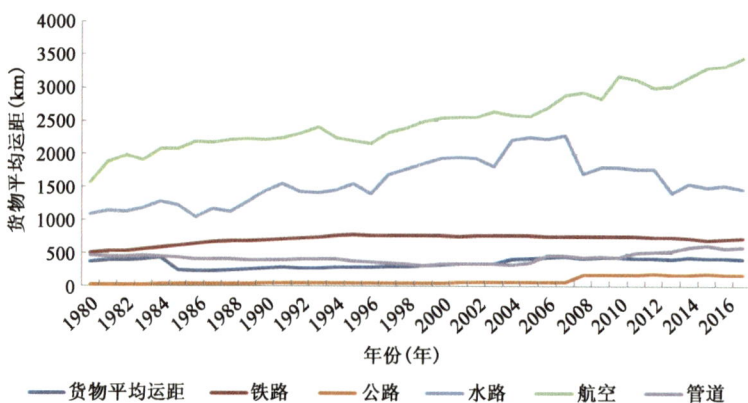

图 2-16 我国货运平均运距

六、货运区域特征

自 21 世纪以来,我国东、中、西部地区货运格局出现变化,主要表现为东部地区货物运输量所占比例均下降,而中、西部地区上升,其中中部地区增长幅度高于西部地区;东北地区货运量所占比例下降、货物周转量所占比例略有上升(图 2-17、图 2-18)。

图 2-17　2000 年以来我国货运量区域分布演变

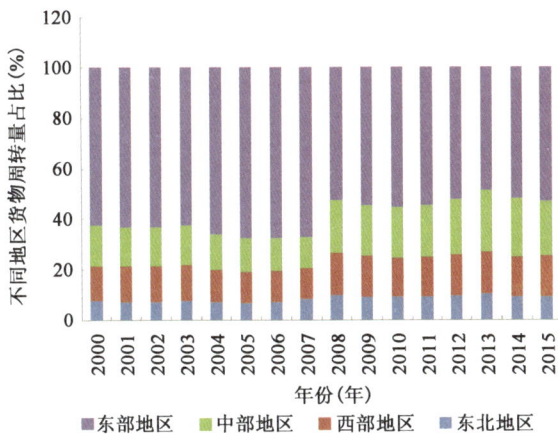

图 2-18　2000 年以来我国货物周转量区域分布演变

七、主要货类

根据《2014 中国高速公路运输量统计调查分析报告》显示,我国铁路、内河及沿海水路、高速公路干线运输的货类构成见表 2-5。不同种类的大宗货物运输量在各种运输方式中所占比例是不同的,铁路承担的大宗货类运输占铁路完成货运量的 90% 以上,内河及沿海水路承担的大宗货类运输量占内河及沿海水路完成运输量的 74.9%,高速公路承担的大宗货类运输量占高速公路货运量的 52.6%。

我国不同运输方式干线运输货类构成及大宗货物运输占比　　　　表 2-5

序号	货　类	大宗货物运输占比（%）		
		铁路	内河和沿海水路	高速公路
1	煤炭及制品	61.39	25.38	8.19
2	石油、天然气及制品	3.50	5.40	4.80
3	金属矿石	10.79	8.83	0.96
4	钢铁和有色金属	5.66	5.23	12.73
5	矿物性建筑材料	3.58	21.83	13.76
6	水泥	0.92	3.72	3.94
7	非金属矿石	2.26	2.34	3.47
8	木材	0.63	0.18	2.07
9	粮食	2.77	1.97	2.68
10	化肥和农药	2.20	0.24	0.94
11	盐	0.39	0.11	0.16
12	机械设备、电器	0.17	1.05	7.09
13	化工原料及制品	1.31	1.74	6.08
14	轻工、医药产品	0.60	0.87	17.39
15	农、林、牧、渔业产品	0.10	0.28	8.52
16	其他货类	3.63	20.83	7.22
17	合计	100.00	100.00	100.00
	货类 1—9 合计	91.50	74.88	52.60

八、货流分布

《国家运输廊道的运输需求特征分析及规划启示》一文指出,我国干线运输线路大都表现出"三七"的规律,即大致 30% 的骨干线网规模承担了 70% 左右的货物运输量或车公里数,如图 2-19 所示。这些廊道承担了东、中、西地区间物资互补性运输、南北物资调配、东北西北外运、西南出海、国际物资集散等重大物流服务功能。从线路覆盖情况来看,上述货运主要廊道涉及国家干线铁路里程约 2.3 万 km,约占铁路运营里程(不含高速铁路客运专线里程)的 25.6%;涉及国家高速公路里程约 2.7 万 km,约占已通车国家高速公路里程的 36.8%。总体上,我国现状货运主要廊道的空间分布与我国经济发展、贸易及人口、分布格局基本一致。我国多方式线路高货流强度区段分布如图 2-20 所示。

图 2-19　我国铁路、高速公路、内河航道货流分布图

九、国际货物运输

1. 水路

1）港口外贸吞吐量

港口是我国外贸货物运输的主要场所。据交通运输部发布的《2017 年交通运输行业发展统计公报》显示，2017 年全国港口完成外贸货物吞吐量 40.93 亿 t，比 2016 年增长 6.3%。其中，沿海港口完成 36.55 亿 t，增长 5.8%；内河港口完成 4.38 亿 t，增长 10.0%（图 2-21）。

我国外贸吞吐量由沿海少数主要港口完成，进行对外贸易运输的港口集中度较高。2015 年我国外贸货物吞吐量最大的前十位沿海港口分别是宁波舟山港、上海港、青岛港、天津港、唐山港、日照港、深圳港、大连港、北部湾港、广州港，其外贸货物吞吐量达 26.64 亿 t，占全国港口外贸货物吞吐量的 73.7%（表 2-6）。

图 2-20　我国多方式线路高货流强度区段分布图

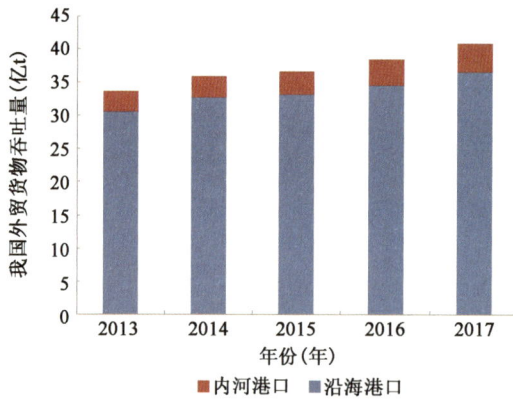

图 2-21　我国港口外贸货物吞吐量

2015 年我国对外贸易总量前十位港口及贸易量　　　　　　　表 2-6

序　号	港　口	进口(万 t)	出口(万 t)	总计(万 t)
1	宁波舟山港	30817	11288	42106
2	上海港	20460	17337	37797
3	青岛港	22676	9225	31901
4	天津港	20064	9788	29852
5	唐山港	25586	1897	27484

序　　号	港　　口	进口(万 t)	出口(万 t)	总计(万 t)
6	日照港	20014	7829	21096
7	深圳港	8212	10151	18363
8	大连港	8570	4453	13023
9	北部湾港	10627	1929	12556
10	广州港	7723	4145	11896
合计		187755	85324	266362
国内总计		261749	99624	361372
前十大港口占比(%)		71.7	85.6	73.7

注:数据来源于《中国航运发展报告(2015)》。

随着我国经济的快速发展和对对外资源和能源的需求持续走高,金属矿石、煤炭及制品,以及石油、天然气及制品等大宗货物在港口外贸吞吐量中占据较大比例(图 2-22),其在 2015 年占比分别为 43%、7.4% 和 15.2%。

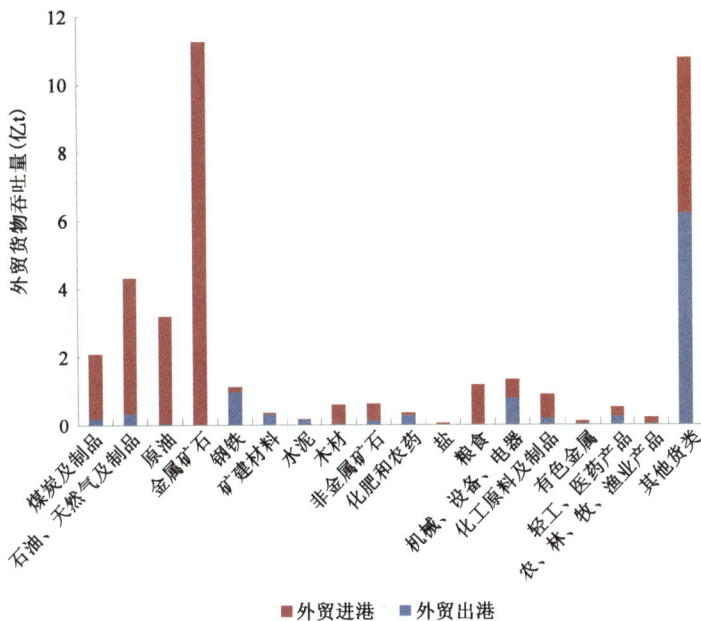

图 2-22　2015 年我国规模以上港口外贸货物分货类吞吐量

2)远洋运输量

20 世纪 80 年代之后,我国远洋货运量持续走高,尤其是在 2001 年加入 WTO 之后至 2008 年美国金融危机前,我国远洋货运量年均增幅达到 14.4%。2010 年我国远洋货运量基本上恢复到美国金融危机前水平,2017 年我国的远洋货运量为 7.60 亿 t(仅指由我国水运经营者的船舶完成的运输量,图 2-23)

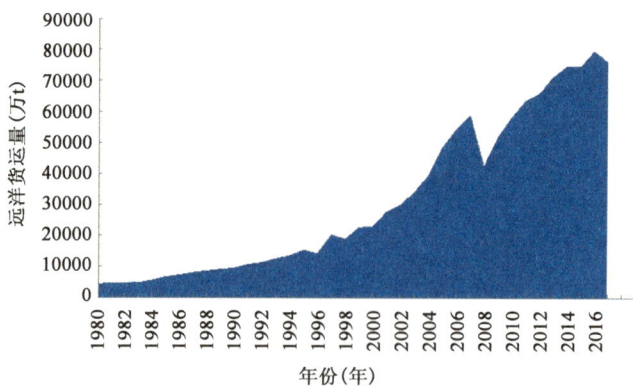

图 2-23　我国远洋货运量变化情况

注:数据来源于各年《中国统计年鉴》。

2.铁路

随着"一带一路"倡议的深化实施,我国国际货物运输逐步从单纯依赖远洋水运向海陆并举的阶段发展。自 2011 年 3 月我国首次开行中欧班列至 2018 年 8 月,中欧班列累计开行 10000 多列,覆盖国内 48 个城市,到达欧洲 14 个国家、40 多个城市。2016 年全国铁路口岸完成进出口运量 4261 万 t,比上年增长 13%。其中,进口完成 3519.3 万 t,增长 16%;出口完成 741.7 万 t,增长 1.3%❶。

3.公路

我国与周边国家的国际道路运输持续稳定发展,货运量也持续稳定增长。截至 2016 年,我国开通国际货运线路 147 条,2016 年通过中国边境口岸由中、外双方承运者完成的国际道路运输(不含内地与香港特别行政区、内地与澳门特别行政区之间)中,货物运输量为 4677.22 万 t,货物周转量为 26.28 亿 t·km。其中,由中方承运者完成的货运量 1279.94万 t。

4.航空

据《2017 年民航行业发展统计公报》显示,2017 年我国航空货运完成货邮运输量 706 万 t。国际航线完成货邮运输量 222.1 万 t,比 2016 年增长 15.0%,完成货邮周转量 170.59 亿 t·km,比 2016 年增长 13.9%。

---

❶　数据来源于《中国交通年鉴(2017)》。

第三章
发达国家运输需求的发展规律总结及借鉴

第一节 发达国家运输需求发展规律

一、发达国家旅客运输需求发展规律

1. 人均 GDP 达到上中等收入经济体前客运需求增长速度较快,之后增速放缓

根据美国旅客周转量统计数据,从 20 世纪 60 年代到 2000 年,旅客周转量一直处于增长态势;但增长速度在 20 世纪 70 年代人均 GDP 达到 7000~8000 美元之后趋于平缓,1970—1990 年的年均增长速度下降至 3.0% 左右。1990 年之后,美国人均 GDP 达到 2 万美元以上,客运周转量增长速度相较之前明显放缓,1990—2000 年年均增长速度下降至 2.3%。

1966 年,日本人均 GDP 突破 1000 美元,之后保持持续高速增长,70 年代初期即达到近 3000 美元,直至 1978 年人均 GDP 超过 8000 美元。此后由于受两次石油危机的打击,日本经济进入中速增长期,1974—1991 年日本人均 GDP 年均增长 4.3%,相较高速增长期下降了一半。与经济增长相对应,1960—1974 年日本客运需求增长最快,年均增长率为 5.9%;石油危机后,客运需求增长速度有所下降,1974—1990 年年均增速为 3.5%;1990 年以后日本出现经济危机,1990—2004 年 GDP 年均增速仅为 0.9%,之后旅客周转量增速进一步降低,并多有负增长情况出现。

2. 旅客运输需求与 GDP 增长速度密切相关

美国、英国的旅客周转量变化速度在趋于平缓的前提下,呈现与 GDP 变化高度相关的趋势(图 2-24、图 2-25)。

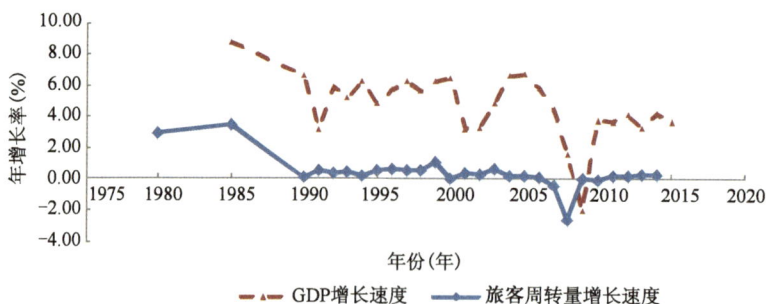

图 2-24　美国 GDP 与旅客周转量年增长率变化情况

注：1987 年和 2010 年数据的统计口径发生变化。

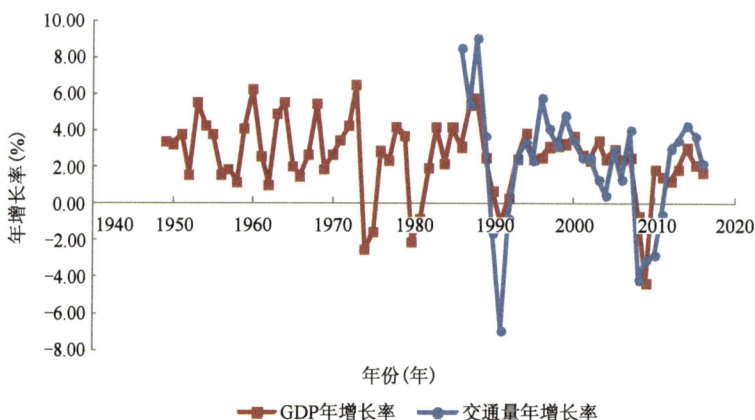

图 2-25　英国 GDP 与交通量年增长率变化情况

注：1987 年和 2010 年数据的统计口径发生变化。

3. 一定阶段内高端需求增长更快，长期出行结构趋于稳定

美国在一段时期内的民航客运等高端出行方式的增长速度明显快于其他方式（图 2-26），意味着民众在收入增长到一定水平后对于高端客运方式的需求增长更快，但远期趋于稳定。

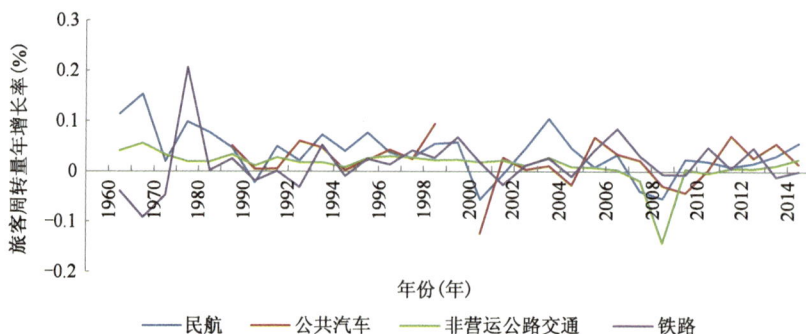

图 2-26　美国不同方式旅客周转量增长率变化情况

4.基础设施供给达到相当水平后与客运增长解耦

部分发达国家在客运量增长缓慢的情况下,交通基础设施供给总量基本保持不变甚至有所下降。以美国为例,20世纪60年代后铁路和民航基础设施供给有显著下降,铁路总里程从1960年的33万km下降到2015年的22万km,航班使用机场数从1990年的680个下降到2015年的537个,仅公路有缓慢增长,但支撑了一定的客运增长。英国铁路也从1990年的2.97万km下降到2015年的1.58万km,相应完成的铁路客运量则从11.86亿客次增长到17.18亿客次。

5.现有技术条件下人均出行具有"天花板"

以美国和英国为例,近年来人均出行次数均保持稳定。美国的每户年均出行次数从1983年的2628次增长到1995年的3828次,但之后又下降到2009年的3466次。英国的人均出行次数从1972年的956次增长到1990年的1094次,之后有所下降,2015年为914次。美国、英国的客运出行总距离也在出现峰值后出现下滑迹象,这可能与经济表现的周期变化有关。

因此,美国、英国都出现过客运出行总距离在达到峰值后又有所下滑的情况(图2-27、图2-28)。

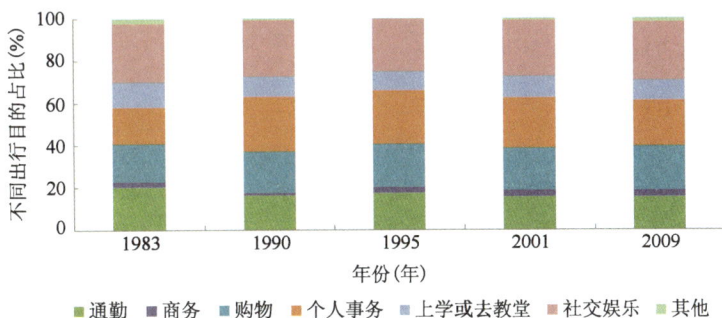

图2-27 美国出行目的构成

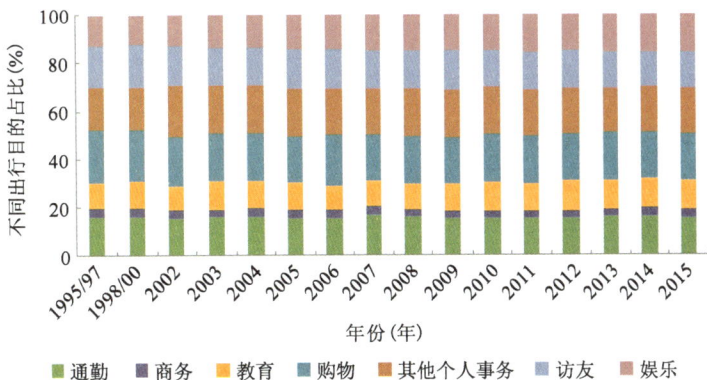

图2-28 英国出行目的构成

6.生产性和生活性出行比例基本稳定

以美国和英国为例,包括通勤、商务、上学等目的的生产性出行比例基本在30%左右(图2-29、图2-30),这表明在生活方式不发生明显变化的前提下,美国人和英国人的出行目的结构基本稳定。

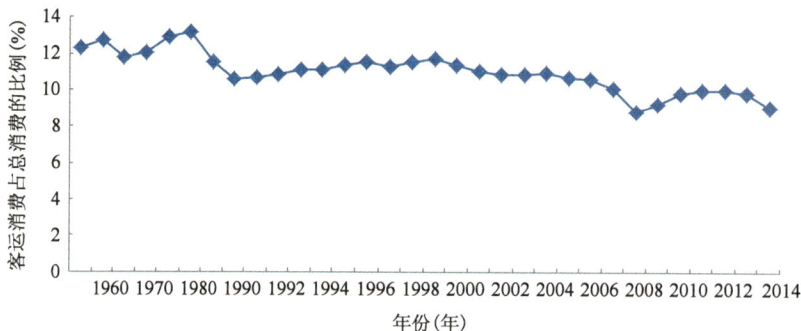

图 2-29　美国客运消费占总消费比例

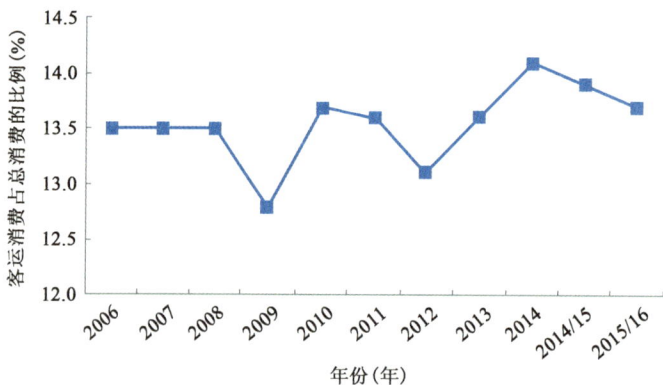

图 2-30　英国客运消费占总消费比例

7.客运消费占总消费比例较稳定

美国和英国比较,英国的客运消费占比稳定后保持在13%～14%。美国的客运消费占总消费比例较低,约为10%,且2008年有所下降。美国交通出行的主要方式是私人小汽车,且汽油价格较低,可能导致了交通消费占比较低。

二、发达国家货物运输需求发展规律

1.工业化后期货运增速均有放缓

货物运输需求增长速度和GDP增长速度间具有紧密的相关性,在经济较高速度发展时期,货运速度也较高。到工业化后期,随着GDP由高速向中高速、中低速以至低速发展阶段演变,货运增速也同样呈阶梯性下降趋势。

美国第二产业比例在 1950 年达到 47.2% 的顶峰后开始缓慢下降。在之后的近 20 年时间里,全社会货物周转量增速稳定在 3% ~6% 之间;20 世纪 80 年代,美国基本完成工业化后,货物周转量开始转向更低速的缓慢增长,1980—2008 年,美国全社会货物周转量年均增速仅为 1.2%(图 2-31)。

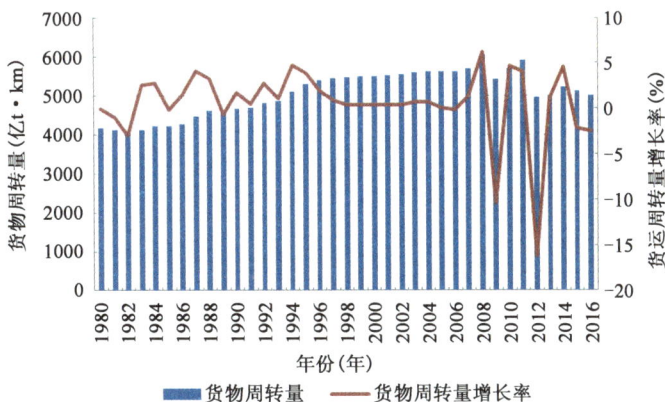

图 2-31 美国货物周转量及货物周转量增长率变化情况

20 世纪 70 至 80 年代初,日本受两次石油危机冲击,经济大幅下滑,货物周转量增速也由两位数迅速下跌至 2% 左右,虽经过 20 世纪 80 年代后期的经济复苏带动货运增速回升至 5% 左右,但在 20 世纪 90 年代受经济大衰退影响,货运增速再次下滑到 1% 以下,进入 21 世纪以后增长率基本停滞,2008 年金融危机导致其货运量跌至 20 世纪 80 年代末期水平(图 2-32)。

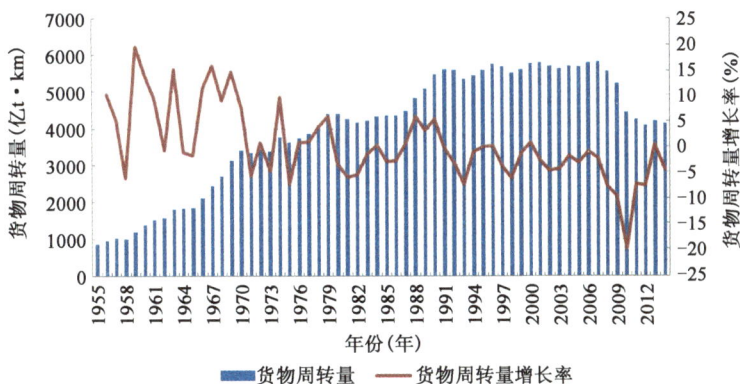

图 2-32 1955—2014 年日本国内货物周转量及货物周转量增长率变化情况

如图 2-33 所示,据英国交通运输部统计数据,英国 1970—1990 年全社会货物周转量年均增长 2.41%,其间受偶然因素影响,仅个别年份出现了大幅增长或下跌,但总体上呈现长期低速增长。进入 21 世纪之后,货物周转量基本稳定,并同样受 2008 年金融危机冲击而出现明显下滑。

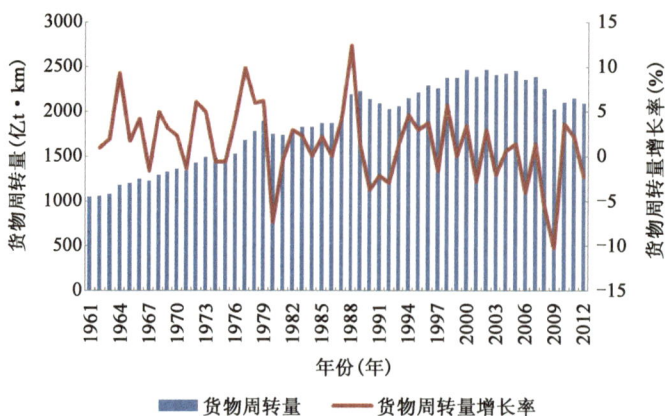

图 2-33　英国货物周转量及货物周转量增长率变化情况

美国、英国、日本货物周转量总量均出现了峰值。三国在货运量到达较高数值时都会进入低增速稳定期。但各国从增速放缓到低增速企稳所经历的时间跨度不同:美国若从 1960 年算起,至 1997 年增速稳定大概经历了 37 年;英国和日本若均从 1970 年算起,则分别经历了 30 年和 20 年(表 2-7)。

发达国家工业化后期至货物周转量增速稳定期间的年均增速(单位:%)　　　表 2-7

国　　家	总量增速	铁路增速	公路增速	水路增速	管道增速	民航增速
美国	1.6	2.4	3.4	−1.5	0.3	6.7
日本	2.4	−4.2	3.6	2.7	—	—
英国	2.1	−1.1	2.1	3.7	4.4	—

注:美国货物周转量总量及各方式数据来自美国交通运输部,时间跨度为 1980—1997 年;日本货物周转量总量及各方式数据来自日本统计局,时间跨度为 1970—1990 年;英国货物周转量总量及各方式数据来自英国交通运输部,时间跨度为 1970—2000 年。

在低增速稳定期,各国的货物周转量增长速度都在 1.0% 以下,其中日本货物周转量增速低于 0.5%,而英国货物周转量几乎零增长。

2. 货运强度存在不同程度的下降

在整个工业化阶段,美国、英国、日本三国的货运强度(即单位 GDP 的货物周转量)呈不断下降趋势。与这三国相比,我国货运强度较高,但人均货运强度处于中等偏低水平(图 2-34、图 2-35)。

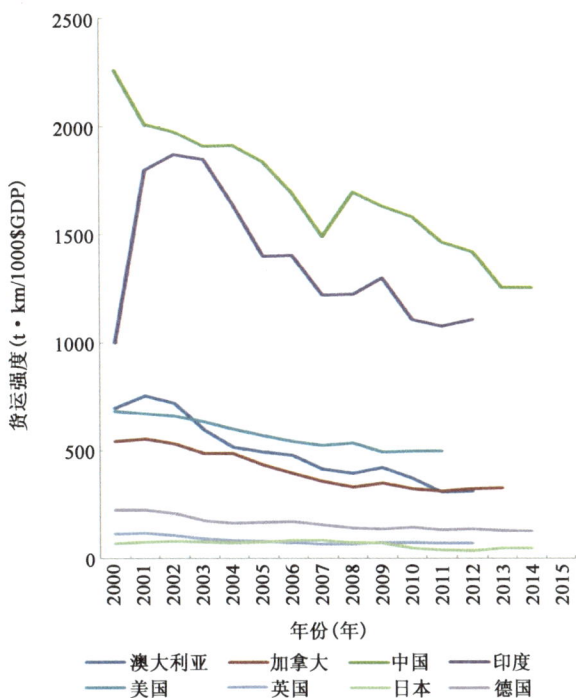

图 2-34　典型发达国家和我国货运强度

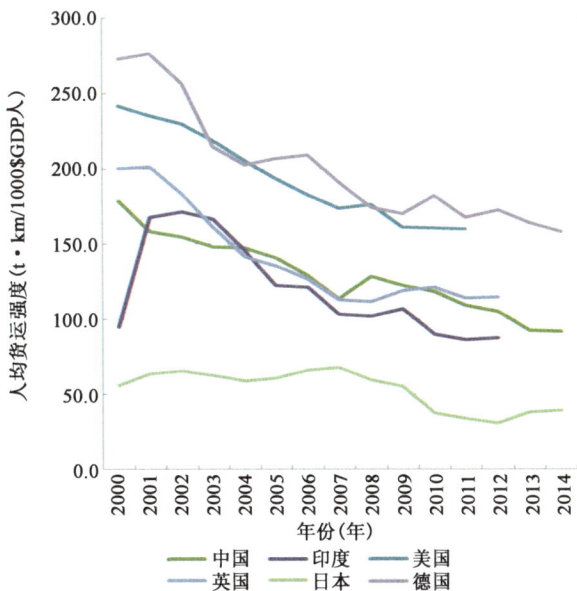

图 2-35　典型发达国家和我国人均货运强度

3.运输结构变化到一定阶段后保持基本稳定

各国的运输结构虽然由于其地理区位、资源禀赋、产业结构和商品种类等不同而有较大差异,但运输结构演变也有共同特征:运输结构变化到一定阶段后保持基本稳定。在工业化后期阶段经济增长放缓时,日本、英国出现了铁路货运比例的连续下滑(未找到美国1980年之前数据),在进入后工业化阶段后,由于人们更加重视环保,铁路货运比例倾向于稳定,甚至出现了小幅度上升。与此相对应,公路货运比例上升到一定阶段并保持基本稳定(图2-36~图2-38)。

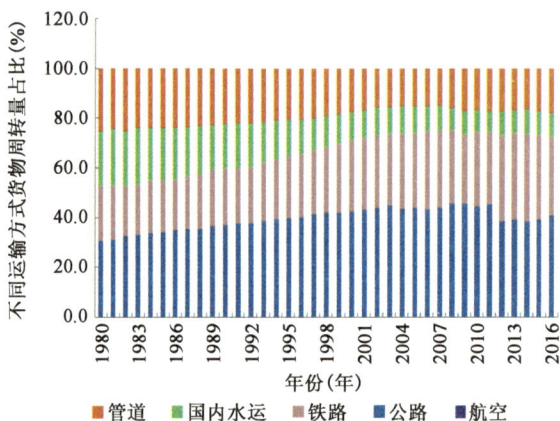

图 2-36　美国货物周转量结构变化情况

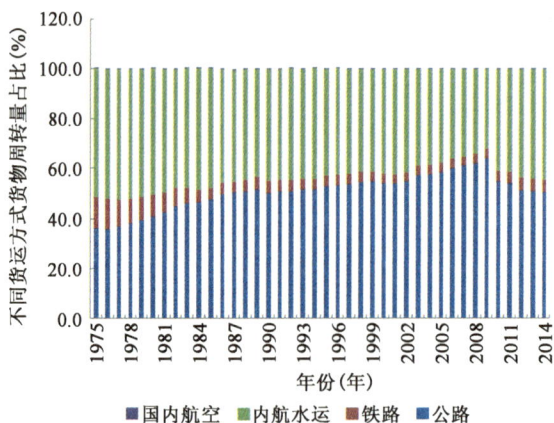

图 2-37　日本货物周转量结构变化情况

4.货运需求总量和结构受各国产业发展影响大

货运需求总量和结构与各国产业发展密切相关。美国进入后工业化阶段后,虽然不断地向国外转移产业,但由于其国土巨大,产业结构完整,钢铁、煤炭、矿石等大宗商品总产量有所上升,因此其货运总量依然缓慢增长,并保持了一段时间内铁路货运份额增加。

日本受岛国地理区位以及资源匮乏影响,其在重化工业调整时必然出现原料、初级品的需求降低,从而造成总货运量增速下降。其次,日本由于国土面积狭小,产业集中在东部沿海地带,"国内公路 + 国际水路"运输成为其主导的货运方式,而铁路货运所占比例较低。

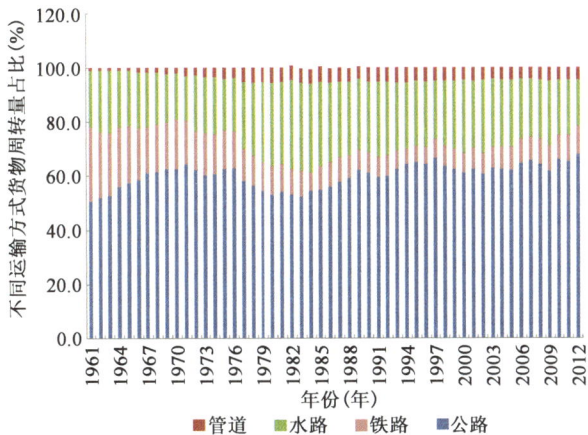

图 2-38　英国货物周转量结构变化情况

美国货运品类与其国内大宗产品的产量密切相关。在美国的铁路货运中,煤炭为主要货运品类。随着国内能源结构变化,煤炭消费减少,2001—2015 年,铁路煤炭运量下跌趋势明显。化学制品为铁路货运第二大品类,2001—2015 年,铁路化学制品运量呈上升态势(图 2-39)。

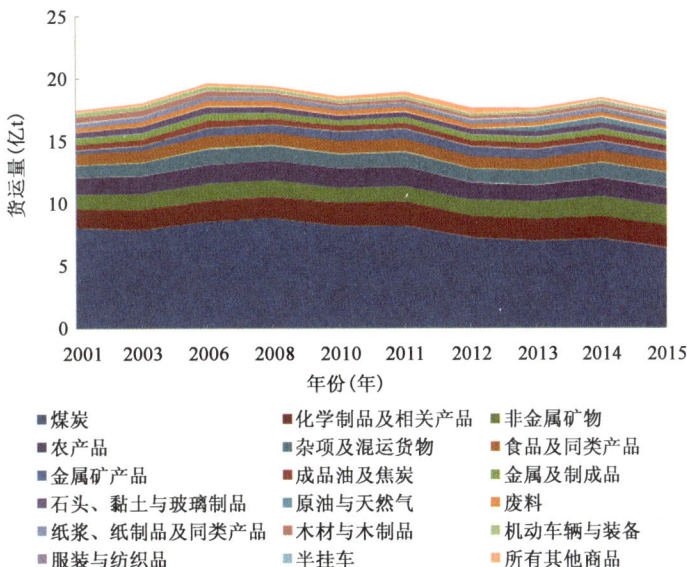

图 2-39　美国铁路货运品类及运量

在英国的铁路货运中,煤炭、建材、金属等大宗货类货运量的变化直接决定了英国货运总量的变化趋势。另外,英国铁路多式联运的货类占较大比例,并在近年呈现逐步增长的趋势(图2-40)。

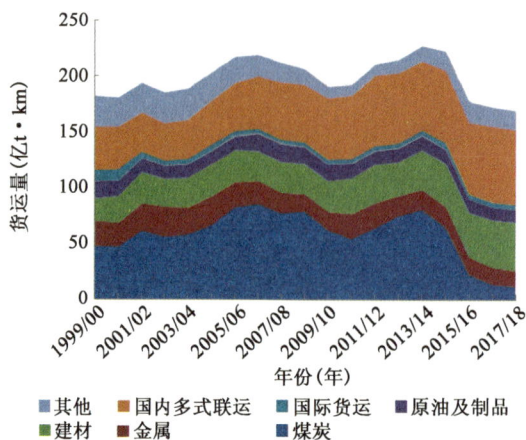

图 2-40　英国铁路不同货类货运量

日本主要货类的货运量变化情况如图2-41所示。日本在战后形成了偏重化工业的产业结构。重化学工业在制造业中所占的比例由1955年的49.4%增长到1961年的65.9%。受第一次石油危机冲击影响,1973年后,日本经济社会向节约资源的方向发展,且重化工业大规模向国外转移,造成煤炭、铁矿等矿产品需求锐减。受工业结构调整的影响,日本货运量增速也在放缓。20世纪90年代之后,日本的产业由以制造业为中心向高附加值产业转移。货运也随之进入"多品种、小规模、高密度"的时代,货运需求进一步减少。2008年,日本一方面受金融危机影响消费不振、企业生产受到抑制,另一方面,日本国

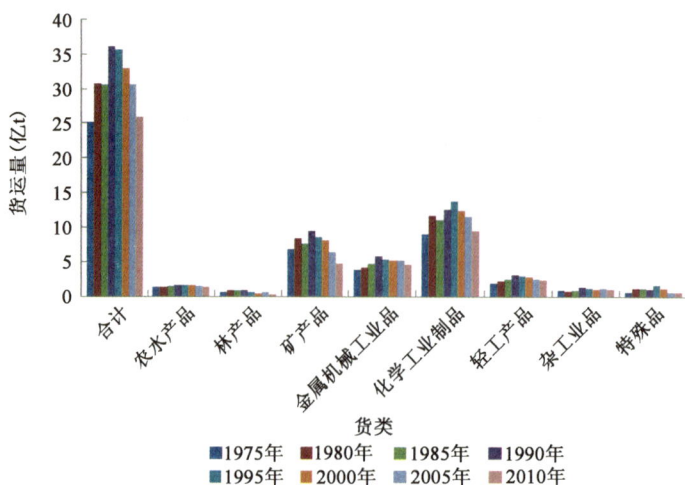

图 2-41　日本主要货类货运量变化情况

内耐用消费品基本普及并趋向饱和,从钢铁到半导体、个人电脑、汽车的生产量都有所回落,使日本国内货运量进一步下降。

第二节　借鉴和启示

我国当前经济发展阶段与美国 20 世纪 60—70 年代、日本和英国 20 世纪 70 年代第二产业比例达到峰值、第三产业比例开始反超第二产业的阶段相近,借鉴发达国家客货运输需求的普遍规律,可判断我国客货运输需求总量、结构等随着经济社会进一步发展变化的趋势。

不同国家由于其自然地理、资源禀赋、人口分布、产业结构、交通设施等的不同而各具特点,因此借鉴发达国家客货运输需求发展规律,不宜照搬照抄,还需要在把握我国特色的基础上进行深入分析。

我国具有国土大、人口多、资源禀赋不均衡等特征,其运输需求与发达国家的差异性在于:

(1)我国的客货运输规模更大;

(2)对完整产业链的维护决定了大宗货运不会有显著下降;

(3)受资源禀赋约束,我国的资源和环境无法支撑高能耗、高排放的交通运输系统;

(4)胡焕庸线的东、西两侧具有迥异的自然地理、人口、经济产业特征以及客货运输需求特征。

因此,预测我国的客货运输需求,需要在借鉴普遍规律的同时,准确把握我国不同地区客货运输的发展特征。

第四章
未来经济社会发展形势
及其对客货运输需求的影响

第一节 经济产业发展形势

一、经济发展

1. 发展趋势

自改革开放以来,我国经济保持高速增长。截至 2017 年,我国 GDP 总量已超过 82.7 万亿元,按可比价计算是 1978 年的 34.5 倍,年均增速达 10.04%。许多机构和专家对我国未来经济发展走势进行了预测。

中国社会科学院数量经济与技术经济研究所李平在其《"两个一百年"目标及经济结构预测》中认为:2016—2020 年,我国 GDP 平均增长率仍将保持在 6.5% 左右,到 2020 年,我国 GDP 总量将达到 82.2 万亿元,为 2010 年的 2.0 倍;2021—2035 年,我国 GDP 平均增长率将保持在 5.0% 左右(其中 2021—2025 年平均为 5.6%,2026—2030 年平均为4.9%,2031—2035 年平均为 4.5%)。2036—2050 年,我国 GDP 平均增长率很可能仅仅维持在 3.6% 左右(其中 2036—2040 年平均为 4.0%,2041—2045 年平均为 3.6%,2046—2050 年平均为 3.2%)。2050 年中国不变价 GDP 规模将为 2020 年的 3.6 倍、2030 年的 2.1 倍、2040 年的 1.4 倍。中国大约在 2035 年超过美国,成为世界第一经济大国。中国人均 GDP 将于 2050 年左右达到欧盟和日本水平,但由于汇率(人民币贬值)因素,2050 年美国依然保持人均 GDP 世界第一地位。

本研究参照李平等专家预测,分别按照低方案、高方案预测我国 GDP 增速,预测值见

表 2-8。

我国 GDP 增速预测　　　　　表 2-8

名　　目	高　方　案	低　方　案
2015—2020 年年均增速(%)	7.0	6.5
2020—2030 年年均增速(%)	6.0	5.0
2030—2045 年年均增速(%)	4.5	4.0

2. 对运输需求的影响

根据运输需求和经济发展关系的规律,客货运输需求总量仍然与 GDP 增长保持一定的弹性关系。一般来说经济的增长会导致客货运输需求量的增加。未来 30 余年,随着我国经济的增长,客货运输需求呈现总体上升的趋势。

二、经济结构

1. 发展趋势

据中国社会科学院工业经济课题组研究预测,我国第一产业占 GDP 的比例将由 2015 年的 8.8% 逐步下降至 2050 年的 6.2%;同期第二产业比例将由 40.9% 下降至 31.3%;第三产业比例则由 50.2% 上升至 62.6%(表 2-9)。

2020—2050 年我国产业结构比例预测　　　　　表 2-9

产业结构	2015 年	2020 年	2030 年	2050 年
第一产业(%)	8.8	7.2	6.5	6.2
第二产业(%)	40.9	39.0	34.9	31.3
第三产业(%)	50.2	53.8	58.7	62.6

李平对三次产业结构的预测结果与中国社会科学研究院工业经济课题组相似:2020 年第三产业增加值在 GDP 中的比例将上升到 55.3%;2050 年第三产业增加值在 GDP 中的比例将上升到 67.2%,第三产业在国民经济中处于绝对主体地位(表 2-10)。

我国产业结构比例预测　　　　　表 2-10

年份(年)	三次产业结构期末值(%)		
	第一产业	第二产业	第三产业
2015	8.8	40.9	50.2
2020	7.3	37.4	55.3
2030	5.0	34.0	61.0
2040	3.7	32.0	64.3
2045	3.2	31.1	65.7
2050	2.8	29.9	67.2

此外,李平还对我国未来经济结构进行了预测:未来30余年,我国城镇居民消费比例将逐渐增加,而农村居民消费和政府消费比例将逐渐减少。农村居民消费比例减少的主要原因在于未来30余年,随着城镇化的大力发展,大量农村居民会逐渐转变成城镇居民,农村总人数会逐渐减少;政府消费比例下降的主要原因在于其消费增长率小于城镇居民消费增长率,因此其相对占比逐渐下降,详见表2-11。

2015—2050 年我国消费及其结构变化预测 表 2-11

年份 (年)	农村居民消费 (亿元,当年价)	城镇居民消费 (亿元,当年价)	政府消费 (亿元,当年价)	农村居民消费在 总消费中的占比 (%)	城镇居民消费在 总消费中的占比 (%)	政府消费在 总消费中的占比 (%)
2015	55914	205365	83872	16.2	59.5	24.3
2020	69550	321477	124160	13.5	62.4	24.1
2025	90472	497984	184811	11.7	64.4	23.9
2030	125012	744389	267071	11.0	65.5	23.5
2035	172847	1096343	376971	10.5	66.6	22.9
2040	238052	1573007	522780	10.2	67.4	22.4
2045	322210	2197469	702417	10.0	68.2	21.8
2050	429871	2991728	920532	9.9	68.9	21.2

以投资拉动型为主的经济增长在未来将逐步转变为以市场需求为导向的消费增长,尤其是居民消费增长,将成为未来我国经济增长和发展的主要动力(表2-12)。

2016—2050 年我国经济增长动力及其结构变化预测 表 2-12

年份 (年)	最终消费 (亿元,当年价)	资本形成 (亿元,当年价)	净出口 (亿元,当年价)	最终消费在 GDP 中的占比 (%)	资本形成在 GDP 中的占比 (%)
2016	393487	332662	24781	52.4	44.3
2020	566651	446810	23222	54.7	43.1
2025	881314	639762	16814	57.3	41.6
2030	1322359	887252	2987	59.8	40.1
2035	1932198	1202254	−19804	62.0	38.6
2040	2755658	1594452	−52396	64.1	37.1
2045	3837031	2069201	−93870	66.0	35.6
2050	5217447	2627085	−140471	67.7	34.1

注:资本形成是指投入产出表中的"固定资产投资"项与"存货增加"之和;净出口为货物和服务净出口,不包括投入产出表中的"误差调整项";支出法 GDP = 资本形成投资 + 最终消费 + 净出口。

参照不同专家预测,本研究对产业结构的预测结果见表2-13。由此可见,三次产业结构也将明显高度化,第一产业占 GDP 的比例将由 2017 年的 7.9% 逐步下降至 2045 年的 4.0% ~5.0%;同期第二产业比例将由40.5%下降至31.0% ~32.0%;第三产业比例则由50.2%上升至63.0% ~65.0%。

2020—2045 年我国产业结构预测结果 表 2-13

名 目	实 际	高 方 案			低 方 案		
年份(年)	2015	2020	2030	2045	2020	2030	2045
第一产业(%)	8.8	7.2	5.0	4.0	7.3	6.0	5.0
第二产业(%)	40.9	37.4	34.0	31.0	38.9	34.0	32.0
第三产业(%)	50.2	55.4	61.0	65.0	53.8	60.0	63.0

2. 对运输需求的影响

随着我国工业化的发展和产业结构的优化,第三产业比例增加,分工进一步细化,产生了对生产性服务业的大量需求,今后将形成更多的商务出行,尤其对航空、高速铁路等快速、高服务质量的客运出行有更加明显的促进作用。伴随着消费主导经济格局的形成,人民群众的收入水平不断提高,人民群众对出行费用的承受能力不断增强。各种满足精神需要、自我价值实现、追求生活质量的出行消费需求将快速增加,不仅会增加以旅游观光、休闲疗养和文化娱乐为目的的出行,而且也将改变交通消费模式,人们选择出行方式时将更加注重时间、安全性和舒适度等因素的影响,因此私人小汽车、高速铁路和民航的出行需求将会相应增加。

随着未来第二产业比例的下降及第三产业比例的上升,煤炭、铁矿石和钢铁等大宗货物的运输需求也会有所下降,高附加值产品在产品结构中所占比例稳步上升,导致运输强度进一步显著下降。产业结构的调整还将导致产品结构中高附加值化和轻型化产品比例明显增大,人民群众消费水平的提高将对消费品有更多的需求,促进小批量、多批次、高价值货运需求量的增加,以及对更快速、更便捷、更准时物流配送需求的增加,从而促进航空、公路等货运需求的增加。

三、城镇化

1. 发展趋势

2017 年,我国常住人口城镇化率达到 58.5%。与其他国家相比,我国的城镇化率仍然较低,不仅低于发达国家 80.7% 的平均水平,也低于世界中上等收入国家 61.8% 的平均水平。参考世界城镇化发展规律,我国正处于城镇化快速发展的中期阶段(图 2-42)。

据李平预测,我国城镇化率将于 2020 年达到 60.0%,2030 年达到 65.5%,2040 年达到69.0%,2050 年达到 71.0%。高春亮、魏后凯预测,2020 年、2030 年、2040 年和 2050 年城镇化率分别为 60.34%、68.38%、75.37% 和 81.63%。

《国民经济和社会发展第十三个五年规划纲要》提出,要加快构建以陆桥通道、沿长江通道为横轴,以沿海、京哈京广、包昆通道为纵轴,大中小城市和小城镇合理分布、协调发展的"两横三纵"城市化战略格局(图2-43)。其中,珠三角、长三角和环渤海三大城市群,将形成能够容纳5000万到1亿人口的具有国际影响力的特大城市群。哈长、海峡西岸、中原、长江中游、北部湾、成渝、关中等地区,将形成一批3000万~5000万人口及以上的大城市群。城市群将汇集世界级港口、机场、通信中心、金融和市场营销中心,将是未来30余年国家经济增长的主要地区。

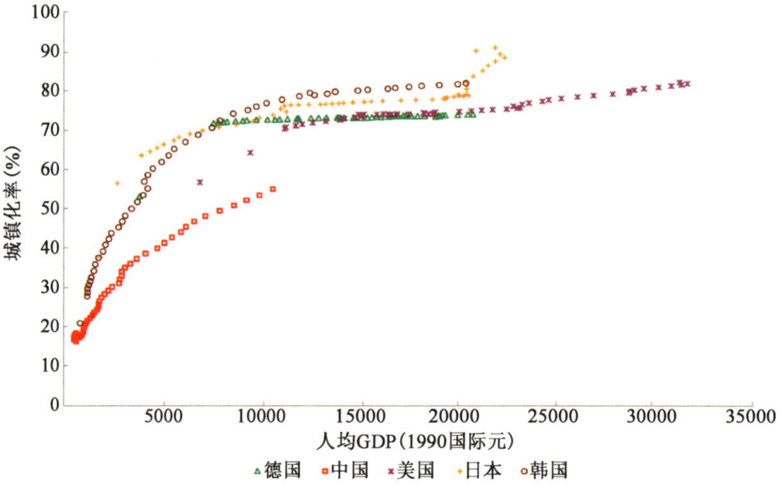

图 2-42　中国和部分国家的城镇化水平比较

图 2-43　未来我国主要城市群空间布局

参照不同专家预测,本研究对城镇化率的预测结果见表2-14。

我国城镇化率发展预测　　　　　　表2-14

年份(年)	城镇化率(高方案,%)	城镇化率(低方案,%)
2020	63	60
2030	70	66
2045	75	70

2.对运输需求的影响

2030 年前,随着城镇化进程的推进,流动人口将逐渐真正融入城市,消除"打工心态"和"过客心理",从思想观念、生活方式、社会交往方式等方面真正适应现代城市生活。2030 年后,随着我国城镇化水平的提高,农村人口的转移速度会逐步趋于平缓下降,形成基本稳定的比例结构。转化为城市居民的流动人口客运出行特征将逐渐城市化,每年大规模的"候鸟迁徙"状态将发生改变,同时城镇客运需求则逐步增加。城镇人口重心虽将向中西部转移,但总体上不改变胡焕庸线基本格局,即胡焕庸线东西两侧的客运需求所占比例差距虽将有所缩小,但仍将保持"东高西低"的基本格局。胡焕庸线以西地区的客货运输需求将主要沿丝绸之路廊道增长。

城镇化水平的提高也会促进房地产等相关产业的发展,因此与之对应的货运需求将保持一定增长。另外,城镇化水平的提高将对货运服务、物流需求从质上提出更高要求,即要求运输更加安全、准时、方便、快捷。

四、能源生产与消费

1.发展趋势

我国的能源结构及生产力布局等决定了工业化进程中的货运格局。许多机构和专家对我国未来的能源发展走势进行了预测。

中国工程院重大咨询项目"推动能源生产和消费革命战略研究"提出,未来能源革命须牢固树立"环境优先、效率至上、市场主导、安全持续"的能源发展理念,明确了"三大发展阶段":2020 年前为能源结构优化期,主要是煤炭的清洁高效可持续开发利用,淘汰落后产能,提高煤炭利用集中度,到 2020 年煤炭、油气、非化石能源消费比例达 6:2.5:1.5;2020—2030 年为能源领域变革期,主要是清洁能源尤其是可再生能源替代煤炭战略,2030 年煤炭、油气、非化石能源消费比例达 5:3:2;2030—2050 年为能源革命定型期,形成"需求合理化、开发绿色化、供应多元化、调配智能化、利用高效化"的新型能源体系,2050 年煤炭、油气、非化石能源消费比例达 4:3:3。

国际能源署(IEA)发布的《世界能源展望2016》指出:近几十年来,中国基础设施建设高度依赖能源密集型工业部门,主要是钢铁和水泥行业。目前,这些行业的能源需求已经过了高点,且下降趋势预计将持续到2040年,并拉低中国的工业煤炭消费水平。中国的煤炭需求早在2013年就已经达到了峰值,并将于2040年在2013年的基础上再减少15%。近期中国几乎所有的新增发电量都来自煤炭以外的能源,煤炭在发电量中的占比会从现在的将近75%降低到2040年的不足45%。中国与能源相关的CO_2排放会达到平台期,仅略高于当前的水平。未来数十年内,可再生能源和天然气将成为满足能源需求的"主力军"。

国家发展和改革委员会能源研究所在《推动能源生产和消费革命的实施途径研究》中对我国能源发展趋势的判断是:在不同情景下,我国能源消费增速将随着工业化发展阶段的转换而日趋饱和,但在未来15年内仍将维持1.7%左右的年均增速。到2030年,我国能源消费总量约为55亿t标准煤。2030年后,如果没有新的产业革命和能源需求出现,能源增速可能会大幅度放缓。化石能源总量将在2020—2035年达到峰值。该报告建议我国能源革命的基础性目标可设定为:到2020年、2030年、2050年一次能源等消费量分别控制在48亿t、55亿t、59亿t标准煤以下;可再生能源占比分别达到16%、23%和36%。

中国石油经济技术研究院(ETRI)发布的《2050年世界与中国能源展望》预测,我国一次能源[1]需求将于2040年前后达到58亿t标煤(40.6亿t标油)的峰值水平,而化石能源需求则将于2030年达到峰值。相应地,与能源相关的CO_2排放也将在2030年达到峰值。一次能源消费呈现清洁、低碳化特征。清洁能源(天然气和非化石能源)是2030年前新能源主体,2030年后逐步替代煤炭,2045年前后占比超过50%。2050年,煤炭、油气和非化石能源将呈"三分天下"的局面。

本研究综合以上机构预测,分别按照高方案、低方案两种情景对化石能源需求量进行取值,预测结果见表2-15。

我国一次能源需求总量发展预测 表2-15

年份(年)	一次能源需求 (高方案,亿t标准煤)	一次能源需求 (低方案,亿t标准煤)
2020	50	45
2030	60	51
2045	55	48

[1] 按能源的基本形态分类,能源可分为一次能源和二次能源。一次能源,即天然能源,指在自然界现成存在的能源,如煤炭、石油、天然气、水能等。一次能源又可分为可再生能源(水能、风能及生物质能)和非再生能源(煤炭、石油、天然气、油页岩等)。

2. 对运输需求的影响

我国能源发展水平和结构调整对能源运输格局产生巨大影响。在我国经济发展新阶段,产业结构发生较大变化,能源强度下行新能源、绿色能源的比例增长,煤炭产量在达到峰值后逐渐减少,使煤炭运输需求相应降低。自 20 世纪 80 年代以来,以煤炭为主的能源结构对铁路、水路承担煤炭运输产生极大要求,并造成巨大压力。当未来煤炭需求达到峰值并逐步下降时,将基本消除铁路和水路运能紧张的状况。

受能源需求和结构变化影响,特高压输电变长距离运煤为长距离输电,也将减少煤炭运输量。据有关部门测算,一条特高压直流输电线路和一条特高压交流输电线路的年输电量,分别相当于运输 2000 万 t 和 2500 万 t 原煤。按照国家电网 2013—2020 年建设计划,到 2020 年将建成 10 条特高压交流输电线路、27 条特高压直流输电线路。如规划实现,在特高压线路满负荷运行情况下,预计可替代 5 亿 t 以上原煤运输量。

另外,未来提高石油、天然气占比的能源格局将对管道运输提出更多要求。根据《石油发展"十三五"规划》,"十三五"期间,我国将建成原油管道约 5000km,新增一次输油能力 1.2 亿 t/年;建成成品油管道 12000km,新增一次输油能力 0.9 亿 t/年。到 2020 年,累计建成原油管道 3.2 万 km,形成一次输油能力约 6.5 亿 t/年;成品油管道 3.3 万 km,形成一次输油能力 3 亿 t/年。根据《天然气发展"十三五"规划》,"十三五"期间,我国新建天然气主干及配套管道 4 万 km,2020 年总里程达到 10.4 万 km,干线输气能力超过4000 亿 m³/年,比 2015 年的 2800 亿 m³/年增长 42.85%。管道运输能力的增强将降低油气对铁路、公路运输的需求。

五、对外贸易发展

1. 发展趋势

我国货物进出口总额在 2013 年首次超过美国,跃居世界第一位。2014 年,我国货物进出口总额占世界进出口总额的比例上升至 11.3%。党的十八大以来,中国提出"一带一路"倡议,目前已与 30 余个国家签订了"一带一路"共建谅解备忘录,积极规划中蒙俄、新亚欧大陆桥、中国—中亚—西亚、中国—中南半岛、中巴、孟中印缅六大经济走廊建设(图 2-44)。相关预测表明,随着经济全球化的进一步发展以及"一带一路"倡议的实施,我国工业制成品出口仍将保持较快增长。同时,经济增长、产业转型和消费升级对能源、粮食、先进设备、高端零部件、高档消费品仍有较强的进口需求,我国进出口总量位居世界前列的格局短期内不会发生改变,我国货物进出口的流向也将随六大经济走廊的贯通而更加多元化。

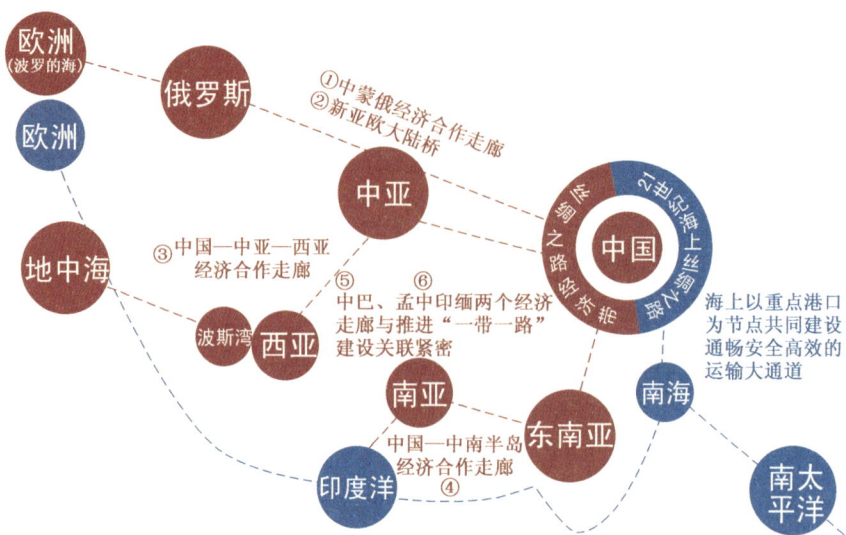

图 2-44　中国"一带一路"的六大经济走廊

2. 对运输需求的影响

我国对外贸易的持续增长将带来进出口货物运输量的增加。外贸运输既要满足商品货物量的增加需求,也要保障商品运输结构的变化。随着我国经济和产业水平的升级,外贸运输要更多地面向机械、电器、各类消费品等制成品,包括集装箱运输的持续性增长需求。同时,继续面向大宗原料性物资运输和农产品运输,包括铁矿石等金属矿石、石油和天然气等调整性运输需求。此外,航空运输加快了商品送达速度,"一带一路"倡议开辟了陆上的铁路运输。因此,未来的外贸运输必须满足可靠性、即时性、安全性和经济性的高要求。

第二节　社会发展态势分析

一、人口发展

1. 发展趋势

2017 年底,我国人口总量达到 13.90 亿人。根据联合国发布的《2015 世界人口预测》,我国人口将于 21 世纪 30 年代达到峰值 14.2 亿人,进入 21 世纪 40 年代后人口转为负增长,2050 年从峰值减少至 13.5 亿人。

《国家人口发展规划(2016—2030 年)》(国发〔2016〕87 号)指出,未来十几年特别是

2021—2030 年,我国人口发展进入关键转折期。根据预测,我国人口总量将在 2030 年前后达到峰值。在这一时期,劳动年龄人口波动下降,老龄化程度不断加深,人口流动仍然活跃,家庭呈现多样化趋势。

国家卫生和计划生育委组织开展的《实施全面两孩政策人口变动测算研究》预计,在落实全面两孩政策后,我国人口数将在 2028 年达到峰值 14.5 亿人。本研究综合参照上述专家预测,分别按照高方案、低方案两种情景进行取值,预测结果见表 2-16。

我国人口总量预测结果 表 2-16

年份(年)	高方案(亿人)	低方案(亿人)
2020	14.2	14.1
2030	14.5	14.2
2045	14.0	13.7

2. 对运输需求的影响

一般来说,人们的收入水平与人均出行次数呈正相关关系,当收入水平提高后,人均出行次数也会相应增加。我国人口基数大,人口数量和人均出行次数的增减都将使客运需求发生较大变化。人口老龄化发展趋势将导致生产性出行比例降低,观光、旅行、休闲等消费性旅行增多,并对出行的品质、舒适性等提出更高要求。同时,人口老龄化以及人民群众收入水平的提高会形成人口随季节迁徙的"新候鸟"经济现象,形成冬季向南、夏季向北的季节性大客流。此外,人口分布东高西低的不均衡格局也会对我国如何以成本效益高的运输供给满足不同区域的客运需求提出挑战。

二、均衡发展态势分析

1. 发展趋势

改革开放以来,虽然我国实施了西部大开发等区域经济政策,但我国东西部地区间、城乡间的交通基础设施水平存在较大差距。

社会公平观念的深入推进,要求交通发展成果必须由人民共享,实现地区间、群体间的交通发展普遍享有,重点建成支撑引导全面小康的交通运输系统。"十二五"以来,我国累计安排约 5500 亿元车购税用于集中连片特困地区公路建设,约占"十二五"时期车购税总投资的 45%,带动全社会对公路建设近 20000 亿元的投入。"十三五"期间,中央进一步加大预算内资金对交通基础设施的支持力度,重点投向中西部铁路、城际铁路,同时提高中心城市与周边农村的交通网络通达度和公共交通覆盖面,实现城乡交通一体化发展。根据《"十三五"交通扶贫规划》(交规划发〔2016〕139 号),我国将进一步加大车购税支持力度,特别是建制村通硬化路这个全面小康兜底性建设任务,将中央投资补助标准提高到平均工程造价的80%以上,并根据贫困深度系数,对更加贫困地区再叠加更优惠的政策。

2.对运输需求的影响

随着落后区域交通供给水平的进一步提高,我国将进一步实现地域空间上的交通公平。革命老区、民族地区、边疆地区等低于平均经济发展水平地区的运输服务水平将得到显著提升,50户以上的自然村将99%通等级公路,家家户户将通生活公路;"泛城市化"的城乡一体交通将逐步形成,使城乡居民能够享受立足于公平的运输服务。

三、气候变化和环境制约展望

1.发展趋势

《巴黎协定》指出,各方将加强对气候变化威胁的全球应对措施,把全球平均气温较工业化前水平升高控制在2℃之内,并为把升温控制在1.5℃之内而努力。全球将尽快实现温室气体排放达到峰值,并在21世纪下半叶实现温室气体净零排放。我国积极参与国际社会应对气候变化进程,在哥本哈根气候变化峰会上,我国向国际社会承诺到2020年实现单位GDP的CO_2排放比2005年下降40%~45%的自主行动目标。在2015年9月25日中、美两国发表的《气候变化的联合声明》中,中国又提出了"到2030年,单位GDP的CO_2排放将比2005年下降60%~65%"的新目标。

在应对气候变化的同时,我国还面临自然环境和资源条件有限、环境污染严重等问题。新时期我国确立了"创新、协调、绿色、开放、共享"的发展理念。党的十九大报告中,习近平总书记提出了生态文明建设思想,进一步明确了绿色发展的基本路线。习近平总书记在2017年底的中央经济工作会议上明确提出要打好蓝天保卫战等三大攻坚战,并作出要调整运输结构等重要指示。

我国交通运输业是仅次于工业、建筑之外的第三大排放部门。2015年交通运输CO_2排放的比例为全国CO_2排放的13%左右,仍大大低于世界平均水平。在发达国家,交通运输业是第二大排放部门,交通运输排放占全国总排放的18%~30%。我国多项分析研究表明,随着工业化、城镇化加速发展,交通运输CO_2排放占比将由目前的13%左右增长到2050年的20%~30%。

2.对运输需求的影响

构建便捷高效、结构合理、节能减排、环境友好的绿色交通运输体系,是建设交通强国的重要任务,也是中国在可持续发展框架下应对气候变化、解决环境危机的必由之路。交通运输需要在满足运输需求的前提下,通过优化交通运输结构、技术创新和管理创新等,不断提高交通运输业的资源配置效率和资源使用效率,降低环境成本,以最小的社会资源(土地、能源等)占用、尽可能低的资源消耗和环境成本支撑国民经济和社会发展,从而实现交通与环境间关系由互竞、互斥逐步走向互补、互适。

第三节　科技发展形势

"互联网+"的蓬勃发展将全方位改变人类生产生活。工业互联网、能源互联网、车联网、物联网、太空互联网等新网络形态不断涌现,智慧地球、智慧城市、智慧物流、智能生活等应用技术不断拓展,将形成无时不有、无处不在的信息网络环境,推动人类生产方式、商业模式、生活方式、学习和思维方式等发生深刻变革,也将改变客货运输模式。

客运方面,网络预约出租汽车、共享单车、共享汽车、定制公交、拼车、顺风车、共享停车以及共享物流等多种共享交通业态进一步规模化、网络化,融入"出行即服务",使交通供需实现弹性匹配、动态及时、精准高效地对接。服务机器人、快递无人机等的普及,可能减少人们的出行需求,自动驾驶车辆的普及会使小汽车的使用人群更广,出行更加安全。共享交通的发展,使私人拥有小汽车、自行车等交通工具的需求逐步降低,这将有助于提高交通工具和交通基础设施的利用效率。

货运方面,3D打印及纳米技术使本地化生产和分散化生产成为可能,并有可能打破传统供应链的空间布局。共同配送、共享物流的发展将使货运更加集约化、高效化。国外的成熟技术,包括铁路的驼背运输技术、铁路双层集装箱技术、美国的无缝货运中转站(thruport)技术(起重机从铁路到铁路的运输,不再需要在火车站外隔夜存储货物)、公路甩挂运输技术等在我国的推广应用将有效提高货运效率。一些能源领域的技术将对煤炭运输产生巨大的替代性。据统计,当前技术条件下,每条特高压线路的建设可替代2000万~3000万t的煤炭运输,而风能、太阳能等新能源的广泛利用将减少经济社会发展对传统化石能源的需求。这些新能源及能源输送技术已使中国煤炭近年来的产运系数产生较大幅度下降。管道运输技术的发展可能使油品、煤炭等大宗物品通过管道运输实现。

第四节　交通基础设施发展

一、发展趋势

实践表明,基础设施供给对需求的增长和结构变化具有重要的反作用,运输供给的增加、运输服务质量的改进往往是客货运输需求增长和结构变化的重要推动力。

现阶段我国交通运输基础设施已基本满足客货运输需求。根据相关规划,我国未来交通基础设施的量和质将均有一个大发展。《"十三五"现代综合交通运输体系发展规划》提出:2020 年我国将构建横贯东西、纵贯南北、内畅外通的"十纵十横"综合运输大通道;以高速铁路、高速公路、民用航空等为主体,构建服务品质高、运行速度快的综合交通骨干网络;以普速铁路、普通国道、港口、航道、油气管道等为主体,构建运行效率高、服务能力强的综合交通普通干线网络;以普通省道、农村公路、支线铁路、支线航道等为主体,通用航空为补充,构建覆盖空间大、通达程度深、惠及面广的综合交通基础服务网络。

《中长期铁路网规划》(发改基础〔2016〕1536 号)提出的目标是:2020 年,一批重大标志性项目建成投产,铁路网规模达到 15 万 km,其中高速铁路 3 万 km,覆盖 80% 以上的大城市,为完成"十三五"规划任务、实现全面建成小康社会目标提供有力支撑。到 2025 年,铁路网规模达到 17.5 万 km 左右,其中高速铁路 3.8 万 km 左右,网络覆盖进一步扩大,路网结构更加优化,骨干作用更加显著,更好发挥铁路对经济社会发展的保障作用。展望到 2030 年,基本实现内外互联互通、区际多路畅通、省会高速铁路连通、地市快速通达、县域基本覆盖。

《国家公路网规划(2013—2030 年)》指出,到 2030 年普通国道规划总计 26.5 万 km,国家高速公路规划总计 11.8 万 km,另规划远期展望线约 1.8 万 km。实现首都辐射省会、省际多路连通、地市高速通达、县县国道覆盖。

《全国民用运输机场布局规划》指出,到 2020 年运输机场数量达到 260 个左右,北京大兴国际机场、成都新机场等一批重大项目建成投产,枢纽机场设施能力进一步提升;到 2025 年,全国运输机场规划布局 370 个(规划建成约 320 个),建成覆盖广泛、分布合理、功能完善、集约环保的现代化机场体系;展望到 2030 年,运输机场规模将达到 408 个左右,机场布局进一步完善,覆盖面进一步扩大,服务水平持续提升。

二、对运输需求的影响

这些规划如能如期实现,不仅会对改变人口和产业布局、工业化城镇化进程产生重要的推动作用,还会成为支撑客货运输需求增长的基础条件。

第五章
客运需求的趋势分析与发展展望

旅客运输需求趋势的理论判断

一、旅客运输需求发展阶段理论

樊桦将诺瑟姆(Ray M. Northman)曲线与旅客运输量的发展演变结合起来,根据城镇化各阶段客运需求增长的不同特征,描述了客运需求总量和增长率变化的大致轨迹(图2-45)。其中,客运需求总量增长曲线与城镇化发展进程曲线类似,表现为一条被拉长的 S 形曲线;而客运需求增长率曲线大致表现为一条倒 U 形曲线。这表明:在城镇化初期阶段,客运需求具有总量水平和增长率"双低"特征;在城镇化中期阶段同时也是快速城镇化阶段,客运需求总量水平和增长率具有"双高"特征;在城镇化后期,客运需求则呈现出"总量高、增速低"的特征。

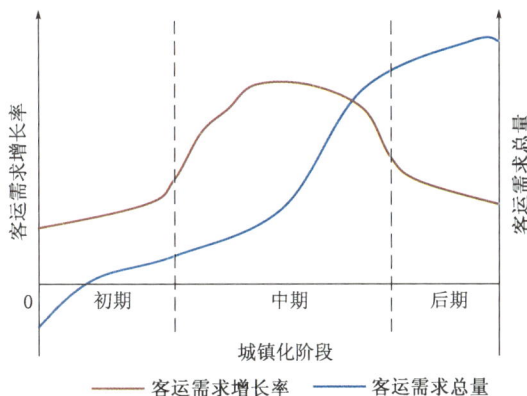

图 2-45　城镇化阶段客运需求总量与增长率变化曲线

二、旅客运输需求发展趋势判断

2017 年,我国 GDP 为 82.7 万亿元,三次产业结构比例为 7.9:40.5:51.6,城镇化水平达到 58.52%,处于城镇化中期阶段。预计到 2030 年前,我国处于工业化和城镇化中期向中后期发展的过渡期,客运需求将呈中高速增长。2030—2045 年,我国城镇化发展将逐步成熟,我国客运需求增长率将随城镇化速度减缓而有所降低。

第二节　客运需求总量预测

一、数据整理

我国各种运输方式的客运量及旅客周转量的统计口径历经多次调整,其中,营业性公路客运统计口径调整变动较大(表 2-17)。因此,需要进行同口径处理,以保证数据的准确性和连续性。

我国公路客运统计口径　　　　　　　　　　　　　　　　　　表 2-17

时　间	统　计　口　径
2007 年及之前	营业性客车,不包括公共汽电车和出租汽车
2008—2012 年	营业性客车,公路里程占总行程一半以上的公共汽电车和出租汽车
2013 年之后	营业性客车,不含公共汽电车和出租汽车

本研究按照最新统计口径对客运历史数据进行修正。

考虑到 2013 年口径调整主要去除了较短距离出行(城乡客运、出租汽车等),平均运距越短的年份应折减更多。因此,将各年份平均运距变化率引入,以计算不同年份的调整系数。

调整公式如式(2-1):

$$X_n = X_{n+1} \cdot \left(1 - \frac{L_{n+1} - L_n}{L_{n+1}} \right) \tag{2-1}$$

式中:X_n——第 n 年的调整系数;

X_{n+1}——第 $n+1$ 年的调整系数;

L_{n+1}——第 $n+1$ 年的平均运距,km;

L_n——第 n 年的平均运距,km。

本研究主要采用多元回归、弹性系数和相似情景分析等三种方法对未来客运需求进行预测。

将单位和个人小汽车(以下简称"小汽车")出行量与道路客运量相加,得到全口径公路客运量,并按比例修正公路旅客周转量,得到各方式历年最终客运量和旅客周转量,如图 2-46 所示。

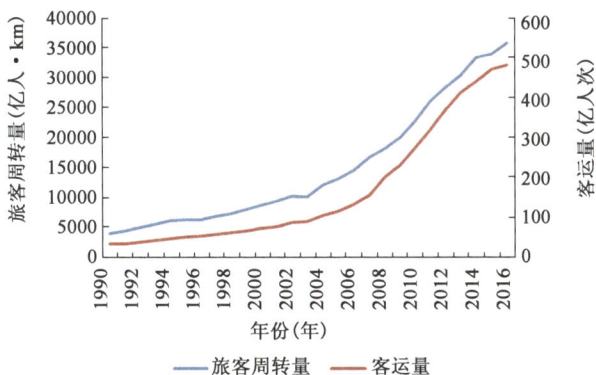

图 2-46　修正后客运量和旅客周转量

二、预测模型

1. 多元回归模型

结合上述分析,提出人均出行次数函数形式如式(2-2):

$$y = \frac{K}{1 + ae^{-a_1 x_1} + be^{-b_1 x_2} + ce^{-c_1 x_3} + de^{-d_1 x_4}} \qquad (2-2)$$

式中:　　　　　　　y——人均出行次数,次;

x_1——人均 GDP,美元;

x_2——15 ~ 64 岁人口比例,% ;

x_3——第三产业比例,% ;

x_4——城镇化率,% ;

K、a、a_1、b、b_1、c、c_1、d、d_1——参数。

对于变量选择中的基础数据,应用准牛顿法进行参数标定,得到参数值见表 2-18。

参 数 标 定　　　　　　　　　　　　　　　表 2-18

K	a	a_1	b	b_1	c	c_1	d	d_1
42.87	9.19	5.66E − 4	626115.1	3.99	230.02	0.15	124158.3	0.39

如图 2-47 所示,模型估测值(红线)与实际值(蓝线)高度吻合。拟合优度检验结果显示,相关系数之平方 R^2 为 0.9996,卡方系数值为 0.06,F 统计值为 58449.46。表明模型拟合程度较高。

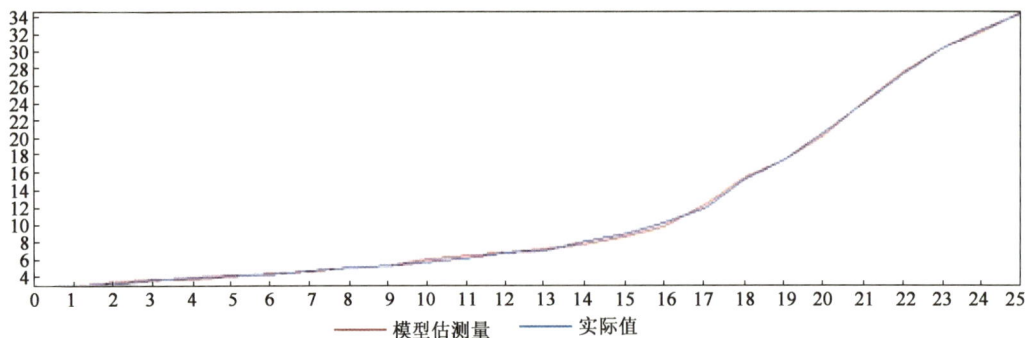

图 2-47　模型估测值与实际值曲线

由于经济社会发展前景的不确定性较大,因此对于每个自变量的预测也分为高方案和低方案情况进行。为尽量保证预测的准确性,取目标年各自变量现有预测的中间值进行计算,结合人口预测结果,目标年总出行次数分别为:

2020 年人均出行次数 39.22 次,总人次 557 亿次;

2030 年人均出行次数 43.20 次,总人次 622 亿次;

2045 年人均出行次数 48.03 次,总人次 682 亿次。

2. 弹性系数分析法

弹性系数分析法可由式(2-3)表示:

$$Q = Q_0 \cdot (1 + T \cdot R_{\text{GDP}}) \tag{2-3}$$

式中:Q——未来客运需求;

Q_0——现状客运需求;

T——客运弹性系数;

R_{GDP}——GDP 增长速度。

利用式(2-3)应用弹性系数分析法对 GDP 年均增长率分别进行低方案、高方案预测,计算得到目标年旅客周转量年增长率,详见表 2-19。

弹性系数分析法旅客周转量年增长率预测结果　　　　　　　　　　　　表 2-19

时期(年)	GDP 年均增长率(%)		客运弹性系数	旅客周转量年增长率(%)	
	低方案	高方案		低方案	高方案
2017—2020	6.5	7.0	1.05	6.83	7.35
2020—2030	5.0	6.0	0.80	4.00	4.80
2030—2045	4.0	4.5	0.50	2.00	2.25

"十三五"期间,随着我国经济发展步入新常态,产业转型升级步伐加快,人均收入水平将进一步提高,我国将逐渐迈入小康社会,消费对经济的贡献率进一步提升,预计客运

弹性系数将大于1。

2020—2030年,我国经济发展进入平稳状态,同时,大规模交通基础设施建设基本完成,我国交通运输基础设施网络水平达到稳定状态,预计客运需求的弹性系数将保持在0.8左右。

2030—2045年,我国将逐步进入后工业化阶段,交通运输作为经济社会发展的基础性、先导性产业,将率先实现现代化,同时考虑到我国人口总量将进一步下降,预计客运弹性系数将回落至0.5。

本研究预计的目标年总旅客周转量见表2-20。

弹性系数法旅客周转量预测结果 表2-20

目标年 (年)	旅客周转量预测值(亿人·km)	
	低方案	高方案
2020	66850	68509
2030	98955	109487
2045	133180	152866

3. 相似情景分析

根据国际经验分析,日本和美国在1980年左右人均GDP为1.5万美元,在1985—1990年超过2万美元之后,旅客周转量增长速度明显下降。到2000—2005年人均GDP达到3.5万美元以上,日本和美国人均旅客周转量达到峰值。2015年,北京市人均GDP达到1.71万美元;预计我国人均GDP在2030年约为1.6万美元,在2045年达到2.5万美元左右。考虑到我国与美国、日本等发达国家国情存在差别,综合参考美国、日本在不同收入阶段与人均旅客周转量变化规律,以与北京相似收入阶段的人均旅客周转量作为参考,预测未来我国旅客周转量。预测结果见表2-21。

相似情景分析法旅客周转量预测结果 表2-21

国 别	年份 (年)	人均GDP (美元)	人均旅客周转量 (人·km)	总人口 (百万)	总旅客周转量 (亿人·km)
美国	1985	18270	26873	237.9	63932
	1990	23955	25810	249.6	64423
日本	1980	18526	6678	117.1	7820
	1985	24055	7091	121.0	8580
中国	2015	8280	2188	1374.0	30059
	2020	10000	2500~3000	1420.0	35500~42600
	2030	16000	5500~6000	1430.0	78650~85800
	2045	25000	7000~8000	1420.0	99400~113600

第三节　预测结果

利用多元回归模型法、弹性系数法和相似情景法,以四种不同口径对我国未来客运需求分别以高方案、低方案两套方案进行预测,并结合定性分析对不同运输方式的客运需求进一步进行校核。

需要说明,随着我国人民群众的收入增长和对美好生活的追求愈发强烈,在本次预测未来旅客运输需求方法中有两点应予以考虑:一是小汽车拥有量快速增长导致自驾出行产生的旅客运输量高于营业性旅客运输量,初步分析2017年小汽车实现的旅客运输量和旅客周转量约为营业性公路客运量和旅客周转量的2.2倍和1.8倍。二是在全球一体化、国际交流(含旅游)较快增长的大背景下,民航国际化战略促使民航国际客运量和旅客周转量将以较高增速持续增长,初步分析民航国际旅客周转量占我国营业性运输完成的旅客周转量比例,将从2017年的7.5%提高到2045年的21%。因此,针对本项目主要研究的国内旅客运输量,应在旅客运输量中加入小汽车旅客运输量,并扣除民航国际旅客运输量。

在统计口径方面,第一种口径是依据当前国家统计的全社会营业性旅客运输量,减去民航国际旅客运输量,加上小汽车旅客运输量,即"公路含小汽车、民航去除国际"的旅客运输需求。第二种口径是依据当前国家统计的全社会营运性旅客运输量,减去民航国际运输量,即"民航去除国际"的旅客运输需求。第三种口径是按照当前国家统计,即全运输方式营运性(含民航国际运输量)的旅客运输需求。第四种口径是按照当前国家统计,增加小汽车运输量,即全运输方式营运性旅客运输量加上小汽车旅客运输量的旅客运输需求。在客运出行中,民航的国际旅客周转量占比相当高,而铁路、公路等国际出行比例尤其是旅客周转量的比例是极低的。因此,以前两种口径分析有助于对国内客运出行结构的准确把握。

一、客运量和旅客周转量

我国未来旅客运输量和旅客周转量预测结果详见表2-22和表2-23。其中,公路客运量和客运周转量含小汽车数据,但不含民航国际出行的客运量(表2-22中客运合计2)分别由2017年的509亿人次增长至2020年的522亿~535亿人次、2030年的859亿~888亿人次和2045年的994亿~1126亿人次,公路含小汽车,但不含民航国际出行的旅客周转量(表2-23中客运合计2)分别由2017年的50699亿人·km增长至在2020年的60013亿~61949亿人·km、2030年的94724亿~101916亿人·km和2045年的120870亿~135432亿人·km。

我国未来客运量预测结果（单位：亿人次）　　　　　　　　　　　　表 2-22

年份、方案 项目		2017 年	2020 年		2030 年		2045 年	
			低方案	高方案	低方案	高方案	低方案	高方案
营运性	客运合计1	185	180	185	179	188	194	206
	铁路	31	38	40	55	60	72	80
	公路	146	132	135	108	110	100	102
	水路	3	3	3	3	3	4	4
	民航 总量	6	7	7	13	15	18	20
	民航 国内	5	6	6	11	13	15	17
	民航 国际	1	1	1	2	2	3	3
小汽车		324	390	400	680	700	800	920
公路运输合计（包括小汽车）		470	522	535	788	810	900	1022
客运合计2（包括小汽车、民航去除国际）		509	570	585	859	888	994	1126
客运合计3（民航不包括国际、公路不包括小汽车客运）		185	179	184	177	186	191	203
客运合计4（民航不包括国际、公路包括小汽车客运）		509	569	584	857	886	991	1123

我国未来旅客周转量预测结果（单位：亿人·km）　　　　　　　　表 2-23

年份、方案 项目		2017 年	2020 年		2030 年		2045 年	
			低方案	高方案	低方案	高方案	低方案	高方案
营运性	客运合计1	32872	38173	39549	55964	62016	72870	80232
	铁路	13456	16416	17280	23100	25200	28800	32000
	公路	9765	9240	9450	8100	8250	8000	8160
	水路	78	73	73	64	66	70	72
	民航 总量	9514	12444	12746	24700	28500	36000	40000
	民航 国内	7037	8804	8946	15166	17499	20736	23040
	民航 国际	2477	3640	3800	9534	11001	15264	16960
小汽车		17827	21840	22400	38760	39900	48000	55200
公路运输合计（包括小汽车）		27592	31080	31850	46860	48150	56000	63360
客运合计2（包括小汽车、民航去除国际）		50699	60013	61949	94724	101916	120870	135432
客运合计3（民航不包括国际、公路不包括小汽车客运）		30395	34533	35749	46430	51015	57606	63272
客运合计4（民航不包括国际、公路包括小汽车客运）		48222	56373	58149	85190	90915	105606	118472

二、客运量增长率和旅客周转量增长率

我国未来客运量和旅客周转量增长率预测结果详见表2-24和表2-25。其中,公路含小汽车,民航不含国际旅客的客运量合计(表2-24中客运合计2)在2017—2020年、2020—2030年和2030—2045年三个时期的年均增长率分别为3.8%~4.7%、4.2%~4.3%、1.0%~1.6%;同期公路含小汽车,民航不含国际的旅客周转量合计(表2-25中客运合计2)分别增长5.8%~6.9%、4.7%~5.1%、1.6%~1.9%。

我国未来客运量增长率预测结果(单位:%)　　　　　　　　　　　表2-24

项目	年份、方案		2017—2020 年		2020—2030 年		2030—2045 年	
			低方案	高方案	低方案	高方案	低方案	高方案
营运性	客运合计1		-1.0	0.0	0.0	0.2	0.5	0.6
	铁路		7.0	8.9	3.8	4.1	1.8	1.9
	公路		-3.3	-2.6	-2.0	-2.0	-0.5	-0.5
	水路		1.2	1.2	1.0	1.3	0.6	0.6
	民航	总量	8.4	9.4	6.4	7.6	2.2	1.9
		国内	7.7	8.6	6.1	7.4	2.1	1.8
		国际	13.3	15.6	8.4	8.9	2.7	2.7
小汽车			6.4	7.3	5.7	5.8	1.1	1.8
公路运输合计(包括小汽车)			3.6	4.4	4.2	4.2	0.9	1.6
客运合计2(包括小汽车、民航去除国际)			3.8	4.7	4.2	4.3	1.0	1.6
客运合计3(民航不包括国际、公路不包括小汽车客运)			-1.0	-0.1	-0.1	0.1	0.5	0.6
客运合计4(民航不包括国际、公路包括小汽车客运)			3.8	4.7	4.2	4.3	1.0	1.6

我国未来旅客周转量增长率预测结果(单位:%)　　　　　　　　　　表2-25

项目	年份、方案		2017—2020 年		2020—2030 年		2030—2045 年	
			低方案	高方案	低方案	高方案	低方案	高方案
营运性	客运合计1		5.1	6.4	3.9	4.6	1.8	1.7
	铁路		6.7	8.5	3.5	3.8	1.5	1.6
	公路		-1.8	-1.1	-1.3	-1.3	-0.1	-0.1
	水路		-2.2	-2.2	-1.3	-1.0	0.6	0.6
	民航	总量	9.4	10.2	7.1	8.4	2.5	2.3
		国内	7.8	8.3	5.6	6.9	2.1	1.9
		国际	13.7	15.3	10.1	11.2	3.2	2.9

续上表

年份、方案 项目	2017—2020 年		2020—2030 年		2030—2045 年	
	低方案	高方案	低方案	高方案	低方案	高方案
小汽车	7.0	7.9	5.9	5.9	1.4	2.2
公路运输合计(包括小汽车)	4.0	4.9	4.2	4.2	1.2	1.8
客运合计2(包括小汽车、民航去除国际)	5.8	6.9	4.7	5.1	1.6	1.9
客运合计3(民航不包括国际、公路不包括小汽车客运)	4.3	5.6	3.0	3.6	1.4	1.4
客运合计4(民航不包括国际、公路包括小汽车客运)	5.3	6.4	4.2	4.6	1.4	1.8

三、客运量和旅客周转量结构

1.包括小汽车的国内客运口径:公路含小汽车、民航不含国际

这一方案与2013年公路客运统计口径修改前基本一致。从客运量分析,小汽车运输量的列入使公路客运量占总客运量的90%以上;铁路在总客运量中的比例虽有所提高,但受公路客运量占比影响,2045年水平变化不大,仍仅为7.13%～7.27%。从旅客周转量分析,公路所占比例有所降低,但因其总值较大,仍然承担了一半以上的旅客周转量;在铁路运距降低的趋势下,铁路旅客周转量所占比例不足30%,较当前占比略有下降;航空运输在未来仍将持续快速发展的趋势下,民航旅客周转量所占比例到2045年将达到近20%,民航增长的比例正好接近铁路、公路降低的比例之和(表2-26、表2-27)。

我国未来客运量结构(公路含小汽车、民航不含国际,单位:%)　　　　表2-26

年份(年)	铁路		公路		水路		民航	
	低方案	高方案	低方案	高方案	低方案	高方案	低方案	高方案
2020	6.68	6.85	91.72	91.57	0.51	0.50	1.09	1.08
2030	6.41	6.77	91.91	91.39	0.37	0.37	1.31	1.47
2045	7.27	7.13	90.84	91.04	0.35	0.32	1.54	1.51

我国未来旅客周转量结构(公路含小汽车、民航不含国际,单位:%)　　　　表2-27

年份(年)	铁路		公路		水路		民航	
	低方案	高方案	低方案	高方案	低方案	高方案	低方案	高方案
2020	29.12	29.72	55.13	54.77	0.13	0.13	15.62	15.38
2030	27.12	27.72	55.01	52.96	0.08	0.07	17.80	19.25
2045	27.27	27.01	53.03	53.48	0.07	0.06	19.64	19.45

2. 国内营运口径:公路不含小汽车、民航不含国际

本方案中,铁路在旅客周转量中占比逐渐提高,至2030年后接近50%,成为营运客运的主导方式;民航次之,2030年旅客周转量所占比例超过30%,2045年达到36%左右;公路营运性旅客周转量占比不断下滑,从2017年的将近30%下降到2045年的13%左右(表2-28、表2-29)。

我国未来客运量结构(公路不含汽车,民航不含国际,单位:%) 表2-28

年份(年)	铁路		公路		水路		民航	
	低方案	高方案	低方案	高方案	低方案	高方案	低方案	高方案
2020	21.22	21.71	73.70	73.27	1.62	1.57	3.46	3.45
2030	31.00	32.21	60.88	59.04	1.80	1.77	6.31	6.98
2045	37.74	39.49	52.41	50.35	1.83	1.78	8.02	8.39

我国未来旅客周转量结构(公路不含小汽车,民航不含国际,单位:%) 表2-29

年份(年)	铁路		公路		水路		民航	
	低方案	高方案	低方案	高方案	低方案	高方案	低方案	高方案
2020	47.54	48.34	26.76	26.43	0.21	0.20	25.49	25.02
2030	49.75	49.40	17.45	16.17	0.14	0.13	32.66	34.30
2045	49.99	50.58	13.89	12.90	0.12	0.11	36.00	36.41

3. 现统计口径:公路不含小汽车、民航含国际

该方案就是当前国家客运量及旅客周转量的统计口径。按此口径测算,2045年铁路、公路、民航的客运量占比大体是4:5:1,旅客周转量占比大体是4:1:5,民航占比最高,2045年后达到近一半,铁路约占40%;公路营运占比下滑至10%左右(表2-30、表2-31)。

我国未来客运量结构(公路不含小汽车,民航含国际,单位:%) 表2-30

年份(年)	铁路		公路		水路		民航	
	低方案	高方案	低方案	高方案	低方案	高方案	低方案	高方案
2020	21.12	21.61	73.37	72.93	1.61	1.57	3.89	3.89
2030	30.69	31.86	60.27	58.42	1.79	1.75	7.25	7.97
2045	37.21	38.91	51.68	49.61	1.81	1.75	9.30	9.73

我国未来旅客周转量结构(公路不含小汽车,民航含国际,单位:%) 表2-31

年份(年)	铁路		公路		水路		民航	
	低方案	高方案	低方案	高方案	低方案	高方案	低方案	高方案
2020	42.83	43.46	24.11	23.77	0.19	0.18	32.87	32.59
2030	41.28	40.63	14.47	13.30	0.11	0.11	44.14	45.96
2045	39.52	39.88	10.98	10.17	0.10	0.09	49.40	49.86

4.全口径:公路含小汽车、民航含国际

在全口径的客运需求预测中,各种运输方式所占比例变化不大,其公路在客运量中所占比例高达90%以上。未来虽然受高速铁路快速增长的影响有略微下降,但仍将处于主导地位。从旅客周转量分析,民航旅客周转量所占比例增长从2017年的18.8%提升到2045年的29.54%~29.78%,占比超过铁路;铁路、公路所占比例则分别下降约4个百分点(表2-32、表2-33)。

我国未来客运量结构(公路含小汽车、民航含国际,单位:%) 表2-32

年份(年)	铁路		公路		水路		民航	
	低方案	高方案	低方案	高方案	低方案	高方案	低方案	高方案
2020	6.67	6.84	91.60	91.44	0.51	0.50	1.23	1.23
2030	6.40	6.75	91.71	91.19	0.37	0.37	1.51	1.69
2045	7.25	7.11	90.59	90.80	0.35	0.32	1.81	1.78

我国未来旅客周转量结构(公路含小汽车、民航含国际,单位:%) 表2-33

年份(年)	铁路		公路		水路		民航	
	低方案	高方案	低方案	高方案	低方案	高方案	低方案	高方案
2020	27.35	27.89	51.79	51.41	0.12	0.12	20.74	20.57
2030	24.39	24.73	49.47	47.24	0.07	0.06	26.08	27.96
2045	23.83	23.63	46.33	46.78	0.06	0.05	29.78	29.54

第四节 客运需求趋势分析

一、旅客运输总量增速将逐渐趋缓

随着我国城镇化逐渐由目前的中期发展阶段向城镇化后期发展阶段迈进,我国客运需求将由快速发展阶段向增速趋缓阶段过渡。客运需求发展规律表明,当人均出行次数达到一定水平之后,由于公众对外出行的欲望受到时间和经济成本的约束,便会处于基本稳定阶段,人均客运需求存在一个"天花板"。预计我国人口规模将于2030年左右达到峰值。在城镇化进入中后期、人均客运需求"天花板"和人口规模达到"峰值"因素的影响下,预计从2030年起,我国客运需求进入增速趋缓阶段(图2-48)。从旅客周转量的角度来看,由于交通工具技术水平和运输速度的不断提升,旅客出行的平均距离将有较大增长,未来旅客周转量的增速将明显高于客运量增速,但长期趋势趋于稳定。

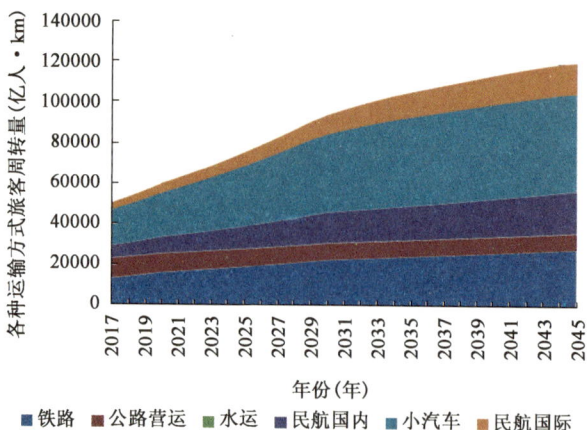

图 2-48　低方案旅客周转量预测结果

二、分方式旅客运输需求存在差异

在铁路、公路、民航三大主要客运出行方式中,2017—2045 年民航旅客运输量增长速度最快,铁路次之,公路全口径最慢。其中,公路方面小汽车运输量增长速度虽然很快,但受营业性公路客运量下行影响,公路客运量增长速度慢于民航和铁路。受铁路平均运距下降影响,铁路旅客周转量增长速度低于客运量增长速度;而民航的平均运距持续增长,民航旅客周转量增长速度高于客运量增速。

三、出行消费倾向更高质量方式

伴随我国经济社会发展水平的提高和人民群众可支配收入的增加,人们的出行消费倾向于选择更快速、更舒适、更自由的高质量方式。与营运性运输方式比较,小汽车能够提供独立空间、实现自由选线,在短距离出行更为快速、便捷,且自动驾驶、共享汽车等新技术、新模式的发展将使小汽车出行更具吸引力。预计在含小汽车、不含民航国际运输的运输统计口径中,2045 年小汽车客运量占比将达到 80% 左右。营业性公路客运受高速铁路等冲击,以及自身服务水平限制,未来时期客运量持续下降;2030 年后,随着豪华大巴、包车等服务多元化以及服务水平提升,在部分细分市场中营运性公路客运量将有所增长,并趋于稳定。

随着包括城际、市郊等快速/高速铁路网络的进一步完善和铁路服务多样化、高端化发展,以及未来建成更高速度轨道交通的可能性,铁路将在中长途客运和短途客运两个领域中发挥更大作用。

民航作为当前以及可预见的未来速度最快、服务水平最高的运输方式,仍将是长途客运的重要选择,尤其是随着民航服务环境的改善,民航运输量将保持较长时期和较高速度的增长。

水上客运受运输条件的限制,在旅客运输系统中所占比例仍将下降。但面对蓬勃发展的旅游市场,预计未来水上客运量和旅客周转量绝对值仍将有所增长。

四、东西部客运需求差距有所缩小,但东高西低的格局不会改变

长期以来,我国人口和经济分布呈现"东高西低"的规律,胡焕庸线以东集聚了全国94%的人口总量、95%的城镇人口总量和94%的城镇人口增量,这一格局导致了客运出行需求在区域之间分布的不均衡性。但随着扶贫攻坚、西部大开发、"一带一路"倡议的不断推向纵深,革命老区、民族地区、边疆地区等低于平均经济发展水平地区的交通运输服务将显著改善,中西部地区的经济社会发展水平有效提升,同东部地区的差距有所缩小,胡焕庸线以西区域的客运需求比例有望提升,但未来我国经济社会发展和旅客出行需求"东高西低"的基本格局不会发生大的变动。

五、主要城市群间联系更加强化

城市群建设将使得各城市间的交通联系更加紧密。根据《国民经济和社会发展第十三个五年规划纲要》,未来我国将形成"3 + 18"城镇化格局,城市群将成为我国城镇化发展的重要形态。同时,随着区域经济一体化进程的推进,以及东部产业逐渐向中西部梯度转移、交通基础设施网络不断完善等相关因素影响,主要城市群之间的经济、社会联系将进一步增强,主要城市群之间的出行在全国客运格局中所占的比例也将不断提高。

六、商务出行比例有所下降,旅游休闲目的客运比例增加

据高德导航统计数据显示,在2016年全国跨城小汽车出行中,目的地为公司、工业园区、政府机构等生产性出行需求约占49%,目的地为综合医院、学校等基本生活出行需求约占25%,目的地为风景名胜区等旅游休闲出行需求约占26%。根据美国和英国的经验,未来生产性出行比例将基本稳定在30%左右,相比之下我国生产性出行需求的比例仍然偏高,旅游休闲出行的潜力尚未得到充分释放。未来,随着交通基础设施的完善、人民生活水平的提高、空闲时间和可支配收入的增加,非生产性客运需求将进一步增长。受人口老龄化的影响,生产性、商务出行比例将逐步下降,旅游、休闲、会友等娱乐性出行需求将进一步增加且比例逐步提升。另外由于人们观念的改变及人口城镇化的深入推进,转化为城市居民的流动人口客运出行特征将逐渐城市化,每年大规模的民工"候鸟迁徙"状态将得到缓解;而人口随季节迁徙的"新候鸟经济"现象,将导致形成冬季向南、夏季向北的季节性大客流。

七、国际客流所占比例快速提升

20 世纪中期以后,全球化的趋势越来越明显,其深度和广度都达到极高程度。然而近年来,全球化退潮悄然袭来,地缘政治骚动对全球化基础构成了新威胁。但总体来看,经济全球化是各国经济发展的客观要求,其总体趋势没有改变。进入 21 世纪,以中国为首的新兴市场和经济体发展迅速,成为世界经济增量的最主要贡献者。从目前发展情况来看,世界经济重心东移速度加快,亚洲在世界经济中的地位愈加突出,无论消费还是生产和贸易,亚洲都有望成为世界经济新的增长极。

预计未来 15~30 年,全球经济和贸易版图将呈现"三足鼎立"格局,中国将成为世界经济重心、全球贸易中心之一。在全球交通网络体系中,中国将成为全球物资的集散地和转换地,有可能成为交通规则和标准的输出中心之一。受此影响,未来我国国际客运需求将出现快速增长。预计到 2030 年之前,我国内地对港澳台及国外的客运量平均增长率有望达到 6%;2030—2045 年平均增长率有望达到 4%。

第六章
货运需求的趋势分析与发展展望

第一节	货物运输需求发展趋势的理论判断

一、货物运输需求发展阶段理论

荣朝和于 1990 年首次提出运输化理论,并在 2016 年发表的《对运输化阶段划分进行必要调整的思考》一文中,进一步完善和发展了运输化理论。荣朝和认为,如果把工业化进程按照时下流行的分类,即工业 1.0 阶段、工业 2.0 阶段、工业 3.0 阶段和工业 4.0 阶段,对应的运输化发展也可以划分为运输化 1.0 阶段、运输化 2.0 阶段和运输化 3.0 阶段。运输化 1.0 阶段大体对应第一次工业革命时期和第二次工业革命时期的前半段,在该阶段中各种近现代运输方式各自独立发展;运输化 2.0 阶段对应第二次工业革命时期的后半段,运输业在该阶段中的主要特征是实现多式联运、枢纽衔接和运输领域的综合运输体系;运输化 3.0 阶段则对应第三次工业革命时期,运输发展更多考虑资源环境、大都市区形态、信息化、全球化和以人为本等(图 2-49)。

二、我国货运需求发展趋势判断

1. 总体趋势

一些研究机构认为工业化在历史上大致可分为四个阶段:工业 1.0 阶段,即机械化和动力化阶段;工业 2.0 阶段,即自动化阶段;工业 3.0 阶段,即信息化阶段;工业 4.0 阶段,即智能化阶段。发达国家目前正处于工业 3.0 阶段向工业 4.0 阶段的过渡阶段,而我国整体上对应工业 2.0 阶段向 3.0 阶段的过渡阶段,同时还交织着追赶工业 4.0 阶段,以及工业 2.0 阶段、3.0 阶段的"补课"阶段。

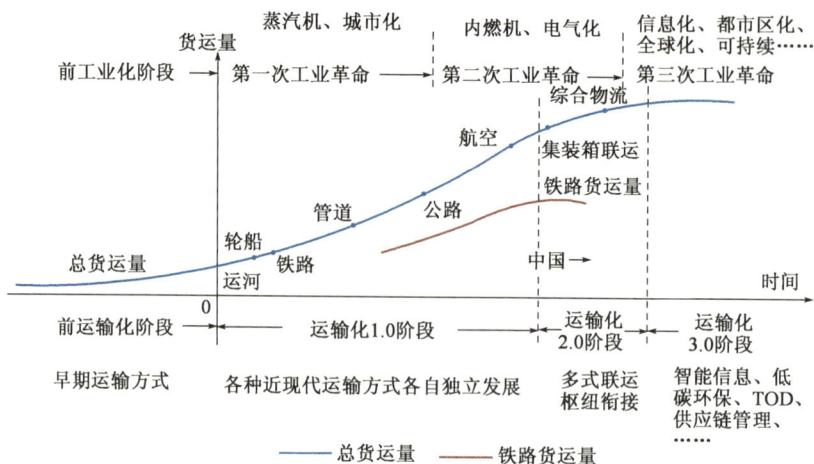

图 2-49　运输化阶段划分调整示意图

从中长期趋势看,我国的工业化进程还在进行,仍会带动货运需求的增长。

当前至 2030 年,是我国从工业 2.0 阶段向工业 3.0 阶段的过渡期,同时还交织着追赶工业 4.0 阶段,运输量增速较前一阶段有所下降。工业结构的改变将使高附加值产品数量更多,相应在货运量中所占的比例也随之提高。货物运输量将处于荣朝和表述的"运输化 2.0"阶段。

2030—2045 年,我国或将处于工业 3.0 阶段,并向工业 4.0 阶段迈进的时期,货物运输量将处于荣朝和表述的"运输化 3.0"阶段,货运增长速度将降低。

2. 区域趋势

如图 2-50 所示,我国不同区域工业化阶段不同,交通运输需求也表现出不同的阶段性特征,货运需求也呈现出相应的工业化阶段特点。

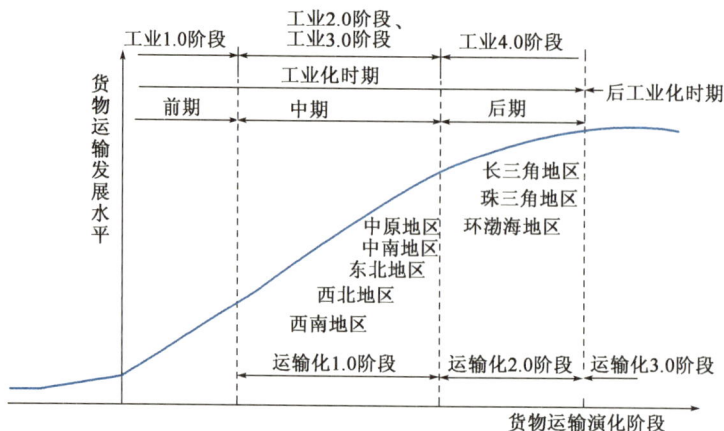

图 2-50　我国区域货物运输系统发展阶段示意图

第二节 货运总量预测

一、数据处理

进行货运需求预测需要对运输量统计数据进行同口径处理。

铁路货运量的统计口径从 1993 年起增加了行包运量。由于数值较小,本研究中忽略不计。

管道运输量统计口径于 2013 年有所调整,在原中国石油天然气集团公司、中国石油化工集团公司基础上增加了中国海洋石油总公司。管道运输口径的调整不影响管道运输数据的整体态势,因此可忽略不计。

公路运输货运量统计口径有过多次变化(表 2-34)。由于公路运输数据已失去连续性,需要对数据进行整理方可实施预测。

我国公路运输货运量统计口径 表 2-34

时 间	统 计 口 径
2007 年及之前	营业性载货汽车、农用运输车、运输拖拉机
2008—2012 年	民用载货汽车、农用运输车、运输拖拉机
2013 年之后	营业性载货汽车

本研究按照同增长率法修正往年营业性公路运输量。同增长率法即以新的运输量为基数,以各年增长率为系数推算往年运输量。此方法算法简单,涉及指标少,是国内外常用的修正方法。同增长率法调整公式如式(2-4)和式(2-5):

$$r_n = \frac{Y_n}{Y_{n-1}} \tag{2-4}$$

$$Y'_{n-1} = \frac{Y'_n}{r_n} \tag{2-5}$$

式中:r_n——第 n 年货物运输量的增长率;

Y_n——第 n 年原统计口径货运量;

Y_{n-1}——第 $n-1$ 年原统计口径货运量;

Y'_n——第 n 年新统计口径货运量;

Y'_{n-1}——第 $n-1$ 年新统计口径货运量。

二、预测模型

1. 增长率法

增长率法是根据预测对象的预计增长速度进行预测的方法。预测模型的一般形式如式(2-6)：

$$Q_t = Q_0 \cdot (1 + a)^t \tag{2-6}$$

式中：Q_t——第 t 年的货运需求总量；

Q_0——基年的货运需求总量；

a——年均增长率，%；

t——时间，年。

2. 运输强度分析法

运输强度分析法是基于经济社会与货运需求之间的内在关系，在判断经济增长趋势的基础上，通过预判某一区域的运输强度值，即每万元 GDP 产生的货物运输量，来预测货运需求总量的方法。运输强度分析法可用式(2-7)表示：

$$Q = S \cdot GDP \tag{2-7}$$

式中：Q——货运需求；

S——货运强度；

GDP——地区生产总值。

3. 弹性系数分析法

弹性系数是指货运量增长速度与 GDP 增长速度之比，反映了货运需求随社会经济发展的变动情况。弹性系数分析法可由式(2-8)表示：

$$Q = Q_0 \cdot (1 + T \cdot R_{GDP}) \tag{2-8}$$

式中：Q——未来货运需求；

Q_0——基年货运需求；

T——货运弹性系数；

R_{GDP}——GDP 增长速度。

4. 回归预测法

根据运输需求的相关理论，货运需求发展符合皮尔生长曲线的趋势。皮尔生长曲线的基本模型如式(2-9)：

$$y = \frac{K}{1 + be^{-ax}} \qquad a > 0, b > 0 \tag{2-9}$$

皮尔生长曲线模型图像如图 2-51 所示。

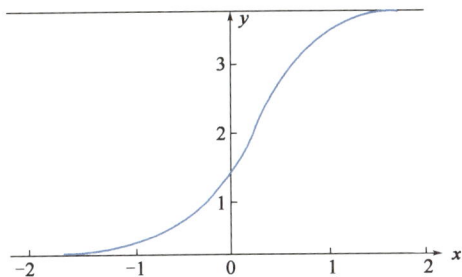

图 2-51　皮尔生长曲线

将人均货运量作为因变量,将 GDP 和第三产业比例作为自变量进行回归,可得到回归后的皮尔生长曲线方程如式(2-10):

$$y = \frac{K}{1 + ae^{-a_1x_1} + be^{-b_1x_2}} \qquad a > 0, b > 0 \tag{2-10}$$

式中：　y——人均货运量,t/人;

　　　　x_1——GDP,亿元(2016 年不变价);

　　　　x_2——第三产业比例,%;

K、a、a_1、b、b_1——参数。

回归后的皮尔生长曲线如图 2-52 所示。

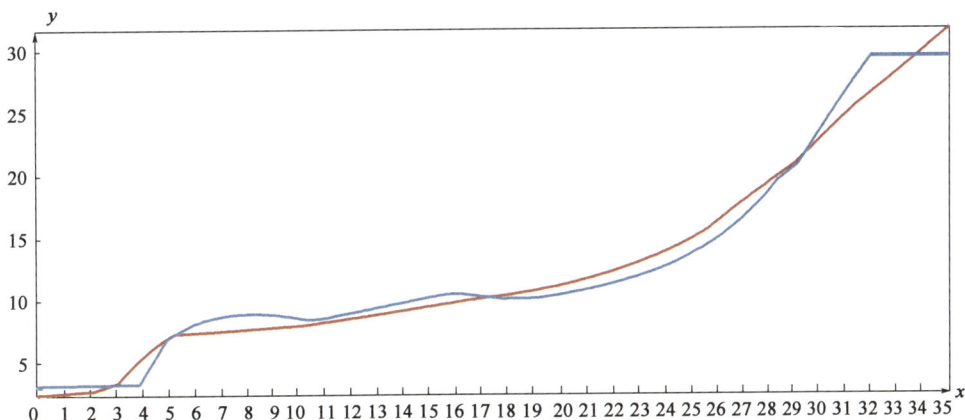

图 2-52　回归后的皮尔生长曲线

运用包维尔法和通用全局优化法计算,得到的结果为:相关系数之平方 R^2 为 0.9913,卡方系数值为 1.63,F 统计值为 1938。这表明模型通过了检验。

三、预测结果

基于上述方法,对国内货运需求(不包括远洋运输)的预测结果见表 2-35、表 2-36。

国内货运需求预测结果 表 2-35

年份(年)	货运量(亿 t)		货物周转量(亿 t·km)	
	低方案	高方案	低方案	高方案
2017	472	472	142288	142288
2020	550	562	154908	158147
2030	633	651	176223	182070
2045	660	680	193949	198504

国内货运需求增长率预测结果 表 2-36

指　标	货运量		货物周转量	
	低方案	高方案	低方案	高方案
2017—2045 年年增长倍数(倍)	1.40	1.44	1.41	1.44
2017—2045 年年均增长率(%)	1.20	1.31	1.24	1.32
2017—2020 年年均增长率(%)	5.23	5.99	4.07	4.79
2020—2030 年年均增长率(%)	1.42	1.48	1.30	1.42
2030—2045 年年均增长率(%)	0.28	0.29	0.64	0.58

同理,对远洋运输量的预测结果见表 2-37、表 2-38。

远洋货运需求预测结果 表 2-37

年份(年)	货运量(万 t)		货物周转量(亿 t·km)	
	低方案	高方案	低方案	高方案
2017	76030		55084	
2020	96628	102670	69572	73922
2030	144415	154924	103256	110771
2045	224994	244906	159746	173883

远洋货运需求增长率预测结果 表 2-38

指　标	货运量		货物周转量	
	低方案	高方案	低方案	高方案
2017—2045 年年均增长倍数(倍)	2.96	3.22	2.90	3.16
2017—2045 年年均增长率(%)	3.95	4.27	3.88	4.19
2017—2020 年年均增长率(%)	8.3	10.5	8.1	10.3
2020—2030 年年均增长率(%)	4.1	4.2	4.03	4.13
2030—2045 年年均增长率(%)	3.0	3.1	2.95	3.05

第三节　主要典型货类运量预测

一、煤炭

1. 生产消费现状

1）国内生产消费规模

我国煤炭生产量和消费量在 2013 年均达历史最高峰,分别为 39.75 亿 t 和 42.44 亿 t。近年来,受国家宏观经济结构调整、钢铁等耗煤产业产能过剩、节能减排政策约束等因素的影响,我国煤炭生产量和消费量呈下滑态势(图 2-53)。

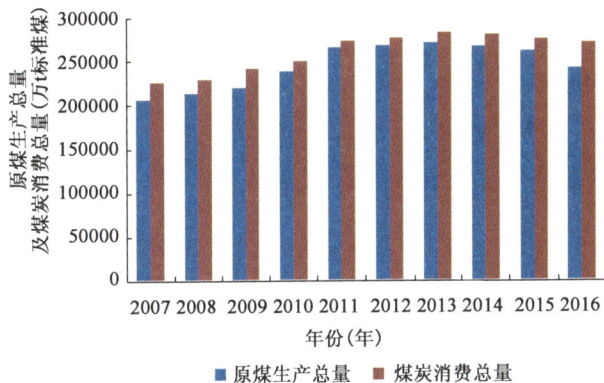

图 2-53　2007 年以来我国原煤生产总量与煤炭消费总量变化示意图

2）国内生产消费布局

我国煤炭生产主要集中在山西、内蒙古、陕西、河南、贵州、山东和安徽七个省、自治区,其煤炭产量占全国总量的 70% 以上。受近些年国家关停落后小煤矿(窑)政策影响,上述七省、自治区煤炭产量所占比例再次上升。在消费方面,华东、中南和晋陕蒙宁地区是我国煤炭消费的主要地区,约占全国煤炭消费总量的 70%。同时,由于"十五"以来钢铁、石化等重化工业加快向沿海、沿江地区布局,华东和中南地区成为我国能源消费增长最快的地区(图 2-54)。

3）进出口规模

2008 年,我国开始成为煤炭净进口国,煤炭进口量和净进口量均持续快速增长。2013年,我国煤炭进口量已达到 32708 万 t,出口量下降到 751 万 t,煤炭净出口量 31957 万 t。近年来,我国煤炭进出口量出现下滑(图 2-55)。

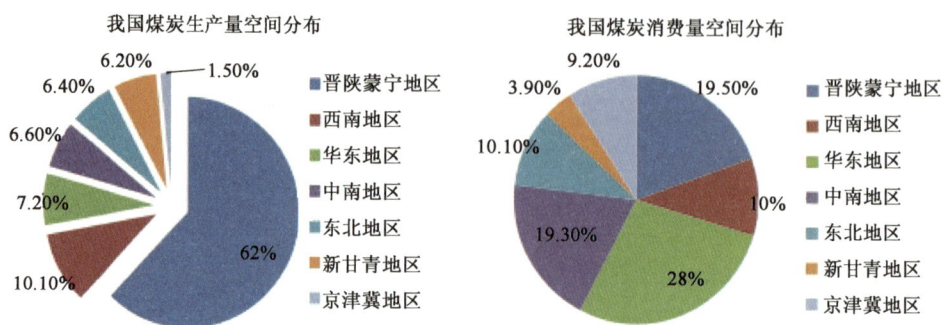

图 2-54　2015 年我国煤炭生产和消费空间分布示意图

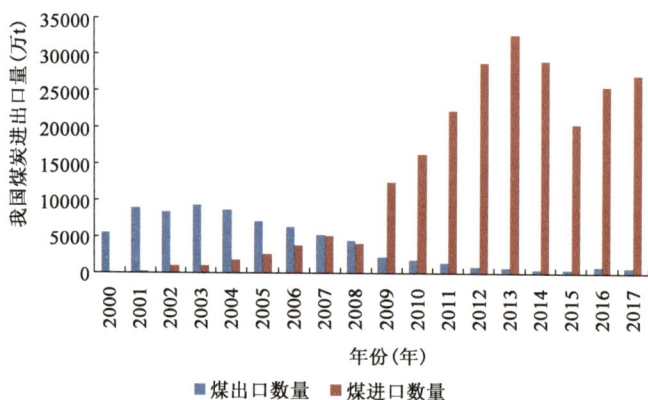

图 2-55　2000 年以来我国煤炭进出口量变化情况

2. 运输组织格局

我国煤炭生产和消费分布不平衡的状况,决定了我国"西煤东运""北煤南运"的煤炭运输总体格局,即以"三西"(山西、陕西和蒙西)煤炭基地为核心,向东、向南呈扇形分布的煤炭运输网络格局(图 2-56)。据统计,2015 年我国南北向煤炭流约占 75%,其中南下煤炭流占 53.5%;东西向煤炭流约占 25%,其中东向煤炭流占 21.0%,西向煤炭流占 4.0%。

在运输组织方式上,我国中长距离煤炭运输以铁路运输和沿海运输为主,进口煤炭以远洋运输为主,公路方式主要进行短途接驳运输和少量的中长途运输。从全国范围来看,我国煤炭运输已形成了"三西"外运通道、西北煤运通道、中南煤运通道、东北煤运通道和华东煤运通道五大运输通道。此外,我国外贸煤炭主要从东部沿海港口实现进出口,形成了海上煤运通道。

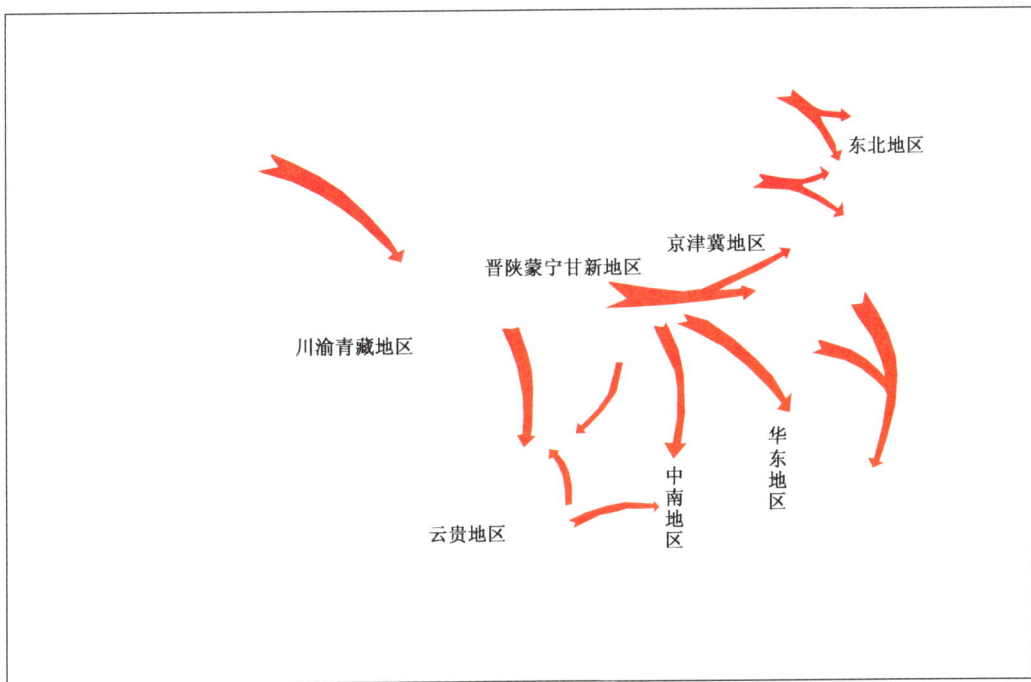

图 2-56　我国煤炭调运格局示意图

3. 运输完成情况

2013 年以前铁路煤炭发送量一直保持较快速度的增长,但从 2014 年开始转为负增长。近两年,煤炭的铁路发送量有所反弹。2017 年,全国铁路煤炭运量为 21.58 亿 t,其中中国铁路总公司完成 14.91 亿 t,占比 69.1%;大秦线完成 4.3 亿 t,占 19.9%;侯月线完成 8322 万 t,占比 3.9%。

4. 行业发展趋势

1)生产消费规模

综合不同机构研究结果,我国煤炭生产量和消费量在资源环境约束下已进入峰值平台期。预计在 2030 年前后,我国煤炭消费总量将由峰值明显下降。预计 2030 年,我国煤炭产量为 35 亿 ~ 40 亿 t,2045 年下降到 30 亿 ~ 35 亿 t。

2)生产消费布局

伴随我国经济转型升级加快,煤炭消费格局将发生一定的变化。沿海的经济发达区域,其经济转型将先于中西部区域完成,对于煤炭的能源需求强度将进一步下降;产业转移带来的中部和西部区域对煤炭的需求将进一步加大,并将对我国目前"北煤南运"的运输格局产生一定的影响。

3）进出口情况

世界经济和国际能源市场变化态势将直接影响到我国石油、煤炭等能源的进出口情况，进而在区域煤炭供需平衡的前提下间接影响铁路煤炭运输需求。

5. 运输需求预测

根据综合运输研究所煤炭课题组之前的调研和统计分析，2015 年我国煤炭产量 37.5 亿 t 情况下，全社会完成煤炭运输量约 48 亿 t，其中铁路 20 亿 t，公路 20 亿 t，沿海和内河运输 8 亿 t。

综合上文预测的煤炭产量与煤炭运输量相关关系等，预计 2030 年我国煤炭运输量为 42 亿~46 亿 t，2045 年我国煤炭运输量为 40 亿~45 亿 t。

二、冶炼物资

1. 生产消费现状

1）国内生产消费规模

2016 年，我国钢铁产能大体上在 11 亿 t 左右。根据统计资料，2016 年我国粗钢产量 8.07 亿 t，产能利用率约 70%，占世界总产量的近 50%，连续 20 年位居世界第一位；人均粗钢产量 584kg，是世界平均水平的 2.5 倍；人均粗钢消费量 540.6kg，是世界平均水平的 2.3 倍。

2）国内生产消费布局

从产能看，根据中国钢铁协会 306 家企业的产能估算，我国钢铁企业产能的 2/3 布局在东部沿海省份，主要集中在华北、华东和东北地区，这三个区域的粗钢产能约占全国粗钢产能的 80%，其中华北地区的河北钢铁占全国总产能逾 30%。从产量看，2014 年，华北地区钢铁产量 2.7 亿 t，占全国总产量的 1/3；华东地区的钢铁产量 2.7 亿 t，与华北地区相当；东北地区钢铁产量 8200 余万 t，占全国总产量的 1/10，且主要集中在辽宁省。

从消费分布看，《中国钢铁产业区域布局调整研究》根据东、中、西部地区的经济发展水平和工业增加值等数据，估算 2012 年我国东部沿海地区粗钢消费量 4.36 亿 t，占全国消费总量的 64%；中部地区粗钢消费 1.64 亿 t，占全国消费总量的 24%；西南地区粗钢消费 5600 万 t，占全国消费总量的 8%；西北地区粗钢消费不足 3000 万 t，占全国消费总量的 4%。由此可见，我国东部沿海地区经济发展水平较高，钢材消费强度也较大；中部、西南和西北地区的钢材消费强度依次下降，与我国各地区的经济梯度明显相关。

3）进出口规模

在钢铁材料方面,具有较大国际贸易规模的主要为铁矿石和钢材。由于国内铁矿建设滞后且品位不如国外,采挖成本较高,近年来铁矿石进口量快速增长。2015年,我国铁矿石进口量9.5亿t,对外依存度超过80%,约占世界铁矿石贸易量的70%。

进口铁矿石主要流向沿海省份,其中河北占28.1%、山东占15.9%、江苏占13.7%,三省合计占全国铁矿石进口量的57.7%,凸显出我国钢铁产能的沿海布局(图2-57)。

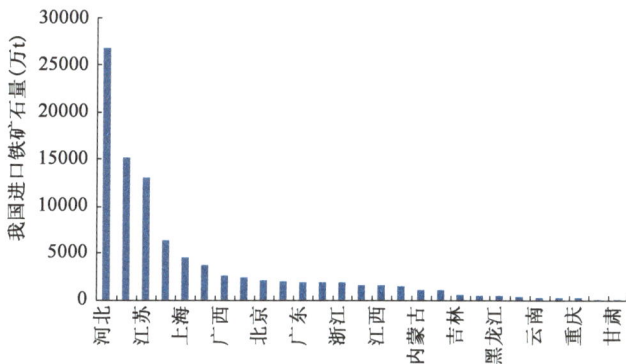

图2-57　2015年我国铁矿石进口流向

我国钢材进口主要来自日本、韩国、中国台湾,且近几年呈缓慢下降趋势,逐步转向高端需求。2014年,我国进口钢材1443万t,钢材进口量仅占我国钢材消费量的1.38%。自2006年以来,我国开始转变成为钢材净出口国,并且出口量逐年增加,东南亚、中东(西亚和北非)等地区约占出口量的2/3。2014年,我国出口钢材9378万t,占整个粗钢产量的12.23%。

2.运输组织格局

钢铁行业的大宗物资运输主要包括两大部分:一是大宗原材料(焦炭、铁矿石等)采购运输;二是钢材产成品的流通运输,钢铁行业物资运输的形式主要有水路运输、铁路运输和公路运输。

钢铁生产的原材料和产成品等物资运输量一般为钢铁产量的4～5倍。据此估算得到2014年我国钢铁行业大宗物资运输量在35亿t左右。按照华夏物联网研究中心的研究结论,减除铁矿石等大宗原材料的远洋运输数据,公路、水路和铁路承担的钢铁物资运输量比例约为3:3:4。我国进口铁矿石到港后,一般采用三种形式运输至沿海钢厂:一是直接卸入钢铁企业的专用泊位;二是通过铁路专用线运至大型钢铁企业;三是使用公路运输方式运至中小型钢铁企业。这三种方式中,公路运输的分担比例较高。

在钢铁制成品的流通环节,钢铁厂至远距离消费城市之间的主干运输一般由铁路或水路方式完成,并受公路方式一定程度的分流影响,末端配送环节多由公路运输组织完成。

3. 运输完成情况

冶炼物资铁路发送量排名前十位的省(自治区、直辖市)分别为山东、辽宁、四川、内蒙古、河北、广东、江苏、山西、天津和广西,前十位铁路冶炼物资发送量占全国铁路冶炼物资发送量的 69.1%。由此可见,冶炼物资发送集中程度远小于煤炭行业。冶炼物资的发送地以东部地区为主,山东、辽宁、河北、广东、江苏、天津、广西等沿海七省(自治区、直辖市)的发送量占全国冶炼物资发送量的 53%。

对 2003—2012 年我国粗钢产量和铁路冶炼物资发送量数据的相关性进行分析,可以看出,冶炼物资的铁路运输与粗钢产量具有高度的相关性,且长期以来产运系数一直较为稳定,因此可作为根据粗钢产量预测炼物资铁路冶运输量的重要依据(图 2-58)。

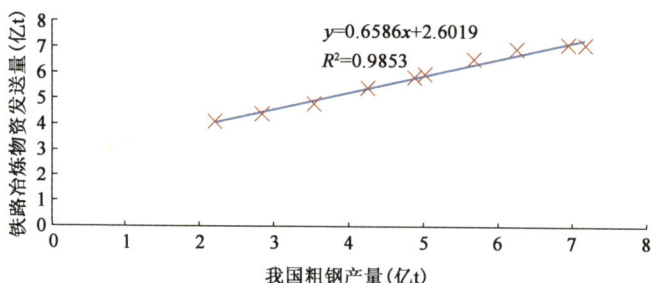

图 2-58　我国铁路冶炼物资发送量与粗钢产量相关性分析

4. 行业发展趋势

1)生产消费规模

发达国家经验表明,钢铁消费和需求与经济发展的关系符合 S 形规律,即人均 GDP 达到 3000 美元(1900 年美元价格,下同)时,工业化、城市化进程进入加速增长期,人均钢消费开始高速增长;人均 GDP 达到 7000~8000 美元时,人均消费增长幅度和粗钢消费强度达到峰值,与第二产业比例同期接近顶点;之后钢铁消费需求进入下降通道,最终人均钢消费量稳定在一定水平,此时人均 GDP 多位于 10000~12000 美元之间(图 2-59、图 2-60)。

各国人均钢铁消费稳定水平有较大差异。德国、日本等作为出口工业产品的制造业强国,2014 年人均粗钢消费量分别为 527.2kg 和 574.9kg,人均钢铁消费量仍然处于高位;而法国、荷兰、英国等国家的钢铁生产主要用于内需或者依赖进口,人均粗钢消费量多数在 200~300kg 之间;只有极个别国家(如韩国)持续大量出口工业产品,至今人均粗钢消费量仍未达到顶点。

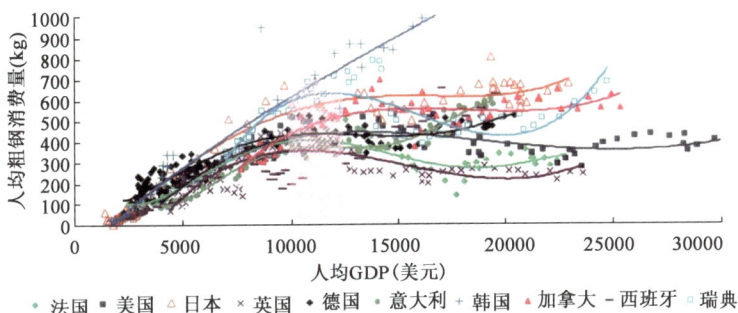

图 2-59　典型发达国家人均粗钢消费 S 形轨迹

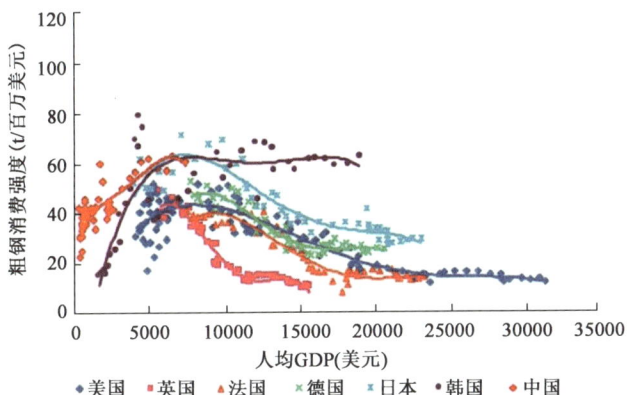

图 2-60　不同国家粗钢消费强度与人均 GDP 关系

2）生产消费布局

铁矿石运输成本等是影响钢铁产业生产力布局的关键因素。当前,我国钢铁产量处于峰值和行业"去产能"阶段,新增钢铁产能新增受到严格控制,总体上钢铁行业生产力布局不会有较大改变。其次,随着铁矿石对外依存度的不断提高(图 2-61),沿海、沿江布局钢铁企业的运输经济优势将持续。从消费布局来看,我国经济进入高质量发展阶段,中、西部地区经济增速总体快于东部,但区域经济发展不均衡状况仍然较为严重,中、西部地区的城镇化和工业化水平尚有很大的提升空间,还存在巨大的钢材消费需求,故钢材消费增长还将持续相当长一段时间。

3）进出口规模

随着"一带一路"倡议的逐步推进与实施,未来我国钢材出口量仍将维持增长态势,同时继续大规模进口铁矿石。日本、德国、法国、意大利等国家的铁矿石消费几乎全部依赖进口,我国虽然有一定的铁矿石储量但品位不高、数量不足,面对国际化大市场,我国钢铁产业将延续铁矿石对外依存度较高的局面。

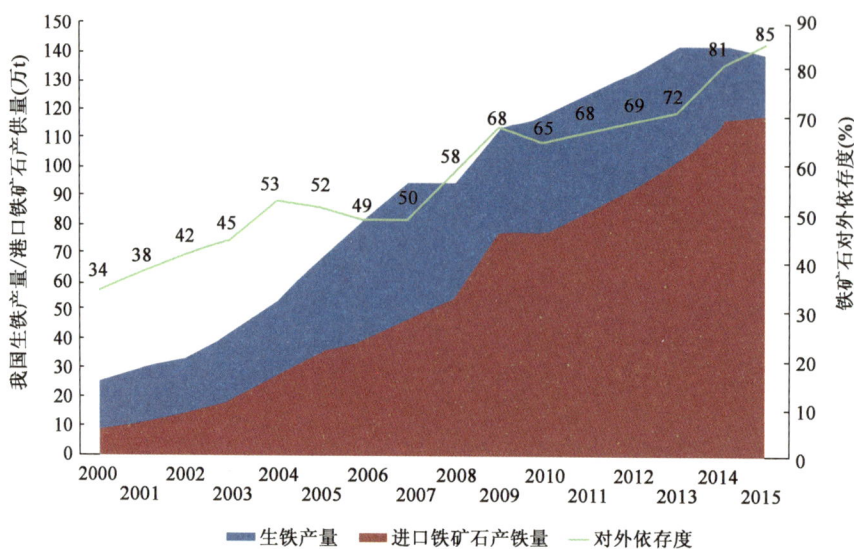

图 2-61　我国铁矿石对外依存度变化情况

5. 运输需求预测

我国人均粗钢消费量将稳定于何种水平,主要与我国未来总体经济规模和工业品出口情况相关,从当前峰值区向稳定期过渡的时间长短主要由我国城镇化发展速度决定。根据《中国钢铁产业区域布局调整研究》的预测,我国粗钢消费稳定期人均粗钢年消费量在 490 ~ 500kg,粗钢年消费总量将近 7 亿 t;由于我国一些地区仍有很大的城镇化建设需求,钢材消费将在较长时间内维持在每年 7 亿 t 左右甚至更高。

随着我国"一带一路"倡议的深入实施、钢铁行业转型重组和技术的不断进步,加之我国中、西部地区在新形势下发展加速,工业化和城镇化仍有一定空间,故我国的钢铁消费需求将稳定在当前水平或略有下降。预计至 2030 年,我国全社会粗钢年产量维持在 6.5 亿 ~ 7.5 亿 t;2045 年,我国全社会粗钢年产量在 5.5 亿 ~ 6.5 亿 t。

综合上文预测的粗钢产量与钢铁及冶炼物资运输量相关关系,以及回收废旧钢铁重新炼钢等因素,预计 2030 年我国钢铁产业相关的产成品和铁矿石等原材料运输量为 27 亿 ~ 32 亿 t,2045 年我国钢铁产业相关的产成品和铁矿石等原材料运输量为 23 亿 ~ 27 亿 t。

三、建筑材料

1. 生产消费现状

1)国内生产消费规模

2016 年,我国水泥熟料实际产能达到 20 亿 t(相当于水泥产能约 33 亿 t),产能利用率为66.8%。从产量看,2016年全国规模以上企业水泥产量24.10亿t,比2014年的历史高点下降3.3%,但比2015年有所增长,增幅为2.2%。水泥需求有所下滑但仍保持高位(图2-62)。

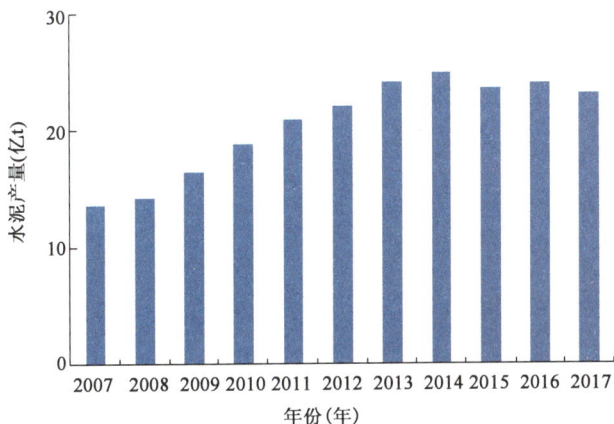

图2-62　2007—2017年我国水泥产量统计

2016年,我国平板玻璃产量为80408万重量箱,较2014年的历史高点下降3.3%,产量占全球总量的50%以上,并连续27年居世界第一位,全行业产能利用率约为70%(图2-63)。

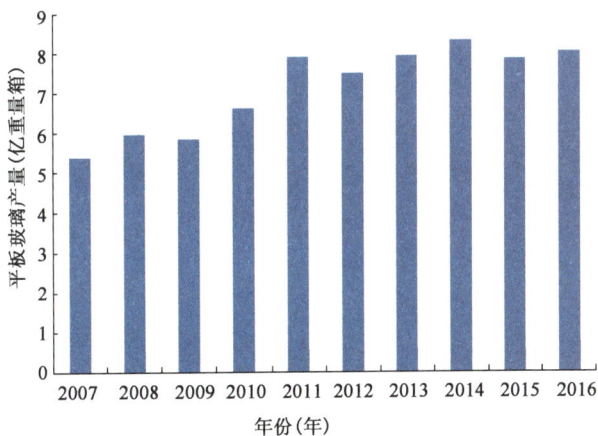

图2-63　2007—2016年我国平板玻璃产量统计

我国木材总产量由2013年的8438万m^3,略有下降到2016年的7776万m^3,但在2017年又升至8398万m^3。国内供需不均衡的部分由进口木材补充。2017年,我国进口木材(原木和锯材)8023万m^3,木材进口依存度约50%。

2)国内生产消费布局

安徽、河北唐山、广东英德等省市和地区由于石灰石资源丰富而成为我国重要的水泥生产基地。从水泥产量分布来看,我国水泥消费主要集中在华东和中南地区,占全国水泥消费总量比例的 60% 以上;其次是西南和西北地区,这与我国固定资产投资的分布相近。由于水泥属于价值质量比较低且质量、体积比较大的产品,不适合长距离运输,产品流通半径多在数百公里以内,因此可认为各区域的水泥产量与消费量大致相同。

3)进出口规模

2016 年,我国水泥及水泥熟料出口量为 1785 万 t,进口量约为 10 万 t,占水泥产销总量的比例微乎其微。玻璃进口量极小,出口需求近年有所增长,但目前仍然主要用于房地产市场消费。2016 年,我国全年进口木材(原木和锯材)8023 万 m³,木材进口依存度超过 50%。

2. 运输组织格局

矿物性建筑材料是建材生产企业的重要原材料。由于矿物性建筑材料的运输需求主要集中在矿藏地与建材生产企业之间,货物价值低,运价承受能力也低,因此一般运输距离较短。针对此类材料的运输,公路和铁路呈现明显的竞争格局,在有铁路专用线或矿藏地距建材生产企业较远情况下,铁路具有明显优势,其余主要由公路方式运输。据 2013 年统计数据显示,铁路运输矿物性建筑材料平均运距仅有 312km,且 75% 的运量为省内运输。

目前,我国木材消费的一半以上来自进口,进口木材消费主要集中在江苏省。2015 年,江苏省原木进口量占全国原木进口总量的 40%,其次是山东、黑龙江、内蒙古和福建;锯材进口前五位分别为广东、内蒙古、江苏、上海和黑龙江。进口木材消费地主要为沿海省份和我国传统木材产地,销往沿海地区的木材主要由公路方式进行疏港运输,销往传统木材产区的货物则由公路和铁路方式分担完成。国内主要木材产地为黑龙江北部、内蒙古东北部地区和广西地区,部分木材就地加工,运输距离较短并主要由公路方式完成,小部分由铁路方式分担。木材的较长距离调运则以铁路调运方式为主,小部分由公路方式分担。据 2013 年统计数据显示,我国铁路木材发送量 2483 万 t,其中哈尔滨铁路局木材发送量达 1634 万 t、南宁铁路局木材发送量为 402 万 t,两地区木材发送量共占全国木材发送量的 82%。

水泥的物理性质决定其不适合较长距离运输和较长时间保存,且由于生产布局分散,产品流通半径仅有数百公里,部分沿江布局水泥企业可以依托内河水运进行长距离调运。但我国绝大部分水泥依靠公路方式进行运输,铁路水泥运输量近些年呈下降趋势。(图 2-64)。

3. 运输完成情况

建筑材料铁路发送量的集中程度介于煤炭行业与冶炼行业之间。其中,排名前三位省、自治区的建筑材料铁路发送量占全国建筑材料发送量的 46%,河北主要是水泥和玻璃发送量较高,黑龙江和内蒙古主要是木材发送量高。

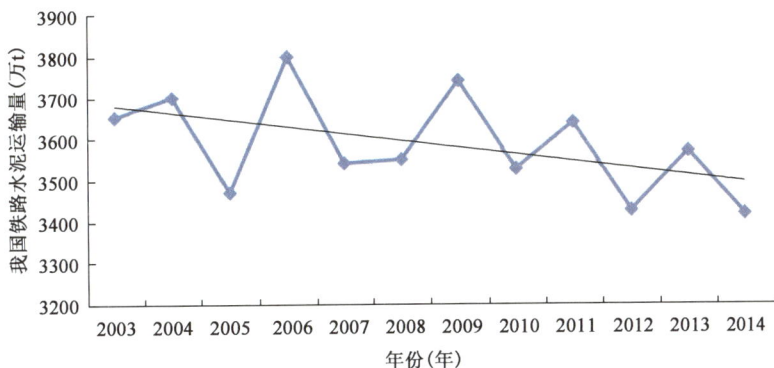

图 2-64　我国铁路水泥运输量变化情况

对 2003—2014 年我国铁路矿物性建筑材料发送量和我国水泥产量数据进行相关性分析,可以发现两者具有较强的相关性(图 2-65),因此可将其可作为预测铁路矿物性建筑材料运输量的重要参考。

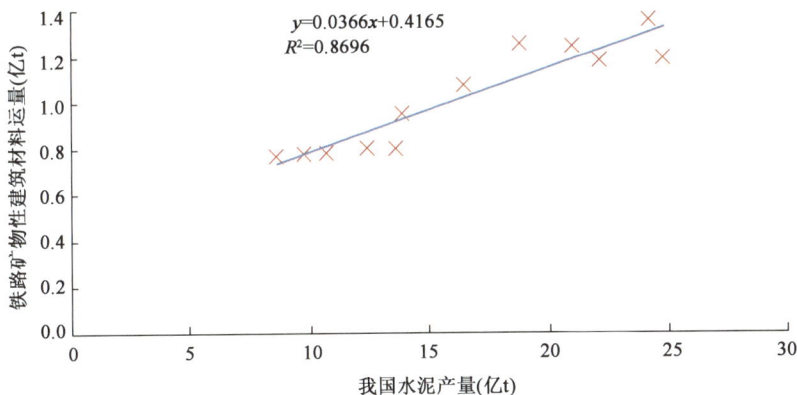

图 2-65　铁路矿物性建筑材料运量与水泥产量相关分析

4.行业发展趋势

1)生产消费规模

发达国家经验表明,水泥等建筑材料的需求量与国家所处的经济发展阶段密切相关,发展趋势一般遵从 S 形曲线规律。当一个国家处于经济起步阶段,其水泥需求量缓慢上升;当国家经济进入高速增长时期,水泥需求量呈快速增长态势;当水泥需求达到高峰期(亦称拐点、饱和点或顶点)时,通常处于经济高速增长时期的大规模建设阶段,且一般在水泥的人均累积消费量达到 10 亿~12 亿 t,人均消费量为 600~700kg/年时达到饱和;当一个国家的经济进入成熟期后,水泥需求量会逐渐下降并趋近于一个常量。

2）生产消费布局和进出口规模

从水泥生产消费来看,我国水泥行业总体处于产能过剩局面。"去产能"决定了产能分布总体上仍然以华东、中南地区为主;中远期仍将由需求侧决定。我国人均水泥累积消费量已经超过20t,但区域分布呈现出明显的不均衡,华东、华北和中南地区人均水泥消费量远高于西南、西北和东北地区。预计未来中西部水泥产销比例将较现在有所提升。从进出口趋势角度看,由于水泥的性能特点决定其并不适合远距离运输,故水泥的进出口量均将较少。

5. 运输需求预测

我国人均累积水泥消费量和年度人均水泥消费量都已经超越发达国家的经验水平,人均水泥年消费量基本保持稳定。考虑到我国经济和城镇化、工业化过程尚在持续发展中,预计我国已进入水泥需求的峰值平台期,在2030年前水泥需求量将与目前持平,预计为年均23亿~24亿t;2030年以后则会随着工业化、城镇化进程的基本完成而有所下滑,但下降过程将比较缓慢;2045年水泥生产量稳定在年均18亿~21亿t以下,为当前水平的80%左右。

四、粮食

1. 生产消费现状

1）国内生产消费规模

2016年,我国粮食总产量为6.16亿t,全年谷物产量5.65亿t,国内粮食消费量约7.4亿t。

2）国内生产消费布局

我国粮食消费区与粮食产区具有较大的错位,并且随着东南沿海工业化、城镇化的加快推进,粮食播种面积不断减少,粮食生产地域呈现由南往北转移的发展趋势。据2014年统计数据显示,我国13个粮食主产省(自治区、直辖市),包括黑龙江、辽宁、吉林、内蒙古、河北、江苏、安徽、江西、山东、河南、湖北、湖南、四川的粮食产量为4.6亿t,占全国粮食总产量的75.8%;粮食主销区七省、直辖市,包括北京、天津、上海、浙江、福建、广东、海南,多数是人口密集区和我国重要的粮食深加工地区的粮食产量为3321万t,仅占全国产量的5.5%。

3）进出口规模

2016年我国进口粮食11287万t,出口粮食115万t。我国粮食的对外依赖度有所提升,其中大豆消费量几乎全部来自进口。

2.运输组织格局

随着粮食生产继续向主产区集中,我国粮食主销区和西部地区的产需缺口进一步扩大。粮食流通总体呈现"北粮南运"和"中粮西运"的运输格局,而其中又以"北粮南运"为绝对主导,且东北的粮食外调量占到全国的60%以上。

3.运输完成情况

2013年,我国粮食及农用物资铁路发送量排名前十位的省、自治区包括黑龙江、河南、吉林、山西、湖北、山东、内蒙古、云南、安徽、河北,占全国铁路发送量的69.8%。排名前三位的黑龙江、河南和吉林均是我国最为重要的粮食生产基地,其余省、自治区也多是粮食产量较大地区,而山西、湖北、云南等省份是重要的化肥产地。如图2-66所示,通过分析我国铁路粮食及农用物资发送量变化情况及农用物资铁路运输情况可以看出,2013年以前,我国粮食的铁路运输量一直稳定在1亿t左右,2014年以来粮食铁路运量出现严重的下滑,降至2015年的5590万t、2016年的5981万t。这主要是由于2013年粮食收储制度和进出口情况突然变化导致的长距离秋粮调运需求骤降造成的。此外,我国铁路农用化肥及农药货运量在2008—2014年间以来基本稳定在8000万t左右。

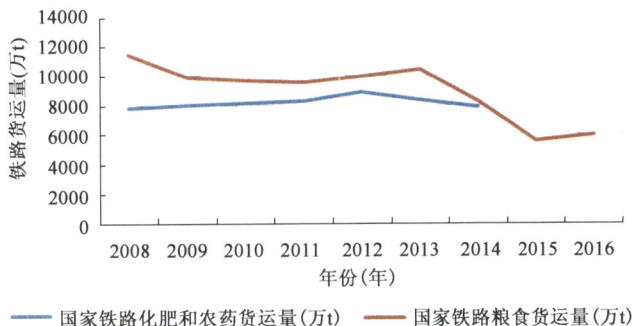

图2-66　我国铁路粮食及农用物资发送量变化情况

4.行业发展趋势

1)生产消费规模

近年来,由于我国现有粮食储备丰富且有进口来源,部分粮食品种出现了一定的产能过剩。另外,由于农产土地连年耕作需要休养生息,国家决定实行耕地轮作休耕,粮食种植面积和粮食产量增速放缓,故我国粮食产量在2015年超过6.2亿t后略有回落。此外,在现有科技水平和基础生产条件下,再实现粮食大幅增产的难度明显加大,我国的粮食产量进入稳定阶段(图2-67)。

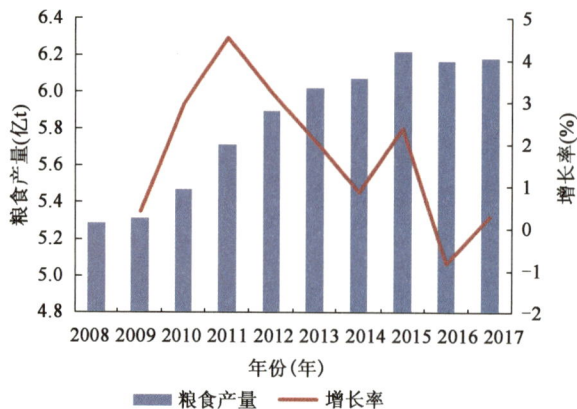

图 2-67　2010—2014 年我国粮食产量及增速的变化情况

从粮食消费角度看,我国近年的粮食消费规模依旧保持增长,饲料用粮已经取代口粮成为最大的消费方式。由于人均口粮消费量已逐步稳定,饲料和工业用粮规模将成为决定我国未来粮食消费规模的关键因素,但在需求仍旧快速增长的形势下,预计进口规模将进一步增加。

2)生产消费布局

由于国家采取保护 18 亿亩耕地红线的严格土地政策和粮食自给率达到 95% 的基本自给线以上的粮食安全政策,预计国内粮食生产布局将长期稳定。虽然粮食进口不断增加,但绝大部分粮食消费依靠国内市场的局面不会改变,粮食加工企业布局亦不会产生较大调整。

5.运输需求预测

预计未来我国人均口粮消费量与当前水平将相近,国内饲料、工业用粮的需求可能在近期有所增长,但限于国内粮食生产能力难以增加,且粮食品种结构调整的因素(降低高产的玉米种植面积)可能降低粮食总产量,预计我国 2030 年和 2045 年粮食年产量仍旧在6 亿~6.5 亿 t,粮食年消费量在 7.5 亿 t 左右。全社会粮食运输量与当前水平相近,但受公路治超、多式联运和绿色交通政策等影响,铁路承担的粮食运输量较当前水平应有所提高。

五、集装箱适箱货

1.生产消费现状

集装箱运输是一种高效率、高效益、高协作的运输方式,适合组织多式联运。适箱货范围较广,一般包括机械设备、电器、仪器、化工制品、烟酒食品、轻工产品、小型机械、玻璃陶瓷、工艺品、印刷品及纸张、医药、烟酒食品、日用品、化工品、针纺织品和小五金等杂货。这些货物相对于大宗货物具有质量轻、价值高、占用空间大等特点。

经济转型和供给侧结构性改革使工业产成品尤其是高附加值产品货运需求依然旺盛。从批发商品销售额增速来看，医药、金属制品、通用设备、电气机械和器材、电子设备等与耐用消费品强相关的行业仍保持高位运行态势；农副食品、烟酒茶、纺织服装行业等也基本保持中高速增长（图 2-68），这与煤炭、金属及矿产品等大宗货类相关的行业相继步入负增长的情况形成鲜明对比。另外，这些物品基本都属于适箱货，其量的增长可以有力地促进集装箱运输需求的稳定增长。

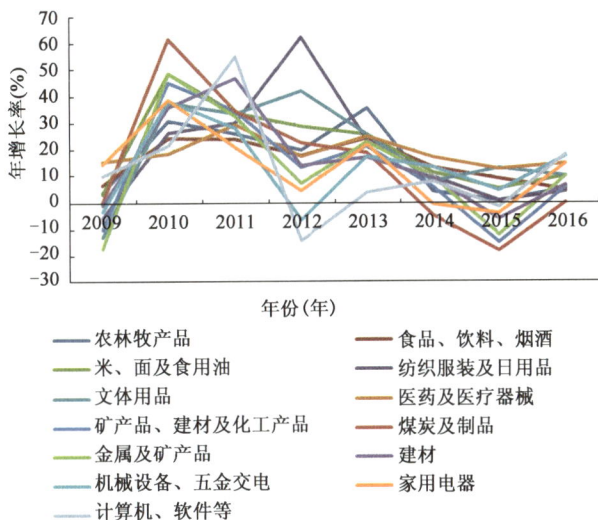

图 2-68　不同类物品销售额增长率对比

2. 运输组织格局

集装箱运输与制造业及外贸进出口发展密切相关。自 2003 年后，我国部分制造业呈现"北上西进"的特征，产业梯度转移的趋势逐渐显现（图 2-69），如食品轻纺、电子信息产业、非金属矿物制品产业、机械制造业等行业向中、西部地区转移的趋势较为明显。但是，我国制造业仍主要集聚在东部沿海地区，区域间大规模的产业转移现象并未出现。相反，只有少数劳动力密集型行业出现了向中、西部地区转移的趋势，而华东地区大部分行业仍处于集聚状态，特别是纺织业、纺织服装、服饰业等行业的集聚程度仍不断在强化。

但随着内陆地区对外开放程度的提高，一批内陆开放高地建设取得较大成效。对比 2000 年和 2014 年，我国中西部地区的进出口总额和出口额占比分别提升了 5% 和 10%。今后一段时间内，伴随全方位对外开放格局的构建和区域联动协调发展，我国制造业和对外开放格局向内陆省份延伸的趋势将进一步增强，我国集装箱多式联运也将发挥更大的作用。

交通强国战略研究 STRATEGIC RESEARCH ON TRANSPORTATION POWER

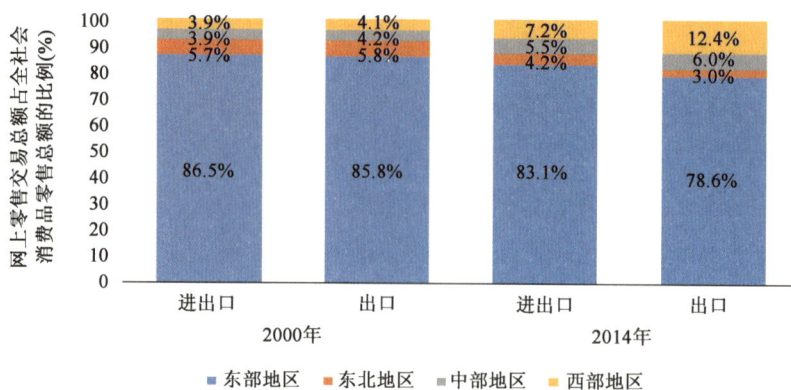

图 2-69　我国进出口贸易的区域结构变化

3. 运输完成情况

2011—2016 年,我国由铁路、公路、水路完成的集装箱发送量见表 2-39。其中,铁路集装箱运量从 489 万 TEU 增长至 751 万 TEU,发送货物由 8802 万 t 增长至 1.35 亿 t,年均增速为 8.9%。尤其是在 2016 年铁路实行货运组织深化改革后,铁路集装箱运量出现迅猛增长,同比增长 40.3%。

我国 2011—2016 年集装箱运输完成情况　　　　　　　　　　表 2-39

年份(年)	铁　路		公　路		水　路	
	集装箱运量 (万 TEU)	发货量 (万 t)	集装箱运量 (万 TEU)	发货量 (万 t)	集装箱运量 (万 TEU)	发货量 (万 t)
2011	489.0	8802.0	6453.6	74402.9	4252.9	51801.0
2012	471.3	8483.4	6968.7	82681.7	4603.3	54805.5
2013	441.0	7938.0	6980.6	83067.7	4912.9	57615.6
2014	445.4	8017.2	7117.9	84623.7	5241.4	63996.5
2015	535.3	9635.4	7201.9	87025.3	5170.7	64869.0
2016	751.3	13523.4	7133.6	90566.6	5735.9	67420.7

注:公路、水路数据摘自历年《交通统计资料汇编》;铁路 TEU 数据摘自历年《中国交通年鉴》,吨数按照每 TEU 为 18t 的经验值计算。

4. 行业发展趋势

根据当前制造业、外向型经济总体布局的结构特点及未来发展趋势,预计我国未来集装箱运输需求仍将主要集中在京津冀、长三角、珠三角等三大经济圈以及重庆、四川、河南、湖北等内陆开放高地,在此基础上向三大经济圈周边省份拓展。此外,大连、天津、唐山、青岛、连云港、上海、宁波—舟山、厦门、深圳等沿海港口的集装箱铁水联运需求、公水联运需求,以及新疆、甘肃等地的国际集装箱铁路联运需求将会快速增加。

5. 运输需求预测

目前,我国集装箱运量仅占适箱货总运量的20%左右,而发达国家件杂货运输的集装箱化程度已超过80%。预计随着我国产业结构的进一步调整以及不同运输方式的"中间1公里"的打通,适箱货的集装化率将有较大提升。

2016年,我国铁路集装箱运量仅占铁路货运量的5.4%,而欧美国家铁路集装箱运量占铁路货运量比例都在30%~40%。因此,我国的铁路集装箱运输还有很大的上升空间。以2016年铁路集装箱日均装车数约为铁路货车日均总装车数10%、集装箱货运量1.8亿t为预测基础,预计2020年,我国铁路集装箱货运量约占铁路总货运量的15%,即3亿~5亿t;2030年,伴随全社会货物集装化程度的提高、铁路市场化改革的深化和集装箱运输业务的进一步成熟,铁路集装箱货运量占铁路总货运量比例约为20%,即9亿~10亿t;2045年铁路集装箱货运量占铁路总货运量的比例将达30%,则铁路集装箱货运量可达16亿~18亿t。

公路集装箱随着适箱货的进一步集装箱化,公路集装箱发送量仍将有所增长,预计2020年、2030年和2045年分别达到1亿TEU、2亿TEU和3亿TEU;若按每TEU为12t计算,则集装箱货运量分别为12亿t、24亿t和36亿t。

水路集装箱发送量未来将继续增长,年均增速为5%~6%,预计2020年、2030年和2045年将分别达到7200万TEU、11000万TEU和16000万TEU,按每TEU为12t计,则集装箱货运量分别为8.64亿t、13.2亿t和19.2亿t。

六、快递

1. 生产消费现状

1)国内生产消费规模

2016年,我国依托互联网信息技术的网上零售交易总额由2003年的39.1亿元增长至5.16万亿元,同比增长了几千倍。2015年,我国网上零售交易总额占全社会消费品零售总额的比例由2003年的0.1%上升至12.9%(图2-70)。截至2015年底,全国电子商务服务业市场规模达到1.98万亿元。

2)国内生产消费布局

自2003年后,我国部分制造业呈现"北上西进"特征,产业梯度转移逐渐显现,特别是食品轻纺、电子信息产业等行业。当前,全国已经形成涵盖航天、汽车、电子、制药、服装等多个领域的服务制造业试验群,加快了快递服务制造业的发展进程。农副产品进城和工业品销售下乡总额超过 3000 亿元,农民消费需求得到激发。此外,伴随着"一带一路"倡议的推进与实施,快递企业正加紧布局海外市场,积极服务跨境贸易。

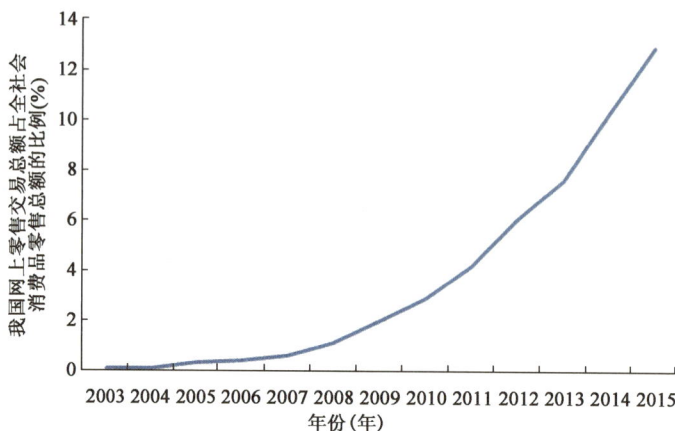

图 2-70   2003—2015 年我国网上零售交易总额占全社会消费品零售总额的比例

3)进出口规模

2012 年,我国跨境电商进出口总额仅占全国进出口总额的 8.1% ;2016 年,我国跨境电商进出口总规模达 6 万亿,约占国家进出口总额的 25% 。

2. 运输组织格局

近年来,我国快递业实现持续高速增长。至 2015 年已初步形成 7 家年收入超 200 亿元、8 家年收入超 100 亿元的快递企业。2010—2015 年间,全国快递服务营业网点从 6.4 万个增至 18.3 万个,县级网点覆盖率达 95% 以上,乡镇网点覆盖率提升至 70% ,快递网络向中西部地区、中小城市及县域乡镇加快延伸。全国建成快件分拣中心逾千个。快递专用货机从 19 架增至 71 架,其中 3 家快递企业拥有自主航空机队,航空快件占国内货邮吞吐量的比例超过 50% 。在高速铁路运送快件和电商快递班列方面取得突破,快递干线车辆从 7 万辆增至 19 万辆,快递综合运输能力大幅提升。

3. 运输完成情况

2007—2016 年,我国快递业务量由 12 亿件增长至 313 亿件(图 2-71),年均增速达 43.6 % 。2016 年我国快递业务量约占全球快递业务总量的 40% ,位居世界第一,我国成为名副其实的"快递大国"。2015 年,我国快递日均服务用户超过 1.1 亿人次,人均快递使用量达 15 件。

图 2-71　我国快递件量与快递收入变化情况

4.行业发展趋势

虽然多年高速增长的快递业在 2017 年出现增速回落,但中国消费市场规模仍以年均 10% 的速度增长,居全球之冠。未来,随着国家继续协同推进新型工业化、信息化、城镇化、农业现代化,快递行业的超大规模内需潜力将被不断释放,我国快递行业仍将持续高速发展,快递需求仍将保持旺盛态势。

5.运输需求预测

我国快递业务量仍有很大增长空间。预计我国 2016—2020 年平均年增速 30% 左右,2020—2030 年平均年增速为 15% 左右。预计我国 2030 年快递量将突破 2000 亿件,2045 年快递量将达到 2016 年的 19.6 倍。

七、小结

本研究重点分析煤炭、钢铁及冶炼物资、建材、粮食、集装箱、快递几大货类的运输需求变化趋势,参照目前干线运输货类的构成大体判断,典型货类运输量分别占到铁路运输量的 85%,公路运输量的 60% 和水路运输量的 50%。

大宗货物是我国交通运输系统所服务的重要领域,是关系国民经济发展的关键性支撑。我国经济进入新的发展阶段,面临产业结构与增长方式的深入调整,势必会影响货物运输需求的变化与运输供需平衡。同时,鉴于我国的国情特点,包含重化工业的全产业链必须协调发展。预计在 2030 年左右,以煤炭、铁矿石和钢铁为代表的大宗货物运输需求的增长势头将减缓而进入相对稳定阶段,甚至出现下滑趋势。

另外,随着经济社会的发展,产品结构中高附加值产品和轻型产品比例将明显增大。与此同时,人们消费水平的提高将诱发更多的消费品需求,促进小批量、多批次、高价值货物运输需求量的增长,并会使我国集装箱及快递的货运量呈现快速增长态势。

本研究未涉及的货类包括石油天然气、大型机械、非金属矿石、砂石、农林牧渔业产品以及其他货类,参照目前干线运输货类的构成(表 2-5),占到铁路运输量的 15%,公路运输量的 40% 和水路运输量的 50%。其中石油天然气、大型机械、农林牧渔业产品等货类的运量在 2030 年前还将保持中高速增长,从而带动货运需求总量的增长。

第四节 货物运输量及结构分析

一、预测情景

1. 基准情景

基准情景的核心思想是交通运输发展仍旧延续既有的发展模式和政策,未来虽然能够对交通运输需求提供足够支撑,但可能无法为宏观经济的绿色、低碳、可持续发展提供有效支撑。预计到 2045 年,各种交通运输方式仍旧按照现在各自固有的方式发展,运输结构仅出现微小变化,技术效率提升有限。

2. 节能低碳情景

节能低碳情景的核心思想是在保证运输服务水平基本稳定的情况下,用低碳理念全面引导交通运输体系的转型升级。随着国家环保意识整体水平的提高,以及相应政策的发力,货物运输需求向单位能耗较低的运输方式倾斜。在未来货运结构中,能耗强度较小的货运方式比例将高于基准情景,相反能源消耗强度较大的方式比例则低于基准情景。

二、预测结果

1. 基准情景

基准情景下,货运方式结构、货运量、货物周转量、货运量增长率、货物周转量增长率预测结果见表 2-40 ~ 表 2-44❶。

---

❶ 表 2-40 ~ 表 2-49 中数据均未统计远洋运输数据。

基准情景下不同运输方式国内货运结构预测结果(单位:%)　　表 2-40

指　标	年份(年)	铁路	公路	水路	航空	管道
货运量	2017	7.8	78.0	12.5	0.01	1.7
	2020	7.6	78.5	12.0	0.02	1.8
	2030	7.3	78.5	12.0	0.05	2.2
	2045	7.0	78.6	11.8	0.10	2.5
货物周转量	2017	18.9	46.9	30.6	0.20	3.4
	2020	19.5	48.6	28.3	0.20	3.4
	2030	18.0	54.0	23.8	0.40	3.8
	2045	17.0	57.3	20.8	0.80	4.2

基准情景下不同运输方式国内货运量预测结果(单位:亿 t)　　表 2-41

名　目	年份(年)	铁路	公路	水路	航空	管道	货运总量
实绩	2017	36.9	368.7	59.2	0.10	8.10	472.9
低方案	2020	42	432	66	0.09	9.90	550.0
	2030	46	497	76	0.18	13.80	633.0
	2045	46	519	78	0.35	16.65	660.0
高方案	2020	43	441	67	0.10	10.90	562.0
	2030	48	511	78	0.20	13.80	651.0
	2045	48	534	80	0.40	17.60	680.0

基准情景下不同运输方式国内货运量增长率预测结果(单位:%)　　表 2-42

名　目	年份(年)	铁路	公路	水路	航空	管道	总量
低方案	2017—2020	4.4	5.4	3.7	8.7	7.1	5.2
	2020—2030	0.9	1.4	1.4	7.2	3.4	1.4
	2030—2045	0.0	0.3	0.2	4.5	1.2	0.3
高方案	2017—2020	5.2	6.2	4.2	10.7	10.6	5.9
	2020—2030	1.1	1.5	1.5	6.6	2.4	1.5
	2030—2045	0.0	0.3	0.2	5.5	1.6	0.3

基准情景下不同运输方式国内货物周转量预测结果（单位：亿 t·km） 表 2-43

名　目	年份(年)	铁路	公路	水路	航空	管道	货运总量
实绩	2017	26962	66772	43527	244	4783	142288
低方案	2020	30254	75301	43777	356	5220	154908
	2030	31720	95160	41976	687	6679	176223
	2045	32971	111036	40341	1493	8107	193949
高方案	2020	30886	76875	44692	360	5333	158147
	2030	32773	98318	43369	710	6901	182070
	2045	33746	113644	41289	1528	8297	198504

基准情景下不同运输方式国内货物周转量增长率预测结果（单位：%） 表 2-44

名　目	年份(年)	铁路	公路	水路	航空	管道	总量
低方案	2017—2020	3.9	4.1	0.2	13.4	3.0	2.9
	2020—2030	0.5	2.4	−0.4	6.8	2.5	1.3
	2030—2045	0.3	1.0	−0.3	5.3	1.3	0.6
高方案	2017—2020	4.6	4.8	0.9	14.2	3.7	3.6
	2020—2030	0.6	2.5	−0.3	6.9	2.6	1.4
	2030—2045	0.2	1.0	−0.3	5.2	1.2	0.6

2. 节能低碳情景

考虑各种货运方式节能低碳和运输效率两方面因素影响，铁路等节能低碳型运输方式的货运量和货物周转量比例将高于基准情景，公路和航空货运量和货物周转量则低于基准情景。低碳情景下货运方式结构、货运量、货物周转量、货运量增长率、货物周转量增长率预测结果详见表 2-45 ~ 表 2-49。

节能低碳情景下不同运输方式国内货运方式结构预测结果（单位：%） 表 2-45

指　标	年份(年)	铁路	公路	水路	航空	管道
货运量	2017	7.80	77.96	12.51	0.01	1.70
	2020	8.53	78.36	11.40	0.01	1.69
	2030	9.21	78.67	10.14	0.03	1.95
	2045	9.99	76.67	10.29	0.05	3.01
货物周转量	2017	18.90	46.90	30.60	0.20	3.40
	2020	21.50	46.20	28.90	0.20	3.20
	2030	24.10	46.40	25.40	0.40	3.80
	2045	25.70	44.20	24.00	0.70	5.50

节能低碳情景下不同运输方式国内货运量预测结果（单位：亿 t） 　表 2-46

名　目	年份（年）	铁路	公路	水路	航空	管道	总量
实绩	2017	36.89	368.68	59.18	0.07	8.06	472.88
低方案	2020	46.92	431	62.69	0.085	9.305	550
	2030	58.32	498	64.16	0.16	12.36	633
	2045	65.96	506	67.90	0.30	19.84	660
高方案	2020	48	440	64	0.09	9.91	562
	2030	60	512	66	0.18	12.82	651
	2045	68	522	70	0.35	19.65	680

节能低碳情景下不同运输方式国内货运量增长率预测结果（单位：%） 　表 2-47

名　目	年份（年）	铁路	公路	水路	航空	管道	总量
低方案	2017—2020	8.3	5.3	1.9	4.6	4.9	5.2
	2020—2030	2.2	1.5	0.2	7.2	2.9	1.4
	2030—2045	0.8	0.1	0.4	4.3	3.2	0.3
高方案	2017—2020	9.1	6.1	2.6	8.7	7.5	5.9
	2020—2030	2.3	1.5	0.3	7.2	2.5	1.5
	2030—2045	0.8	0.1	0.4	4.5	2.9	0.3

节能低碳情景下不同运输方式国内货物周转量预测结果（单位：亿 t·km） 　表 2-48

方　案	年份（年）	铁路	公路	水路	航空	管道	总量
实绩	2017	26962	66772	43527	244	4783	142288
低方案	2020	33312	71544	44823	300	4929	154908
	2030	42393	81767	44716	650	6697	176223
	2045	49830	85684	46508	1200	10727	193949
高方案	2020	34009	73040	45760	350	4988	158147
	2030	43800	84480	46200	750	6840	182070
	2045	51000	87696	47600	1500	10708	198504

节能低碳情景下国内不同运输方式货物周转量增长率预测结果（单位：%） 　表 2-49

名　目	年份（年）	铁路	公路	水路	航空	管道	总量
低方案	2017—2020	7.3	2.3	1.0	7.1	1.0	2.9
	2020—2030	2.4	1.3	0.0	8.0	3.1	1.3
	2030—2045	1.1	0.3	0.3	4.2	3.2	0.6
高方案	2017—2020	8.0	3.0	1.7	12.8	1.4	3.6
	2020—2030	2.6	1.5	0.1	7.9	3.2	1.4
	2030—2045	1.0	0.2	0.2	4.7	3.0	0.6

3. 结果分析

1）铁路

铁路在承担大宗货物的中长途运输方面具有一定的技术经济优势。大宗货物运输需求是影响铁路货运量的重要因素。预计我国大宗货物运输需求将于2030年之前达到峰值，即铁路货运量还有一定的增长空间。2045年后，随着我国大宗货物运输需求的减少，铁路大宗货物运输量将比2030年显著下降。另一方面，我国铁路集装箱和零担货物运量占比远低于发达国家，预计未来集装箱和零担货物将成为铁路货运需求新的增长点。

铁路货运量占比能否提升还将受政策的影响。基准情景下，预计我国铁路货运量还将会有所增长，但增长幅度有限，甚至在2030年以后，货运量和货物周转量占比双双下降。低碳情景下，国家将加大交通运输节能减排力度。随着铁路市场化改革不断推进，铁路运输服务提升，铁路运价更加弹性化，疏港铁路的大规模建设及铁水联运比例的不断增加，以及长距离的货物不断向铁路转移，铁路集装箱运输将成为铁路货物运输需求新的增长点，促使铁路货运量稳中有升。

2）公路

我国产业结构调整在减少大宗货物运输需求的同时，将大幅度增加其他货物的运输需求，这将成为公路货运需求增长的重要来源。公路运输具有门到门、快捷的优势，预计未来我国公路运输仍将继续保持较快增长，特别是小型化、多批次、时效性、高附加值和中短距离的货运需求将呈现较大幅度增长。此外，高速公路里程的增加和物流配送系统的完善，将促进公路货物运输平均运距的延长。总体来看，公路运输在货物运输中的优势和潜力应得到充分发挥。

公路货运变化情况将与我国低碳交通发展政策的力度密切相关。在基准情景下，公路货运量及货物周转量均占绝对优势。低碳政策的实施将使公路和铁路的比较优势产生改变，使得中长途货运需求由公路向铁路转移，进而导致公路货运量和货物周转量所占全社会货运量和全社会货物周转量的比例均低于基准情景水平。

3）水路

水路主要运送运距较长和对时效性要求不高的大宗散货、件杂货物和集装箱货物。由于大宗散货运输需求增速减缓，因此未来水路货运需求缺乏增长空间。另外，由于水路航道密度和运行条件远低于铁路，可达性差，预计未来水路货运量和货物周转量增长速度将回落，在全社会货运总量中所占比例有所下降，但仍然高于铁路货运量和货物周转量比例。不同政策情景下水路货运需求占比有所不同。在节能低碳情景下，水路货运量需求占比高于基准情景，其中铁水集装箱联运将成为水路货物运输量的重要增长点。

4）航空

航空货运的优势在于距离长、时效性好、批量小和附加值高。未来航空货运量和货运周转量将以较高的速度增长，但在全社会总货运量和货物周转量中所占比例仍远远低于其他运输方式。航空运输属于能耗相对较大的运输方式，节能低碳政策的实施将在一定程度上影响民航货运需求的增长。由于航空运输货物一般都对时效性要求较高，即使在低碳情景下，航空货物运输量也将保持一定的增长，但不论在哪种情景下航空货运占比均低于1%。

5）管道

管道运输是我国陆上石油和天然气运输的主要方式，是我国能源结构调整的重要路径。从未来的发展趋势看，我国石油和天然气以及其他固体物料的消费量仍将继续增加，同时新技术的引进，还会使管道运输的货物类别有所增加。因此，未来管道货运需求将保持较高增长，管道货运量和货物周转量所占比例将高于现状水平。低碳情景下的管道货运量和货物周转量比例将高于基准情景水平。

第五节　货物运输需求趋势分析

一、货运需求将由高速增长转向平稳增长

我国经济已由高速增长阶段转向高质量发展阶段。在此条件下，节能低碳情景下低方案货物周转量预测结果如图2-72所示。2030年以前，我国整体处于工业2.0阶段向工业3.0阶段过渡的时期，供给侧结构性改革将进一步深化，货运需求增速将有所下降，但由于工业化和城镇化进程还在持续，因此货运需求仍将保持中速增长。2030年后中国整体将处于工业3.0阶段向工业4.0阶段发展并且进入以科技进步和创新为重要支撑的新兴工业化发展阶段。因此，工业品产量及货物运输量需求增速会进一步降低，其中货运需求增速将低于0.5%。初步分析，我国在2045年前不会出现货运峰值。

二、货运强度将随着工业化进程推进而下降

我国的货运强度，即单位GDP的货物周转量将随着工业化进程的不断推进而不断下降。预计2030年、2045年我国国内货运强度（GDP按2015年不变价计算，且不包括远洋运输数据）将分别为2017年的54%～57%和33%～34%（图2-73）。2045年，我国的货运强度水平接近美国当前的货运强度水平，但高于目前欧洲的货运强度水平。

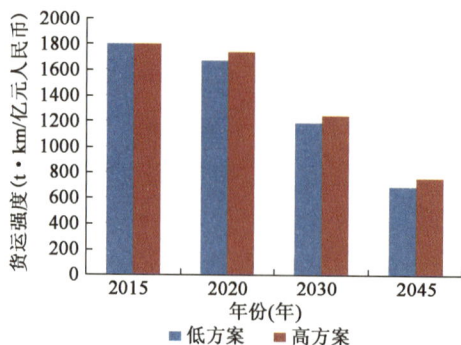

图 2-72　低碳情景低方案货物周转量预测结果

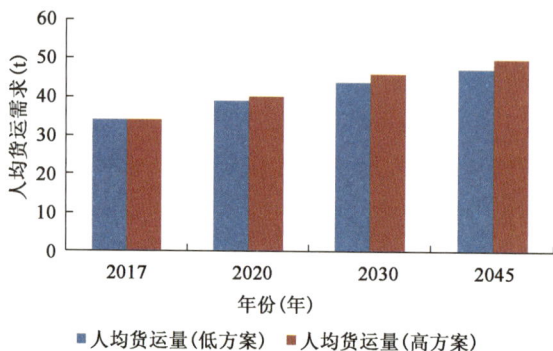

图 2-73　我国国内货运强度预测结果

三、人均货运水平存在"天花板"

我国人均货运需求(不包括远洋运输需求)水平发展趋势符合生长曲线发展规律。根据模型预测,我国人均货运水平不会无限制增长下去,预计当人均国内货运需求由 2017 年的 34.0t 增长到 2045 年的 49.0t 左右时,便会处于基本稳定阶段,增长幅度十分有限(图 2-74)。这一水平低于美国 2015 年的货运水平(56.2t/人),也低于日本历史上的人均货运水平峰值(日本国内人均货运量最高值曾达到 56.0t,2014 年下降为 37.0t)。受资源禀赋约束,我国人均货运水平无法达到美国、日本的人均货运峰值水平。

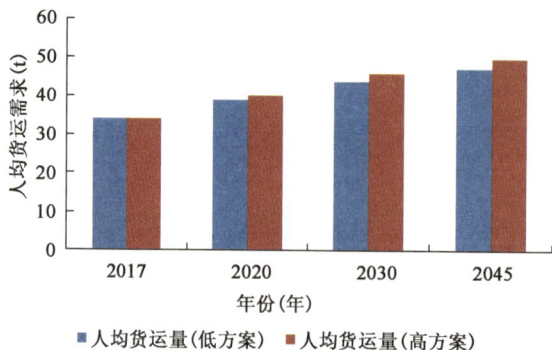

图 2-74　我国人均货运量需求预测结果

四、货运结构受政策影响较大

货运结构受政策影响较大。以当前形势分析,航空、管道所承担的货运量及占比会有所上升,但在运输系统中总体占比较低;随着路网等级的不断提高、经济运输距离的不断延长,再加之具有灵活的"门到门"运输优势,公路运输仍将是货运最主导的运输方式。铁路、水路运输的占比受政策力度影响较大。在基准情景下,我国铁路及国内水路的货运量及货物周转量的占比均呈下降趋势,但如果实施力度较大的低碳交通政策,预计会引起部分公路货运需求转移到铁路、水路方向,表现为铁路货运量及货物周转量占比增长,而水路运输由于运网密度低、可达性差,水路运输在全社会货运总量中所占比例有所下降。在节能低碳情景下,水路货运量需求占比高于基准情景,其中铁水集装箱联运将成为水路货物运输量的重要增长点。

在节能低碳情景下,需要一系列促进运输结构调整的相关政策措施,包括:第一,进一步放松铁路货运价格的政府管制,借鉴美国经验对煤炭等大宗货物运价进行特别监管,形成有利于向铁路等运输方式转移的比价。国家可以财政、税收等手段对铁路承担的低价运输予以补贴。第二,将能源、环境、安全等外部成本纳入交通运输的价格体系中,对能耗大、排放严重的公路运输研究征收环境税,并继续加大对公路货运汽车污染排放、超载超限的监督、检查力度。第三,推进供给侧结构性改革,尽快补齐综合交通枢纽、疏港铁路、综合运输内陆港的设施短板。第四,加强铁路企业的市场化改革,以客户需求为导向,创新货运组织模式,开行客车化班列、快捷班列,并与水路、公路企业加强合作,提供门到门的货运服务等。只有相关政策措施力度足够大,才能促进形成绿色低碳的货运结构。

五、大宗散货运量在 2030 年之前达到峰值

2017 年,我国大宗货物的产量和运输量均位居世界第一。预计 2030 年前,随着我国供给侧结构性改革的深化,我国将进一步转变发展方式、优化经济结构、转换增长动力,使得重化工业增速降低,从而减缓对煤炭、铁矿石和钢铁等大宗货物的需求。在这种态势下,我国过去几十年的煤炭、冶炼物资、建材、粮食等大宗物资运输需求量总体快速增长的势头将有所改变。预计大宗货物运输需求将于 2020—2030 年处于高峰平台期,2030 年后随着城市化进程加速,以及基础设施建设的完成,我国大宗物资运输将有所下降。但考虑到我国国土面积大、人口多、资源禀赋不均衡,以及构建完整产业链的需要,我国大宗货物运输量不会出现明显的大幅下降,仍将维持在一个相对稳定的规模之中。

六、高价值、分散性、小批量、时效性货运需求快速攀升

《中国制造2025》提出,我国将大力发展基于互联网的个性化定制,工业生产由集中式控制向分散式增强型控制转变,工业领域的物流也将随之呈现出与工业生产类似的"个性化"特点,成为分散性、小批量货运需求快速增长的另一推手。人民群众消费水平的提高将诱发更多的消费品需求,促进小批量、多批次、高价值货物运输需求量的增长,以及对更快速、更便捷、更准时物流配送的需求,并推动航空、公路等货运需求增长。产品结构中高附加值和轻型化产品比例明显增大,单位运输量的货物价值及体积远超过大宗货类。货类变化将促使我国集装箱及快递运输量持续增长。

七、东、西部货运需求差距有所缩小,但"东高西低"的基本格局不会改变

我国实施的区域协调发展,既是实现全面小康社会的必然要求,也是建设现代化强国的国家重大战略。伴随着国家2020年全面建成小康社会、国家新型城镇化战略的推进,以及"一带一路"倡议、西部大开发战略和长江经济带战略的有效实施,未来区域内和区域间物资交流将更加积极和频繁,由此将产生大量的货运需求,其中中、西部地区和农村地区的货运需求上升趋势明显。作为我国经济发展的排头兵,东部沿海地区的长三角、珠三角和环渤海地区已处于工业化后期或工业3.0发展阶段,产业链条将不断完善。另外,部分产业向中、西部地区转移,货运需求将更注重质量,并保持较稳定的中低速增长态势。中、西部地区大体处于工业化中期或工业2.0发展阶段,处于承接东部的产业转移的重大战略机遇期。基于国家区域协调发展战略,中、西部地区的货运需求来自旧有潜力释放和经济社会发展带动新增两大因素。预计中、西部地区货运需求的增长速度将高于东部地区,区域间货运需求差距随之缩小,但我国货运需求"东高西低"的基本格局不会改变。

八、外贸货物运输仍将保持稳定增长

全球化是未来三十年全球贸易发展的主旋律,全球经济格局、贸易格局、生产格局和服务格局发生重大转变的趋势不可逆转。全球经济增长重心将继续向以中国为核心的亚太地区转移,同时环印度洋地区也将成为最有增长潜力的地区。我国将逐渐迈向全球价值链中高端,培育出若干世界级先进制造业集群,进出口仍将保持增长态势。预计2045年,我国的对外贸易额将增长4~5倍及年均增长幅度约5%。远洋海运仍然承担绝大部分的对外贸易量,远洋货运量和货物周转量增速高于国内货物运输增速;同时,铁路、航空运输所承担的对外贸易量将会较快增长,但在总量中的占比增长不明显。

中美、中欧、中国与亚洲其他地区的货运交流增速高于其他地区增速。我国产业结构

转型升级使得对煤炭、铁矿石等大宗货物的进口已处于高峰平台期,但对原油、电器、食品、消费品的进口量将会快速增长。在出口方面,附加值高的电子、机械等产品比例将大幅增长。随着全球经济的逐渐复苏,我国外贸进出口发展趋好,近年来我国国际集装箱运输一直保持一定的增长,但增长幅度较以往趋于减缓;同时,我国对高附加值产品的进口逐渐增长,这些均揭示了我国经济增长方式正在由数量型向质量性转变,消费模式正在由中低端向中高端转变。另外,我国能源对外依存度逐渐提高,原油、天然气进口量将有较大增幅。

第七章
运输需求对运输供给的启示和要求

一、交通供需态势发生历史性改变,要求交通供给由"规模速度型"转向"质量效率型"

经过新中国 70 年、改革开放 40 年的建设,我国交通基础设施规模世界领先,运输装备规模世界领先,2030 年前还将建成一批基础设施,增添或换装一批运输装备,使我国交通运输供给能力再上新台阶。交通供需将由供不应求开始逐步进入总体供需基本平衡,甚至在部分时期出现供大于求的新阶段。针对未来我国客货运输需求增长逐步放缓,交通运输供需的主要矛盾由如何"走得了""运得了"向如何"走得好""运得好"转变,人们不仅仅满足于通路、通车、通航、通邮等"硬需求",更加重视获得感、幸福感、安全感等"软需求",这就要求交通运输供给由"规模速度型"向"质量效率型"转变。

二、抓住基础设施建设"变坡期"前的建设时期

当前,我国交通运输基础设施建设面临的土地、资源、环境等刚性约束进一步增大,劳动力成本明显上升,建设债务高、融资难等问题日益凸显,客观条件不支持长时期的大规模交通基础设施建设。预计 2020—2030 年,随着我国既有交通规划的完成以及客货运量增速下降,在新的供需态势影响下,我国交通基础设施的集中高投资、超大规模建设期或将结束,并随之进入新建规模减小、更新改造成为新矛盾的"变坡期"。我国应抓住"变坡期"前的建设时期,以先进的规划理念,以建设"安全、便捷、高效、绿色、经济"的现代化交通运输体系为目标,集中优势资源,补短板、强衔接、优路网、重融合、提效能,完善基础设施建设。

三、利用结构调整和转型升级的"窗口期",促进运输结构的调整优化

当前,我国交通供需总量虽基本平衡,但供需结构性失衡矛盾突出。以习近平同志为核心的党中央作出了调整运输结构、打好污染防治攻坚战、打赢蓝天保卫战的重要部署,这标志着我国交通运输行业进入结构调整优化和转型升级的"窗口期"。我国过去由于供给能力制约,运输管理体制分散化,不具备运输结构优化调整的环境。各种运输方式依照其不同特点更快速、更便捷、更安全地发展,但并非形成绿色低碳的运输结构。实现社会效益最大、外部成本最小的运输系统,需要政府综合运用发展规划、产业政策、价格税收等手段引导运输结构调整,以尽可能低的资源消耗和环境成本支撑国民经济和社会发展,从而实现交通与资源、环境的协调发展。

四、以系统化和"互联网 +"为抓手,促进运输供给的高质量发展

高质量的运输供给是适应我国交通运输主要矛盾变化的必然要求。交通运输高质量发展,必须牢牢把握高质量发展要求,坚持质量第一、效益优先。发展的重点:一是完善既有交通体系,形成设施一体化、服务一体化、信息一体化、便捷的综合交通体系。针对交通运输枢纽、"最后一公里"等薄弱环节,精准施策,提升系统效能,挖掘系统潜力,统筹各种运输方式发展,促进各种运输方式更大范围、更深层次的融合,提升交通运输支撑经济社会发展的质量水平。二是推进"互联网 +"交通深入发展,建设智能、共享的交通系统。推进移动互联、物联网、云计算、新一代移动通信和北斗定位导航等先进信息技术在交通运输领域的应用,研发智慧型交通运输工具。科技手段与价格机制等手段相结合,引导运输需求在时间、空间和方式结构上更加有序,以便交通运输供给与需求之间更好地达到平衡和匹配,同时也使交通运输的发展与社会经济之间、与资源环境之间达到平衡和协调。

参 考 文 献

[1] 罗仁坚.中国综合运输体系理论与实践[M].北京:人民交通出版社,2009.

[2] 李连成.运输需求发展趋势的分析方法[J].综合运输,2011(12):14-18.

[3] 李善同等.未来二十年我国交通运输需求预测[J].经济研究参考,2000(4):22-30.

[4] 长安大学运输科学研究院.2016中国高速公路运输量统计调查分析报告[M].北京:人民交通出版社股份有限公司,2017.

[5] 长安大学运输科学研究院.2017中国高速公路运输量统计调查分析报告[M].北京:人民交通出版社股份有限公司,2018.

[6] 交通运输部.2017年交通运输行业发展统计公报[DB].交通运输部官方网站.

[7] 葛晓鹏,王庆云.交通运输系统供给侧结构性改革探讨[J].宏观经济管理,2017(5):48-52.

[8] 蒋海兵,祁毅,李传武.中国城市高速铁路客运的空间联系格局[J].经济地理,2018(7):26-33.

[9] 高德地图.高德地图高德交通大数据应用畅想——跨城出行分析篇[R].2017.

[10] 中国交通年鉴委员会.中国交通年鉴2017[M].北京:《中国交通年鉴》社,2018.

[11] 中国民航局.2017民航行业发展统计公报[DB].交通运输部官方网站.

[12] 长安大学运输科学研究院.2014中国高速公路运输量统计调查分析报告[M].北京:人民交通出版社股份有限公司,2015.

[13] 李伟,孙鹏,李可.国家运输廊道的运输需求特征分析及规划启示[J].西部人居环境学刊,2017,32(1):16-22.

[14] 马银波.美国运输业发展现状分析与启示[J].综合运输,2005(12):69-73.

[15] Bureau of Transportation Statistics,U.S..Freight Facts and Figures 2015[R].Department of Transportation,2018.

[16] 日本国土交通省.全国货物純流动调查第10回全国货物純流动调查(物流センサス)の调查结果(速报)について.[OL].2016(12).

[17] 李平."两个一百年"目标及经济结构预测[C].2017.

[18] 中国社会科学院工业经济课题组.主要国家和中国温室气体排放路径分析、峰值研究及减排成本效益分析[R].2012.

[19] 高春亮,魏后凯.中国城镇化趋势预测研究[J].当代经济科学,2013(7):85-90.

[20] 国际能源署(IEA).世界能源展望2016[R].2016.

[21] 国家发展改革委能源研究所.推动能源生产和消费革命的实施途径研究[R].2015.

[22] 中国石油经济技术研究院(ETRI).2050年世界与中国能源展望(2017版)[R].2017.

[23] 联合国.世界人口预测(2015版)[R].2016.

[24] 国家卫生和计划生育委.实施全面两孩政策人口变动测算研究[R].2015.

[25] 樊桦.客运需求与社会经济发展的关系研究——我国客运需求增长的结构变化的实证分析[A].2009年度中国经济社会发展若干问题研究[C].北京:中国计划出版社,2011:93-129.

[26] 荣朝和.对运输化阶段划分进行必要调整的思考[J].北京交通大学学报,2016,40(4):122-129.

[27] 贾莉莉.营业性公路运输量统计口径变迁及测算方法探讨[J].江苏交通科技,2015(3):23-25.

[28] 张艳飞.中国钢铁产业区域布局调整研究[D].北京:中国地质科学院,2014.

[29] 中国钢铁行业物资运输现状与趋势[J].物流技术与应用(货运车辆),2012(11):40-42.

[30] 谢子佳,吕永波,付蓬勃.钢铁企业运输布局与生产物流关系研究[J].物流技术,2009(8):130-135.

[31] 高金.钢铁行业物资运输现状及发展趋势[J].物流管理,2013(6):24-26.

[32] 孙靓.我国钢铁业发展趋势探析[J].中国国情国力,2015(6):54-55.

[33] 史伟,崔源声,武夷山.中国水泥需求量预测研究[J].中国建材,2011(1):100-105.

[34] 国家粮食局.2015中国粮食发展报告[M].北京:中国社会出版社,2015.

[35] 王品辉,龚里.中国大粮商崛起之路:粮食流通产业研究[R].上海:兴业证券公司,2016.

[36] 魏际刚.打造连接世界的全球物流体系[N].经济日报,2017-12-22(14).

课题报告 **3**

交通基础设施综合优化研究

课题组主要研究人员

课题顾问

孙永福　翁孟勇　何华武　黄维和

课题组长

徐　丽

课题组主要成员

张晓璇　李　玮　池　璐　王畅乐　贺菲菲

唐　威　徐　园　孙虎成　孙　静　万宏雷

黄晓敏　顾叶华　韦　达　李　伟　牛　丰

赵永涛

课题主要执笔人

徐　丽　张晓璇　李　玮

内容摘要 Abstract

"交通基础设施综合优化研究"是中国工程院"交通强国战略研究"重大咨询项目的研究课题之一,是实现交通"一体化、绿色化、智能化、共享化"发展的基本前提和关键环节。

本研究首先分析了当前交通基础设施的发展现状、存在问题和发展趋势,总结了交通基础设施发展的国际经验。研究认为我国交通基础设施网络已基本形成,基础设施能力总体基本适应经济社会发展需求。尽管尚需完善综合交通网络布局、加强补短板工作,但随着未来客货运输需求增长的逐渐趋缓,交通基础设施建设规模增长的"变坡期"即将显现,建设强度将逐步下降,养护和提质改造需求上升,交通基础设施将进入高质量、高效率发展的新阶段。

在此基础上,本研究提出了未来交通基础设施的发展目标和路线。发展目标为,建成"能力充分、结构合理、通达便捷、综合一体、安全可靠、绿色智能"的现代化综合交通基础设施网络,支撑交通强国的实现。发展路线是,从目前到2030年为第一阶段,是交通基础设施一体化和高质量发展的关键"窗口期",要按照供给侧结构性改革的思路,补短板、强弱项、调结构、促综合,优化规划,精准施策,基本建成现代化综合交通基础设施网络。从2030年到2045年为第二阶段,交通基础设施将进入以运营维护为主的阶段,发展重点是提升耐久性、绿色化和智能化水平,建成高标准的现代化综合交通基础设施网络。

为实现战略目标,本研究提出了交通基础设施综合优化的发展重点。要围绕优化综合交通基础设施网络规划、完善各种运输方式基础设施布局、推进综合运输大通道建设、优化综合交通枢纽规划、打造耐久可靠和高品质的交通基础设施五个方面精准发力,并提出相应保障措施建议。

Abstract

"Research on Comprehensive Optimization Strategy of Transport Infrastructure" is one of the topics of the major consulting project-"Research on the Transportation Power

Strategy "launched by Chinese Academy of Engineering. It is also the basic premise and key link for realizing transportation "Integration, Green, Intelligence and Sharing".

Firstly, the current development status, existing problems and development trend of transportation infrastructure are analyzed, and the international experience of transportation infrastructure development is summarized. This report considers that China's transport infrastructure network has basically formed, and infrastructure capacity basically meets the needs of economic and social development. Despite we need to improve the layout of comprehensive transportation network and strengthen the work of mending shortcomings, with the growth of the future transportation demand slowing down, the "Inflection Point" of the growth of transport infrastructure scale is going to appear, manifesting in the reduction of the construction intensity and the increase of the demand for maintenance and quality improvement. The development of transportation infrastructure will enter a new stage of high-quality and high-efficiency development.

On this basis, the report proposes the development goal and roadmap of transport infrastructure. The goal is to build modern integrated transportation infrastructure network with full capacity, reasonable structure, convenient access, cohesion and integration, safety and reliability, green and intelligence. From now on to 2030, we should seize tightly the critical "Window Period" of optimization, and focus on the integration of transportation and high-quality development. According to the idea of supply-side structural reform, we should implement the concept of "network integration, channel intension and node integration", optimize the transport construction planning in making up for shortcomings, strengthening the weakness, adjusting the structure, promoting integration, and implementing the precise measures. After 2030, while the transport infrastructure enters the stage of operation and maintenance, the development emphasis is on improving the durability, green and intelligent level.

The key points of future transport infrastructure development are put forward. We should focus on improving the layout of integrated transport infrastructure network, optimizing the construction of integrated transport corridors and hubs, building durable, reliable and high-quality transport infrastructure, to build a modern integrated transport infrastructure network through high-quality development, and the corresponding safeguard measures are put forward.

第一章
报告概要

一、交通基础设施网络已基本形成

我国交通基础设施总体上实现了从改革开放之初的"瓶颈制约"到20世纪末的"初步缓解",再到目前的"基本适应"经济社会发展需求的阶段跨越。各种交通运输方式快速发展,铁路、公路、水路、民航基础设施多项指标位居世界前列,交通基础设施网络基本形成。

二、交通基础设施发展进入新阶段

随着中国特色社会主义进入新时代,经济发展由高速增长迈入高质量发展的新阶段,以及人民的美好生活需要日益增长,我国交通基础设施发展也将进入新的历史阶段。一是交通基础设施建设规模增长的"变坡期"即将显现,建设强度将逐步下降,养护和提质改造需求逐步上升,开始进入建设与运维并重的阶段。二是从目前基本形成交通基础设施网络,到2030年基本建成现代化综合交通基础设施网,还有10年左右的建设期,也是交通基础设施综合优化的关键"窗口期",此阶段的发展重点是按照供给侧结构性改革的思路,优化交通基础设施建设规划,补短板,强弱项,调结构,抓综合,优化规划,精准施策。三是2030年以后,我国交通基础设施将进入以运营维护为主的阶段,发展重点是提升耐久性、绿色化和智能化水平。

新阶段交通基础设施发展的核心要求由"加快"转为"加强",不仅包括"量"的增加,更重要的是强调"质"的提升。新阶段交通基础设施发展在战略布局上,要逐步从以"加快建设"为导向转变为以"提高质量和效率"为导向,以供给侧结构性改革为主线,通过实现质量变革、效率变革、动力变革,推动交通基础设施发展转型升级,建成现代化的综合交通基础设施网络,支撑交通强国战略目标实现。

三、交通基础设施综合优化的内涵

基于对交通基础设施发展进入新阶段的总体判断,未来交通基础设施发展的关键是"综合"和"优化"。其中,"综合"是理念指引,其核心包括实现管理体制机制的一体化、交通与土地使用的一体化、主要通道交通方式的协同化、枢纽交通的一体化、交通服务的一体化、信息资源的共享化。"优化"是手段措施,其核心是优规划、补短板、强弱项、调结构、抓综合、提品质,构建供给适度超前、规模合理、布局科学、结构均衡、衔接一体、安全可靠、绿色智能的交通基础设施网络。

四、交通基础设施综合优化的目标

指导思想是以综合交通基础设施提质增效为根本要求,以加快综合网络融合和系统功能提升为主线,以推进综合协调和科技创新为主攻方向,统筹优化基础设施布局,补强短板,提高多种运输方式一体化衔接水平,建立绿色主导的交通结构,提升国际连通度,推动系统智能化升级,加强设施质量维护,实现交通基础设施由大到强的转变。

总体目标是建成"能力充分、结构合理、通达便捷、综合一体、安全可靠、绿色智能"的现代化综合交通基础设施网络,到 2030 年支撑我国进入交通强国行列,到 2045 年支撑我国进入交通强国前列。

到 2030 年,基本建成"能力充分、结构合理、通达便捷、综合一体、安全可靠、绿色智能"的现代化综合交通基础设施网络。基础设施网络规模合理,各种运输方式基础设施运能充分,但不过度超前。调整优化形成绿色、经济的交通基础设施结构,铁路、水运的分担率大幅提升。基础设施网络综合覆盖度进一步提升,短板和弱项基本消除,国内通达、通畅性及国际连通度显著提高。综合交通基础设施建设资源集约,各方式之间及内部结构协调,综合衔接一体高效,打造一批现代化、立体式综合枢纽,旅客换乘更加便捷,货物换装转运效率显著提高。民航与高铁等综合交通深度融合。港口海铁联运、水铁联运水平显著提高,沿海港口集装箱吞吐量海铁联运比例显著上升,千万吨级吞吐量内河港口基本实现铁路接轨。基础设施不安全状态占比降低,技术状况良好。通过健康监测和预防性维护,最大限度地降低公路桥梁质量安全隐患,公路,尤其是农村公路使用寿命基本达到设计寿命。基础设施绿色环保水平、资源利用效率、对清洁能源运输工具的配套服务水平明显提高。智慧公路、智慧港口、智慧机场部分领域技术世界领先,高铁技术引领世界,取得新的突破。

到 2045 年,建成高标准的"能力充分、结构合理、通达便捷、综合一体、安全可靠、绿色智能"的现代化综合交通基础设施网络。铁路、水运的运输周转量分担进一步提升,运输结构更加绿色。交通基础设施高度实现综合一体化的、无缝顺畅衔接的一张网。沿海港口集装箱海铁联运比例达到发达国家平均水平。消除基础设施不安全状态,技术状况优,并具有良好的可靠性和弹性。形成与资源环境承载力相匹配、与生产生活生态相协调的交通基础设施绿色发展体系。公路、铁路、港口、机场的科技先进性和创新能力世界领先。形成通达全球的交通基础设施服务网。

五、交通基础设施发展的重点任务

1. 优化综合交通基础设施网络规划建设

牢牢抓住交通基础设施发展的关键"窗口期",优化交通基础设施规划,把握交通基础设施的合理规模,坚持适合我国国情的设施空间布局,以使设施结构更加合理、运能配置更加协调。通过补短板、强弱项、调结构、促综合,大力提升综合交通基础设施网络整体效能,实现交通基础设施综合协调、集约高效、绿色经济地发展。

2. 完善各种运输方式基础设施布局

(1)完善铁路基础设施网络。综合考虑国家发展战略及经济效益等多方面因素,规划建设规模合理、标准适度的中西部铁路网,当前重点抓好川藏铁路建设;加强革命老区、贫困地区铁路建设;加快人口相对密集贫困地区开发性铁路建设;实施成为运输瓶颈的重点通道、重点枢纽的新线建设和扩能改造,提升重点运输通道的集疏运能力;对运量大的铁路既有线,进行升级改造;加快货物运输"公转铁"中的短板建设;统筹考虑城际轨道、市域(郊)铁路、城市轨道建设,构建城市群内多方式、多层次、高速度、广覆盖的客运服务系统。

(2)完善公路基础设施网络。继续贯通国家高速公路通道,加强国家高速公路主通道拥挤路段扩容改造;畅通主要城市群城际通道,疏通中心城市进出道路;通过规划、投资、信贷等调控措施,引导地方政府合理把握高速公路规模,科学确定项目建设标准和实施时序;加强普通国省道干线低等级路段升级改造,推进普通国省道城镇过境路段改造,提高干线公路与城市道路的衔接水平;实现城市群地区公路与城市道路的规划协调及标准衔接,实施统一的信息引导;把握农村、农业、农民问题的发展趋势,科学推动农村公路建设;加强边防公路建设。

(3)优化航道港口基础设施。推进长江、西江、京杭运河等干线航道扩能改造、等级提升及系统治理,统筹推进支线航道建设;推进解决三峡枢纽拥堵问题;提升长三角、珠三角高等级航道网络;发展水水中转和江海联运,完善中转能力建设,加强水陆有机衔接;加强既有基础设施的升级改造,提升设施利用效率;促进港口功能合理分工和结构调整,提升主要货类码头设施专业化水平;准确把握国际外贸形势的长期趋势,合理规划外贸原油接卸码头、集装箱码头、煤炭装船码头、外贸铁矿石接卸码头规模,防止重复建设和规模过度超前。

（4）提高机场运行保障能力。提升北京、上海、广州机场国际枢纽竞争力，建设京津冀、长三角一体化、粤港澳大湾区、成渝等地区世界级机场群，建设成都、昆明、深圳、重庆、西安、乌鲁木齐、哈尔滨等国际航空枢纽；继续推进枢纽机场基础设施建设，加快通用机场建设，鼓励非枢纽机场增加通用航空设施，鼓励在偏远地区、地面交通不便地区建设通用机场。增强空域资源保障；推广空域精细化管理，提高空域运行效能。制定并实施全国干线航路航线网规划、繁忙机场终端区规划等重要空域规划，统筹机场布局规划和空域专项规划。

（5）打造国际通道及海外支点。陆上以周边国家为重点，推进中蒙俄经济走廊、新亚欧大陆桥和中国—中亚—西亚经济走廊、中国—中南半岛经济走廊等陆路通道；加强与"一带一路"沿线国家合作，共同推进国际大通道建设，形成连接亚洲各次区域及亚欧非之间的铁路基础设施网络，推进与周边国家互联互通的公路通道建设；促进与周边国家互联互通的区域型通道建设。海上以重点港口为节点，完善中国—马六甲—欧洲、中国—印尼—印度洋等海上战略通道，加强海上丝绸之路战略支点建设，提高能源运输安全保障水平。天上以"空中丝绸之路"为重点，推进与东盟、中亚、南亚、东北亚及欧美澳非等地区"天空开放"，实现国际航空运输市场自由化。以国际航空枢纽为支点，加密亚洲洲内航线，建设连接欧洲、美洲、大洋洲等地的空中快线，加大对南美洲、非洲的辐射广度与深度，构筑畅行全球、高效通达的国际航线网络。

3. 推进综合运输大通道建设

（1）优化通道布局，实现通达顺畅。在既有综合运输网络基础上，优化布局，着力统筹构建横贯东西、纵贯南北、内畅外通的综合运输大通道。综合运输通道能力建设要与运输需求相适应并适度超前，通道应覆盖全国主要城市群和其他重要城市以及主要资源产地、消费地，顺畅衔接国家重要交通枢纽、口岸城市、交通干线与重要支线。做好综合运输通道对外衔接。大通道的运输组织不应被地区所分割。

（2）优化通道运输结构，促进绿色集约。立足于我国经济地理和自然条件，综合高效地利用土地、走廊、岸线及枢纽资源，推进通道绿色集约发展，做到通道内交通资源的合理配置、集约利用。要充分体现各种运输方式的技术经济特征和比较优势，重点支持构建大容量快速客运系统，稳步提高铁路客运比例。健全以铁路、水运为主导的绿色货物运输主通道网络体系，大幅度减少长距离公路运输。

4. 优化综合交通枢纽规划

（1）打造多层级的综合交通枢纽体系。在京津冀、长三角、粤港澳大湾区等世界级城市群内,统筹规划建设以国际航空枢纽、国际航运中心和国际物流快递中心为牵引,以全国性、区域性综合交通枢纽为主体,以各级各类场站园区为补充的客货综合交通枢纽体系;在其他城市群地区,规划以全国性、区域性综合交通枢纽为核心,以各级各类场站园区为主体的客货综合交通枢纽体系。处理好各层级、不同区域枢纽场站的分工协作,实现不同枢纽站场之间的"无缝衔接",形成功能互补的铁路枢纽、机场群和港口群,促进区域协同发展。

(2)推进综合交通枢纽规划设计一体化。实现枢纽与集疏运系统的同步规划,推动枢纽内多种运输方式一体化规划设计、同步建设、协同管理;加强各种运输方式之间、对外交通与城市交通之间的高效衔接,强化枢纽站场之间快速连通,实现枢纽衔接一体、运转高效,以实现客运"零距离换乘"、货运"无缝化衔接"。

(3)完善各种运输方式衔接配套设施。加快综合交通枢纽站场设施资源的综合利用和升级改造,加强货物多式联运、旅客联程运输服务。研究完善综合交通枢纽站场建设和运营服务标准规范,加强不同运输方式在设施、装备、管理、信息等方面的配套衔接。推动发展高铁车站与重要枢纽机场的零距离换乘和一体化服务,构建"民航 + 高铁"快捷交通运输模式;推进多式联运型和干支衔接型货运枢纽建设,优化"最后一公里"配送通道,实现重要港区铁路进码头、物流园区直通铁路。

5. 打造耐久可靠和高品质的交通基础设施

(1)加强基础设施安全保障。加强关键基础设施安全监测,强化重点基础设施安全风险防控,精准发现、及时处置风险隐患。完善交通安全设施建设,优化事故多发、易发路段的公路安全设施,推进危桥(隧)改造工程,尤其加强对农村公路安全设施的全面完善设置。建立安全可靠的路网运行监测系统,加快推进安全领域大数据应用,提高风险防控的针对性和及时性,同时建设完善应急救援体系。

(2)提升基础设施建养品质。按照全寿命周期管理要求,建立完善现代化工程建设质量管理体系,推进精益建造和精细管理。依托重大工程,示范推广基础设施工业化建造技术应用,推动基础设施建设向标准化、产业化方向发展。推广使用新材料、新技术、新工艺,提升基础设施工程技术质量和使用耐久性。坚持建养并重,建立基础设施维护保养及科学投入机制,提升养护的科学决策水平和管理效能。推进基础设施养护管理数字化发展,推动监测设备与交通基础设施同步建设,提升基础设施全感知水平,实现精细化、动态化管理。

(3)提升基础设施智能化水平。将信息化、智能化发展贯穿于交通基础设施建设、管理、养护、运行各环节。通过智能化手段,将原本相互独立的不同运输方式系统整合成一个集约化交通网络,实现综合运输效率最大化。推进智慧铁路、智慧公路、智慧港口、数字航道、智慧机场、智慧物流等的智慧基础设施建设。

（4）推进基础设施绿色发展。实现交通基础设施全寿命周期的绿色化。推动交通在规划、设计、建设、运营、管理等全环节对资源的集约利用。把生态保护理念贯穿到交通基础设施规划、设计、建设、运营和养护全过程。推广使用绿色环保新材料、新能源、新技术。在城市大力发展以公共交通、步行和自行车构成的绿色交通体系。

六、交通基础设施综合优化的措施建议

为保障交通基础设施实现综合优化发展，提出以下措施建议：一是深化综合交通运输管理体制改革，促进综合运输体系发展；二是推进重点领域管理体制改革，提升铁路、公路管理效率和民航空域保障能力；三是完善基础设施领域市场机制，促进基础设施市场规范有序发展；四是设立综合交通运输发展基金，支持交通基础设施可持续发展；五是加强标准化工作，促进基础设施一体化、国际化发展；六是加大对铁路和水路基础设施发展的政策支持，推动交通绿色发展。

第二章
现状与评价

第一节　基础设施发展现状

一、基础设施建设规模

改革开放以来,我国经济规模快速增长,人民生活持续改善,经济社会的持续快速发展带来了交通运输需求的急剧扩张。为保障经济社会发展,我国加快了交通基础设施建设步伐,交通基础设施总体上实现了从改革开放之初的"瓶颈制约"到20世纪末的"初步缓解",再到目前的"基本适应"经济社会发展需求的阶段性跨越。各种交通运输方式快速发展,铁路、公路、水路、民航基础设施多项指标位居世界前列,交通基础设施网络基本形成。2017年我国交通基础设施规模主要指标及世界排名如表3-1所示。

2017 年我国交通基础设施规模主要指标及世界排名　　　　表 3-1

指　　标	数　　据	世　界　排　名
铁路营业里程	12.7 万 km	2
高速铁路营业里程	2.5 万 km	1
公路总里程	477.35 万 km	2
高速公路里程	13.65 万 km	1
内河航道通航里程	12.7 万 km	1
港口万吨级及以上泊位数量	2366 个	1
民航运输机场数量	229 个	2
民航通用机场数量	310 个	—

注:数据来源于《2017 年交通运输行业发展统计公报》、2017 年中国民用航空局新闻发布会。

（1）铁路。截至 2017 年底，我国铁路营业里程达 12.7 万 km，位居世界第二；其中高速铁路 2.5 万 km，位居世界第一，占世界高速铁路总里程的 60% 以上。目前高速铁路逐步成网，快捷货运网络不断扩大；城际客运稳步发展，重点区域形成骨架，铁路通达度和便捷性显著提升。

我国铁路复线率和电气化率分别达到 56.5% 和 68.2%，位居世界前列。就运输能力而言，虽然我国铁路营业里程次于美国，但由于我国铁路的复线率、电气化率远高于美国，再加上我国有 2.5 万 km 高速铁路（美国只有 362km），所以我国铁路运输能力反而比铁路里程居世界第一的美国更高。

如果按铁路密度比较（各国铁路复线率、电气化、高铁占比都不同，这种比较不十分严谨，仅供参考），目前我国铁路面积密度为 1.32km/百 km²，是美国的 58%；到 2030 年，规划铁路里程达 18 万 km，届时我国铁路面积密度为 1.87km/百 km²，达到美国目前水平的 82%。

目前，我国高速铁路人均密度为 0.18km/万人，是日本的 83%；到 2020 年，规划高铁里程达 3 万 km，届时我国高铁人均密度为 0.22km/万人，达到日本目前水平；到 2030 年，规划高铁里程达 4 万 km，届时我国高铁人均密度达到 0.29km/万人，是日本目前水平的 1.3 倍。

（2）公路。截至 2017 年底，我国公路通车总里程达 477.35 万 km，位居世界第二；其中高速公路通车里程达 13.65 万 km，位居世界第一。国省干线公路网络不断完善，连接了全国县级及以上行政区。农村公路里程在全公路网占比 84%，达到 400.93 万 km，乡镇、建制村通畅率分别达到 99.39%、98.35%。

目前，我国高速公路面积密度为 1.42km/百 km²，超过美国（其中，东中部地区超过日本）；高速公路人均密度为 0.98km/万人，低于美国，超过日本；高速公路汽车密度（即每万辆车拥有的高速公路里程）为 6.3km/万辆，高于美国的 4.1km/万辆，远高于日本的 1.1km/万辆。综上，虽然我国由于人口基数大，高速公路人均密度低于美国，但考虑我国千人汽车保有量仅 156 辆，远低于美国的 797 辆和日本的 591 辆，因此相对于我国汽车保有量水平，我国高速公路的密度水平已经超过发达国家。预计到 2030 年，我国汽车保有量将达到 4.5 亿辆（千人汽车保有量约 320 辆）；按国家及各省高速公路规划（各省规划情况按 2017 年统计且不完全）届时执行情况计，至 2030 年，我国高速公路总规模将达到约 19 万 km，则届时我国高速公路汽车密度降至 4.2km/万辆，仍略超美国目前水平，是日本目前水平的近 4 倍。我国高速公路汽车密度与美国、日本比较情况如图 3-1 所示。

（3）水路。截至 2017 年底，我国内河航道通航里程达 12.7 万 km，三级及以上航道里程 1.25 万 km。长江、西江、京杭运河等航道通航条件不断改善，初步建成了以"两横一纵两网十八线"为主体的内河航道体系。全国港口拥有生产用码头泊位 27578 个，其中万吨级及以上泊位 2366 个(其中内河 418 个),煤炭、原油、金属矿石、集装箱等专业化泊位达 1254 个,港口大型化、深水化、专业化、自动化水平进一步提升。

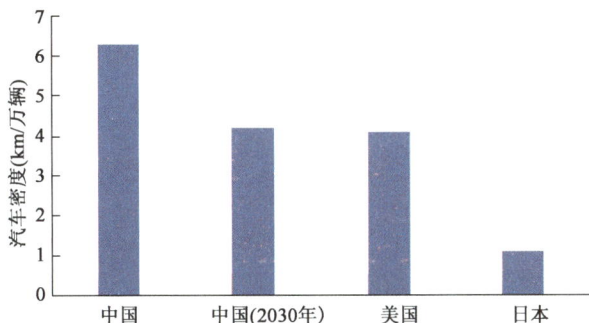

图 3-1　我国高速公路汽车密度与美国、日本比较

(4)民航。截至 2017 年底,我国运输机场数量达 229 个,形成了以北京、上海、广州等国际枢纽机场为中心,省会和重点城市区域枢纽机场为骨干,以及其他干、支线机场相互配合的格局。

(5)油气管道。截至 2017 年底,我国陆上油气管道总里程达 13.31 万 km,初步形成了覆盖全国 31 个省(自治区、直辖市)的原油、成品油和天然气三大主干网络和"西油东送、北油南运、西气东输、北气南下、海气登陆"的油气输送网络。

目前,我国交通已经基本形成多层次的铁路网、广覆盖的公路网和内河高等级航道体系,民用运输机场体系基本成型。2017 年我国交通基础设施服务覆盖情况如表 3-2 所示。

2017 年我国交通基础设施服务覆盖情况　表 3-2

指　标	数　据
高速铁路对 100 万人口以上城市的覆盖率	80%
铁路对 20 万人口以上城市的覆盖率	96%
高速公路对 20 万人口以上城市的覆盖率	97.4%
二级及以上公路对县城的覆盖率	97%
农村公路乡镇、建制村通畅率	乡镇 99.39%;建制村 98.35%
运输机场地面 100km 范围对地级行政单元的覆盖率	90%

二、基础设施承载运量

2017 年,我国完成营业性客运量 184.86 亿人次、客运周转量 32812.55 亿人·km;完成全口径(含小汽车)客运量 509.19 亿人、全口径客运周转量 50639.36 亿人·km;完成货运量 472.43 亿 t、货运周转量 192588.50 亿 t·km。铁路、公路、水路、民航多项运输指标位居世界前列。2017 年我国各种运输方式完成客货运输指标及世界排名如表 3-3 所示。

2017 年各种运输方式完成客货运输情况及世界排名   表 3-3

指　标	数　据	世 界 排 名
铁路旅客发送量	30.84 亿人次	3
铁路旅客运输周转量	13456.92 亿人·km	1
铁路货运发送量	36.89 亿 t	1
铁路货物运输周转量	26962.20 亿 t·km	2
公路营业性客运量	145.68 亿人次	1
公路营业性旅客运输周转量	9765.18 亿人·km	1
公路全口径客运量(含小汽车)	470 亿人次	—
公路全口径旅客运输周转量(含小汽车)	27592 亿人·km	—
公路货运量	368.69 亿 t	1
公路货物运输周转量	66771.52 亿 t·km	1
水路客运量	2.83 亿人次	—
水路旅客运输周转量	77.66 亿人·km	—
水路货运量	66.78 亿 t	1
水路货物运输周转量	98611.25 亿 t·km	1
港口货物吞吐量	140.07 亿 t	1
港口集装箱吞吐量	2.38 亿 TEU	1
民航客运量	5.52 亿人次	2
民航旅客运输周转量	9512.78 亿人·km	2
民航货邮运量	705.8 万 t	—
民航货邮运输周转量	243.54 亿 t·km	2

注:资料来源于《2017 年交通运输行业发展统计公报》。

从 2017 年全球港口吞吐量排名来看,在全球前十大货物吞吐量港口中我国港口占 7 个,分别是宁波—舟山港、上海港、苏州港、广州港、唐山港、青岛港和天津港,其中宁波—舟山港、上海港分别排名第一、第二;在全球前十大集装箱吞吐量港口中我国港口占 7 个,分别是上海港、深圳港、宁波—舟山港、香港港、广州港、青岛港和天津港,其中上海港、深圳港分别排名第一、第三。

从 2017 年全球机场吞吐量排名来看,在全球前十大旅客吞吐量机场中我国机场占 3 个,其中北京首都机场排名第二,香港机场、上海浦东机场分别排名第八、第九;在全球前十大货邮吞吐量机场中我国机场占 2 个,其中香港机场、上海浦东机场分别排名第一、第三。

三、综合运输通道建设

2007 年国家发展和改革委员会发布的《综合交通网中长期发展规划》(2020 年),提出了全国"五纵五横"综合运输大通道(图 3-2)和 42 个全国性综合交通枢纽城市的布局方案。目前,"五纵五横"综合运输大通道基本建成,通道内的高铁营业里程约占全国高铁总营业里程的 90%,通道涵盖了大部分重要的国家高速公路路线,全国过亿吨港口和千万人次以上机场均在通道内,整体客货运输能力大幅提升。

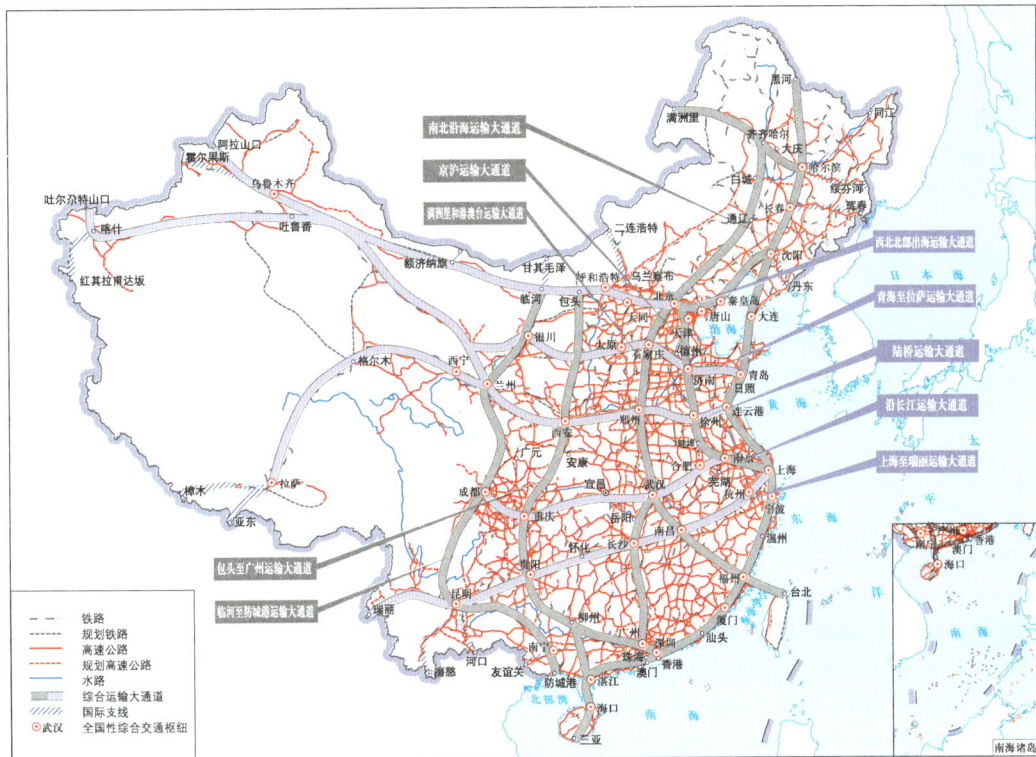

图 3-2　我国"五纵五横"综合运输大通道布局

四、综合交通枢纽建设

《综合交通网中长期发展规划》(2020 年)提出的 42 个全国性综合交通枢纽城市覆盖了我国重要的政治、经济中心城市,约占我国地级行政区总数的 11%,城市人口超过我国城市人口总量的 25%,国内生产总值(GDP)约占全国 GDP 总量的 39%,是我国经济社会发展中的重要节点城市,具有较大的辐射范围和较强的客货运输服务功能。从建设效果看,全国性综合交通枢纽城市均已具备两种及以上运输方式,其中 100% 的城市拥有运输机场,70% 的城市拥有铁路特等站,拥有 44% 的全国主要港口。综合交通枢纽城市内多种运输干线衔接交汇,运输中转的功能体现明显。具体如表 3-4 所示。

全国性综合交通枢纽城市发展情况表   表3-4

序号	城 市	门户场站			国家交通干线网交汇		
		运输机场数量	铁路特等站数量	沿海+内河主要港口	四个方向及以上	三个方向	两个方向或端点
1	北京	2	5	0	1	—	—
2	天津	1	1	1	1	—	—
3	哈尔滨	1	1	1	1	—	—
4	长春	1	1	0	1	—	—
5	沈阳	1	3	0	1	—	—
6	大连	1	0	1	1	—	—
7	石家庄	1	1	0	1	—	—
8	秦皇岛	1	0	1	—	1	—
9	唐山	1	0	0	—	—	1
10	青岛	1	1	1	1	—	—
11	济南	1	3	0	1	—	—
12	上海	2	3	1	1	—	—
13	南京	1	2	1	1	—	—
14	连云港	1	0	1	1	—	—
15	徐州	1	1	1	1	—	—
16	合肥	1	1	1	1	—	—
17	杭州	1	2	1	1	—	—
18	宁波	1	0	1	1	—	—
19	福州	1	1	1	1	—	—
20	厦门	1	0	1	1	—	—
21	广州	1	3	1	1	—	—
22	深圳	1	0	1	1	—	—
23	湛江	1	0	1	1	—	—
24	海口	1	1	1	1	—	—
25	太原	1	1	0	1	—	—
26	大同	1	1	0	1	—	—
27	郑州	1	3	0	1	—	—
28	武汉	1	1	1	1	—	—
29	长沙	1	1	1	1	—	—
30	南昌	1	2	1	1	—	—
31	重庆	1	1	1	1	—	—
32	昆明	1	1	0	1	—	—
33	成都	1	3	0	1	—	—

续上表

序号	城 市	门户场站			国家交通干线网交汇		
		运输机场数量	铁路特等站数量	沿海+内河主要港口	四个方向及以上	三个方向	两个方向或端点
34	贵阳	1	4	0	1	—	—
35	南宁	1	2	1	1	—	—
36	西安	1	1	0	1	—	—
37	兰州	1	1	0	1	—	—
38	乌鲁木齐	1	0	0	1	—	—
39	呼和浩特	1	0	0	1	—	—
40	银川	1	0	0	1	—	—
41	西宁	1	0	0	1	—	—
42	拉萨	1	0	0	1	—	—

注:资料来源于《国家综合运输大通道布局规划研究》。

五、基础设施建设投资

2018 年,我国完成交通固定资产投资 31838 亿元,其中,铁路固定资产投资 8028 亿元,公路水路固定资产投资 2.3 万亿元,民航固定资产投资(这里指基本建设和技术改造)810 亿元。

近十年各运输方式固定资产投资情况如图 3-3 所示。从固定资产投资额年均增长来看,公路建设投资年均增长率最高,为 12.3%;其次为铁路 6.8%;再次为民航 3.6%;水路增长率最小,为 1.4%。从固定资产投资额历年变化情况来看,公路建设投资额在 2008 年至 2011 年增长较快,到 2017 年前逐年稳步提升,2018 年增幅明显放缓。铁路投资额在 2011 年出现下降,自 2014 年较大提升后,到 2018 年基本稳定。水路建设投资额在 2008 年至 2011 年增长较快,到 2016 年前后基本稳定。民航固定资产投资近年保持稳定。

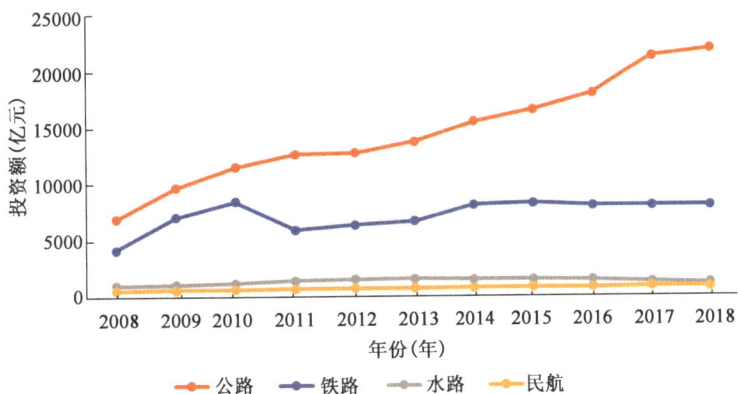

图 3-3 各运输方式历年交通固定资产投资额

第二节 基础设施现状特征

一、运输能力基本适应,局部紧张和利用不充分并存

1. 铁路运能总体适应,运能紧张与运能虚糜问题并存

铁路在东部主要通道、南北通道部分区段运能仍然较为紧张,存在区段性瓶颈制约,如京沪线徐州—蚌埠段、京广线长沙—衡阳段、沪昆线上海—杭州段等。

铁路运能虚糜主要表现在部分新建高速铁路、重载铁路,运输能力超过目前实际需求,如兰新高铁、瓦(塘)日(照)重载铁路等。

2. 高速公路总体处于能力较充裕状态,部分路段能力不足

高速公路总体能力较为充裕,利用率偏低。目前我国高速公路平均车道数为 4.4 条,按照高峰小时流量比经验系数为 0.1 计算,基本通行能力为 9.68 万当量小客车/日,三级服务水平下的设计通行能力为 7.04 万当量小客车/日。根据 2017 年国家干线公路交通量观测数据,当年国家高速公路年平均日交通量为 2.63 万当量小客车。以此计,2017 年全国高速公路交通量仅达到设计通行能力的 37.4%、基本通行能力的 27.2%。达到或基本达到设计通行能力的高速公路路段占比为 7.74%,其中尤以中西部地区的高速公路能力更为充裕。

在总体能力较充裕的同时,高速公路在部分重要通道、部分重点路段又存在交通量饱和、通行能力不足的情况。如京沪高速江苏段交通量已接近 20 万当量小客车/日,京哈高速公路部分路段交通量接近 8 万当量小客车/日,京港澳高速广州段交通量超过 6 万当量小客车/日、个别路段超过 12 万当量小客车/日,以上路段均需要通过改扩建提升通行能力。同时,部分跨江通道受到桥位资源限制出现能力局部紧张,如 G3 济南黄河二桥段交通量超过 10 万当量小客车/日。据统计,2017 年我国高速公路交通量超过设计通行能力、经常拥堵的路段在全路网的占比约为 2%。

3. 沿海港口总体处于产能适度超前状态,干线航道瓶颈问题突出

由于多年的投资建设和发展,沿海港口通过能力不断提升,港口基础设施供给实现了由短缺向适应的转变。据有关研究测算,全国沿海港口码头吞吐能力适应性(吞吐能力与吞吐量之比)整体上升至 1.28;除个别港口能力紧张以外,总体处于产能适度超前状态。其中,北方港口的设施保障能力要比实际运量富余;长三角地区港口如上海港和宁波—舟

山港由于江海联运能力强、货运量大,并没有明显的产能过剩。

沿海港口吞吐量能力适应性变化如图3-4所示。

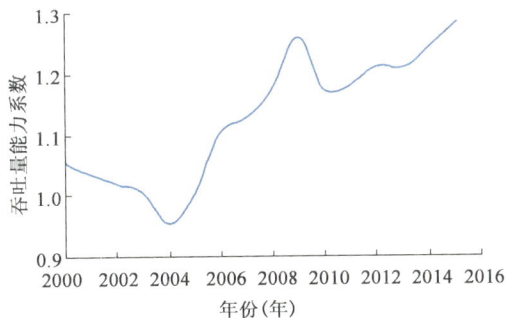

图3-4 沿海港口吞吐量能力适应性变化

干线航道通过能力存在部分瓶颈制约,如长江三峡船闸"肠梗阻"问题。三峡船闸在2011年货物通过量就超过亿吨,达到设计通过能力,随后一直处于超负荷运行状态。2017年货物通过量达到1.38亿t,超出设计通过能力38%。全年坝区日均待闸船舶614艘、平均待闸时间106h,拥堵已成常态化,成为制约长江黄金水道功能发挥、推动长江经济带发展的瓶颈。

4.民航大中型机场设施保障能力不足和支线机场利用率不高并存,空域资源紧张

一方面,民航大中型机场基础设施保障能力有效供给不足。2017年,北京、上海和广州三大城市机场承担了全国24.3%的旅客吞吐量;32个年旅客吞吐量千万级以上的机场,以占全国14%的机场数量、21%的跑道资源,承担了全国81%的旅客吞吐量、93%的货邮吞吐量和67%的起降架次。当前,北京、上海、广州、成都、重庆、厦门等大型繁忙机场运行容量紧张,高峰时刻容量持续高位饱和运行。大中型枢纽机场运行规模持续增长与跑道滑行道面、停机位、登机口等资源不足的矛盾日益突出。

另一方面,支线机场数量多,业务量小,总体利用率不高。2017年,全国171个支线机场以占全国75%的机场数量,承担了全国7.3%的旅客吞吐量。近20%的支线机场日均航班量不超过4班。

同时,空域资源不足日益成为制约民航发展的瓶颈。我国空域军民管理条块分割,空域空间碎化十分严重,民航空域资源配置不足。近年来,航空运输规模持续较快增长,但民航空域环境并未得到实质性改善,航路航线里程年均增长仅4%。当前,我国一些地区的空域实际日保障飞行量已步入世界最繁忙行列,全国高峰月日均航班量已达到16000多架次,吞吐量前50位机场空域多处于满负荷运行状态,部分航路保障容量已经饱和。在京津冀、长三角和粤港澳大湾区等地区,军民航机场密集,空域结构复杂、资源紧张,航

班业务量大且增长势头迅猛,空域资源能力的瓶颈效应更加明显。

二、空间布局总体呈东密西疏特征

我国东西部地区人口与产业分布、经济发展存在很大差异,"胡焕庸线"东侧区域占国土面积的43.8%,集聚了全国94.1%的人口,创造了全国95%的GDP,城市分布也较密;"胡焕庸线"西侧区域国土面积大,人口少,经济总量小,城市分布稀疏。我国交通基础设施的空间布局总体上呈东密西疏特征,与我国区域经济社会发展水平和经济地理格局基本适应,如图3-5所示。

图3-5 综合交通基础设施建设布局与"胡焕庸线"

目前高速铁路主要分布在"胡焕庸线"以东,国家高速公路、普通铁路、运输机场在"胡焕庸线"以东区域较为密集,以西区域较为稀疏。根据测算,西部地区铁路、高速公路、运输机场的面积密度是东中部地区平均水平的23%~40%。这是与我国人口分布和经济布局相适应的。

但另一方面,西部地区铁路、高速公路、运输机场的人口密度或汽车密度、经济密度,均超过全国平均水平,是东中部地区平均水平的1.9~4倍。这体现了交通在推动西部地区经济社会发展、服务和改善民生中,在支撑国家重大战略实施中,积极发挥了基础性、先导性作用。

1. 铁路

一方面,从铁路(这里主要统计国有铁路和合资铁路,占铁路总里程 95% 以上)的空间分布来看,西部地区铁路面积密度为 0.7km/百 km²,低于全国平均水平 1.3km/百 km²,是东部地区的 23% 、中部地区的 31% 。东、中、西部各省区铁路面积密度情况如图 3-6 所示。

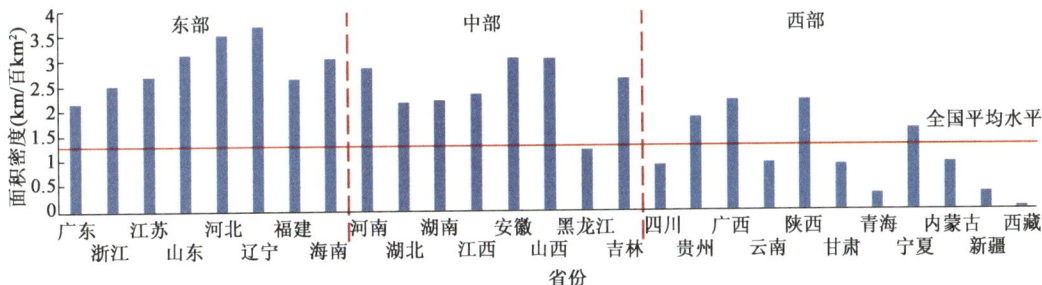

图 3-6　各省区铁路面积密度

另一方面,从铁路的人均密度来看,西部地区铁路的人均密度为 1.4km/万人,高于全国平均水平 0.9km/万人,是东部地区的 2.3 倍、中部地区的 1.5 倍。从铁路的经济密度来看,西部地区铁路的经济密度为 3357.6km/万亿元,高于全国平均水平 1667.5km/万亿元,是东部地区的 4.2 倍、中部地区的 1.7 倍。东、中、西部各省区铁路人均密度、经济密度情况如图 3-7、图 3-8 所示。可见,西部地区铁路的人均密度、经济密度超过全国平均水平,远超东部、中部地区水平。

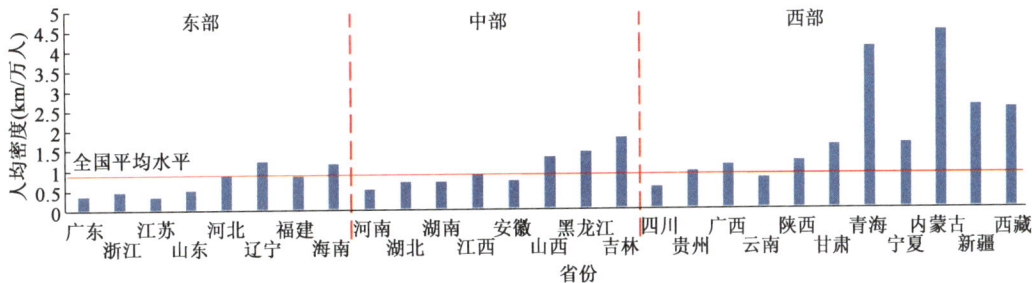

图 3-7　各省区铁路人均密度

2. 高速公路

从高速公路的空间分布来看,西部地区高速公路面积密度为 0.7km/百 km²,低于全国平均水平 1.4km/百 km²,是东部地区的 18% 、中部地区的 28% 。东、中、西部各省区高速公路面积密度情况如图 3-9 所示。

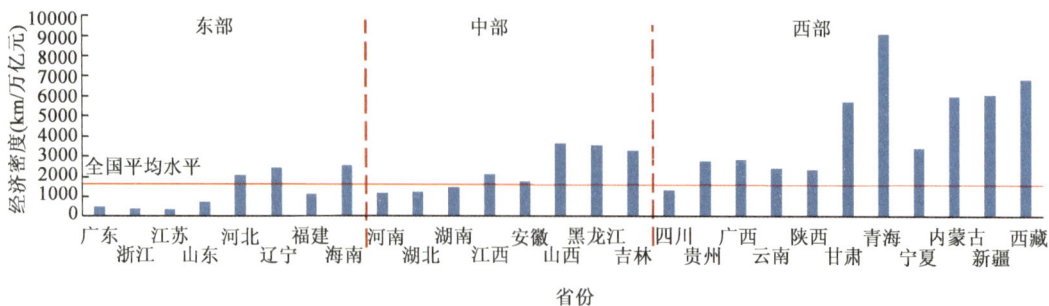

图 3-8　各省区铁路经济密度

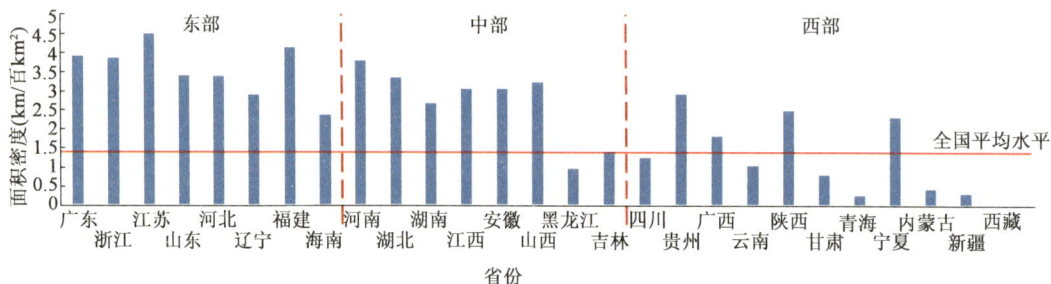

图 3-9　各省区高速公路面积密度

　　另一方面,从高速公路汽车密度来看,西部地区高速公路的汽车密度为 12.1km/万辆,高于全国平均水平 6.3km/万辆,是东部地区的 2.5 倍、中部地区的 1.3 倍。从高速公路的经济密度来看,西部地区高速公路的经济密度为 3172.5km/万亿元,高于全国平均水平 1649.7km/万亿元,是东部地区的 3.2 倍、中部地区的 1.6 倍。东、中、西部各省区高速公路汽车密度、经济密度如图 3-10、图 3-11 所示。可见,西部地区高速公路的汽车密度、人均密度超过全国平均水平,远超东部、中部地区水平。

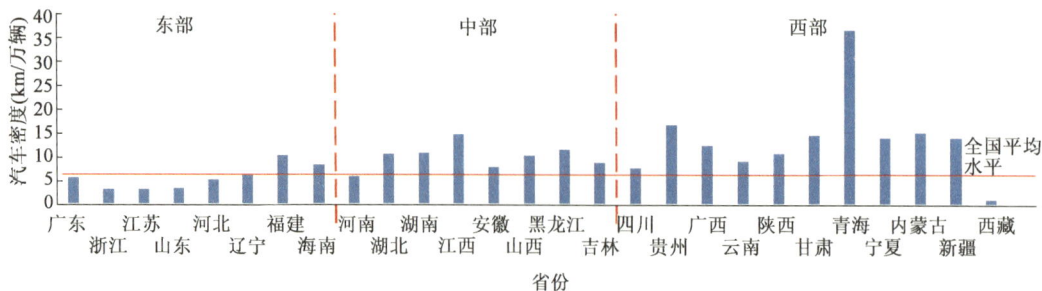

图 3-10　各省区高速公路汽车密度

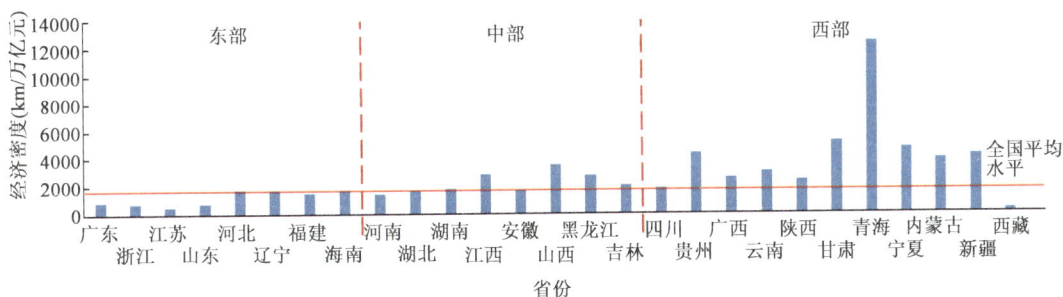

图 3-11　各省区高速公路经济密度

3. 运输机场

从民用运输机场的空间分布来看,西部地区运输机场面积密度为 0.16 个/万 km^2,低于全国平均水平 0.24 个/万 km^2,是东部地区的 30%、中部地区的 51%。各省区运输机场面积密度情况如图 3-12 所示。

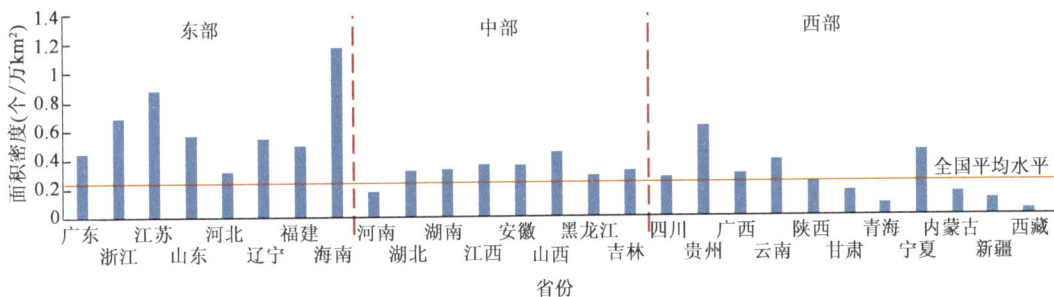

图 3-12　各省区运输机场面积密度

另一方面,从运输机场的人均密度来看,西部地区运输机场人均密度为 33.0 个/亿人,高于全国平均水平 16.5 个/亿人,是东部地区的 2.9 倍、中部地区的 2.7 倍。从运输机场的经济密度来看,西部地区运输机场的经济密度为 7.3 个/万亿元,高于全国平均水平 2.8 个/万亿元,是东部地区的 5.1 倍、中部地区的 2.9 倍。各省区运输机场人均密度、经济密度情况如图 3-13、图 3-14 所示。可见,西部地区运输机场的人均密度、经济密度超过全国平均水平,远超东部、中部地区水平。

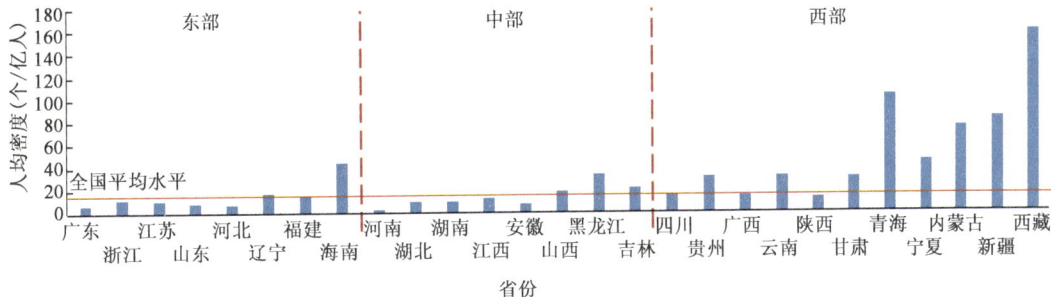

图 3-13　各省区运输机场人均密度

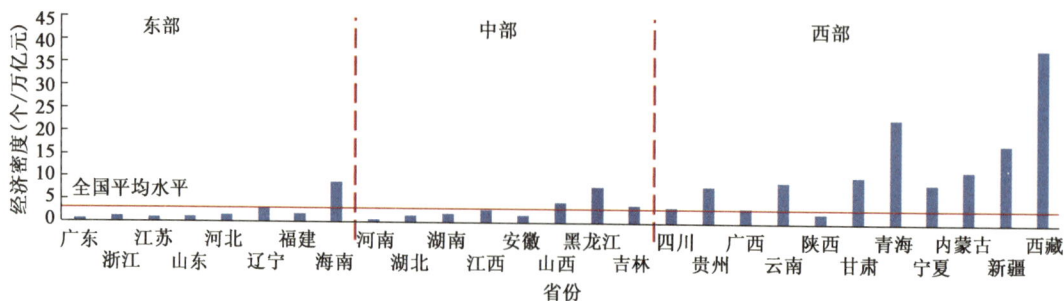

图 3-14　各省区运输机场经济密度

三、运输结构以公路分担为主

1. 旅客运输以公路分担为主

2017 年全社会旅客运输（全口径，含小汽车）结构情况如图 3-15 和图 3-16 所示。旅客运输量结构方面，公路分担量占最大份额，占比 92.30%；其次铁路占比 6.06%；再次民航占比 1.08% 和水路占比 0.56%。旅客周转量结构方面，公路分担量仍占最大份额，占比 54.49%；其次铁路占比 26.57%；再次民航占比 18.79%；水路占比 0.15%。

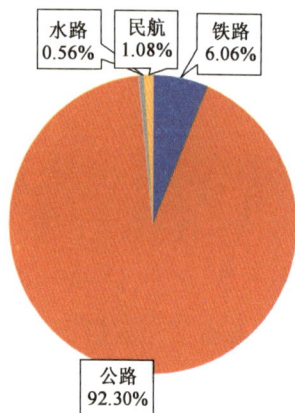

图 3-15　我国分方式旅客运输量占比
（全口径，含小汽车）

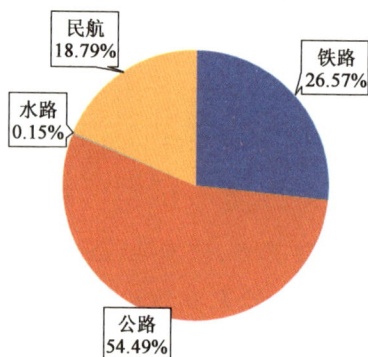

图 3-16　我国分方式旅客周转量占比
（全口径，含小汽车）

2. 货物运输亦以公路分担为主

2017 年全社会货物运输（不含远洋运输）结构情况如图 3-17 和图 3-18 所示。货物运输量结构方面，公路分担量占最大份额，占比 77.97%；其次水路占比 12.52%；再次铁路占比 7.80%；民航占比 0.01%。货物周转量结构方面，公路分担量仍占最大份额，占比 46.93%；其次水路占比 30.59%；再次铁路占比 18.95%；民航占比 0.17%。

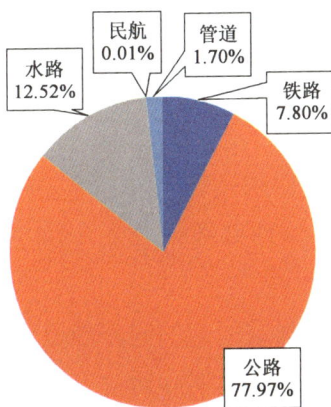

图 3-17　我国分方式货物运输量占比
（不含远洋运输）

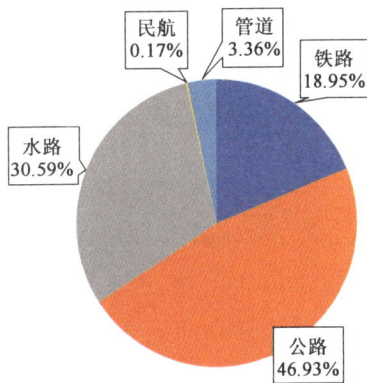

图 3-18　我国分方式货物周转量占比
（不含远洋运输）

四、设施役龄短、建造技术新

相比欧美国家，我国交通基础设施建设起步晚、发展快，设施年龄明显更小。美国的交通基础设施如公路大多于 20 世纪 50 年代至 70 年代建成，欧洲则更早。这些基础设施中的大部分设计寿命约为 50 年，如今已出现老化现象，需要不断进行维护，最终需要重建。而我国许多交通基础设施建于 20 世纪 80 年代和 90 年代，起步比欧美国家晚。截至 2018 年，我国 74% 的公路路龄不到 20 年，其中 60% 的高速公路路龄不到 10 年；50% 的铁路路龄不到 20 年，其中 62% 的高速铁路路龄不到 5 年；41% 的运输机场年龄（按颁证时间统计）不到 20 年。在建设技术上，我国最初的交通基础设施设计施工多以借鉴发达国家先进技术为主。随着实践经验越来越丰富，设计施工技术的不断探索和积累，以及一系列关键技术的突破，我国交通基础设施的建设经验和施工技术水平已在许多方面走到世界前列。

第三节　基础设施存在的主要问题

从交通基础设施的建设规模及主要密度指标上看，我国已经成为名副其实的交通基础设施大国，但还不是交通基础设施强国。世界经济论坛《2017—2018 年全球竞争力报告》对世界各国交通基础设施的评价与排名中，我国交通基础设施排名第 47。这在一定程度上说明我国交通基础设施大而不强，存在不少问题，与经济社会的快速发展以及国际地位的日益上升不相匹配。

一、基础设施运能配置不够平衡

1. 部分干线通道及枢纽能力建设不足

铁路在部分重点通道存在区段性瓶颈制约,如京沪线徐州—蚌埠段、京广线长沙—衡阳段、沪昆线上海—杭州段等,运能难以满足运输需求。中西部部分地区、国际通道需要开展必要的新线建设、扩能改造。

公路干线通道中部分繁忙路段通行能力不足,如早期建成通车的国家高速公路,如京沪、京哈、京港澳、连霍高速公路部分区段的通行能力已难以满足实际运输需求,亟须开展扩容改造。

长江等干线航道仍存在通航瓶颈制约,如三峡船闸保障能力不足,干支航道高标准直达和联动能力不强,规划的高等级航道达标任务艰巨,航道维护保障能力不足,航道资源保护力度有待提升。

大中型机场的基础设施保障能力不足,空域资源紧张。如北京、上海、广州、成都、重庆、厦门等繁忙机场运行保障容量不足。

2. 农村交通基础设施发展不足

目前我国农村公路延伸至自然村及农村公路网络化水平仍然不够,西部地区、"老少边穷"地区等农村公路发展不足。截至 2016 年底,全国仍有 355 个乡镇、2 万个建制村未通硬化路。随着乡村振兴战略的实施,百姓出行需求进一步释放,现有交通条件难以满足。交通基础设施通自然村、通村通组的需求明显增加,一些人口聚居的自然村庄亟须解决通硬化路问题,农村群众"出行难"问题尚未完全解决。

3. 部分地区设施规划与建设超前

在国家规划外,地方交通基础设施规划超前需求的情况比较普遍。在部分交通基础设施建设已经过度超前于当地经济发展水平且设施能力利用不足的情况下,一些中西部地区仍然扩大各类交通规划规模。据统计,到 2030 年省级高速公路规划新增建设里程共计 4.4 万 km,是国家高速公路规划新增里程的 2.8 倍;届时省级高速公路里程约 7.5 万 km,其中有些西部省份的高速公路规划里程已经超过 1 万 km。

对各种运输方式基础设施规划布局的统筹协调不足,对建设标准的科学把握不够,对建设时机缺少经济合理性的分析和判断,容易造成新建设施效益难以达到预期、设施利用不足问题。此外,不同交通方式的生产效率和资源消耗差异显著,不同建设标准、建设时点带来的资金负担和维护成本也存在显著差异。由于不同交通方式分别由不同部门和不同层级的政府进行规划建设,因此地方政府很难对不同交通方式的建设和维护资金需求进行统筹考虑,更难实现规划实施与地方财政预算挂钩,从而不仅造成基础设施对地方经济的贡献难达预期,还带来较大的资源消耗、巨额的资金负担和长期的维护投入压力,发展代价大,影响交通运输业健康、可持续发展。

二、基础设施结构性问题较突出

1.铁路在货物运输结构中分担比例较低

由于多种原因,铁路在中长距离、大宗货物运输中的优势未能充分发挥。2017年我国铁路完成货物周转量占全社会总量(不含远洋运输)比例仅为19%,低于公路分担比例。对比俄罗斯、美国、印度等国土面积较大国家的情况,其铁路货运周转量分担占比均在30%及以上。

2.公路中高速公路和普通公路的结构比例不尽合理

相比高速公路的快速发展,我国普通国省干线公路发展较为滞后。目前我国高速公路里程占全路网比例为2.9%,而荷兰、日本、法国(在世界经济论坛《2016—2017年全球竞争力报告》中公路综合评价世界排名第4、5、6名国家)及美国的高速公路里程占全路网比例仅为1.70%、0.68%、1.08%和1.35%,均远低于我国。我国东部地区的高速公路面积密度是日本的1.8倍,但公路密度仅是日本的37%。可见,在公路网中发挥主干作用的高速公路的发展水平已经超过发达国家水平,但在公路网中发挥集散和毛细血管作用的普通公路规模相对高速公路明显不足。

3.内河港口功能结构不够优化

我国内河港口码头发展还相对落后,集约化、专业化、现代化水平还有待提升,港口的集疏运系统也多有不完善的问题,港口码头的服务以运输为主,功能较为单一。同时,内河港口的综合枢纽地位不强,港口间、港口与产业间协同发展水平不高,港口群的综合优势尚待充分体现。

三、各运输方式间衔接不够顺畅

各运输方式之间衔接不够顺畅,系统运行效率不高,主要体现在各种运输方式客货运枢纽缺乏统筹布局规划,一体化衔接设施不够完善。

1.客运枢纽衔接设施不完善

客运枢纽方面主要表现在集多种对外运输方式为一体的综合客运枢纽相对较少。例如我国 32 个千万级吞吐量的机场中,连通城市轨道交通(包括地铁、轻轨和有轨电车)的机场只有 10 个,占比不到 1/3。高铁站与城市公交、长途客运衔接便利程度不高,大多数枢纽站的换乘时间在 10~30min。由于各种运输方式缺乏统一布局和规划,且不同方式之间的管理机制、运营模式等各不相同,已建成的综合枢纽不同程度存在因体制分割带来的换乘上的"物理分割"现象,枢纽内各种运输方式的布局不合理,方式之间的联络不顺畅,乘客换乘次数过多、换乘时间过长等衔接问题比较普遍和突出,制约了综合客运枢纽的整体运转效率。

2. 货运枢纽集疏运条件不完善

货运枢纽方面主要表现在港口集装箱多式联运比例较低。从铁水联运情况看,长江沿岸港口实现铁水联运的比例很小。截至 2016 年上半年,重庆的十余个港口中实现铁水联运的仅有 5 个,而武汉沿长江的 17 个港口中实现铁水联运的也只有 6 个。从沿海港口集装箱海铁联运情况看,目前我国主要港口集装箱海铁联运比例仅为 1.8% 左右,而国外集装箱海铁联运比例通常在 20% 左右甚至更高,如美国为 40%、法国为 26.2%、印度为 25%。其中重要原因是我国货运枢纽集疏运条件不完善,具体如下。

(1)具有公、铁、水联运功能的综合货运枢纽(物流园区)总体不足。我国仓储型物流枢纽数量比例高,而以货运服务为主、多式联运及换装转运型物流枢纽比例偏低,估计仅占 10%~15%,部分枢纽只是将不同方式引入枢纽内,缺乏必要设施和管理衔接,无法形成真正的无缝衔接。

(2)各运输方式已有的站场建设标准仅从各自的领域对相关标准内容进行了界定,缺少与其他运输方式衔接的内容。目前,部分港口在实施新港区开发和功能调整时,未能及时对铁路进港进行相应调整,同时也存在部分地方对港口规划执行不力、铁路规划实施严重滞后等问题。许多集装箱港区没有与铁路直接衔接,"港站分离"现象严重,需要经过城市道路借助集装箱卡车短驳才能完成集装箱码头堆场和铁路站场之间的转运,无法做到港区内直取。一些港口虽然铁路已接入码头,但装卸线长度过短,不能实现班列的整列到发,列车在港站解体、编组等非装卸作业时间长,难以发挥铁路班列开行带来的优势。内陆地区除煤炭、粮食等大宗货物发送量较大的办理站外,集装箱办理站普遍存在经营规模小、硬件条件差、装车时间长、服务能力低的现象。除了最近几年建成的集装箱中心站,大部分集装箱办理站不能满足整列直入直取的作业模式,不适应集装箱海铁联运发展要求。铁路集装箱办理站在集装箱箱管、箱修等方面没有与船公司形成联动,软、硬件设施无法满足船公司对集装箱管理的要求。

(3)由于对外集疏运条件差,重要枢纽之间以及通道与重要港站枢纽间"连而不畅""邻而不接"。如西安空港新城与西安国际陆港之间缺乏有效衔接互动;武汉阳逻新港与武汉吴家山铁路中心站距离较远,联运优势难以发挥;部分物流枢纽与城市交通矛盾突出,进出园区道路与周边路网衔接不畅,造成不少"死库"或"堵点";进出园区的货运交通与城市客运交通相互混杂,部分集疏运道路受市政道路通行管控制约,如采取限高架、限时限行等形式对疏港车辆进行通行限制,对疏港交通造成了不利影响。

四、部分公路设施存在安全风险

由于养护不到位,部分公路基础设施的技术质量状况不良,面临较大安全风险。我国早期大规模建设的公路,逐渐进入了周期性养护高峰期,需要集中进行大中修。大量农村公路由于日常养护资金不足,处于失养状态,油返砂、通返不通现象不断加剧。目前需要实施养护工程的农村公路达 100 万 km,占农村公路总里程的 1/4,并且以每年平均 5 万 km 的速度增加,但实际上能够纳入财政预算(包括燃油税支出安排)的农村公路养护工程每年不到 10 万 km,仅为实际需求的 1/10。

另外,部分公路临水临崖、坡陡弯急,安全防护设施相对不足,部分路段地质灾害多发易发,一些危桥、事故多发和灾毁路段不能及时修复。例如交通运输部 2011—2013 年连续三年抽查了 120 座运营的公路长大桥梁的技术状况,其结果是,一类桥梁 22 座、二类桥梁 60 座,占总抽检桥梁的 68%,其余为已经出现重大安全隐患的三、四类桥梁。这些抽测的桥梁的桥龄平均多为 20 年左右,但病害已经逐步暴露,个别桥梁服役十几年便成为四级桥梁,很难达到使用年限 100 年的预期。目前我国公路桥梁处于四、五类技术状况(即不能保证正常使用,处于危险状态)的数量已近 6.8 万座,占公路桥梁总数的 8.1%。国省干线公路有四、五类桥梁 6008 座,其中近三成是 2000 年后修改建的,即修改建后使用十几年或更短时间就成为危桥或濒临危桥状态。

参考美国当前交通基础设施状况对安全的影响,2017 年美国土木工程协会对美国交通基础设施技术质量状况的评估结果为 D + ,即"基本低于标准",出现"严重恶化"。评估认为,美国 12% 的高速公路路面状况糟糕,9% 的桥梁存在结构缺陷,无法满足需求,而且由于路况衰退,交通死亡人数较上年增长 7% 。可见,我国规模庞大的交通基础设施,若技术质量状况持续下降,会带来巨大的交通安全风险隐患。

过去 30 年,交通基础设施分方式、分层级的供给模式,以充足的资金、有效的激励,推进了我国交通基础设施加快建设和规模的快速增长,成就了我国世界领先的基础设施网络规模。但是,随着时间推移,这种方式也逐渐带来以上种种问题。例如多头规划,使得基础设施不能得到合理和充分的利用;多头管理,造成管理成本高,设施使用效率低,资源闲置甚至浪费。这些问题将影响交通系统的运行效率,最终影响到运输成本,不利于高效推动经济社会发展。

第三章
形势与要求

第一节 我国未来经济社会发展对交通基础设施的要求

一、国家重大战略要求进一步完善交通基础设施网络

"一带一路"倡议和"京津冀协同发展""长江经济带发展""长三角一体化""粤港澳大湾区"等重大国家战略的提出和逐步推进实施,更加强调国内、国外经济关联区域间的便利交通联系和各种运输方式的分工与协作。通过全方位对外开放,将对外贸易和投资有机结合起来,推动我国装备制造业走出去、优质产能转出去、技术标准带出去,进而带动我国产业结构优化升级;通过区域间基础设施连接起来、要素流动起来、市场统一起来,发挥区域间资源、人才、资金等方面的比较优势,推动产业梯度发展、创新发展。

一是要求增强国际、洲际的交通联通,进一步优化交通基础设施的空间布局,完善国际客货运输大格局。《推动共建丝绸之路经济带和 21 世纪海上丝绸之路的愿景与行动》提出"构建全方位、多层次、复合型的互联互通网络,实现沿线各国多元、自主、平衡、可持续的发展"。强调陆路方面以周边国家为重点,以中蒙俄经济走廊、新亚欧大陆桥和中国—中亚—西亚经济走廊、中国—中南半岛经济走廊等陆路通道为依托,大力推进国际陆上运输大通道建设,加强与境内重要综合交通运输通道的衔接。海上完善中国—马六甲—欧洲、中国—印尼—印度洋等海上通道,加强海上丝绸之路支点建设,提高能源运输安全保障水平,完善全球航运物流服务网络布局。民航方面加快国际枢纽机场发展,积极拓展国际航空网络,提高国际影响力。从构建多方面对外开放新格局的国家战略需要,综合考虑贸易畅通、国际贸易平衡等因素,选择国际贸易支点城市,前瞻性加强与全球或区域经济竞争力强、具有"门户"地位的海外港口、物流枢纽的联系,为共建"一带一路"提供

坚实基础。服务配套方面促进国际运输便利化,改善口岸通关环境,进一步扩大国际铁路班列、国际道路运输规模和范围。要求通过加快"一带一路"互联互通国际大通道建设,使中国在全球交通网络体系中处于核心枢纽地位。

二是要求加强国内综合运输大通道建设,支撑区域间经济联系。《关于依托黄金水道推动长江经济带发展的指导意见》和《京津冀协同发展规划纲要》等指出以综合运输大通道为支撑,促进区域间要素合理流动、产业分工协作。积极引导城镇布局与产业发展有机融合,持续增强区域现代农业、特色农业优势,推进生态文明建设。区域经济协调发展要求充分利用沿江、京港澳等横向、纵向综合运输大通,提高东中西部地区之间、南北地区之间运输效率,降低产业向中西部地区梯度转移的物流成本;通过改善西部、北部资源地与东部、南部产业集聚区之间的大运量、低成本货物运输条件和专业化作业效率,推动工农产业与城市布局的合理配置,提高区域间产业上下游联系,强化和培育参与全球产业分工与竞争的能力,体现我国长链条产业竞争力;推动综合运输通道和枢纽资源配置的集约化水平和服务组织化标准化水平,降低干线运输单位能耗和污染排放,推动绿色发展、可持续发展。

二、现代经济体系建设要求交通基础设施实现高质量发展

党的十九大明确提出了"贯彻新发展理念,建设现代化经济体系"的战略部署。未来我国经济发展仍将保持较快的增长速度,将进入以高加工度工业为主的加快实现工业化发展的阶段,必须坚持质量第一、效益优先,以供给侧结构性改革为主线,推动经济发展质量变革、效率变革、动力变革。国民经济的高质量发展,必然导致运输需求特征的变化。随着产业结构升级和产品结构变化,机械加工工业、电子工业以及日渐兴起的高加工度、高新技术产业迅速发展,第三产业在国民经济中的比例不断上升,需要运输的农副产品、附加值较高的工业品、家用消费品以及高新技术产品等质轻、价高、高附加值货物越来越多,小批量、多品种运输的需求增加;大众化、常态化旅游的需求增加,对交通运输的便捷衔接、速度质量上提出了新的要求。交通运输行业要不断适应市场经济和产业结构变化带来的新需求,对推动产业规模集聚、降低物流成本、提高产业链上下游的组织效率,起到重要的支撑和引领作用。

三、区域经济发展、城镇化要求交通基础设施衔接更高效

随着我国城镇化进程的加快,各地和区域之间的城市群、都市圈、城镇带也逐步稳定,城市内、城际间交通需求日益增长。根据《"十三五"国民经济和社会发展规划纲要》,未来我国将形成主体功能区规划的"3+18"城市群格局。其中,珠三角、长三角和环渤海三大城市群,将形成能够容纳5000万~1亿人口的具有国际影响力的特大城市群。哈长、海

峡西岸、中原、长江中游、北部湾、成渝、关中等地区,将形成一批 3000 万~5000 万人口的大城市群。城市群将汇集世界级港口、机场、通信中心、金融和市场营销中心,将是未来 30 多年国家经济增长的主要地区。这要求交通基础设施的发展应立足于支撑城镇化带来的运输需求增长和引导城镇空间布局两个定位,实现全国主要城市群之间的高容量多方式的高效率连接;实现城市群内具有辐射功能的核心城市之间的高效率便捷连接。同时,构建以城市群核心城市和重要交通节点城市为依托的客货运枢纽体系,优化服务效能。

未来随着"京津冀一体化""长江经济带""长三角一体化""粤港澳大湾区"等国家战略的深入实施,将会形成若干经济圈。这些经济圈的地理分布将带来交通运输的运量、流向、质量要求等的变化,对交通基础设施的网络布局提出了新的要求。需要从区域经济发展的需求出发,突破行政区域限制,在合理分工基础上优化交通运输资源配置,增强城市群基础设施的经济、便捷、高效率联系,强化各种运输方式衔接、运输服务一体化,适应客流、物流快速增长的需要。要进一步促进交通运输城乡协调发展、区域协调发展,服务城镇化进程,就需要建立农村交通基础设施投入的长效机制,加快城乡交通运输一体化,同时推动东、中、西部地区交通运输协调发展。

四、人民生活水平不断提高要求提供优质的交通基础设施

根据全面建成小康社会的总体要求,到 2020 年将实现国内生产总值和城乡居民人均收入比 2010 年翻一番(国内生产总值将超过 11.7 万亿美元,城镇和乡村居民人均收入分别超过 5600 美元和 1730 美元)的目标,同时新型城镇化带来的"3 亿人"效应将进一步扩大消费市场。从国际经验来看,进入经济提速换挡期后人均可支配收入水平增速将远大于人均 GDP 的增长水平(1973—1991 年间日本人均 GDP 增加了 69.3%,家庭人均可支配收入增加了 240%),新常态下居民消费占 GDP 比例将快速增加。具体可表现在两个方面:一方面旅游购物等服务业快速发展,居民跨区域出行频率稳步提高,国内旅游人数年均增速将超 10%,出入境旅游人数也增长迅速。另一方面居民消费水平快速增长,居民耐用消费品的主流消费将由"千元级"的彩电、冰箱加速向"万元级"的家用汽车过渡。随着人民生活水平的不断提高,个性化、多样化、定制化的交通需求将不断增多,出行与公务商务、购物消费、休闲娱乐相互渗透的"交通移动空间"将成为未来交通的发展趋势。重视时效性、重视差异化的交通需求特征,要求基础设施供给不仅要具备大运量、快速度、高可靠性等功能,还要进一步实现多方式、多模式的高效配置,提供高品质的交通基础设施服务。

五、创新驱动战略要求交通基础设施技术创新更智慧先进

新一轮的科技革命和产业变革将形成历史性交汇,互联网技术与传统产业呈现加速融合态势。电子信息、生物工程、航空航天、新材料、能源、环保等高新技术的发展,以及自

动驾驶汽车、智慧地球、智慧城市、车路协同等新理念的不断涌现,要求把握数字化、信息化、网络化、智能化的时代特征,充分运用"互联网＋"思维,借助移动互联网、云计算、大数据、物联网等先进技术与理念,依托互联网的"云""网""端"基础设施,推动现代信息技术与交通运输的全面融合,形成具有"线上资源合理分配,线下高效优质运行"的新业态与新模式。

新能源技术是科技革命和产业变革的重要突破口,其技术创新已经进入了高度活跃期,要求在与交通运输相关的电源供给、能源互联网、节能与能效技术、先进储能技术等方面取得突破,重点发展绿色低碳能源、高效利用能源。

新材料技术可以创造出更轻、更坚韧、更多样化的材料,为交通运输工具、交通基础设施的发展创新提供坚实基础。

六、资源环境约束要求交通基础设施实现绿色可持续发展

当前及今后一段时期,土地利用、资源使用和生态环境保护的现实条件将会发生深刻变化,交通运输传统粗放式发展模式越来越难以为继。一方面要求调整运输结构,提高绿色交通方式的市场份额,另一方面要求交通运输必须提高对土地等资源的有效利用程度,综合运输通道线路、枢纽根据需求特征集约化配置,通道内不同线路的跨江、土地等资源尽量实现共享共用,交通枢纽集约化配置尽量满足"一体化"设计和"无缝衔接"需要,进一步加大对环境的保护力度,实现可持续发展,以满足国家生态文明建设的要求。

第二节　未来交通需求分析

一、客运需求特征

1.旅客运输总量增速将逐渐趋缓

我国城市间旅客人均出行次数发展趋势符合生长曲线发展规律,即可分为起步、快速和趋缓三个阶段。最后,当人均出行次数达到一定水平之后,由于公众对外出行的欲望受到时间和经济成本约束,便会处于基本稳定阶段。总的趋势是,随着我国城镇化逐渐由目前的中期发展阶段向城镇化后期发展阶段迈进,我国客运需求将逐步由快速发展阶段向增速趋缓阶段过渡(图3-19),不过过渡时间可能持续较长。与此同时,我国人口的增长速度也将达到峰值并随之缓慢下降,旅客出行总量未来增速将逐渐趋缓,直至基本保持稳定。预计峰值可能出现在2045年前后,达到人均出行次数和平均距离的"天花板"。从周

转量的角度来看,公路、铁路旅客出行的平均距离将有所下降,民航旅客出行的平均距离将有较大增长。

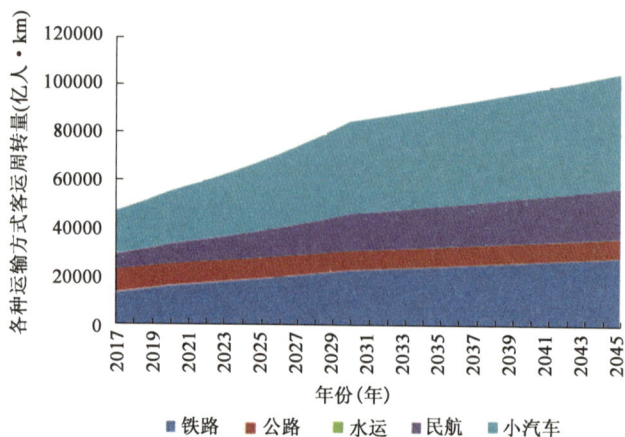

图 3-19　旅客周转量预测

2.客运需求分布与人口布局高度一致

客运需求在空间上主要集中于经济、人口密集的城市群区域。国家级城市群和重要的区域级城市群间的客运联系是我国客运通道的主骨架。随着区域经济一体化进程的推进,以及东部产业逐渐向中西部梯度转移、交通基础设施网络不断完善等相关因素影响,主要城市群之间的经济社会联系将进一步增强,主要城市群之间的出行在全国客运格局中所占的比例也将不断提高。

受到地理特点、资源禀赋、自然条件和历史文化等方面因素影响,我国经济社会发展和旅客出行需求以胡焕庸线为界东高西低的基本格局不会改变。但近年来,东部地区客运量占比略有下降,中西部地区略有上升,区域不平衡情况出现一定缓解。未来随着扶贫攻坚、西部大开发、"一带一路"等国家战略或倡议不断推向纵深,西部地区产业转型升级以及旅游业的发展,革命老区、民族地区、边疆地区等低于平均经济发展水平地区的交通运输服务显著改善,中西部地区的人口总量和经济社会发展水平将得到有效提升,同东部地区的差距有所缩小,胡焕庸线以西的客运需求比例有望小幅提升,但东高西低的客运需求格局不会发生大的变动。2030 年主要客运期望线分布如图 3-20 所示。

3.小汽车、高铁、民航出行将增加

三大主要客运出行方式中,民航客运量增长速度最快,铁路次之,公路最慢。其中,受营业性公路客运出行量下降影响,公路客运增长速度较慢,私人小汽车的增长速度较快。受铁路平均运距下降影响,铁路旅客周转量增长速度低于客运量;而民航的平均运距持续增长,民航旅客周转量增长速度高于客运量。

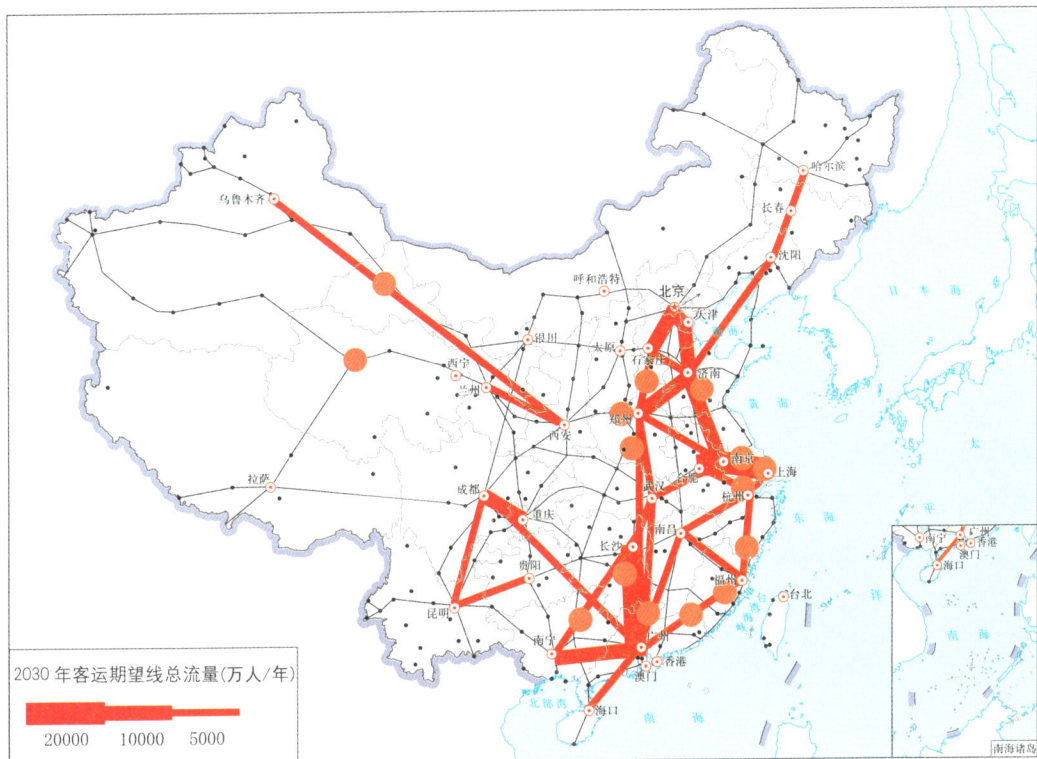

图 3-20　2030 年主要客运期望线分布

注：资料来源于《国家综合运输大通道布局规划研究》。

　　未来公路客运量占比将一直在 90% 以上；由于平均运距远远短于铁路和民航，公路旅客周转量占比高于铁路和民航，但差距不大。营业性公路客运受高铁等冲击以及自身服务水平限制，未来一段时间内出行量持续下降；但是 2030 年前后，随着豪华大巴、旅游包车、定制出行、商务包车、汽车租赁等各具特色的多元化服务的不断出现，在部分细分市场中营业性公路客运将占据适当地位，总出行量趋于稳定。

　　随着包括城际、市郊的高速铁路网络的进一步铺开和铁路服务多样化、高端化发展，以及考虑到未来高速铁路继续提速的因素，铁路将继续在长途客运中发挥较大作用，同时还将在中短途客运中占有重要位置。营业性客运需求中，预计铁路旅客周转量占比最高，且铁路在总客运量和旅客周转量中的占比基本呈现持续增长态势。

　　民航作为当前以及可预见的未来中速度最快、服务水平最高的运输方式，仍将是国内长途和国际客运旅客的首要选择。民航出行需求增长速度最快，民航旅客周转量结构占比将持续上涨。

　　随着陆空运输方式的快速发展，水上客运占比不断下降，但邮轮游艇等水上旅游市场正蓬勃发展，预计未来水上客运量和客运周转量绝对值仍将较快增长。

4. 品质要求

随着人民物质文化水平不断提高,公众对出行交通质量更加关注,出行消费倾向于选择更快捷、更舒适、更自由、更精准、更绿色的高质量方式,便捷性、时效性、舒适性甚至自由度、隐私性都成为未来居民出行的要求。同时,随着老龄化社会的到来,运输服务需要满足老年人的出行需求,更加安全、方便、灵活,以及细节更加人性化,体现对老年人出行特点的贴心考虑。

5. 主要客运通道

2030 年全国客运需求主要集中于南北沿海、京沪、京台、京广、陆桥、沿江、沪昆、京津冀至新疆、京昆、福州至西北、昆(明)广(州)等通道内。其中陆桥通道西段客流将逐步接近中东部地区通道规模,成渝通道客流向南向东延伸,东南沿海(福州、厦门、潮汕等)向西客流增长迅速。京津冀、长三角、珠三角地区对外的客运通道压力依然突出,如图 3-21 所示。

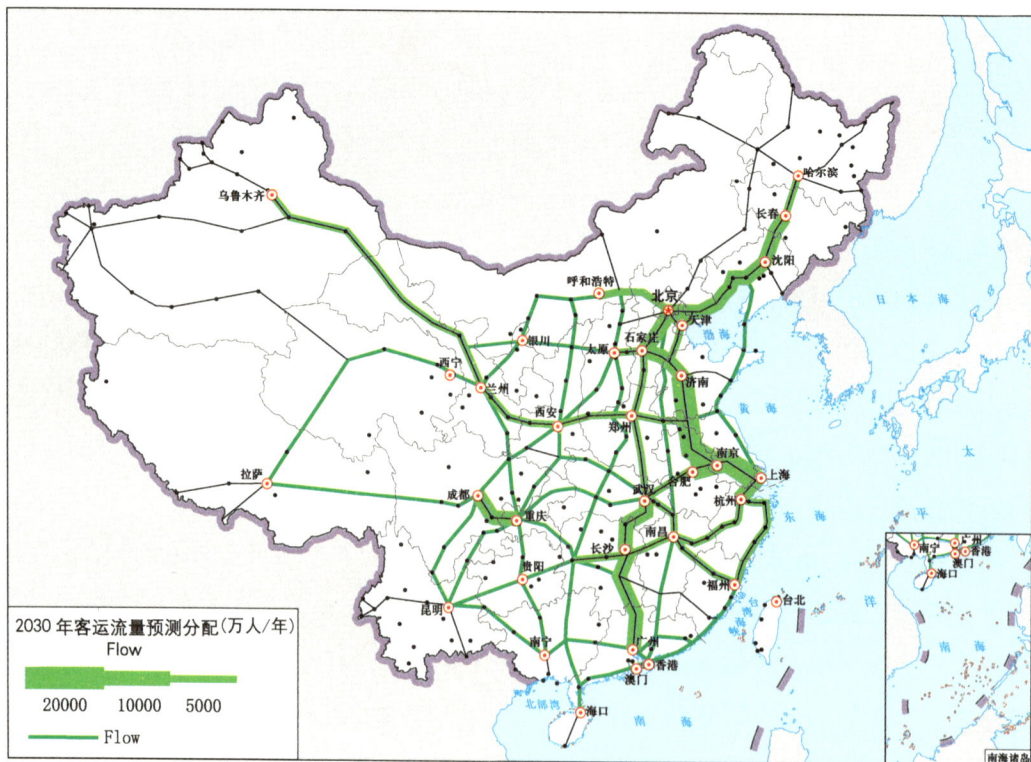

图 3-21　2030 年预测客流分布

注:资料来源于《国家综合运输大通道布局规划研究》。

6. 国际客流所占比例快速提升

20 世纪中期以后,全球化的趋势越来越明显,其深度和广度都达到极高程度。然而近年来,全球化退潮悄然袭来,贸易保护对全球化基础构成了新威胁。但总体来看,经济全球化是各国经济发展的客观要求,经济全球化的总体趋势没有改变。进入 21 世纪以来,以中国为首的新兴市场和经济体发展迅速,成为世界经济增量的最主要贡献者。从目前发展情况来看,世界经济重心东移速度加快,尤其是亚洲在世界经济中的地位愈加突出,无论消费,还是生产和贸易,亚洲都有望成为世界经济新的增长极。

预计未来 15~30 年,全球经济和贸易版图将呈现"三足鼎立"格局,中国将成为世界经济重心、全球贸易中心之一。在全球交通网络体系中,中国将处于枢纽地带,一些沿海和内陆城市将成为全球交通网络的国际性枢纽、全球物资的重要集散地和转换地,也有希望成为新交通规则和标准的输出中心之一。受此影响,未来我国国际双向客运需求将出现快速增长。预计 2030 年之前我国内地对港澳台及国外的客运总量平均增长率有望达到 5%;2030—2045 年平均增长率有望达到 2%。

二、货运需求特征

1. 货运需求将由高速增长转向平稳增长

虽然 2013 年以来我国货运总量有所下降,但主要是受 2008 年经济危机的后续影响所致,而这一阶段的货运需求下降并非货运量已到达峰值,而是长期增长趋势中短暂的间歇。未来 30 年,我国的工业化进程还在发展,且不同区域的工业化发展处于不同阶段,总体看货运需求仍会有所增长。货运增速将呈阶梯下降趋势。受资源禀赋约束,我国人均货运水平无法达到发达国家的人均货运水平,加之人民对日益美好生活需求所需的物质资料需要交通运输支撑,预计我国货运峰值也不会在 2045 年前出现。我国货运周转量预测情况如图 3-22 所示。

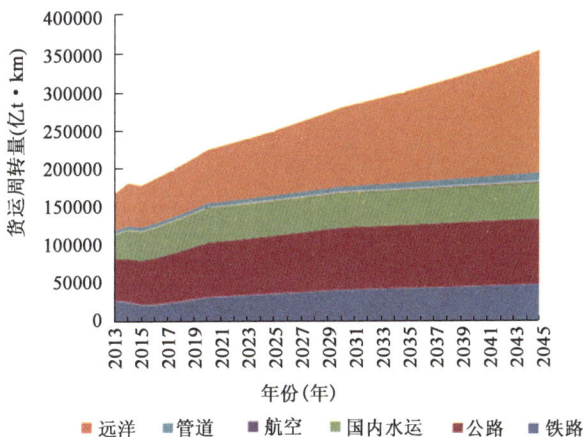

图 3-22　货运周转量预测

"十三五"及后十年,我国整体处于工业2.0向工业3.0的过渡时期,我国正在进行的供给侧结构性改革将进一步推进,货物运输需求增幅将有所下降。2030—2045年,我国将完成工业3.0向工业4.0的发展,我国将进入以科技进步和创新为重要支撑的新兴工业化发展阶段。产业升级将使高附加值产品数量更多,相应的在货运量中所占比例也随之不断提高。工业产品产量及货物运输量需求增速将进一步降低,货运需求增速在0.5%以下。

2. 货运需求分布与产业格局保持一致

货物运输需求在空间上主要集中于重要的资源、产业集中区和消费密集地区之间。2030年全国60%以上的省际货运交流主要发生在长三角、京津冀、珠三角、成渝、呼包鄂榆、长江中游城市群等区域间。

伴随"一带一路"倡议和"长江经济带""京津冀协同发展"等区域发展战略的实施,制造业和商贸业逐步从沿海发达地区向中西部地区转移,产业的迁移带来中西部地区货运需求增速将超过东部发达地区,全国层面的货运格局趋于更加均衡。2030年主要货运期望线分布如图3-23所示。

图3-23　2030年主要货运期望线分布

注:资料来源于《国家综合运输大通道布局规划研究》。

3. 货物运输结构在 2030 年后趋于稳定

公路随着路网等级的不断提高,经济运输距离的不断延长,加之其具有灵活的"门到门"运输优势,仍将是货运最主要的运输方式。另外民航、管道运输比例增长趋势明显,占比也相应提升。预计 2030 年前,伴随着宏观经济顺利转型升级,铁路市场化改革和交通节能减排政策深入推进,铁路占有的货运需求将增加且带动部分公路货物回流,届时迎来铁路货运比例降速放缓的转折点。预计铁路大宗货物运输需求将于 2020—2030 年处于高峰平台期,2030 年后,随着我国大规模城市化及基础设施建设的基本完成,大宗物资运输将有所下降。2030—2045 年,随着铁路通道、长江黄金水道等基础设施,以及综合交通枢纽设施的进一步完善,货物运输结构趋于稳定。

4. 品质要求

在大宗货物呈缓慢下降趋势的同时,随着我国人民生活消费水平的不断提高,快递需求快速上升的趋势将会持续。根据《中国制造 2025》,我国将大力发展基于互联网的个性化定制,工业生产由集中式控制向分散式增强型控制转变,工业领域的物流也将随之呈现出与工业生产类似的"个性化"特点,成为分散性、小批量货运需求快速增长的另一推手。消费水平的提高将诱发更多的消费品需求,促进小批量、多批次、高价值货物运输需求量的增长,以及对更快速、更便捷、更准时物流配送的需求,并推动航空、公路等货运需求增速更快。同时产品结构中高附加值化和轻型化产品比例明显增大,单位运输量的货物价值大大高于大宗货类,同时单位货运量的体积也远小于大宗货类。预计这些货物会使我国集装箱及快递的运量快速攀升。

5. 主要货运通道

2030 年全国货运需求主要集中于南北沿海、京沪、京台、京广、陆桥、沿江、京港、京津冀至新疆、京昆、福州至西北、二连浩特至湛江、昆(明)至广(州)等通道内。传统单一货类特征突出的能源通道总运量规模被京沪、长江、京广等综合型货运通道所赶超,东北入关货运需求突出,渤海湾跨海运输需求具备一定的规模,海西地区西北向运输压力逐步增大。2030 年预测货流分布图如图 3-24 所示。

6. 外贸货物运输仍将快速增长

全球化仍是未来三十年全球贸易发展的主旋律。全球经济格局、贸易格局、生产格局和服务格局也将发生重大转变。全球经济增长重心继续向以中国为核心的亚太地区转移,环印度洋地区将成为最有增长潜力的地区。我国产业将逐渐迈向全球价值链中高端,培育若干世界级先进制造业集群,中国的进出口仍将保持旺盛增长态势。预计 2045 年,中国的对外贸易额将增长 4～5 倍,远洋海运仍然承担绝大部分的对外贸易量,远洋货运量和货运周转量增速快于国内货物运输增速;同时铁路、民航运输所承担的对外贸易量也将快速增长,但在总量中的份额增长不明显。

图 3-24　2030 年预测货流分布

注:资料来源于《国家综合运输大通道布局规划研究》。

中美、中欧、中国与亚洲其他地区的货运交流增速高于其他地区增速。我国产业结构的转型升级对煤炭、铁矿石等大宗货物的进口已处于高峰平台期,但对原油、电器、食品、消费品的进口数量将高速增长。出口方面,附加值高的电子、机械等产品比例将大幅增长。随着全球经济的逐渐复苏,我国外贸进出口也将恢复增长,因此国际集装箱运输需求将保持一定的增长空间,但增长幅度较以往将趋于减缓。我国对高附加值产品的进口逐渐增长,集装箱进口的重箱量会呈现增长态势。另外我国能源对外依存度将逐渐提高,原油天然气进口量将有较大增幅。

第三节　现有规划适应性分析

一、现有规划情况

2020 年、2030 年我国交通基础设施规划实施效果如表 3-5 所示。

我国交通基础设施规划实施效果 表 3-5

指 标	2020 年	2030 年
高速铁路里程	3 万 km	3.8 万 km(2025 年)
高速铁路网络覆盖水平	覆盖 100 万人口以上城市比例 80%	基本连接省会城市和其他 50 万人口以上大中城市
铁路营业里程(含高铁)	15 万 km	17.5 万 km(2025 年)
铁路网络覆盖水平	基本覆盖 20 万人口以上城市	—
公路里程	500 万 km	普通国道全面连接县级及以上行政区、交通枢纽、边境口岸和国防设施
高速公路里程	15 万 km	—
高速公路网络覆盖水平	基本覆盖 20 万人口以上城市	国家高速公路全面连接地级行政中心、城镇人口超过 20 万的中等及以上城市、重要交通枢纽和重要边境口岸
建制村通硬化路比例	具备条件的	—
内河高等级航道里程	1.71 万 km	—
沿海港口万吨级及以上泊位数	2527 个	—
民用运输机场数量	260 个	400 个左右
民用运输机场地面距离 100km 覆盖水平	93% 地级行政单元	所有县级行政单元
通用机场数量	500 个	

1. 2020 年的交通基础设施网

(1)综合交通运输体系。

根据《"十三五"现代综合交通运输体系发展规划》,到 2020 年高速铁路将覆盖 80% 以上的城区常住人口 100 万以上的城市,铁路、高速公路、运输机场基本覆盖城区常住人口 20 万以上的城市,内河高等级航道网基本建成,沿海港口万吨级及以上泊位数稳步增加,具备条件的建制村通硬化路,城市轨道交通运营里程比 2015 年增长近一倍,油气主干管网快速发展,综合交通网总里程达到 540 万 km 左右。

将建成横贯东西、纵贯南北、内畅外通的"十纵十横"综合运输大通道,加快实施重点通道连通工程和延伸工程,强化中西部和东北地区通道建设。

结合全国城镇体系布局,着力打造北京、上海、广州等国际性综合交通枢纽,加快建设全国性综合交通枢纽,积极建设区域性综合交通枢纽,优化完善综合交通枢纽布局,完善集疏运条件,提升枢纽一体化服务功能。

(2)铁路。

根据《铁路"十三五"发展规划》《"十三五"现代综合交通运输体系发展规划》《中长期铁路网规划》,到2020年全国铁路营业里程达到15万km,其中高速铁路3万km,覆盖80%以上的大城市;到2025年,铁路网规模达到17.5万km左右,其中高速铁路3.8万km左右。"十三五"铁路网规划布局如图3-25所示。

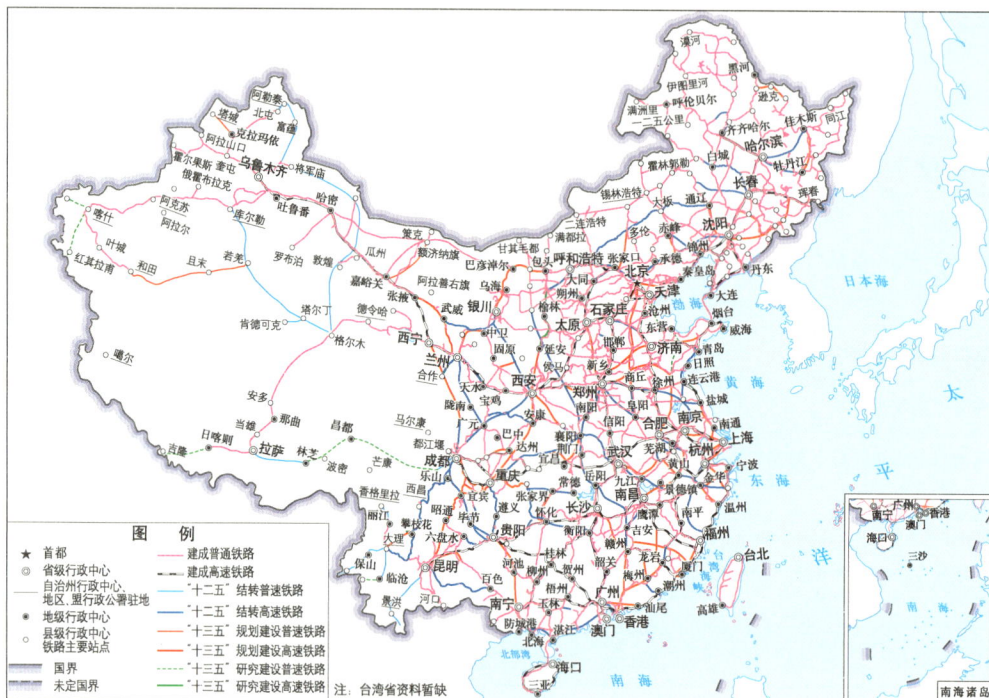

图3-25 "十三五"铁路规划建设

注:资料来源于《"十三五"现代综合交通运输体系发展规划》。

(3)公路。

根据《"十三五"现代综合交通运输体系发展规划》,到2020年公路通车里程达到500万km,其中高速公路建成里程15万km。"十三五"国家高速公路规划布局如图3-26所示。

(4)水路。

根据《水运"十三五"发展规划》《"十三五"现代综合交通运输体系发展规划》,到2020年新增和改善航道里程4500km,规划的高等级航道基本建成,内河高等级航道里程达到1.71万km,达标率90%以上,以高等级航道为骨干,通江达海、干支衔接的航道体系形成。航道养护里程达到12万km以上,养护水平明显提升。沿海港口万吨级及以上泊位数达到2527个。"十三五"内河高等级航道规划布局如图3-27所示。

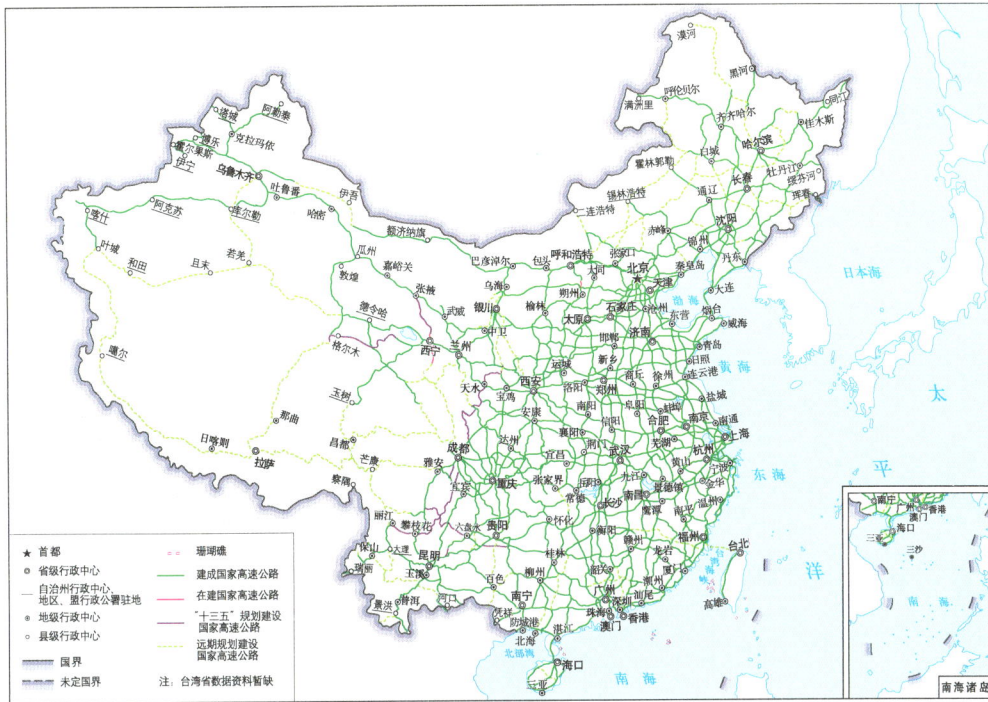

图 3-26 "十三五"国家高速公路规划建设

注:资料来源于《"十三五"现代综合交通运输体系发展规划》。

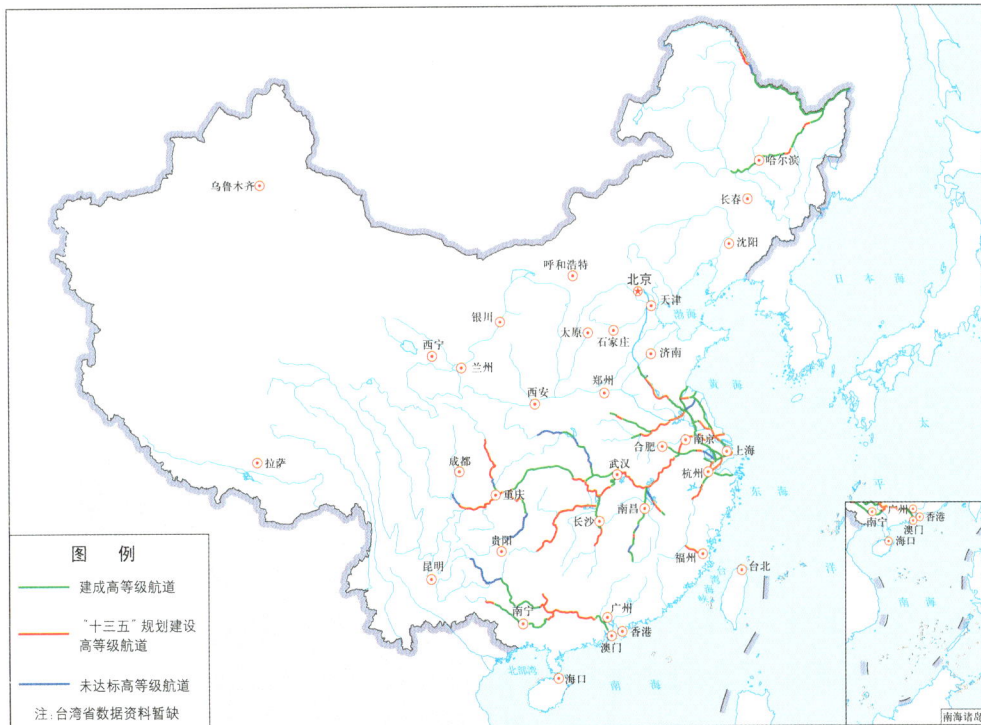

图 3-27 "十三五"内河高等级航道规划建设

注:资料来源于《"十三五"现代综合交通运输体系发展规划》。

（5）民航。

根据《中国民用航空发展第十三个五年规划》《"十三五"现代综合交通运输体系发展规划》，至 2020 年完善华北、东北、华东、中南、西南、西北六大机场群，新增布局一批运输机场，建成机场超过 50 个，运输机场总数量达到 260 个左右，基本建成布局合理、功能完善、安全高效的机场网络。积极有序布局建设一批通用机场，达到 500 个以上。"十三五"民用运输机场规划布局如图 3-28 所示。

图 3-28 "十三五"民用运输机场规划建设

注：资料来源于《"十三五"现代综合交通运输体系发展规划》。

2. 2030 年的交通基础设施网

（1）铁路。

根据《中长期铁路网规划》，到 2030 年铁路网规模达到 18 万 km 左右，其中高速铁路 4 万 km 左右，网络覆盖进一步扩大，路网结构更加优化，骨干作用更加显著，基本实现内外互联互通，区际多路畅通，省会高铁连通，地市快速通达，县域基本覆盖。如图 3-29 所示，形成以"八纵八横"主通道为骨架、区域连接线衔接、城际铁路补充的高速铁路网。连接主要城市群，基本连接省会城市和其他 50 万人口以上大中城市，以特大城市为中心覆盖全国、以省会城市为支点覆盖周边。实现相邻大中城市间 1～3h 交通圈,城市群内 0.5~2h 交通圈。规划实现以后,将形成覆盖广泛、内联外通、通边达海的普速铁路网。扩大中西部路网覆盖,完善东部网络布局,提升既有路网质量,推进周边互联互通。

图 3-29　中长期高速铁路网规划图

注:资料来源于《中长期铁路网规划》。

（2）公路。

根据《国家公路网规划（2013—2030 年）》,到 2030 年将形成布局合理、功能完善、覆盖广泛、安全可靠的国家干线公路网络,实现首都辐射省会、省际多路连通,地市高速通达、县县国道覆盖,总规模约 40.1 万 km。1000km 以内的省会间可当日到达,东中部地区省会到地市可当日往返、西部地区省会到地市可当日到达;区域中心城市、重要经济区、城市群内外交通联系紧密,形成多中心放射的路网格局;有效连接国家陆路门户城市和重要边境口岸,形成重要国际运输通道,与东北亚、中亚、南亚、东南亚的联系更加便捷。

①普通国道网:由 12 条首都放射线、47 条北南纵线、60 条东西横线和 81 条联络线组成,总规模约 26.5 万 km。

②国家高速公路网:由 7 条首都放射线、11 条北南纵线、18 条东西横线,以及地区环线、并行线、联络线等组成,总规模约 11.8 万 km（图 3-30）,另规划远期展望线约 1.8 万公里。

图 3-30 国家高速公路布局方案

注:资料来源于《国家公路网规划(2013—2030 年)》。

③地方高速公路网:据 2017 年不完全统计,规划 2030 年地方高速公路总规模约 7.5 万 km。

(3)民航。

根据《全国民用运输机场布局规划》,到 2025 年建成覆盖广泛、分布合理、功能完善、集约环保的现代化机场体系,形成 3 大世界级机场群、10 个国际枢纽、29 个区域枢纽,全国民用运输机场规划布局 370 个(规划建成 320 个)(图 3-31)。展望 2030 年,机场布局进一步完善,覆盖面进一步扩大,运输机场规模将达到 400 个左右。

二、现有规划分析

1. 未来总体供给能力仍有较大增长

按照现有规划,从建设角度来看,到 2030 年综合交通基础设施仍有较大规模的建设任务。公路里程还将增加 23 万 km,其中高速公路还将增加 7 万 km(含地方高速公路);铁路里程还将增加 4.8 万 km,其中高速铁路增加 1.3 万 km;沿海港口码头还将增加 9%,等级航道增加 20%;运输机场要达到 400 个左右。综上,在现有规划下交通基础设施仍有较多建设任务,总体供给能力还有较大增长。

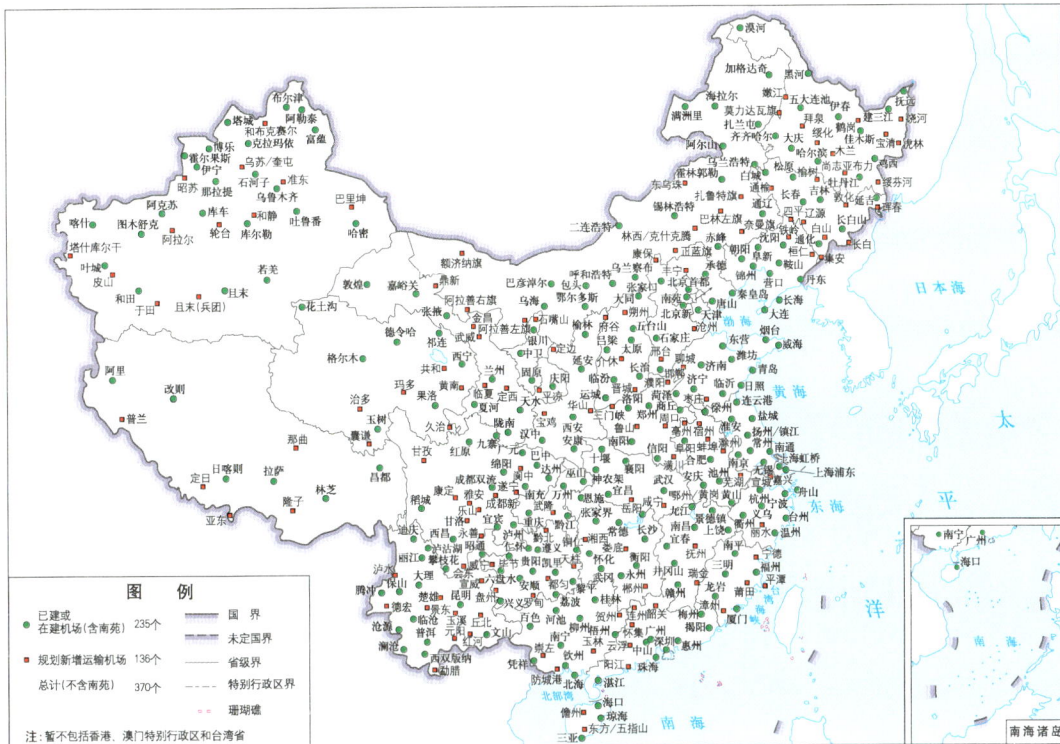

图 3-31　全国民用运输机场布局规划分布图(2025 年)

注:资料来源于《全国民用运输机场布局规划》。

2. 各运输方式规划需进一步统筹

从现有规划情况来看,各运输方式的专项规划在编制时统筹不足,例如公路和铁路的国家规划中都欠缺对对方规划的深入分析研究,以及两种方式互相竞争与合作的分析,且对国家重大战略的解读和未来经济产业结构调整的分析以及带来的影响判断,都是从自身角度出发而开展的,对客货运输需求变化趋势也有不同认识。因此,容易导致交通基础设施在空间布局上的"各自为政",可能会影响建设规模与时机的合理性。同时,在落后地区交通发展路径上、瓶颈路段优化提升及海外支点建设等方面,也缺乏公路、铁路、港口和民航之间的统筹。

3. 规划的协调问题较为突出

目前综合交通的规划仅是战略层面规划,内容比较宏观,对专项规划的约束力不强,尚未完全发挥综合协调作用。此外,除国家级的规划以外,省市县各级政府也编制多种类(如发展规划、五年规划、专项规划、建设规划等)和不同交通方式(公路、轨道、地方铁路、水运、港口)的建设规划,多级多部门多方式的规划难以协调的情况较为普遍,多头规划、各自建设、部门分割的问题仍然突出。同时,城市群、大湾区综合交通体系规划存在主体不明、职责不清、分工协调机制欠缺等问题,也导致这些地区的规划难以稳定,规划重复问题也比较突出。

4.未充分考虑效率提升带来的影响

技术进步和管理创新将会给传统基础设施带来革命性变化,有助于提升系统运行效率,释放存量基础设施供给能力,降低新建需求,助推交通系统"降本增效"。例如目前我国很多高铁线路客运密度还有较大提升空间,未来随着管理技术提升,当我国高铁达到日本高铁的运输密度时,还会释放出更大的运输能力(图3-32)。再例如,新材料新技术能够延长基础设施使用寿命,公路主动管理技术可以提高道路通行能力,自动驾驶车辆的普及会使小汽车使用人群更广,出行更安全,运输装备运行速度提高会提升系统运输能力,空管水平提高能保障更多的飞机起降架次,提高机场运行容量,其他运营管理技术(例如提供出行或物流服务的互联网企业的技术创新等)也可以提高存量基础设施的运输服务能力,适度降低新增设施的需求。

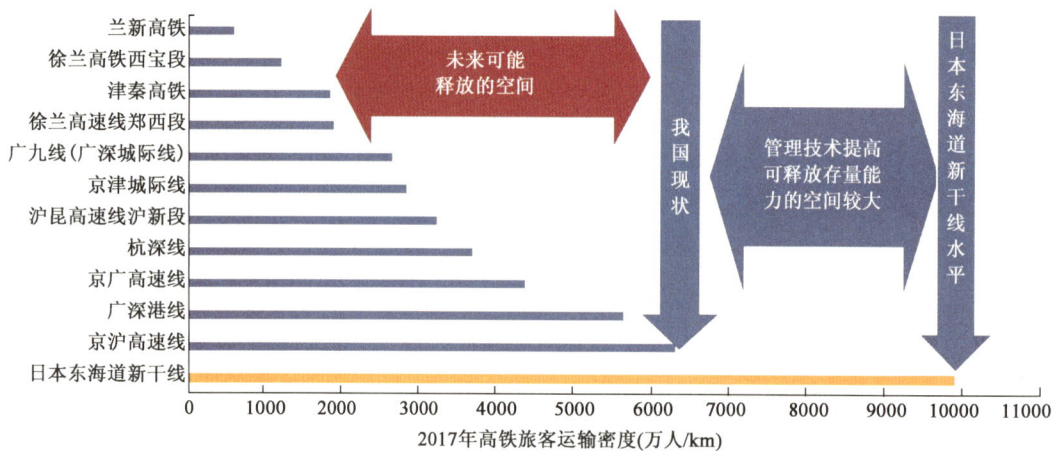

图3-32 我国高铁运输能力发展潜力大

第四节 对未来交通基础设施发展的基本判断

一、交通基础设施发展进入新阶段

随着我国特色社会主义进入新时代、经济发展由高速增长迈入到高质量发展的新阶段,以及人民对美好生活需要的日益增长,我国交通基础设施发展也将进入新阶段。交通发展新阶段出现值得注意的两个标志性特点。

一是交通基础设施在保持可观建设规模的同时,将逐步进入建设投资增长放缓的"变坡期"。经过多年大规模建设,我国铁路、公路、水路里程,港口、民航机场数量均位居世界前两位。尤其是 1998 年和 2008 年的两次投资拉动,为交通基础设施特别是公路和铁路基础设施的加快建设创造了机遇。目前,除重要铁路和公路的部分路段以及主要枢纽机场存在能力紧张现象以外,我国综合交通基础设施网络就总体能力而言,基本适应需求,供求关系大体进入"动态平衡"状态。未来 30 年,随着我国产业结构、消费结构、能源结构、人口结构变化以及特高压输电能力的不断增强,大宗物资运输需求减少、国内货物运输总量增长幅度将出现下滑趋势,同时客运需求增速将逐步有所放缓。通过供给与需求关系的分析,可以预见 2020 年以后,我国交通基础设施将进入建设投资既保持可观规模、增长又适度放缓的"变坡期"。也就是说,进入"变坡期"交通基础设施建设强度将逐步下降,养护和提质改造需求将逐步上升。

二是交通基础设施建设即将出现 10 年左右的"窗口期"。"窗口期"是不可多得的"优规划、调结构、补短板、构建现代化综合交通基础设施网络"的机遇期。假如不能充分利用"窗口期",我国铁路、公路、水路、民航等基础设施还是像目前一样各自规划、各自建设,就不可能实现各种运输方式的整合与优化,既有的问题会愈加突出。假如错过"窗口期",到 2030 年,由于那时各种交通运输方式基础设施建设基本完成,投资必将大幅度减少,再想进行优化与整合将十分困难。因此必须牢牢抓住尚有较多投资的 10 年"窗口期",按照供给侧结构性改革的思路,紧紧围绕交通一体化和高质量发展,精准发力,审视和优化现有交通建设规划,既要做加法:补短板、强弱项,又要做减法:去重复、调结构,以建成一体化的现代综合运输体系。

对于即将出现的"变坡期"和宝贵的"窗口期",一定要重视和紧紧抓住不放。

二、未来交通基础设施发展的突出问题

基于以上分析,未来一段时期内我国交通基础设施发展存在以下突出问题:

一是交通基础设施有短板。目前交通基础设施总量基本适应,但是部分干线通道、枢纽能力不足,西部地区、贫困地区、特殊条件地区、农村交通基础设施短板突出。

二是交通基础设施发展不综合。我国已经进入了各种交通方式融合发展的新阶段,需要调整结构,充分发挥各种方式的比较优势,实现综合发展。尤其是铁路尚需在中长距离、大宗货物运输中发挥更大作用。

三是交通基础设施维护压力持续增加。我国交通基础设施即将进入到建设与运维并重的阶段,但重建轻养的现象仍然存在。亟须建立一套规范有序的运行维护机制,确保维修资金充足。

四是交通基础设施可持续发展压力大。交通基础设施建设受地形、气候、水资源等因素制约,后备土地资源非常有限,资源环境的瓶颈制约日益凸显。政府投入不足、债务负担过重,事权不清晰、地方筹资压力大,新建收费公路、铁路项目普遍财务效益不佳。在这种情况下,交通投融资也成了制约基础设施持续健康发展的重要问题。

第四章
经验借鉴

第一节 世界交通强国基础设施发展特点

一、设施规模与需求基本匹配

从综合交通网总规模的数据来看,目前美国第一,为 701 万 km;日本为 124 万 km,德国为 27 万 km。发达国家交通基础设施规模已经基本稳定,未来发展重点是高效维护现有基础设施、提升基础设施科技水平和承载能力。具体数据如表 3-6 所示。

各国综合交通基础设施网络规模 表 3-6

指　标	美　国	日　本	德　国
公路里程(万 km)	675.00	121.90	23.05
高速公路里程(万 km)	10.50	0.84	1.30
铁路总营业里程(万 km)	22.4	2.79	3.85
高速铁路营业里程(km)	362	2734	1575
内河航道通航里程(万 km)	4.1	—	0.73
商业机场数(个)	511(含通勤机场)	175	77
综合交通运输网总规模(万 km)	701.50	124.69	27.63
综合交通运输网面积密度(km/百 km²)	71.36	329.87	77.37
综合交通运输网人口密度(km/万人)	218.25	98.18	33.44

注:本表中,公路数据美国、日本为 2014 年,德国为 2013 年;铁路数据美国为 2014 年,日本为 2015 年,德国为 2016 年;高铁数据均为 2017 年;机场数据美国为 2017 年,日本、德国为 2012 年。

二、运输结构适应可持续发展

欧盟致力于构建短中长途有机衔接、高效环保的综合运输体系。在长途运输方面,欧盟致力于促进航空业在使用低碳燃油方面成为世界的领跑者,并使欧洲继续担任国际航空枢纽的角色;通过建设沿海港口并与内陆港口连接,联通欧洲和世界各地的物流中心,同时大力发展铁水货物多式联运。中途运输方面,一方面建设城际高效的综合运输绿色运输通道,增加对铁路的投资以提高铁路的运输能力,2030年高速轨道交通线路里程达到目前的三倍,2050年完成欧洲高速铁路网,促进中长途客运向大型客车和铁路运输的转移,实现大部分中距离旅客运输由铁路承担;另一方面建设高效的绿色货运通道,实现2030年30%运距超过300km的公路货运转移到铁路或水路运输,2050年则达到50%。短途运输方面,仍然主要依靠公路运输,主要通过提高货运汽车能效,重点发展小型、轻量化乘用车,同时整合公共交通资源来进一步实现绿色发展。

三、交通枢纽衔接一体顺畅

1.客运方面

(1)综合客运枢纽换乘便捷。

日本注重综合交通枢纽换乘的便捷性,采取立体模式地上地下综合利用,旅客不用出站即可快速完成铁路与各种交通运输工具的"零换乘"。注重车站周边规划与车站空间规划的协调,充分整合各种交通运输方式,紧凑安排各种接驳方式。日本铁路与轨道交通的换乘距离一般控制在100m以内,最短可达50m,对公交车的换乘距离一般控制在200m以内,对出租汽车的换乘距离控制在300m以内。日本新宿轨道交通站立体交通情况如图3-33所示。

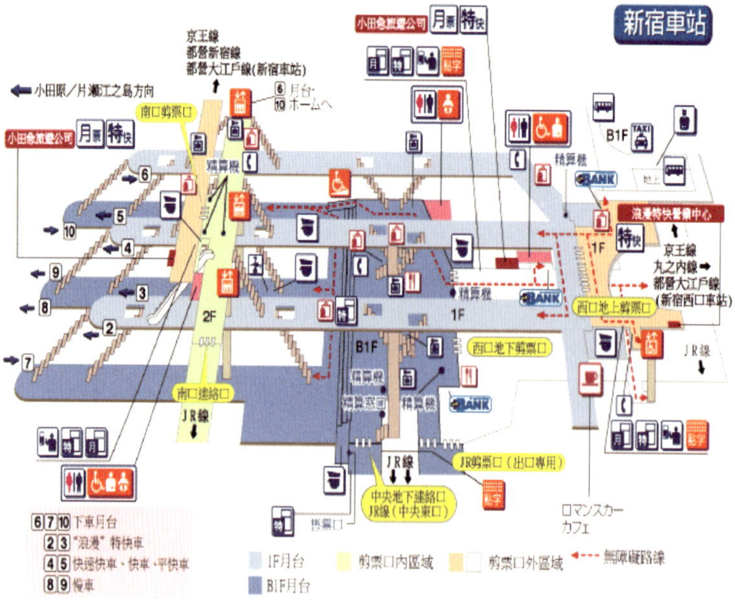

图3-33 日本新宿轨道交通站立体图

美国综合客运枢纽与城市公共交通系统的换乘十分方便，主要体现在内外部交通运输的有效衔接上。枢纽在设计时就充分考虑了各类交通运输工具的换乘，不同交通运输方式之间的换乘时间在 10min 以内。外部交通运输方面，地面公交、轨道交通、出租汽车以及社会车辆等均有各自的接驳通道和上下客区域，互相连通又互不干扰；内部功能和布局方面，客运枢纽内的引导标识十分清晰，旅客能够方便快捷地抵达目标区域，极大缩短了换乘时间。

（2）旅客联程运输水平高。

欧盟在《迈向统一欧洲的交通发展路线图——构建竞争力强、高效节能交通系统》白皮书中提到了，至 2050 年所有机场与铁路网络特别是高速铁路网络连接，所有重要海港与铁路网和内河水运系统连接的目标。

德国法兰克福机场的空铁联运是目前世界上最成功的联运案例，高速铁路作为航空运输的"零米高度支线航空"极大地拓展了机场的腹地范围。德铁申请了国际航空运输协会 IATA 的两字代码 DB，铁路直接将其铁路班次做成与航空公司一样的航班号，放在航空公司的售票系统中对外销售，实现了票务系统的对接。旅客在铁路或者航站楼可以实现一次安检、异地通关。

2. 货运方面

美国的多式联运极其发达。在《陆地联运运输效率法案》《21 世纪运输公平法案》等法律保障和标准化体系的指导下，美国大力发展多式联运，其中集装箱海铁联运比例达到 40%，公铁联运占多式联运货运量比例达 53%，铁水联运尤其发达，到港货物中 75% 由铁路分拨，极大提高了综合运输效率。同时，具有公、铁、水联运功能的综合货运枢纽（物流园区）相对充足。如美国芝加哥 1000 亩以上公铁联运枢纽有 28 个，最大占地 5200 亩。美国伯灵顿北方圣太菲铁路运输公司（BNSF）芝加哥物流园区占地面积 3770 亩，可停靠 4800 台挂车和堆存 6000 个集装箱。

目前德国共有多式联运中转站 122 个，在联邦政府主导的物流园区规划建设中，将多式联运中转功能作为必要条件。

四、重视综合运输通道建设

1. 美国综合运输通道建设

美国交通运输发展分别经历运河、铁路和高速公路建设时期，这些交通基础设施也逐步形成了重要的运输通道。美国综合交通网中的港口、铁路、联运设施等大部分都由私营部门进行开发经营，而公路系统主要由各级政府、公共部门进行规划建设并运营管理。2012 年奥巴马签署的"MAP—21"法案提出建设联邦货运政策框架以引导全国货运发展,其中国家货运网络及货运通道的关注重点从以公路通道为主转向公、铁、水、航综合运输通道的协同发展,形成了以公路民航网络为主、铁路为补充的综合客运通道体系,和以铁路公路水路网络为主、民航为补充的综合货运通道体系。在枢纽规划建设方面,联邦运输部及州交通厅在开展综合运输通道规划研究时,均将重要人口集聚区、港口、机场、联运枢纽等作为需联通节点予以考虑;确定通道规划方案后,将通道内需新建或改扩建的港口、机场、联运设施与公路、铁路、航道类项目一同作为通道建设的重点项目。

2. 欧盟综合运输大通道

欧洲最早提出跨欧洲运输网络的概念是在《建立欧洲经济共同体条约》(又名《罗马条约》)中。条约提出应该建立一个连接各国家和地区的高效、现代的基础设施网络,即跨欧洲网络(Trans-European Networks,简称 TENs),由交通运输(TEN-T)、通信(eTEN)和能源(TEN-E)三大领域构成。按照欧盟综合运输通道的发展理念和相关指导文件,TEN-T 规划大致可以分为三个重要阶段:第一轮发展规划期为 1990—2004 年,规划内容主要针对道路和铁路运输,在 2001 年增加了海港、内河港口和多式联运枢纽,基本形成了跨欧洲运输网络;第二轮发展规划期为 2004—2013 年,规划引入了"海上高速通道"的概念,通过海运与铁路联运结合的方式,提高海上通道运输效率;第三轮发展规划期为 2013—2030 年,不同于之前的规划只是各个项目分别由一种或两种运输方式组成的规划思路,此轮规划是欧盟第一次真正意义上将公路、铁路、航空和内河等多种运输方式融合在一起,结合成一张统一的网络进行规划。另外,欧盟第一次提出了"综合网络 + 核心网络"的概念,其中核心网络是欧盟提炼总结出的对欧盟未来经济和运输发展至关重要的运输通道。同时欧盟也提出在 TEN-T 网络建设中,首要目标就是在核心通道上消除瓶颈、提升基础设施并优化跨境客货运输组织等。欧盟将为交通基础设施在 2014 年至 2020 年期间专项拨款增加两倍至 260 亿欧元,至 2020 年相关投资可能会追加到 5000 亿欧元。

五、基础设施投入产出高效

世界交通强国普遍重视提高交通基础设施投入产出效率,注重高质量发展。以高速公路为例,从产出的角度看美国每公里高速公路服务的交通量比我国多,服务效率更高;从成本的角度看,美国的高速公路由于没有财务成本,比我国的路更有竞争力,如表 3-7、表 3-8 所示。

中国与美国高速公路对比(产出)　　　　　　　　　　表3-7

指　标		GDP（亿元）/km	汽车（辆）/km	人口（万人）/km
中国	全国平均	5.48	1620	1.11
	江苏省	15.24	2700	1.73
	山西省	2.55	930	0.72
	贵州省	2.05	570	0.68
美国		10.18	2430	0.31

中国与美国高速公路对比(成本)　　　　　　　　　　表3-8

指　标		建设维护及财务成本（元/日·km）	日交通量（PCU/km）	每车每日平摊成本（元/车·km）
中国	全国平均	29863	22000	1.35
	江苏省	32602	30360	1.07
	山西省	29863	17160	1.74
	贵州省	32602	22000	1.48
美国		18357(无财务成本)	40000	0.46

六、科技创新引领交通发展

美国水路、铁路、公路、航空运输借助科技的力量依次崛起。进入21世纪后，美国逐渐将重点转向将交通与先进技术相结合发展，如大数据、云存储、云计算、人工智能（Artificial Intelligence，简称AI）、管道高铁、各类基建传感探测器等的应用。

日本的交通科技创新能力也始终处于世界前列。新干线与大都市地下铁路网的建设、与安全驾驶有关的技术开发都为现代化的一体化交通网打下了坚实的基础。对于未来的铁路发展，日本国土交通省目前主要投身于超导磁悬浮系统的研究开发。公路方面，日本自2001年3月开始普及电子收费系统，目前高速公路收费站以及大部分机动车辆都安装和配备了电子不停车收费系统（ETC），日本装配有电子不停车收费系统车载器的车辆突破6000万辆，有效缓解了交通拥堵，降低了能耗，提高了交通运行效率。

德国于2015年提出了以信息化和互联网技术为主要特征的数字化发展战略。欧盟通过改良交通运输管理和信息系统，逐步建成欧洲共同航空区，部署欧洲卫星导航系统。加拿大政府将技术创新视为保持交通系统竞争力、保护环境与提升生活质量的核心要素与重要手段，并鼓励政府与企业在交通科技领域的合作攻关。

第二节　可借鉴的经验

一、健全法律法规，政府主导推进综合交通发展

回顾美国、日本、欧洲等交通强国的发展历程，可以发现完善的法制建设始终贯穿于交通运输行业的发展。1991 年颁布的《冰茶法案》，标志着美国步入了高度完善的法律法规体系。美国交通领域现拥有法律法规 80 项，涵盖公路、铁路、水运、航空、管道运输等多方面。其中公路方面法规共计 39 项，涵盖交通工具、交通安全、道路设计、资格认证等方面，从立法角度全方位地设定美国公路交通框架。法国于 1982 年颁布国内交通基本法，确认了民众拥有交通权，规定了交通管理部门与交通运营方的关系。2010 年，法国政府将历年交通相关的法律法规进行了梳理，制定了《交通法典》。该法典包括总则、铁路、公路、内河航运、海运、民航等六大部分共 2200 多项法条。该法典与《民法典》《商法典》等处于同等地位，为交通一体化管理奠定了法律基础。除此之外，日本也明确实行了以交通运输领域中相关基本法作为其他交通运输部门法上位法的立法制度，保障了交通的综合发展。

二、交通发展战略规划与国家战略紧密结合

美国、日本、欧洲的交通发展战略规划都是与国家战略紧密结合的。美国交通运输部于 2015 年 3 月发布了题为《超越交通——趋势和选择 2045》的战略规划，对未来 30 年交通发展趋势进行了分析，并提出交通运输系统未来可供选择的发展战略，目标是要建设一个强大、顺畅、智能、环保的交通系统，支持美国国家的经济繁荣，创造美好的未来。日本国土交通省在以往 6 次国土开发规划的基础上，于 2014 年 7 月出台了国土交通远景发展规划——《国土大设计 2050——形成促进对流的国土形态》，主要以交通运输体系等基础设施的规划建设作为实现手段，为支持"集约化 + 网络化"国土空间布局的实现，即形成可持续发展的"大都市圈 + 地方中小城市"集聚模式，加强交通基础设施网络发展，为客货流的长途位移提供支持。欧盟委员会自 1992 年起定期发布白皮书，如表 3-9 所示，最新的是 2011 年 3 月颁布的题为《迈向统一欧洲的交通发展路线图——构建竞争力强、高效节能交通系统》白皮书，提出构建"面向统一欧洲、竞争力强、便捷高效、节能减排、可持续发展的交通运输体系"。

欧盟发布系列《交通白皮书》　　　　　　　　　　　表 3-9

版　次	时　间	名　称	重　点
第一版	1992 年	The future development of the common transport policy	欧洲交通运输市场的整合与开放
第二版	2001 年	European transport policy for 2010: time to decide	交通方式公平、突破瓶颈、用户中心的交通政策，全球化
第三版	2006 年	Keep Europe moving—sustainable mobility for our continent	欧盟扩大范围、对安全反恐的关注、全球化、能源价格和气候变化等
第四版	2011 年	Roadmap to a Single European Transport Area—Towards a competitive and resource efficient transport system	欧洲统一的、真正的可持续发展的交通运输体系（2050 年）

三、重视交通基础设施区域一体化发展

美国、日本、欧洲的交通发展战略中均体现了支持交通区域一体化发展的思想。这些国家和地区城镇化发展的新形态是巨型城市群。其中，美国提出围绕巨型城市群建设高速铁路、城际铁路的战略，通过人员和货物的快捷运输推进巨型城市群的凝聚力，同时也确定了超过 88 个公路通道项目（截至 2015 年，涵盖了全部或部分包含在高优先级通道内的通道项目）。日本提出高速磁浮一小时交通圈的发展战略，将首都圈、大阪都市圈、名古屋都市圈更紧密地连接在一起。欧盟也为各成员国更紧密联系提出欧洲交通一体化发展的战略。欧盟提出的欧洲交通一体化发展战略当中，分铁路、航空、水运、公路、多式联运、运输市场及服务分别提出了具有针对性的一体化战略。

四、重视交通投融资体制机制改革创新

美国、日本、欧洲都重视交通基础设施投融资政策和体制机制创新。例如美国在《超越交通——趋势和选择 2045》中提出要改变联邦—各州之间的交通投融资关系，改变一事一议的做法，对交通建设实行前瞻性的投资。一方面，在确保既有资金收入来源的基础上，开辟新的交通投资资金来源，建立鼓励民营资本投资公共设施的激励机制，研究提高燃油税税率，或将燃油税与通货膨胀率挂钩，研究按汽车行驶里程收取碳税、燃油销售税、联邦车辆登记税等新的资金来源；另一方面，按照绩效标准进行投资决策，联邦资金优先投资于成本效益高、绩效好、能显著支持国家发展的项目，重点支持地方交通拥堵收费、智能交通系统创新、交通技术推广等能显著提高交通运输系统效益的项目。

日本政府积极创新和完善收费公路管理模式。2005年对收费公路"道路公团模式"进行了优化改革,成立了"日本高速公路资产持有及债务偿还机构"(以下简称"机构"),全面继承了道路公团的公路资产管理和债务偿还职能,实现了全国收费公路的统贷统还。改革后"机构"代表日本政府持有公路资产,通过发行专项债券等低成本融资方式筹集收费公路建设资金,并将资产"出租"给六家特许公司,允许其收取通行费,资产出租属于非营利性质,租金全额用于统筹偿还日本收费公路债务,公司除收取通行费外还负责收费公路的日常管理维护。通行费收入的绝大部分都被以租金的形式上缴给了"机构",从程序上优先确保了收费公路的管理维护资金需求。通行费并不是公司的赢利点,公司主要通过服务区经营、沿线广告、信息服务等方面获得利润。在养护质量与服务标准达标的前提下,公司通过技术创新和效率提高所节约的管理维护费用可归公司所有,从而充分调动了公司的积极性。这种政府主导框架下的特许专业公司建设运营模式,分工清晰,很好地理顺了政府、市场、社会之间的关系,降低了日本收费公路融资、建设与维护成本,提高了收费公路的运营效率与透明度,同时还确保了公路网管理的完整统一和公益属性,获得了日本公众的广泛认可和支持。

欧盟在2011年发布的白皮书中,提出要创新交通收费、定价和投融资制度。按照"谁使用谁付费,谁污染谁付费"的原则,将外部成本内部化,由使用者承担,建立联合发展基金,为欧洲核心交通网络建设融资;吸取民间资本进行交通基础设施投融资。改革交通税费制度,包括征收与排量关联的车辆购置税、车辆消费税、碳税、燃油税、高额停车费、拥堵费、环境污染费,引导减少私人轿车出行,减少汽车流交通量(VMT),减少对进口石油依赖,减少温室气体排放。吸收私营资本参与到交通建设中,确保未来交通运输投融资来源。

五、重视科技应用推进基础设施智能化

美国、欧洲等都注重先进技术在交通基础设施领域的应用。美国重视推进智能交通发展,修建辅助无人驾驶智能公路,推广应用下一代航空导航系统等。美国各州正在研究和修建辅助无人驾驶的智能公路。俄亥俄州在公路上安装光纤电缆网络和传感器系统等,向汽车发送前方危险警告等信息;犹他州和弗吉尼亚州为交通信号灯和桥梁安装了传感器和专用短程通信设备,及时向无人驾驶汽车反馈路况信息。英国开发了可对高速公路上行驶的电动汽车进行不停车充电的系统,并对其进行验证试验。试验从2015年末开始,拟用5年时间,若试验结果满意,再将其应用于一般道路上。德国政府在2015年对A9号高速公路规划了一段专供无人驾驶汽车测试的路段。韩国在龟尾市火车站到In-dong区修建了一条长达12km的无线充电道路,是世界上第一条无线充电公交车道,已经实现电动公交车边行驶边充电,如图3-34、图3-35所示。

图 3-34　韩国无线充电公交车道

图 3-35　英国不停车充电高速公路

六、重视交通节能环保绿色可持续发展

美国、欧洲、日本交通发展战略都明确提出建立一个资源节约型和环境友好型的交通运输系统。在环境承载力、资源约束下,改善人们生活质量的同时,降低交通系统的环境资源成本和负面社会影响。如欧盟将低碳交通作为交通的核心战略;美国强调转变发展方向和发展方式,既要扩展运输网络能力,服务于人口和经济增长,也要降低交通发展对环境的影响,实现交通可持续发展;日本则以防灾减灾思想为指针,在国土交通布局方面做出重大战略调整。

第三节　可汲取的教训

一、欧洲各国标准不一,阻碍交通一体化进展

欧盟尽管于 1992 年就提出了交通区域一体化发展战略,但初期由于各国标准不统一,一体化进展较为缓慢。例如 20 世纪 80 年代,欧洲的列车信号制式多达十余种,信号和控制系统互不兼容,跨国境运营的列车需要在抵达另一个国家后停车更换机车或根据运行线路装备多种不同的控制系统,铁路运营烦琐,无法实现真正意义上的一体化。为了提高铁路的运行效率,在欧盟和国际铁路联盟的支持下,各国将运营标准化提上日程,开始着手制定统一的列车运行管理系统(欧洲铁路运输管理系统,ERTMS),并于 2000 年正式实行。经过对系统不断地调整和更新,ERTMS 现已成为了世界标准,超过 2.9 万 km 的轨道里程都配备了该系统,推动了欧洲的一体化发展。

二、美国铁路客运严重衰落

美国铁路路网建设早、规模大,至 1910 年全美铁路网基本成型,里程将近 41 万 km,为美国在第二次工业革命中实现经济腾飞成为世界强国奠定了基础。20 世纪 30 年代,汽车工业快速发展,公路需求激增,公路信托基金制度建立后,美国的高速公路网建设取得实质性进展。高速公路以其快速、安全、灵活的优势,替代了大量铁路运输的需求。大量支线铁路被拆除与封闭,现总里程维持在 22.4 万 km 左右,技术等级没有明显提高。随后,航空运输和公路客运发展起来后,铁路客运就在竞争中逐渐衰落,高速铁路技术也没有发展起来。目前铁路客运量不足全国总运量的 2%。

三、美国基础设施状况恶化

除铁路外,目前美国大部分交通基础设施系统陈旧,运行状况日益恶化,影响其系统效率和可靠性发挥。美国基础设施质量从 2002 年的全球第 5 位降至 2016 年的第 10 位。美国土木工程协会 2017 年对美国交通基础设施技术质量状况的评估结果为 D + ,即"基本低于标准",出现"严重恶化"。其中,公路、机场和空管设施运行状况恶化,威胁交通安全。基础设施陈旧令维护成本不断上升,也带来巨大经济负担。美国每年因交通堵塞和机场设施落后而造成的经济损失超过 1550 亿美元。此外,安全问题亦不容忽视,例如40% 桥梁的桥龄在 50 年以上,9% 的桥梁已无法满足现有需求,存在结构缺陷(表 3-10)。

美国基础设施技术质量状况评估结果 表 3-10

方 式	等 级	具 体 表 现
铁路	B	承担了全国 1/3 的物资出口和 1/3 的货运周转量,私人企业大幅投资确保路网状况良好
公路	D	经常拥堵,12% 的高速公路路面状况糟糕,修复需求巨大且持续积压;经过多年路况衰退,交通死亡人数较上年增长 7%。(高速公路体系主要建于 20 世纪 50 年代到 70 年代)
桥梁	C +	40% 桥梁桥龄在 50 年以上,9% 桥梁存在结构性缺陷,修复资金积压不到位
港口	C +	随着船舶大型化,越发紧张的海路衔接设施阻碍港口生产力,大多数港口航道水深不足
航空	D	机场和空管设施没跟上航空市场和技术发展,机场拥挤越来越严重,飞机起降高峰日越来越频繁,机场设施扩建资金缺口大

注:B 为良好,满足现状需求;C 为中等,需要注意;D 为较差,处于风险状态。

美国基础设施衰落的一个重要原因是维护资金投入不足,缺口巨大。美国公路建设和维护的主要资金来源是联邦燃油税,而这一税种的税率从 1993 年以来就没有再调整过。随着汽车节能水平的提升,加上通胀因素,以及公路建设维护成本不断上升,基建预算越发紧张。欧洲国家在建设和维护基础设施方面的支出占 GDP 比为 5% ,而美国为 2.4% 。预计到 2025 年,美国基础设施资金缺口将接近 1.5 万亿美元,仅道路和桥梁就超过 8000 亿美元。而美国铁路在私人企业运营下维护和更新情况较好,路网技术质量状况评价为 B 级"良好"。

四、日本铁路债务负担沉重

日本国家铁路自 20 世纪 60 年代以来陷入低效率怪圈,亏损越来越大,补贴越来越多,恶性债务逐渐成为难以自拔的财务黑洞,也成为国家财政的沉重负担,到 1980 年代中期已经进入不仅铁路自己无法维持,国家也不堪重负,因而被迫必须改革的境况。日本国铁亏损大幅增加的原因主要是竞争能力丧失,突出表现是其在客货运输市场上的份额一直在加速下降。从 20 世纪 50 年代中期到 20 世纪 80 年代初,日本国铁旅客周转量所占的市场份额从 55% 降至 24% ,货运周转量的市场份额更从 52% 降至不到 8% ,此外冗员和债务过重也加剧了问题。1987 年 4 月日本铁路改革时,所需处理的长期债务总额为 37.1 万亿日元,数额超过当年 GDP 的 10% 。国铁债务改革的主要思路是设立国铁清算事业团,债务主要由预期收益较好的本州 3 家客运公司和国铁清算事业团承担,通过出售铁路周边土地、各公司股份和新干线的收入偿还。本州 3 家客运公司分担 5.9 万亿日元债务;"新干线铁道保有机构"承担 8.6 万亿日元债务,通过收取本州 3 家客运公司的租赁费偿还债务;国铁清算事业团承担剩余的 22.7 万亿日元债务。自 1987—1997 年的 11 年间,国铁清算事业团利用自筹资金(资本运作收益)获得收入总额 14.4 万亿日元,但期间的利息支出总额达 15.8 万亿日元。再加上养老金等其他支出,到 1998 年初,国铁清算事业团的债务非但没有减少反而增加至 27.7 万亿日元。日本政府于 1998 年 10 月解散国铁清算事业团,其中的 24 万亿日元债务转入铁道建设公团,铁道建设公团于 2003 年并入"铁道·运输机构",这部分债务由"铁道·运输机构"继承,于是原国铁债务实际上变成了国家债务。截至 2016 年底,政府承担的原国铁债务尚剩余 17.7 万亿日元尚未偿还,也就是说政府承担的这部分债务经历了 18 年后,仅偿还了 26.2% ,要全部还清还有很长的路要走。

第五章
战略目标

第一节　内涵与使命

　　未来我国交通基础设施发展的关键是"综合"和"优化"。其中,"综合"是理念指引,其核心是实现管理体制机制的一体化、交通与土地使用的一体化、主要通道交通方式的协同化、枢纽交通的一体化、交通服务的一体化、信息资源的共享化。"优化"是手段措施,其核心是优规划、补短板、强弱项、调结构、抓综合、提品质,构建供给适度超前、规模合理、布局科学、结构均衡、衔接高效、安全可靠、绿色智能的交通基础设施网络。

　　交通基础设施综合优化的战略使命是基于问题导向和目标导向,升级基础设施发展理念,转变基础设施发展模式,提出基础设施综合优化战略,构建更加综合、更加安全、更加便捷、更加绿色、更加智能的交通基础设施网络,更好地发挥交通的基础性、先导性、战略性、服务性作用,支撑"一带一路"倡议和京津冀协同发展、长江经济带、长三角一体化、粤港澳大湾区、乡村振兴、创新驱动发展等国家战略实施,服务现代化经济体系建设,适应人民日益增长的美好生活需要,使交通基础设施成为经济发展、产业升级、新型城镇化、全球治理的关键支撑。

第二节　发展目标

一、指导思想与总体目标

　　交通基础设施综合优化的指导思想是,以综合交通基础设施提质增效为根本要求,以加快综合网络融合和系统功能提升为主线,以推进综合协调和科技创新为主攻方向,统筹优化基础设施布局,补强短板,提高多种运输方式一体化衔接水平,建立绿色主导的交通结构,提升国际连接度,推动系统智能化升级,加强设施质量维护,实现交通基础设施由大到强的转变。

交通基础设施综合优化的总体目标是建成"能力充分、结构合理、通达便捷、综合一体、安全可靠、绿色智能"的现代化综合交通基础设施网络。

二、2030 年发展目标

基本建成"能力充分、结构合理、通达便捷、综合一体、安全可靠、绿色智能"的现代化综合交通基础设施网络。

各种运输方式基础设施运能适度超前但不过度超前。

基础设施网络结构合理,铁路、水路运输的分担率大幅提高。

基础设施网络综合覆盖度进一步提升,短板和弱项基本消除,国内通达、通畅性及国际通达性显著提高。

建成现代化便捷高效的综合枢纽体系,各方式衔接一体高效,旅客换乘更加便捷,货物换装转运效率显著提高。

港口海铁联运、水铁联运水平显著提升,沿海港口集装箱吞吐量海铁联运比例显著增加,千万吨级吞吐量内河港口基本实现铁路接轨。

基础设施可靠性和耐久性提高,技术状况总体保持优良。

基础设施绿色环保水平、资源利用效率、对清洁能源运输工具的配套服务水平明显提高。

智慧公路、智慧港口、智慧机场部分领域技术世界先进,高速铁路技术保持世界领先。

三、2045 年发展目标

建成高标准的"能力充分、结构合理、通达便捷、综合一体、安全可靠、绿色智能"的现代化综合交通基础设施网络。

铁路、水路运输的运输周转量分担进一步提升,运输结构更加绿色。

交通基础设施成为无缝衔接、智能网联、有效控制的一张网。

交通基础设施技术状况保持优良,并具有良好的可靠性和弹性,实现与信息网和能源网的有机融合,形成与资源环境承载力相匹配、与生产生活生态相协调的全天候交通基础设施绿色发展体系。

公路、铁路、港口、机场的建设维护技术世界先进,交通基础设施网的总体能力和水平世界领先。

第三节 指标体系

主要围绕基础设施能力充分性、结构合理性、通达便捷性、综合一体性、安全可靠性、绿色智能性6个方面提出基础设施综合优化的具体指标。考虑到指标数据的可得性、可历史比较性、可国际比较性,以及对交通强国指标体系的支撑,研究提出交通基础设施综合优化的核心指标。核心指标不具全面性,反映的是交通基础设施发展的主要方面和状态,具体如表3-11所示。

交通基础设施综合优化指标体系　表3-11

准 则 层	序 号	指 标 层	相应支撑的交通强国指标
能力充分	1	各运输方式负荷度	交通运输全要素生产率
结构合理	2	综合货运通道铁路水路运能占比	绿色交通分担率
	3	城市群间客运通道铁路运能占比	绿色交通分担率
通达便捷	4	行政村硬化路通达率	交通基础设施通达率、基本公共服务均等化水平
	5	重要节点综合交通方式通达率	交通基础设施通达率
	6	重要口岸高等级公路铁路通达率	交通全球连通度
综合一体	7	重要港口铁路进码头比例	综合交通枢纽一体化水平
	8	综合客运枢纽平均换乘时间	综合交通枢纽一体化水平
安全可靠	9	公路四五类桥梁(隧道)比例	道路交通事故万车死亡率
	10	公路优良路率	道路交通事故万车死亡率
	11	交通系统抗冲击弹性	交通应急救援能力
绿色智能	12	系统集约节约、生态环保水平	交通基础设施低碳节能环保水平
	13	共享新能源汽车的配套设施建设	共享交通发展水平
	14	基础设施网络运行监测水平	交通管理智能化水平
	15	基础设施智慧建设和维护水平	交通管理智能化水平

一、各运输方式负荷度

具体是指各运输方式预期客货运输需求与各自运能的比值,体现了运能供给对实际需求的适应程度。

二、综合货运通道铁路水路运能占比

具体是指综合运输通道中货运通道的铁路、水路运输能力占通道总能力的比例,反映了铁路、水路绿色运输方式的基础设施运能对中长距离货运的保障力度。

三、城市群间客运通道铁路运能占比

具体是指几大城市群间客运通道中铁路运输能力占通道总能力的比例,反映了铁路绿色运输方式的基础设施运能对中长距离客运的保障力度。

四、行政村硬化路通达率

具体是指通硬化路面的行政村占全国行政村总数的比例,反映了公路的通达程度。

五、重要节点综合交通通达率

具体是指高速公路、干线铁路、民航机场中两种及以上交通方式覆盖城镇人口 20 万以上城市的情况,体现了交通基础设施网络的综合覆盖程度。

其中:高速公路覆盖是指城市 30min 上高速公路;铁路覆盖指干线铁路在城市设有站场;民航覆盖是指以机场为中心 150km 覆盖。

六、重要口岸高等级公路及铁路通达率

具体是指高等级公路及铁路覆盖重要口岸的情况。

其中:重要口岸为一类及重要的二类口岸,高等级公路为二级及以上公路。

七、重要港口铁路进码头比例

具体是指交通部发布的《关于发布全国主要港口名录的公告》中的港口,疏港铁路能直接进入码头的比例。

八、综合客运枢纽平均换乘时间

表征枢纽(对外交通枢纽和城市轨道交通线路枢纽)无缝衔接、零距离换乘程度,体现设施衔接换乘的便捷水平,是提高交通服务水平和设施使用效率的关键。

九、公路四、五类桥梁(隧道)比例

具体是指公路四、五类桥梁(隧道)占全部桥梁(隧道)的比例,是表征公路桥梁(隧道)安全可靠性的典型指标。

十、公路优良路率

具体是指公路中优等路和良等路所占比例,是表征公路养护技术状况水平的典型指标。

十一、交通系统抗冲击弹性

具体指交通系统各方式之间及内部互为平衡备份、在突发事件下快速恢复系统运行

稳定性的能力,反映了系统的抗冲击弹性和安全稳定性。

十二、系统自身集约节约和生态环保水平

具体是指可用港口岸线资源、土地资源和通道资源的利用效率,绿色材料使用率,节能设备使用率,交通运输废旧材料循环利用率等指标说明。

十三、对共享新能源汽车的配套设施建设水平

具体是指配套建设电动汽车快速充电设施水平、应用先进节能技术(太阳能发电、不停车充电等)水平。

十四、基础设施网络运行监测水平

可选取干线公路重要节点运行实时监测率作为典型指标。

其中:重要节点是指高速公路、国省干线公路重要路段、大型桥梁、长大隧道、大型互通式立交桥、收费站、治超站、服务区等。

十五、基础设施智慧建设和维护水平

具体是指智慧铁路、智慧公路、智慧港口、智慧机场的技术先进性和推广普及水平。

第四节 战略方针

以优化规划为指引,紧紧把握优化交通基础设施建设的关键"窗口期",重新审视交通建设,精准施策,构建规模适度、结构合理的综合交通基础设施网络。

以深化改革为契机,不断深化综合交通运输管理体制改革,推进不同交通运输方式资源要素共用共享,将各级政府部门中与交通运输管理相关的职能进行有机整合,推动建立"高效统一、分级负责、权责一致、运行有序"的综合交通运输管理体制。

以技术创新为手段,从侧重建设扩容转变为侧重技术扩容,充分释放存量基础设施能力,积极吸纳和集聚创新要素资源,推动交通智能高效发展,通过创新,转变发展方式,优化供给结构,转换增长动力。

以公平高效为目标,立足中国基本国情,遵循交通发展的客观规律,科学把握我国的资源禀赋、地域差异和阶段特征,兼顾交通的效率和公平,支撑现代化经济体系建设,满足人民日益增长的美好生活需要。

第六章
重点任务

第一节　优化综合交通基础设施网络规划建设

牢牢抓住交通基础设施发展的关键"窗口期",完善交通基础设施规划,优化规划的理念,把握交通基础设施的合理规模,坚持适合我国国情的设施空间布局。通过补短板、强弱项、调结构、促综合,大力提升综合交通基础设施网络整体效能,实现交通基础设施综合协调、集约高效、绿色经济地发展。

一、转变综合交通基础设施建设理念

随着交通基础设施发展迈入新阶段,发展的主要矛盾发生变化,交通基础设施建设需要适应高质量发展的要求,更新理念和方法。

一是从传统的通过增加供给来"被动"满足运输需求,转变为通过优化供给来"主动"合理引导运输需求。在总体满足未来运输需求量的前提下,通过优化基础设施结构,提高综合交通基础设施网络的经济性和绿色化水平。

二是从资源消耗式粗放地投入,转变为强化土地、环境、能源等资源条件的约束,实现交通基础设施绿色集约地发展。提高交通基础设施资源配置的投入产出效率,减少土地资源消耗和对生态环境的不良影响。

三是从侧重新建基础设施,转变为侧重充分利用存量基础设施。通过技术创新、管理水平提升来提高存量基础设施的能力,满足运输需求的增长。

四是从每种运输方式各自满足自身运输需求的独立角度考虑,转变为全运输方式共同满足全社会运输需求的视角统筹设计。从"先多网,再合一"的简单叠加,转变为从头到尾一张"综合网"的有机融合。制定综合交通发展规划不应是将各种运输方式规划加以简

单叠加,而应是基于每种运输方式各自的优势和特点,将其进行深度融合。因此,必须以系统思维推进综合交通运输体系建设,以最大限度地发挥整体效能。要优化综合交通运输资源配置,统筹协调各种运输方式的定位和分工,完善不同方式间的设施衔接,使规划方案做到全局最优、方式协调、层级合理、衔接顺畅、建设有序。

二、优化综合交通基础设施网络建设

1. 科学制订基础设施网络建设规划

交通基础设施的规模应适应经济社会发展的需要,既要做到适度超前,也要避免不合理规划建设带来的资源浪费。根据发达国家交通发展经验教训,我国交通基础设施网络应该制订相对稳定的长远发展规划,对于未来任何运输需求变化,都将是在这一规划基础上进行调节和完善,而不是"另起炉灶"。为此,应注重考虑以下因素:

一是要密切结合未来客货运输需求变化趋势。综合考虑我国产业结构升级、消费升级、能源结构、人口结构变化,以及特高压输电能力增强趋势等因素,预测未来几十年的客货运输需求。基于运输增长变缓趋势和交通基础设施建设"适度超前"的要求,我国综合交通基础设施网络的主要建设任务应在2030年之前基本完成。

二是要将多种运输方式发展规划放到"一张图"中统筹考虑。应从全运输方式共同满足全社会运输需求的角度,统筹考虑各种交通资源的组合供给,减少不同运输方式线网场站规划中的功能定位重叠和工程建设重复,避免造成投资浪费。

三是要充分考虑综合交通网络融合带来的系统效率提升。随着未来综合交通基础设施网络的一体化发展,独立网各自运行的"加法效应"会升级为综合网协同运行的"乘数效应",大幅增强网络的系统生产效率,带来运输能力的进一步释放和提升,继而影响对交通基础设施的规模需求。

四是要积极关注技术进步带来的系统潜力释放。新一轮的科技革命,正在深刻影响和改变着交通基础设施领域。新技术、新材料在设施建设领域的应用,可以大大提高既有交通设施的质量、效率和使用寿命,减少对新建的需求。

2. 坚持基础设施网络的差异化布局

鉴于我国地区间自然生态、经济布局存在很大差异,交通基础设施建设也应因地制宜,坚持交通基础设施差异化布局,不能简单以数量和密度"论高下"。

铁路运输具有运输距离长、能力大、成本低、速度快、时效性好、安全性高、能耗低、污染小等优点。"胡焕庸线"以东区域人口密集、经济发达,运输需求量大且频繁,加上土地资源紧张、环保形势严峻,铁路作为主要的运输方式最为适合,尤其有助于降低运输成本。

铁路运输应有力支撑"胡焕庸线"以东区域发展,打造连接城市群的城际铁路网。应大力推动在"胡焕庸线"以东地区的京津冀城市群、长江中游城市群、长三角城市群、成渝城市群、珠三角城市群建设"轨道上的城市群",充分发挥铁路、水路、公路和航空的比较优势。同时,充分利用该区域水路资源的天然优势,大力提升长江、西江、京杭运河等干线航道运能,打造以铁路、水路为主的绿色货运通道体系。

"胡焕庸线"以西区域地广人稀,经济总量有限,运输需求量相对不大。相比建设投资高的铁路,公路运输具有点多、面广、线长的特点,建设投资相对铁路较小,更为适合。同时,支线航空和通用航空也较适合运输需求量不大的中西部地区。因此在"胡焕庸线"以西地区,除重要国际通道、国土开发与资源能源运输干线需要建设铁路外,一般情况下应更多地发挥公路和民航的优势。

3. 引导设施结构向绿色经济方向发展

综合交通基础设施网络建设要在总体满足未来运输需求的情况下,充分发挥不同运输方式的比较优势。铁路、水运应分担更多的中长途货物运输,同时调整公路在客货运输上的绝对主力地位。应以绿色、经济为导向,统筹协调各种运输方式,合理配置和有效利用交通运输资源,建设设施结构合理、运能配置协调的综合交通基础设施网络,实现交通运输体系可持续发展。

客运方面,城市群、城市规划市区的交通基础设施建设要以公共交通为主体,以轨道客运交通为骨架。铁路运输应支撑未来我国城市群发展,强化连接京津冀城市群、长江中游城市群、长三角城市群、成渝城市群、珠三角城市群、大湾区等的铁路网。

货运方面,以提高铁路和水运分担率为重点,发挥铁路在大宗货物长距离运输中的优势,努力提高铁路货运周转量及占比。对铁路货物运输形成瓶颈的重点区段、重点枢纽进行扩能改造,支撑铁路分担更多的大宗货物运输。加强内河航道的运力挖潜和运能提升,推进长江、西江、京杭运河等干线航道扩能改造。大力发展铁水货物多式联运,促进港口公路集疏运向铁路转移,提升集装箱铁水联运比例。

4. 推进基础设施网络衔接一体化

加强各种运输方式的衔接和融合,着力实现基础设施衔接一体化。对于新建交通枢纽,应综合考虑各种运输方式特点,统筹规划可实现无缝衔接的新型综合交通枢纽;各运输方式应充分利用现有设施资源,对已经建成的交通枢纽,要着力提高与邻近枢纽连接便利性。考虑我国高铁成网的优势特色,着重加强高铁与民航的紧密衔接,加快推进我国空铁联运发展。加快推进多式联运基础设施及运输装备建设,实现铁路货运站场与港口码头无缝衔接,提升多式联运比例。

第二节 完善各种运输方式基础设施布局

为发挥各种运输方式比较优势和提高综合交通网络组合效率,对铁路、公路、水路、民航各种交通方式要统筹基础设施规模、布局与结构,优化存量资源配置,扩大优质增量供给。

一、优化铁路基础设施布局

加强中西部铁路网建设。支撑国家西部大开发及"一带一路"倡议的推进,高质量推进川藏铁路建设。综合考虑国家战略及经济效益等因素,对中西部地区,要规划建设规模合理、标准适度的铁路网。

加快革命老区、贫困地区铁路建设。对革命老区、贫困地区等国家扶贫攻坚主战场铁路连通线,要加快建设,以铁路畅通促进人员、物资流动及旅游业开发,带动贫困地区脱贫致富,支撑国家"精准扶贫"战略的顺利实施。

重视重点通道、枢纽升级改造。针对西南、西北、出关、南下及东部等对铁路货物运输形成瓶颈的重点通道或区段、重点枢纽开展必要的新线建设和扩能改造,提升集疏运能力;针对运量较为集中的铁路既有线,进行升级改造,提高整体运输效率。以推进货物运输"公转铁"为核心,发挥铁路在大宗货物中长距离运输中的优势,努力提高铁路集装箱运量及占比。

大力发展城市与城市群轨道交通。逐步推进以城市群为中心的高效、快速大容量高速铁路客运系统,支撑 1~2h 交通圈的实现,打造连接京津冀城市群、长江中游城市群、长三角城市群、成渝城市群、珠三角城市群等的城际铁路网。统筹考虑城际轨道、市域(郊)铁路、城市轨道建设,构建群内多方式、多层次、广覆盖的客运服务系统。

二、完善公路基础设施布局

继续加快贯通国家高速公路通道。以连通"一带一路"主要节点城市、服务京津冀协同发展和贯通长江经济带的通道为重点,加快推进国家高速公路待贯通路段建设,确保国家高速公路通道实现贯通。

提高高速公路网运行效率。加强国家高速公路主通道拥挤路段扩容改造,畅通主要城市群城际通道,疏通中心城市进出通道,满足公路交通发展需求。

引导地方高速公路有序发展。通过规划、投资、信贷等调控措施,引导地方政府合理把握高速公路规模,对于交通量小、功能不足的路段应控制建设高速公路的节奏,科学确定项目建设标准和实施时序。

加强普通国省道干线低等级路段升级改造。推动干线公路服务升级,支持建设一批连接口岸、交通枢纽、旅游景区的国省道项目,推进普通国省道城镇过境路段改造,提高干线公路与城市道路的衔接水平。

完善城市群公路。优化进出城道路网络布局,升级改造重要拥堵节点,增设干线公路进出城出入口,优化调整客货运枢纽布局,积极引导公共交通出行,加强智能管理和信息引导。

加大交通扶贫力度。一是继续提高农村公路通达深度,提升基本公共服务均等化水平。加强"四好农村路"建设,进一步提高农村公路通达深度和通畅水平。重点加强革命老区、民族地区、边疆地区、贫困地区、垦区、林区等交通建设,显著改善当地出行条件。二是推动农村公路提档升级,与乡村资源开发、产业发展有机融合,加强特色农产品优势区的交通建设。推动农村公路升级改造,并有机连通乡村各产业经济节点,推进旅游景区、特色小镇、农牧业产业园、农家乐集聚地等乡村经济节点通公路建设,促进资源顺畅流通,推动乡村产业兴旺。三是加强城乡公路互联互通,促进城乡融合发展。积极推进乡村地区对外快速通道建设,促进城镇交通基础设施向乡村延伸。

加强边防公路建设。加快完善战略战役通道及联络线布局,促进各战略区域之间互联互通;加强边境和沿海地区边海防公路建设,增强边海防部队守备及后勤保障能力;加强机动迂回道路及相关连接道路建设等。

三、改善水路基础设施布局

以长江、西江等干线航道为重点,打造全流域黄金水道。结合实际需求,不断加强内河航道的运力挖潜和运能提升,重点推进长江、西江、京杭运河等干线航道扩能改造、等级提升及系统治理,统筹推进支线航道建设。推进解决三峡枢纽拥堵问题,进一步完善三峡枢纽通航组织管理,提升长江沿线通道综合运输能力。完善提升长三角、珠三角高等级航道网络,建设通江达海、干支衔接的高等级航道网络体系。大力发展水水中转和江海联运,完善中转能力建设,加强水陆有机衔接,进一步强化水运比较优势,更好支撑沿线经济社会发展,打造全流域黄金水道。

加强既有码头技术改造,结合需求有序提升设施等级,加大港航基础设施维护力度,优化基础设施存量资源,不断提升设施利用效率。进一步明确各港功能定位,推动区域内港口资源整合,促进港口功能合理分工和结构调整,提升主要货类码头设施专业化水平。坚持适度超前的原则,合理把握外贸原油接卸码头、集装箱码头、煤炭装船码头、外贸铁矿石接卸码头建设节奏,防止低水平重复建设和规模过度超前。

四、强化机场基础设施建设

打造国际航空枢纽,着力提升北京、上海、广州机场国际枢纽竞争力,建设京津冀、长三角一体化、粤港澳大湾区、成渝等世界级机场群,成都、昆明、深圳、重庆、西安、乌鲁木齐、哈尔滨等国际航空枢纽。持续推进枢纽机场基础设施建设,接近终端容量且有条件的城市研究建设第二机场。加快通用机场建设,鼓励非枢纽机场增加通用航空设施,鼓励在偏远地区、地面交通不便地区建设通用机场。

统筹军民融合发展,增强空域资源保障,加强空域规划的引领作用,国家空域管理机构研究制定国家空域总体规划,实施空域分类划设。制定并实施全国干线航路航线网规划、繁忙机场终端区规划等重要空域规划,统筹机场布局规划和空域专项规划。推进空域管理、流量管理、管制服务一体化运行,全面推广空域精细化管理,提高空域运行效能。

五、加强国际通道海外支点建设

陆上以周边国家为重点,以中蒙俄经济走廊、新亚欧大陆桥和中国—中亚—西亚经济走廊、中国—中南半岛经济走廊等陆路通道为依托,大力推进国际陆上运输大通道建设,加强与境内重要综合交通运输通道的衔接。加强与沿线国家在铁路、公路基础设施建设规划、技术标准等方面的合作,共同推进国际大通道建设,形成连接亚洲各次区域及亚欧非之间的铁路、公路基础设施网络。重点加快推进"一带一路"六大铁路通道建设,即中国—中南半岛、孟中印缅、中巴、中国—中亚—西亚、中国—中亚—欧洲、中蒙俄铁路通道,构筑大能力运输通道和枢纽节点,打造以铁路为主轴布局的国际经济合作走廊。特别是考虑到我国与14个国家陆上接壤,优先围绕周边国家这一重点区域,大力推动促进与周边国家互联互通的区域型通道建设。聚焦关键通道、关键城市、关键项目,推进基础设施的关键通道、关键节点和重点工程建设,推动国际陆上交通基础设施网络加速形成。

海上以重点港口为节点,共同建设通畅、安全、高效的运输大通道。加强海上丝绸之路支点建设,提高能源运输安全保障水平。以"一带一路"沿线国家为重点,积极加强与沿线国家合作开发建设港口,改善当地交通物流基础设施水平,带动所在区域经济发展,同时也进一步完善我国的全球航运物流服务网络。

天上以"空中丝绸之路"为重点,逐步推进与东盟、中亚、南亚、东北亚及欧美澳非等地区航权开放,建设连接欧洲、美洲、大洋洲等重点航空市场的空中快线,加大对南美洲、非洲的辐射广度与深度,实现我国民航的国际航线网络覆盖全球五大洲,通达每一地区主要国家的重要城市的目标。

第三节　推进综合运输大通道建设

从支撑国家战略实施、服务居民出行和物流降本、服务国家安全、提升资源利用效率方面考虑，推进建设联系国际国内主要经济区域，布局合理、能力充分、功能完善的综合运输大通道基础设施体系，可以满足全方位对外开放和区域协调发展的要求。

一、优化通道能力布局，实现通达顺畅

贯彻"一带一路"倡议和"京津冀协调发展""长江经济带""长三角一体化""粤港澳大湾区"等国家重大战略，统筹考虑人口和资源分布、国土开发、对外开放，以及国防建设、经济安全和社会稳定对交通运输的要求，在既有综合运输网络基础上，优化布局，统筹构建横贯东西、纵贯南北、内畅外通的综合运输大通道。综合运输通道能力建设要与运输需求相适应并适度超前，通道应覆盖全国主要城市群和其他重要城市以及主要资源产地、消费地，顺畅衔接国家重要交通枢纽和口岸城市、交通干线与重要支线。做好综合运输通道对外衔接。大通道的运输组织不被地区和运输方式分割。综合运输大通道中，高速公路、干线铁路和内河高等级航道的能力紧张区段全部消除。

二、优化通道运输结构，促进绿色集约

立足于我国经济地理和自然条件，综合高效地利用土地、走廊、岸线及枢纽资源，推进通道绿色集约发展，做到通道内交通资源的合理配置、集约利用。要充分体现各种运输方式的技术经济特征和比较优势，重点支持构建大容量快速客运系统，稳步提高铁路客运比例。健全以铁路、水运为主导的绿色货物运输主通道网络体系，大幅度减少长距离公路运输。

第四节　优化综合交通枢纽规划

从支撑国家战略实施、服务居民出行和物流降本、服务国家安全、提升资源利用效率方面考虑，应建成布局合理、衔接顺畅、运转高效、服务优质，与综合运输大通道紧密衔接的综合交通枢纽体系。

一、打造多层级的综合交通枢纽体系

以支撑国家战略实施、适应未来客货运输需求为目标，以集约节约利用资源为原则，依托京津冀、长三角一体化、粤港澳大湾区等世界级城市群，建设具有世界竞争力的国际

航空枢纽、国际航运中心和国际邮政快递核心枢纽。推进全国性、区域性综合交通枢纽建设,统筹区域城市布局,打造一批分工协作、功能互补的铁路枢纽、机场群和港口群。

对于国际性综合交通枢纽城市,应强化人员往来、物流集散、中转服务等综合服务功能,可采取多机场、多铁路车站的组合布局模式,通过便捷、直达、大能力的运输通道,实现各个场、站间的高效连接。

对于全国性综合交通枢纽城市,应着重优化中转设施和集疏运网络,促进各种运输方式协调高效,扩大辐射范围。远期要做好多机场、多铁路车站布局的预留。

对于区域性综合交通枢纽,应提升对周边的辐射带动能力,加强对综合运输大通道和全国性综合交通枢纽的支撑,可采取单机场、多铁路站的发展模式。

二、推进综合交通枢纽规划设计一体化

科学规划设计一体化综合枢纽,完善枢纽站场的换乘换装设施和集疏运系统,推进枢纽内多种运输方式一体化设计、同步建设、协同管理,加强各种运输方式之间、对外交通与城市交通之间的高效衔接,强化枢纽站场之间快速连通,实现枢纽衔接一体、运转高效,进而实现客运"零距离换乘"、货运"无缝化衔接"。

对于客运枢纽,应按照零距离换乘要求进行一体化规划设计,推动中转换乘信息互联共享和交通导向标识连续、一致、明晰,积极引导立体换乘、同台换乘。推动发展高铁车站与重要枢纽机场的零距离换乘和一体化服务,构建具有中国特色的"民航 + 高铁"的快捷交通运输服务模式。完善运输服务组织,打破民航与其他交通方式的信息和服务边界,率先实现航空与城市轨道、高铁等交通方式的"无缝隙、零换乘",实现综合运输服务一体化发展。

对于货运枢纽,应按照无缝衔接要求,优化货运枢纽布局,推进多式联运型和干支衔接型货运枢纽(物流园区)建设,加快推进一批铁路物流基地、港口物流枢纽、航空转运中心、快递物流园区等规划建设和设施改造,提升口岸枢纽货运服务功能,鼓励发展内陆港。同时,推进多式联运基础设施设备建设。加快推进港口、铁路、公路和货运站场、运输装备、装卸设施等多式联运设施设备建设,推进铁路装卸线向港口码头延伸,推进"港站一体化",实现铁路货运站场与港口码头无缝衔接。

三、完善各种运输方式衔接配套设施

加快综合交通枢纽站场设施资源的综合利用和升级改造,加强货物多式联运、旅客联程运输服务。研究完善综合交通枢纽站场建设和运营服务标准规范,加强不同运输方式的设施配套衔接。

1. 铁路

以资源富集区、主要港口、物流园区为重点,建设疏港型、园区型支线铁路,构建多式联运的现代铁路集疏运系统。统筹规划铁路物流基地,实现已有物流基地与新建铁路物流基地在建设布局、功能定位上的优势互补。完善现代化仓储、多式联运转运、邮政快递运输、国际联运以及集疏运等"一站式"服务设施,健全末端配送服务设施,提高物流作业效率。开行班列的铁路物流基地配套整列到发条件。配套建设公路分拨设施,加强公铁衔接。实现传统货运场站向城市物流配送中心、现代物流园区转型发展。

2. 公路

加强重要港区与干线公路通道之间的集疏运公路建设,鼓励交通制约较大的重要港区建立疏港专用公路,实现重要港区连通二级及以上公路,缓解交通拥堵和港城发展矛盾。加快推进高等级公路与机场、铁路站场连接。加强铁路、航空货运枢纽的公路集运和分拨站点配套建设,优化"最后一公里"配送通道。

3. 港口

以主要港口和航运中心为重点,加强铁路、公路集疏运系统建设,强化集疏运服务功能。畅通重要港区与干线铁路网络的连接,加快打通铁路公路进港"最后一公里",提高铁路集疏港能力和比例。积极发展以港口为枢纽的联运业务,以铁水联运、江海联运为重点,大力发展集装箱、煤炭、矿石等铁水联运。做好港口后方的铁路场站、集装箱铁路中心站的衔接,完善口岸功能配套。在有条件的地区,加快发展水水中转体系,做好大小泊位的配套衔接,实现高效运转。强化港口与物流大通道的衔接,推进港口腹地向中西部地区拓展,形成陆海内外联动、东西双向互济的运输系统格局。

第五节 打造耐久可靠和高品质的交通基础设施

全面提升交通基础设施的安全性、可靠性、绿色化和智能化水平,并推动基础设施向建设标准化、管理数字化、使用耐久化、抗自然灾害化方向发展。

一、加强基础设施安全保障

1. 加强关键基础设施安全监控

加强安全性评估和风险防控,对新建、改建交通基础设施项目全面推广安全性评价,在运营阶段推广应用风险评估,强化重点基础设施安全风险防控,及时发现和处置风险隐患;对重要桥梁等关键设施进行技术状况评估,确保安全可靠。为此,要加快推进大数据应用,实现交通安全信息实时搜集、深度分析、共享共用,提高风险防控的针对性和及时性,做到重点监管、精准监管、差异性监管。建立交通运输系统恶劣环境和突发事件下的防护体系,保证在灾害情况下交通系统运行安全。

2. 完善交通安全设施建设

优化事故多发、易发路段的公路安全设施,加强高速公路重点路段安全应急保障设施布设,推进危桥(隧)改造工程,尤其加强对农村公路安全设施的全面完善设置。深入贯彻"以人为本、保障安全、改善功能"新的农村公路发展理念,以防事故、保安全、促畅通为目标,深入排查交通安全需求及其事故多发路段,提升农村道路交通安全设计水平,完善农村公路安全设施建设,为人民群众公路出行创造更加安全畅通的交通基础设施环境。

二、提升基础设施建养品质

1. 提升基础设施的建设品质

按照全寿命周期管理要求,建立完善现代化工程建设质量管理体系,推进精益建造和精细管理,推进基础设施质量标准提档升级。以保障工程耐久可靠性为基础,实现建设与运营维护相协调、工程与自然人文相和谐,工程实体质量、功能质量、外观质量和服务质量均衡发展。

推广使用新材料、新技术、新工艺,提升基础设施工程技术质量和使用耐久性。依托重大工程,实施标准化设计、工厂化生产、装配化施工,提高基础设施建设品质和施工效率,推动基础设施建设向标准化、产业化方向发展。

2. 提升基础设施的养护水平

坚持建养并重,提升养护的科学决策水平和管理效能。强化预防性养护工作,提高基础设施耐久性和可靠性。按照全寿命周期养护成本最小化理念,全面开展预防性养护;加强干线公路和农村公路养护力度,强化养护工程;积极推进养护技术创新,提升养护的专业化和机械化水平。推进基础设施养护管理数字化发展,推动监测设备与交通基础设施同步建设,提升基础设施的全感知水平,实现精细化、动态化管理。着力提升基础设施的安全水平和抗灾能力,保持基础设施处于高质量状况和良好的运行状态,提高基础设施的使用寿命。

三、提升基础设施智能化水平

1.通过智能化手段建立集约化综合交通网络

以智能化技术、现代管理与决策支持技术为支撑,在各种不同运输方式中实现信息采集、传输、处理和共享,构建统一的综合运输管理决策与服务平台,把原本相互独立的不同运输方式整合成一个集约化运载网络,建立闭环的全方位的交通态势及分析研判系统,实现综合运输效率最大化。

2.推进交通工程智能建造和管理

围绕铁路、公路、港口、机场工程,积极推进智能建造。推进建筑信息模型(BIM)技术应用于交通基础设施项目规划、设计、建设、施工、运营、检测维护管理全生命周期。依托建设期形成的 BIM 数据库,加强在养护管理方面的应用。

积极应用创新成果,实现基础设施资产数字化动态管理。通过智能监测传感网,实现设施安全状态综合感知、分析及预警功能。加快云计算、大数据等技术在基础设施养护决策、网络运行监测、应急调度指挥的集成创新与应用。

建设与智能、绿色载运工具协同的新一代交通基础设施,提升交通基础设施的智能化水平。

四、推进基础设施绿色发展

实现交通基础设施全生命周期绿色化,最大限度地保护生态环境、减少资源浪费和污染排放,推进交通运输绿色发展。

1.促进交通运输资源集约利用

推动交通在规划、设计、建设、运营、管理等全环节对资源的集约利用。统筹规划布局线路和枢纽设施,集约利用土地、线位、桥位、岸线等资源,采取有效措施减少耕地和基本农田占用,提高资源利用效率。在工程建设中,鼓励标准化设计及工厂预制,综合利用废旧路面、疏浚土、钢轨、轮胎和沥青等材料以及无害化处理后的工业废料、建筑垃圾,循环利用交通生产生活污水。推进钢结构桥梁建设,提升基础设施品质和耐久性,降低全生命周期成本。

2.加强交通基础设施生态保护

把生态保护理念贯穿到交通基础设施规划、设计、建设、运营和养护全过程。积极推行生态环保设计,倡导生态选线选址,严守生态保护红线。完善生态保护工程措施,合理选用降低生态影响的工程结构、建筑材料和施工工艺,尽量少填少挖,追求取弃平衡。落实生态补偿机制,降低交通建设造成的生态影响。针对早期建设不能满足生态保护要求的交通基础设施,推进生态修复工程建设。

第六节 交通基础设施综合优化的措施建议

一、深化综合交通运输管理体制改革,促进综合交通运输体系发展

为促进综合交通运输体系发展,推动建立"高效统一、分级负责、权责一致、运行有序"的综合交通运输管理体制,需要深化交通运输大部门制改革,进一步将各级政府部门中与交通运输管理相关职能进行有机整合。通过建立科学合理的交通规划体制机制,解决多头管理、职责不清、综合交通运输推进效果不明显的问题。交通运输部应履行编制包括铁路、公路、水路、民航在内的综合交通运输规划的职责,推进不同交通运输方式资源要素共用共享,协调好交通基础设施建设规模、建设标准和建设时序。据此,调整有关部委和部管国家局的职能。

二、推进重点领域管理体制改革,提高铁路、公路管理效率和民航空域保障能力

从建立健全铁路企业现代治理体系和治理能力入手,构建适应市场化经营的现代企业制度和运行机制,为围绕运输市场发展需求,推动技术、产品和管理创新以及开展与其他运输方式的融合奠定基础。坚持政企分开和公平竞争原则,加快推动中国铁路总公司股份制改造。引入战略合作者,加快推进优质资产、重点企业股改上市。推进市场化债转股和上市公司再融资工作,利用资本市场扩大融资规模、盘活存量资产。以建立现代企业制度为目标,深化铁路体制机制改革创新,着力构建具有中国特色、符合市场经济要求的现代企业法人治理体系和运行机制。

推进干线公路管理体制改革。国道管理体制改革的重点是要实行"中央统一管理,中央和地方分层负责"制度。交通运输部负责国道网规划,制定国道技术和服务标准,负责中央事权国道的预算管理和中央资金分配。国道的具体建设、养护、日常管理委托省级交通管理部门负责。对于收费的国家高速公路网,交通运输部负责特许经营权授予和对PPP项目行业监管。省级交通管理部门受交通运输部委托,负责省内收费国道特许经营项目具体管理和运营监管。省道管理体制改革的重点是要加强省级交通管理部门对省道管理的主体责任,改变目前普通省道"块块"或"条块结合"的管理体制,连同中央委托的普通国道一起,由省级公路管理机构实行统一、垂直管理。省级交通管理部门负责省级收

费公路项目特许经营权授予,收费公路的运营监管由专业公路管理机构负责。全面推进公路养护市场化改革,收费公路养护工程、普通国省干线大修养护工程实行向社会公开招投标。

深化国家空域管理体制改革。统筹考虑军民航机场的布局、空域使用的需求和空管设施设备保障的能力,调整优化空域结构,实施空域资源的分类管理。适应航空发展多元化需求,转变空域资源管理使用模式,扩大有效供给,提高服务质量,增强空域资源供给结构对航空需求变化的适应性和灵活性。

三、完善市场机制,促进基础设施市场规范有序发展

建立公平开放、统一透明的交通基础设施建设和养护市场规则。完善市场准入制度,分类建立负面清单。全面清理交通基础设施建设和养护领域妨碍统一市场和公平竞争的规定和做法,反对地方保护,反对垄断和不正当竞争。加强交通执法力度,联合公安等部门,对市场违法行为实行从严治理,维护市场秩序。

全面引入特许经营制度,规范政府行为和投资人行为。重点加强投资准入与退出、投资行为与收益、收费价格、服务质量四个环节监管,制定交通基础设施和公共服务的服务标准体系和评价指标体系、基础设施养护管理的定额标准。加强对交通 PPP 项目的运营监管。

建立健全交通运输工程建设领域的行业信用体系。针对不同交通运输从业主体,逐步建立具有监督、申诉和复核机制的综合考核评价体系。制定并落实守信激励和失信惩戒制度,建立健全交通运输市场主体和从业人员"黑名单"制度,实施动态监管。建立全国统一的交通运输行业信用信息平台,推进与公安、工商、税务、金融、安监等部门信用系统的有效对接和信息共享。

四、设立综合交通运输发展基金,支持交通基础设施可持续发展

建立交通运输发展政府性基金,根据需要可作为引导性投入吸引社会资本参与设立多种形式的产业基金。交通运输发展基金由目前各种交通专项税费、用于交通支出的一般性财政性资金、政府债券、政府投资收益等组成,主要安排用于包括交通基础设施建设、养护管理、交通运输基本公共服务支出、政府债务偿还、交通转型升级战略性引导支出。从交通运输发展基金中安排部分资金,设立专门的综合交通运输发展子基金,用于促进综合交通运输体系发展。

要优化公路债务结构,降低融资成本。扩大政府一般债券和专项债券发行规模,支持交通发展,提高交通发展来源中政府债券的比例,用政府债券置换高成本的金融机构贷款。鼓励交通投资企业积极利用资本市场,发行企业债券融资。

要妥善解决铁路存量债务。巨额债务造成铁路行业财务状况难以持续。可参考国外境外铁路债务处理的经验教训,及时采取必要措施,包括实施剥离铁路债务、建立铁路公益性运输服务补贴制度并落实铁路用地综合开发等政策。

五、加强标准化工作,促进基础设施一体化、国际化发展

注重政府主导标准、企业标准、团体标准的衔接,强化不同运输方式之间的标准融合。对接国家和行业战略发展需求,密切跟踪新业态标准建设需要,聚焦关键环节和重点领域,强化标准化工作。坚持开放合作共享的发展理念,推动我国基础设施先进技术标准的国际交流与应用。加大国际标准跟踪、评估和转化力度,推动与主要贸易国之间的标准互认,创建我国的交通基础设施标准品牌。

六、加大对铁路和水路基础设施发展的政策支持,推动交通绿色发展

加强对铁路、水运等绿色运输方式的政策支持,鼓励更多依靠铁路和水路等环境友好运输方式,限制能耗及污染排放较严重的不合理、不经济货物运输方式。加强社会物流枢纽、网点及配送中心的合理规划,推动铁路、公路、民航等各种运输方式布局与规划衔接,统筹优化运输路线,提高运输效率,推动社会物流全程节能环保水平提升。

参 考 文 献

［1］贾大山.海运强国战略［M］.上海:上海交通大学出版社,2013.

［2］中国民用航空局.2017年民航机场生产统计公报［R］.北京:中国民用航空局,2018.

［3］吴文化,宿凤鸣.中国交通2050:愿景与战略［M］.北京:人民交通出版社股份有限公司,2017.

［4］交通运输部规划研究院,国家发改委综合运输研究所.国家综合运输大通道布局规划研究［R］.2017.

［5］《我国交通运输对标国际研究》课题组.我国交通运输对标国际研究［M］.北京:人民交通出版社股份有限公司,2016.

［6］国外交通跟踪研究课题组.美国2045年交通发展趋势与政策选择［M］.北京:人民交通出版社股份有限公司,2017.

［7］日本国土交通省.国土のグランドデザイン2050～対流促進型国土の形成～［R］.2014.

［8］日本国土交通省.交通政策基本規劃(2014—2020年)［R］.2015.

［9］European strategies. European transport policy for 2010:time to decide［R］.2001.

［10］European strategies. European Communities. Road map to a Single European Transport Area—Towards a competitive and resource efficient transport system［R］.2011.

［11］李伟,孙鹏,李可,等.运输集中、廊道识别与国家综合运输大通道规划［J］.综合运输,2017(3).

课题报告 **4**

运输服务水平提升战略研究

课题组主要研究人员

课题顾问

　　翁孟勇　王　安　王陇德

课题组长

　　郭小碚(组长)　宿凤鸣(副组长)

课题组主要成员

　　王杨堃　李　茜　刘昭然　王淑伟

课题主要执笔人

　　宿凤鸣　王杨堃

内容摘要 Abstract

改革开放以来,我国交通运输服务发展取得显著成就,尽管仍有不足,但大体上满足了我国经济社会发展和人民群众不断增长的交通需求。党的十九大明确提出要建设"交通强国",站在新的历史起点上,我国交通运输服务需要加快发展。本报告展望了交通运输服务 2030 年和 2045 年的发展目标。到 2030 年,交通运输服务得到长足进步,切实实现"人便其行、货畅其流",在交通运输服务领域进入交通强国行列;到 2045 年,交通运输服务达到世界先进水平,实现"人享其行、物优其流",在交通运输服务领域进入交通强国前列。在此基础上,本研究提出了客运和货运服务提升战略。在客运方面包括提供高质量一站式"门到门"客运服务,推动交通运输基本公共服务均等化和创新交通出行模式;在货运方面提出货运服务提升战略,包括采取综合措施调整货运结构,实现"一单式"货运服务,打造旗舰企业引领货运发展和促进"交通 +"跨界融合发展等。最后,有针对性地提出了落实运输服务战略的具体措施。

Abstract

Since the reform and opening up, transportation services in China have made lots of achievements, despite shortcomings, economic and social development and the growing demand of the people have been largely met. The 19th National Congress of the Communist Party of China clearly put forward to building China's strength in transportation. Standing on a new historical starting point, China's transportation services need to accelerate development. The study sets the development goals of transportation services in 2030 and 2045. By 2030, the transportation services will make great progress, and make " people travel freely and goods flow smoothly" realities, and basically build China's strength in transportation services; by 2045, transportation services will reach the world's advanced level, achieve "people enjoy travelling and goods flow more smoothly", and become leading powers in the world. Based on the goals, several passenger transportation service improvement strategies are proposed, including providing high-quality "door-to-door" passenger transportation services, promoting the equalization of basic public transportation services and innovating transportation modes; proposed freight transportation improvement strategies include adjusting the freight structure, "one-bill" comprehensive freight service, building flagship enterprises to lead the development of freight transportation and promoting "transport +" cross-border integration. Finally, specific measures for implementing these strategies are proposed in a targeted manner.

第一章
我国运输服务发展成就与问题

交通运输服务的发展依托于基础设施、载运设备等。作为运输产业最终与客户进行直接接触的界面,服务是体现交通运输系统发展水平的最终落脚点。

第一节 运输服务发展历程

我国交通运输与国民经济的关系从改革开放之初的瓶颈制约到 20 世纪末的初步缓解,再到目前的基本适应,共经历了三个阶段,运输服务的发展也大致经历了这三个阶段,大体上满足了我国经济社会发展的需要。

(1)瓶颈制约阶段:运输能力极度短缺,服务上的组织安排灵活性较差。

(2)初步缓解阶段:经济快速发展,运输需求呈爆炸性增长,服务规模大幅提升。

(3)基本适应阶段:增量提质发展,综合运输的竞合显著提升服务水平。

经过三个阶段的快速发展,我国的运输服务目前正向新阶段迈进,其总体发展趋势是运输服务供给越来越关注人的价值取向和追求,将更好地满足人民群众快速性、经济性、公平性、灵活性、安全性等多角度、多方位的需求。

一、瓶颈制约阶段(改革开放之初到 20 世纪 90 年代中期)

自新中国成立到改革开放之初,我国实行计划经济体制,交通运输行业的主体是国有运输公司和集体运输公司,国家实行统一客货源、统一调度、统一运价的"三统"政策。但由于市场缺少竞争、企业缺乏改善服务和扩展市场的动力,导致组织水平和运输效率低下。20 世纪 80 年代初到 90 年代中期,随着改革开放政策的实施,"对外开放、对内搞活",整个国民经济和社会发生了深刻的变化,各行各业对交通运输提出了许多新的要求。由于交通基础设施和技术装备能力的发展滞后于需求增长,运输能力供给严重不足,"请车难""行路难""港口拥滞"等问题日渐凸显,运输服务质量较低。

改革开放以来,国家层面开始打破单一所有制限制,"有河大家走船,有路大家走车",出台了征收交通建设基金、"贷款修路,收费还贷"及鼓励社会资金、货主单位建设港口码头等政策,促进了交通基础设施网络规模和总体运输能力的大幅增长。但是,由于之前国家对交通运输业投入不足,交通运输对经济社会的发展仍存在比较明显的制约,尤以铁路等运输方式制约更大。

二、初步缓解阶段(20世纪90年代中后期至21世纪前10年的中后期)

20世纪90年代中后期至21世纪前10年的中后期,我国交通运输发展进入"黄金机遇期"。在"三主一支持"(公路主骨架、水运主通道、港站主枢纽和支持保障系统)长远发展规划的前瞻性规划和部署下,在先期体制机制创新的支撑下,高速公路、港口的建设投资规模不断增大。我国于1995年开始发行中国铁路建设债券,铁路建设投入得以加大。尤其1998年后,借助应对亚洲金融危机、国家实施积极财政政策的契机,交通运输业投资大幅增加,交通运输能力加快扩张,运输服务质量显著提高。到21世纪前10年的中后期,我国交通运输行业与经济社会发展之间的"供不应求"矛盾得到初步缓解,交通运输能力紧张局面得到初步缓解。但此阶段,交通运输系统建设主要着力于交通基础设施大发展,对服务方面尚有所欠缺。

三、基本适应阶段(从21世纪前10年的中后期至现在)

从21世纪前10年的中后期开始,我国确定了"交通运输优先发展"战略,交通运输作为经济社会发展战略重点的地位逐渐确立。面对加入WTO后,我国经济融入全球化进程而极大激发运输需求的新形势,以及为应对2008年金融危机国家加大了交通基础设施投入的新契机,交通运输系统硬件供给能力突飞猛进,运输服务效率与水平得到显著提高,综合运输体系建设取得重大进展。尤其"十三五"时期,交通运输加快落实供给侧结构性改革,着力补短板、重创新,加强交通、物流、现代信息技术融合联动,提升综合效率和效益。目前,我国的客货运输量基本体现了运输需求的实际情况,交通运输供给能力基本适应经济社会发展的要求。

第二节　运输服务发展成就

近20年来,我国通过各种促进交通运输优先发展和适合中国国情的战略,加速追赶世界发达国家水平,积累了雄厚的、令经历百年以上时间方实现交通运输现代化国家刮目相看的资本,站在了迈向现代化的新起点。经过了瓶颈制约阶段的窘迫和初步缓解、基本适应时代的追赶,我国的运输服务水平得到显著提升,运输供需关系基本平衡,并正在向供给适度超前转化。

一、服务覆盖

经过长期大力度投入支撑的快速发展,我国交通基础设施的覆盖率得到很大提升,运输服务依附其上,其覆盖率也得到相应增长。

2016 年底发布的《中国交通运输发展》白皮书显示,"经过多年改革发展,我国多节点、网格状、全覆盖的综合交通运输网络已经初步形成,'五纵五横'综合运输大通道基本贯通。"截至 2017 年底,全国铁路营业里程达到 12.70 万 km,其中高速铁路里程 2.50 万 km;公路总里程 477.35 万 km,其中高速公路里程 13.65 万 km;内河航道通航里程 12.70 万 km;颁证民用航空运输机场达 229 个。高速铁路、高速公路、内河通航里程均位居世界第一位,铁路、公路总里程均位列世界第二位。

同时,交通运输基本公共服务供给和管理水平得到加强。集中连片特困地区交通运输基础设施、城乡客运、城市公共交通等发展水平提升,西部地区高速铁路加快发展,中西部地区交通条件显著改善。2013 年,西藏墨脱公路建成通车,我国真正实现县县通公路。

二、服务规模

随着我国运输服务覆盖率的提高,交通运输总量出现跨量级的增长。

改革开放以来,我国客、货运量和周转量呈现快速增长趋势。1980 年,我国各种运输方式完成客运量和旅客周转量分别为 34 亿人次和 2281 亿人·km,2017 年达到 185 亿人次和 32813 亿人·km,位居世界第一。其中,铁路全年完成旅客发送量 30.84 亿人次,旅客周转量达 13456.92 亿人·km,旅客周转量达到世界第一;我国航空客运规模保持快速增长,全球航空客运增长贡献率达全球第一,规模总量连续 13 年稳居世界第二位。

2017 年,全社会完成货运量 472 亿 t,货物周转量 19.26 万亿 t·km。铁路货运量居世界第一;公路、水路货运量及货物周转量均居世界第一;民航货邮周转量居世界第二。全国规模以上港口货物吞吐量达到 127 亿 t,集装箱吞吐量 2.38 亿 TEU,均居世界第一。

三、方式配合

我国多种交通运输方式服务之间的配合进一步加强,进入了现代综合交通运输体系加快发展的新阶段。

如图 4-1 所示,在铁路、公路、民航以及水路四种运输方式中,公路主要承担中、短途运输,所完成的营业性客运量占总客运量的比例持续上升,由 1980 年的 65% 提高到 2017 年的 79%；民航、铁路主要承担中、长途客运；水路在客运市场上则不断萎缩。表 4-1 显示，公路客运平均运距从 1990 年的 40km 增加到 2017 年的 67km，在短途客运中一直保持主导地位；铁路客运平均运距从 1990 年的 273km 增长到 20 世纪初的 500 多公里，之后有所下降，2017 年保持为 436km，在巩固中、长途客运份额的同时又占领了部分短途客运市场；民航客运平均运距从 1990 年的 1388km 增长到 2017 年的 1723km，在长距离高端客运领域保持着优势。反映在旅客周转量结构方面，2017 年我国铁路、公路、民航完成的旅客周转量比例分别为 41.0%、29.8% 和 29.0%，铁路优势较为明显。需要注意的是，未计入营业性公路客运的私人小汽车完成的公路客运近年来增长较快，约为营业性公路客运周转量的 2.2 倍❶。

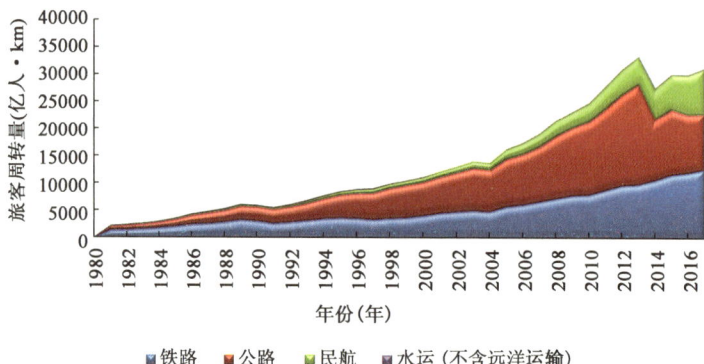

图 4-1　我国不同方式营业性旅客周转量变化

我国不同运输方式旅客运输平均运距　　　　　　　表 4-1

年份（年）	综合（km）	铁路（km）	公路（km）	水路（km）	民航（km）
1980	67	150	33	49	1153
1990	73	273	40	61	1388
2000	83	431	49	52	1444
2005	95	523	55	35	1479
2010	85	523	49	32	1507
2015	155	472	66	27	1670
2017	177	436	67	27	1723

注：资料来源于《2018 中国统计年鉴》。

在货物运输领域，公路承担的货运量比例由 1980 年的 46.4% 提高到 2017 年的 78.0%，占比最大并保持增加势头；铁路承担的货运量比例由 1980 年的 36.3% 下降到 2017 年的 7.8%，呈现明显下降趋势；水路（不含远洋运输）承担的货运量比例由 1980 年的 12.6% 增加到 2017 年的 14.1%，基本保持稳定且近年有一定上升；管道主要承担油气运输，承担的货运量比例由 1980 年的 3.4% 下降到 2017 年的 1.68%；同期民航货运量虽

❶ 该数据来源于子报告 2：《我国运输需求发展态势分析预测研究》对高速公路小汽车出行量进行取样计算得出。由于营业性公路客运不包括私人小汽车，故营业性公路旅客周转量远低于公路实际旅客周转量。

然增长了70多倍,但占比很小。货物运输平均运距在2005年前变化较大,但近10年来基本保持在420~440km之间。在此期间,公路、民航和管道的货运平均运距均保持增长,但铁路、水路运距有所下降(表4-2)。

我国不同运输方式货物运输平均运距　　　　表4-2

年份(年)	综合(km)	铁路(km)	公路(km)	水路(km)	民航(km)	管道(km)
1980	220	514	20	1184	1580	467
1990	270	705	46	1447	2211	398
2000	326	771	59	1939	2555	340
2005	431	770	65	2261	2572	350
2010	438	759	177	1806	3177	440
2015	427	707	184	1496	3306	615
2017	411	731	181	1477	3450	594

注:资料来源于《2018中国统计年鉴》。

客货运输方式间、方式内的衔接中转配合更加顺畅,尤其综合运输枢纽的建设进一步提升了运输服务质量,方便了客货运输"门到门"的发展。货物集装箱多式联运也取得一定进展。

近年来,我国建成了一批辐射带动作用较强的综合交通枢纽城市,形成了以机场、铁路车站等为代表的众多大型综合客运枢纽,一大批综合货运枢纽站场(物流园区)投入运营。2007年发布的《综合交通网中长期发展规划》规划了42个全国性综合交通枢纽。《交通运输"十二五"发展规划》明确提出要"加快综合客运枢纽建设""建成100个左右铁路、公路、城市交通有效衔接的综合客运枢纽""拓展货运枢纽的现代物流功能""建设200个左右、具有综合物流服务功能的物流园区或公路货运枢纽"。《"十三五"现代综合交通运输体系发展规划》明确提出"按照零距离换乘要求,在全国重点打造150个开放式、立体化综合客运枢纽""推进多式联运型和干支衔接型货运枢纽(物流园区)建设,加快推进一批铁路物流基地、港口物流枢纽、航空转运中心、快递物流园区等规划建设和设施改造,提升口岸枢纽货运服务功能,鼓励发展内陆港"。2016年,国家发展和改革委员会印发了《关于打造现代综合客运枢纽提高旅客出行质量效率的实施意见》的通知。

2011年5月,交通运输部与原铁道部签署了《关于共同推进铁水联运发展的合作协议》,选定8条集装箱铁水联运示范通道。2017年,全国规模以上港口完成集装箱铁水联运量348万TEU,占规模以上港口集装箱吞吐量的1.47%,仍需加快发展。

四、服务质量

当综合交通运输体系发展到一定程度时,人民群众对客货运输服务的要求更会有显著提升,不仅要"走得了""运得了",更要"走得好""运得好"。

近年来,高速铁路、航空的快速发展,为旅客出行提供了更为高端的运输服务,同时体验交通、共享交通等也得到一定程度的发展。我国私人小客车行业发展迅猛,2001—2017年间,私人小客车拥有量年均增长25.3%,私人小客车拥有量从零起步,在2017年超过1.70亿辆(表4-3)。私人小客车拥有量的增长反映了人民群众对于具有更高可达性、交通空间更舒适、自由度更高的交通方式的旺盛需求,私人小客车充分满足了人民对于"门到门"式自由出行的追求。

我国民用汽车、私人汽车、私人小客车拥有量　表4-3

年份(年)	民用汽车(万辆)	私人汽车(万辆)	私人小客车(万辆)
1980	178.3	—	—
1985	321.1	28.5	1.9
1990	551.4	81.6	24.1
1995	1040.0	250.0	114.2
2000	1608.9	625.3	365.1
2005	3159.7	1848.1	1383.9
2010	7801.8	5938.7	4989.5
2015	16295.1	14128.0	12762.2
2017	20906.7	18515.1	17001.5

如图4-2、图4-3所示,高速铁路客运量、旅客周转量及占铁路出行比例迅速攀升;航空出行所占总体出行比例在20世纪90年代提升较快,近年来较为稳定,但绝对量的增长速度却是四种运输方式中最快的。这充分体现了人民群众对于高速铁路、航空等高质量出行方式的消费偏好。我国"旅游+交通"等体验交通也取得长足进步,汽车营地、景观铁路、低空观景等蓬勃发展。

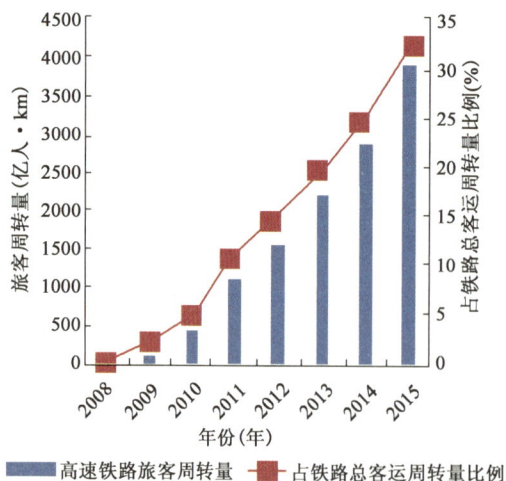

图4-2　高速铁路旅客周转量及占比

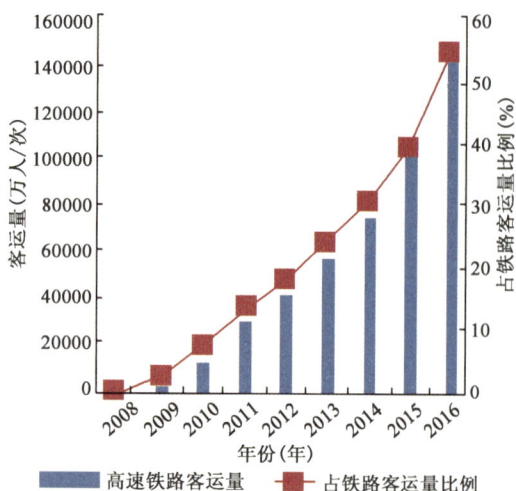

图4-3　高速铁路客运量及占比

货运方面,小批量、多批次、高附加值、强时效性的货物运输需求增速比能源原材料等大宗散货运输需求增速更快。以铁路为例,2013 年,铁路部门围绕"稳黑增白,规范收费"的发展目标,在受理方式、运输组织、运输价格和全程服务四大方面进行了改革。其次,"中欧班列""电商班列""快运班列"等班列化货运产品也逐步常态化,呈现出较好的品牌效应。其中,中欧班列自 2011 年 3 月首次开行,截至 2018 年 10 月累计开行超过 11000 列,运行线路 65 条,国内开行城市 48 个,通达欧洲 15 个国家的 44 个城市,累计运送货物 92 万标箱。中欧班列既服务于"一带一路"倡议,也成为国际货物联运新的组织形式。随着我国电商、网购行业的快速发展,形成了以顺丰、"四通一达"(圆通、申通、中通、百世汇通、韵达)、京东和菜鸟等为代表的快递物流和电商企业。以顺丰速运为例,截至 2017 年底,公司拥有 41 架自有货机、1.6 万辆货运汽车,在全国范围内拥有 1.3 万个营业网点,依托深圳、杭州两大枢纽机场,构筑覆盖全国、通达全球的空公联运网络。2017 年,顺丰湖北国际物流核心枢纽项目在湖北省鄂州市开工建设,为打造全球第四个、亚洲第一的航空物流枢纽奠定坚实基础。此外,中国远洋运输(集团)总公司、招商局集团有限公司等作为多式联运承运人,也构建了多式联运全链条货运服务网络。

近年来,随着移动互联网、实时大数据等技术的快速发展,共享交通席卷了我国各个城市,创造了新型的运输服务。共享的对象从运输装备到静态交通系统,领域跨客运和货运,模式分为分时租赁、互联网平台以及非营利性质的资产利用等。最广为人知的共享交通方式主要有三大类:

(1)通过互联网实现交通装备等分时租赁,制造新的资产和需求,包括 Car2Go 等共享小汽车、摩拜单车等,但并不提供相应的人力服务。

(2)通过互联网平台匹配供需双方,包括滴滴快车、滴滴专车等网络预约出租汽车,还有货车帮、闪送等匹配长途或者市内车主与货主的供求,而平台只作为中介或服务提供的总包人出现。

(3)通过互联网进行闲置、闲时资产的他人有偿利用,分摊部分成本或免费互助,例如具有私人小客车合乘性质的滴滴顺风车。其中,第一类和第二类共享交通的性质都是商业共享,第三类共享交通则不具有营利性,属于社会互助行为的个人共享。总体而言,客运服务的共享交通发展更为蓬勃,且发展的主要战场在城市,而货运共享尤其是公路货运共享的发展也相当迅速。

第三节　我国运输服务存在的问题

运输服务应着眼"全出行链""全供应链",满足人民日益增长的美好生活需要,强有力、无缝化、高水平、高效率、低成本地保障人民群众跨国、跨区、跨城和城内的运输需求,因此,我国运输服务的提升空间巨大。

一、运输服务存在的问题

1. 基本服务均等化需加强

我国运输服务发展不均衡,中西部地区相对滞后,部分边远、贫困地区和山区的运输基本公共服务基础薄弱。农村地区客车服务的线网通达度、准时性和发车频率均不高,服务模式创新不够,距离农村群众的需求和期待还有较大差距。为弱势群体所提供的交通可达性较低,尤其是绝大部分生理性弱势群体很难独立完成出行。例如,我国城市的绝大部分公共汽电车都不能提供无障碍设施,而英国97%的公共汽电车、英格兰58.3%(其中伦敦为100%)的出租汽车都设有无障碍设施。我国大部分经济欠发达、偏远地区货运服务覆盖较差,时效性不强,无法满足产业发展所引致的货物运输需求。

2. 全程一体服务能力薄弱

在由跨国、跨区、跨城和城内交通构成的"门到门"全出行链中,城市群内交通仍属于发展的薄弱环节。城市群内交通多以公路为主,城际轨道、市域(郊)铁路发展滞后,影响城市群内交通效率。受行政区和各运输方式管理部门不同的影响,全供应链中的运输标准化、集装化发展进程缓慢,方式间的技术及装备标准、运输和保险规则、政策与法规体系等不协调,缺乏有效衔接。全链条中的关键环节综合交通运输枢纽总体发展滞后,"统一规划、统一设计、同步建设、协同管理"的发展模式尚未形成,客货运输衔接"最后一公里"问题仍较突出。综合客运枢纽存在设施形式综合、服务各自为政的现象,难以满足旅客便捷换乘的需求,且枢纽布局与城镇化空间格局不够协调,城市内外交通缺乏有效衔接。城市交通中普遍存在拥堵现象,导致客运出行链中的"最后一公里"耗时过长,成为全程出行中的瓶颈。货运枢纽布局不合理、集疏运体系不健全,铁水联运、海铁联运比例整体偏低。

除此之外,一体化综合运输服务尚缺乏强有力的信息化、智能化建设等系统作为支撑,跨方式、跨区域、跨行业、跨环节的信息共享不充分,"信息孤岛""管理孤岛"现象比较普遍,无法实现一站式、一单制的客货服务和物流全程可视化,全程运输效率不高,难以适应出行链、供应链全链条高效率整合的要求。

3. 运输安全形势依然严峻

由于安全发展理念不落实、相关规则不协调、监管执行不到位等因素影响,运输安全生产水平仍然有待提高。重特大事故呈现出高发、频发特点,交通系统安全保障、应急救援能力仍然较低,多种运输方式协同应对突发事件的重点物资运输保障能力有待提高。

缺少国家战略层面的交通运输安全规划及具体计划,各种运输方式执行的安全标准不统一,有关交通安全的制度、规范、标准的落实力度不足,尤其道路、水路运输领域的危险品运输仍不够规范、安全。交通基础设施设计、建设、维护中的技术、材料、装备、设备、程序、规格、方法等,以及运输装备等标准化、专业化程度较低,创新度不够,技术上的安全隐患较高。全社会的运输安全理念仍需落实,遵守规则、提前预防危险等意识仍然不强。

4.高端运输服务仍然欠缺

客运服务的多样性不足、个性化服务方式缺乏、体验感不强,制约了运输服务从"走得了"到"走得好"的转变。高速铁路、航空等高端运输方式仍有发展余地。景观铁路、风景道路、汽车营地、邮轮游艇、通用航空等更富体验性的客运服务发展尚滞后于国民需要。

低档次的传统货运能力整体供过于求,而高端、专业化物流需求却难以得到满足。扣除我国尚处于重工业化阶段货运强度较高的因素之外,我国物流成本占 GDP 的比例仍高于发达国家,尤其货运及物流交易组织成本、企业管理成本、库存成本等较高。

二、问题根源

1.所处发展阶段制约

到 2018 年末,我国仍处于工业化和城镇化中期至后期,且外向型产业布局使运输压力多集中在东部,货物质量大但价值低,流动规模较大,大规模的货运和客运给交通运输系统施加了较大压力。同时,我国作为发展中国家,尽管改革开放以来经济实力大幅提升,但仍有很多地区和城市的基础设施落后,提高交通基本服务均等化所需要的人力、财力、物力仍显不足。

2.服务意识仍然薄弱

我国运输服务长期受到两方面的影响制约:

(1)对服务行业性质尚不能形成完全的正确认识,导致服务态度的积极性、服务工作的主动性、服务意识的坚定性还时常出现问题。

(2)长期处于"供不应求"状态而导致规划、设计、运营等多环节服务意识不强,未能彻底从人民需要出发完善细节、优化流程。交通运输企业在坚持以人为本、民生为先,以便民、利民、惠民作为根本出发点方面与人民群众的需求存在较大差距,交通运输行业在为人民群众提供品质更优、效率更高的运输服务方面存在一定缺口。

3.服务市场体系不完善

(1)运输方式间、区域间、城乡间的行政、技术壁垒和市场分割依然存在,市场的开放性和竞争性不够充分。这使得许多客货运及物流资源集中在"小圈子内",不但影响服务网络的规模化发展,也使得企业降低成本和服务创新的积极性及市场活力受到制约。例如,受港口建设管理与铁路运营管理体制不协调、铁路市场化服务水平不高等因素的综合影响,我国水铁联运发展相对滞后。

(2)市场监管和执法力度不够,诚信体系不健全,规范治理不充分,使得大量不规范的竞争行为得不到有效遏制。例如,公路运输市场竞争秩序不规范、治理不充分,一定程度上导致公路运价偏低,大宗物资、快件长途运输的公路运输比例过高,扭曲了货物运输结构,影响了交通运输系统的合理发展与运输市场的竞争秩序,致使社会成本增加。

(3)市场配置资源机制不完善,致使货物运输结构不合理现象越发严重。铁路货运组织尚未完成从"紧缺型"向"满足型"的转变,且由于经营管理体制市场化程度不高,与产业结构调整和转型升级背景下对铁路货物运输强时效性、高附加值的需求相比,铁路货运服务还有待进一步提升。铁路的定价机制也不完善,一方面是由于铁路局(公司)及基层营销部门定价权较小,全程物流费用的调整时间较长,难以跟上市场变化速度;另一方面是由于铁路运输之前、之后衔接段的物流费率定价模式过于单一,难以应对客户千差万别的个性化需求和区域物流市场竞争需要。

4. 服务组织水平不高

(1)运输服务整体管理粗放、环节手续繁杂、组织体系落后,信息化平台发育程度较低,差异化、精细化、智能化、专业化水平总体不高,导致运输服务水平提升难度较大。尤其受贸易运输规则、金融保险规则、海外经营权等方面的制约以及经营管理能力经验和发展合力不足等因素影响,远洋、航空以及国际铁路联运等领域的国际运输服务能力、服务质量和效率仍有待大幅提升。

(2)各运输方式间的技术及装备标准、运输和保险规则、政策与法规体系等不协调,缺乏有效衔接,导致多式联运发展水平严重滞后。

(3)运输服务与其他领域的专业协同组织对接水平较低,交通服务与物流及商贸流通、制造业、农业、旅游业等的联动融合程度尚浅,运输服务新兴业态发展总体仍较为缓慢。

第二章
我国运输服务发展面临新形势

党的十九大报告提出,到 2035 年,我国将基本实现社会主义现代化,到 21 世纪中叶建成富强、民主、文明、和谐、美丽的社会主义现代化强国。为此,我国交通运输需要加快发展,建成安全、便捷、高效、绿色、经济的现代化交通运输体系,在 2030 年进入交通强国行列,2045 年建成世界领先的交通强国。

第一节 宏观层面——活力经济新网络

从长远来看,我国经济社会发展向高级阶段迈进,将进一步融入全球一体化发展趋势,城镇化逐渐进入稳定阶段,工业化进入高级阶段,人民消费水平不断提升。《国家人口发展规划(2016—2030 年)》指出,到 2030 年前后,我国总人口将达到 14.5 亿左右的峰值。届时,城市人口预计将达到约 10 亿人,城镇化率将接近 70%,之后增长趋于平稳,到 2045 年达到 75% 以上,但人口老龄化问题也逐步显现。城镇化的发展将以若干城市群为主体,人口、产业等分布和经济活动在全国层面上向城市群集中。同时,城市规模将进一步扩大,城乡差距弱化。

一、全球化发展趋势

数十年来,全球化发展使贸易、投资、技术、人员等超越国界加速流动,各国通过对外贸易、资本流动、技术转移、提供服务、人员交流等,拉动世界经济持续发展,形成"你中有我,我中有你"互联互通的世界经济格局。2008 年金融危机后,全球化发展遭遇挑战,但全球化趋势不可逆转。在"一带一路"倡议下,中国与"一带一路"沿线国家联系日趋紧密,国际客货运交通需求将进一步增长。近年来,我国对外客运始终保持高速增长态势。

2015年,我国对外客运总人次达5.22亿人次(图4-4)。此外,全国外贸货物运量也在持续增长,2017年,全国港口完成外贸货物吞吐量40.93亿t,比2013年增长7亿多吨。

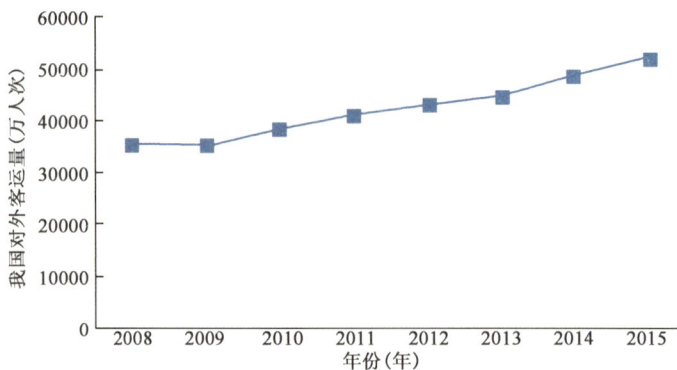

图4-4　我国对外客运量变化趋势

注:资料来源于《中国口岸统计年鉴(2016)》。

二、区域平衡化发展

未来30年,我国经济发展格局、人口产业布局等将产生较大变化,进一步呈现平衡化发展态势。中西部等较为落后地区经济增长速度将会更快,东中西部、南北部之间的区域发展差距将进一步缩小,区域内部、与经济发达区域之间的人、物等流通将会更为紧密。尤其较多革命老区、民族地区、边疆地区、贫困地区等经济欠发达地区的旅游资源较为丰富,将产生更多客运服务需求。在全面建成小康社会之前,中西部、贫困地区仍然是交通基础设施建设的短板地区,为促进区域平衡化发展,保障当地人民生活水平的提升,需要增建和改扩建交通基础设施,提升客运服务的供给能力,实现区域间运输服务公平发展。

三、城市群一体化发展

《国民经济和社会发展第十三个五年规划纲要》提出,我国新型城镇化建设要以城市群为主体形态,即城市群一体化发展将是城镇化的主要模式,并提出在"十三五"期间建设19个城市群。到2030年,我国城市群人口有望达到8亿,尤其是京津冀、长江三角洲、粤港澳大湾区三大城市群,以超大城市为中心,具有巨大的人口规模和聚集众多各具特色的产业,是国际交易和交流的重要平台,在政治、经济、文化、信息、科技、金融等功能上引领国家甚至世界。为促进城市群发展,应依托国家综合运输大通道,并以高速城际轨道客运交通为骨架,促进其与其他运输方式的协同发展,构建城市群内多方式、多层次、高速度、广覆盖的城际运输服务系统,无缝化衔接航空、通勤列车、城市交通等,为人民群众提供高效的公共客运服务,形成群内1~3h交通圈。以国际航空枢纽为核心,打造融合协同的世界级机场群,构筑畅行全球、高效通达的国际航线网络,推动城市群在更高层次上参与全球竞争与合作。

四、城市大型化发展

今后一段时间内,我国城市规模将进一步扩张,容纳元素愈加丰富,产业、群体、功能等更加多样化,人口、产业等布局不断优化,城市将从扁平化向立体化发展,城市中心区与郊区之间、市辖区与非市辖区等之间联系强化,农村与城市之间的差距缩小并继续相互渗透,城市集聚的各种资源要素体量得以拓展,城市的泛区域影响范围进一步扩大。为此,需以更高水平的城市客运服务来满足城市交通需求,灵活依托新兴技术发展,完善多元化、多层次的公共交通模式,健全轨道和干线公路网络,优化道路的运输服务功能。

大城市将继续是我国人口与经济增长的中心。到 2050 年,有望形成 10 个以上类似北京、上海、广州等规模的塔尖城市。为最大限度发挥特大城市对国家经济的作用,需要在这些特大城市内实现机动、高效、联通的运输服务,提升交通的时间效率,增强要素集聚能力,引领区域发展,提升国际竞争力。同时,进一步强化此类城市的全球联通能力,拓展其国际交通门户、枢纽功能。

五、工业化进入中期向后期转化阶段

当前及未来一段时间,随着我国工业化进程由中期阶段向后期阶段转化,第三产业比例仍将持续增加,数字经济将得到快速发展,货物运输强度将持续稳步下降。而市场经济的迅速发展,使得社会分工越加趋于明确,单一的贸易经营者或者单一的运输经营者都没有足够的能力亲自处理每项具体业务,因此需要委托代理人为其办理一系列商务手续,从而实现各自的目的,这会进一步深化货运物流行业的社会化和专业化水平。

随着新工业革命的深入推进,制造业将向个性化量产、差异化生产方向发展,制造业链条和营销网络也会向全球化混合分布方向发展,导致高附加值、强时效性、小批量、多批次、全球化、即时性的运输服务需求进一步增加。整个社会也会更加关注低碳可持续发展,对货运物流服务的公平化、绿色化需求会进一步增加。

第二节 微观层面——美好生活新需要

更好地满足人民群众的需求,促进人的流通才能促进经济社会发展。从系统设施设备的硬件和基于其上的交通行为两个层面看,我国人民群众对美好生活的需求对运输服务供给提出的新挑战,仍将基于人性的根本追求。同时,综合考虑我国经济发展水平、社会文化、技术进步等因素,人民群众对客运服务的微观需求发展方向将更加快速经济和灵活自由。

同时,我国人口老龄化程度不断加深。预计到 2030 年,60 岁及以上老年人口占比将达到 1/4 左右,到 2050 年,这一比例将达到 1/3,其中 80 岁及以上高龄老年人口总量不断增加。在这一背景下,客运服务需要更加关注公平,尤其对于弱势群体,要改善现有公共交通服务水平,为老龄、残障等弱势群体提供接近普通人群的交通可达性。

当前及未来一段时间,生产和商贸流通进入以满足消费者需求为中心进行重构的新时代,其主要特征是"无处不在的买卖,全知全能的服务",这会使得一站式、一体化、多样化、个性化、可视化、可控化的货运需求进一步增强。

第三节 需求方面——客货运输新需求

我国客运出行总量将持续增长,但增速会有明显放缓。根据有关研究结果,铁路、公路和民航三大主要营业性客运出行方式中,民航出行增长速度最快,铁路次之。但是若考虑非营业性客运出行,私人小客车将助长公路客运快速增长。进一步分析,国际客流增长速度将高于国内,所占比例有一定幅度提升;东、中、西部区域间客运需求仍然保持"东高西低",但板块间差距缩小;城市群内的城际客运联系将更为紧密,地理位置较为接近的主要城市群间出行在全国客运格局中所占比例也将不断提高。随着人民群众生活水平的不断提升,旅游、休闲等非生产性客运需求比例增加,人民群众对出行服务的品质要求也将越来越高,高速铁路、民航、私人小客车将成为未来出行方式的主流。随着互联网技术和跨界融合价值理念的发展,将涌现出共享交通等更多新型出行模式。

货运需求将由高速增长转向平稳增长,货运强度随着产业结构优化而下降,出现交通需求增长的"变坡点"。随着发展方式、经济结构和能源结构调整,大宗散货运量增幅将下降,预计在 2030 年前达到峰值。高价值、分散性、小批量货运需求占比增长加快,对物流成本、时间、效率、通达性提出更高要求。货运结构、流向将发生重大变化,低碳交通政策会使铁路货运需求增加;东、中、西部货运需求差距缩小,但东高西低的基本格局不会改变;全球生产、消费、流动成为发展趋势,外贸货物运输仍将增长。

第四节 供给方面——新业态新模式

交通技术革新正在快速推进,传统交通运输系统将产生巨大改变,新型生态系统应运而生,在"互联网 + "交通、智能化交通等发展前景下,创新型交通企业在市场上不断涌现、体量不断扩张、资本不断投入。当下,既有和可预见的客货运服务新供给模式和新业态见表 4-4 和表 4-5。

未来客运服务领域的新模式和新业态   表4-4

新 模 式	主要创新	新 业 态	典型代表
平台整合	中介平台、大数据、一站式服务	城市客运服务平台	滴滴平台
资源共享	降低个人专用资源占有率	共享载运设备等	摩拜单车、Car2Go、共享电池、滴滴"顺风车"模块
定制服务	服务特定目标群体	定制公交	嗒嗒巴士
跨界融合	跨界提供多行业供给满足复杂需求	景观交通	丝路观光列车
		"交通+旅游"跨界平台	携程
智慧能源	关注新能源利用	电动汽车	比亚迪电动汽车
智能操作	应用新型技术装备	无人驾驶汽车	百度汽车

未来货运物流领域的新模式和新业态   表4-5

新 模 式	主要创新	新 业 态	典型代表
平台整合	中介化、大数据、数字经纪、一站式、一体化服务	货运物流集市	INTTRA(全球最大海运市场)、多式联运/无车承运人
资源共享	提高闲置资源利用率	共同配送	京东第三方服务(含众包物流)、Postbus(德国城际客运搭载货物)
生态竞合	互联互通、共建共赢、模块化、互操性强	超级网路物流	亚马逊、"菜鸟""嘿客""日日顺"、传化物流等
跨界融合	精细匹配关联行业及特殊需求	银色物流	IML老龄人口家庭护理(医药配送)
智能决策	大数据预测供应链需求和风险、敏捷反应、动态优化	预期物流	沃尔沃卡车维护需求识别
智慧能源	关注新能源、资源的绿色化收集利用	绿色物流	资源及能源回收利用
智能操作	应用新型技术装备	管道物流无人机配送	英国鼹鼠货运管道系统亚马逊、京东、DHL、顺丰、UPS等

一、客运服务领域

（1）平台整合和城市客运服务平台。客运"平台整合"主要是打造联运经营人平台，为人民群众提供"一站式""多样化"服务，其中最为典型的业态是城市客运服务平台，以"滴滴出行"为代表。2014年，以"滴滴"和"快的"等为代表的基于移动互联网的打车软件切入出租汽车市场；2014年末，开始大力推广"专车"；2015年2月，"滴滴""快的"实现战略合并；2015年5月推出"快车"服务，6月推出"顺风车"模块，之后又增加代驾等服务。

（2）资源共享和共享载运设备。通过互联网实现的分时租赁,在制造新的资产和需求的基础上,进行资源共享。例如 Car2Go 等共享小汽车、摩拜单车等,但并不提供相应的人力服务。2016 年,除了较早入局的 OFO、摩拜单车外,全年至少有 25 个新的共享单车品牌涌入局。到 2016 年底,OFO 和摩拜单车投放量分别达到 80 万辆和 60 万辆,市场占有率分别为 51.2% 和 40.1%。由比达咨询发布的《2016 中国共享单车市场研究报告》显示,截至 2016 年底,中国共享单车市场整体用户数量达到 1886 万。2017 年,共享汽车又站到了发展的风口上,不仅是新能源汽车,宝马与奥迪等中高端传统燃油车也杀入战场。由艾媒咨询发布的《2016—2017 中国互联网汽车分时租赁市场研究报告》显示,2016 年,中国互联网汽车分时租赁市场规模达 4.3 亿元;预计到 2020 年,整体市场规模将达 92.8 亿元。易观千帆监测数据显示,2017 年 6 月,中国汽车分时租赁市场活跃用户达到 206.33 万,环比增长 10.53%,TOP10 榜单中涵盖 GOFUN、EVCARD、盼达用车、TOGO、悟空租车、快兔出行、一度用车、CAR2GO、宝驾出行、一步用车等。

（3）定制服务和定制公交。是指根据顾客需求,设计特定时间、特定路线等具有特色的相关服务,尤其是各具特色的公共交通服务,既有的新业态是以定制公交为代表。基于移动互联网的公共交通应用有"嗒嗒巴士""如约巴士""滴滴巴士"等,它们通过互联网平台集中具有相似服务需求的客户群体,在达到一定规模后,为客户群体定向投放相应的公共交通服务。

（4）跨界融合和"交通 + 旅游"跨界平台。主要是指客运服务更加深入融合至其他相关行业需求领域,提供具有跨界性、个性化、体验性的"客运 +"服务。"交通 + 旅游"跨界平台是新兴业态的主要代表之一,典型企业有携程等,它们为人民群众提供酒店预订、机票预订、接送机、高铁代购、汽车票购买、景点门票、旅游度假等一站式解决方案,以及旅游度假产品、私人向导平台、携程顾问、信用卡等多种跨界服务。

（5）智慧能源和电动汽车。随着人民群众对绿色可持续发展关注度的提升,绿色能源和智慧能源成为能源发展的主要方向。当前,化石能源汽车的使用导致较高浓度的废气排放,使用电动汽车将有助于大幅改善城市环境。

（6）智能操作和无人驾驶汽车。智能操作是未来载运装备发展的重要方向,是交通载运设备与人工智能、物联网、高性能计算等新一代技术深度融合的产物。自动驾驶车辆是新兴业态的代表之一。随着自动驾驶车辆的投入使用,人民群众出行的交通方式将大幅转变,即提升客运系统运转效率,将人从驾驶中解放出来。

二、货运物流领域

（1）平台整合和货运物流集市。随着人民群众未来对透明、灵活和容易调整的物流服务需求的不断增长,我国应利用互联网等先进信息通信技术,创建符合各种物流需求与供应的数字经纪平台。这种"平台经济"新模式的主要特点就是中介化、大数据、数字经纪、一站式、一体化服务,其所催生的新业态是基于数字经纪的货运物流集市,这种集中式市场可以提供不同物流供应商的信息,从而提高服务的可见性,降低交易费用。例如,作为全球最大的服务多个承运人的电子商务海运网络门户的"INTTRA",其投资者包括马士基、达飞轮船、汉堡南美航运、赫伯罗特、地中海航运等多家集运巨头公司,可为超过50家集运公司和超过22万用户提供网络化交易平台,通过提供远洋船期表、电子订舱、装船指示、提单跟踪查询、电子发票和报告等多项服务提升货主、货代和班轮公司的运营效率,降低经营成本,改善班轮公司业绩。INTTRA在数据集成和平台服务功能开发上具有绝对优势,并与货代合同提供商、大型航运巨头围绕数据整合共享源源不断地开启多方合作。

(2)资源共享和共同配送。从追求拥有所有权转变到追求资产或资源的使用权共享已经是近年来最突出的趋势之一,通过扩大资产的规模经济、范围经济,特别是提高闲置资源的利用率,可以大幅改善物流效率和效益。这方面比较突出的新业态是"共同配送"。例如,国内的"京东"利用自建物流系统为第三方生产或销售企业提供运输和配送服务,甚至通过互联网平台利用闲散的运输资源(劳动力)来做专线物流服务,开展"众包物流"。共享经济方式能够充分利用物流公司实现资源共享,大大降低了成本。又如,百事可乐和雀巢公司将其新鲜和冷藏食品进行仓储,共同包装和出口分发捆绑到零售商店,既提高了效率,又降低了成本,也减少了供应链的碳足迹。

(3)生态竞合和超级网路物流。"生态竞合"的新模式就是通过大数据分析,利用高度的信息化技术,保障供应链上游对下游的精准供给,使物流、商流、资金流、信息流实现更加高效的融合,为商家提供个性的定制化物流解决方案,主要的新业态如超级网路物流。超级网路物流关注、整合供应链网络,整合不同生产企业和物流供应商群体,形成物流生态圈,实现物流、资金流、数据流、信息流等多种要素的融合。例如,国内公路物流巨头"传化智联"以"自投自建 + 战略并购 + 合资合作"的形式,加快打造物流网络,通过植入和发展互联网、金融和供应链等产品,扩充传化物流相应产品的应用场景,并进一步提高用户黏度和活跃度。"传化智联"的最终目标是要建立一个基于公路港的信息系统,把运输业四大运输方式的公路网络、水运网络、铁路网络以及航空网络进行系统连接,形成一个物流生态圈。

(4)跨界融合和银色物流。跨界融合的新模式主要是指货运物流行业更加深入地融合进其他相关行业需求领域,为客户提供更加具有针对性、差异化和个性化的服务。例如,未来第一波深度使用互联网的数字化人口将进入老年,需要老龄化社会物流(或称"银色物流")来应对这一人口趋势发展所带来的挑战,其主要涉及物流与医疗预防性护理网络进行跨界融合,为老年人提供护理服务预定、有温度控制的家庭药物交付和物流支持的预防性护理等新服务。此外在物流领域,60岁以后继续工作的人将需要新的、灵活的人力资源条件,以应对即将到来的工作人员和短缺的技能(例如兼职工作和灵活工作时间的机会),特别是运营人员必须依靠仿生增强技术,如外骨骼来支持他们的手工处理活动。近年来,Fraunhofer IML 和其合作伙伴联合开发了旨在为老龄人口提供订单和送货服务的"家庭护理服务"项目,设立了一个"高级购物中心",使老年人可以在线访问订购产品,并利用其"控制中心"进行分配和路线规划。

(5)智能决策和预期物流。通过大数据预测供应链需求和风险,对数据进行智能化决策处理,能够使货运物流更加适应供应链的要求。网络零售商可以使用预期运送方式,分析客户的购买行为,以便在发生订单之前对订单进行预测,将货物运送到更接近可能购买产品的客户的配送中心。预期物流可以使物流供应商显著提高流程效率和服务质量,使零售商能够完成同日甚至 1h 内的交货。未来基于预测的货物运输将与传统的基于订单的交付一起运行。此外,在工业方面,由于物联网的发展,预测性维护将继续成为重点研究对象。通过对使用智能资产实时监控(如机器和车辆)收集的数据进行预测维护,可以预测维护需求,减少物流供应商及其客户的停机时间,甚至预期备件物流。例如,某些重型机械部件的一般磨损将被提前预测,以便更换可以在正确的时间和位置进行。又如,沃尔沃货车企业通过开发与各种智能传感器集成的商业货车,用于识别何时何地需要进行维护,从而大大增加即时备件交付的可能性,既降低了物流成本,又增加了车辆正常运行的时间。

(6)智慧能源和绿色物流。今后一段时间内,经济社会的发展更加注重绿色和可持续,以减少碳排放和生产浪费。传统能源生产和运输网络的分散化,以及可再生能源(太阳能、风能等)日益增加的趋势,将推动智能能源物流服务的快速发展。能源收集技术(例如家庭、汽车、建筑物上的太阳能电池)的主流转变可能会导致汽油生产及其全球化运输的减少,这将催生物流中电动移动解决方案和新的复杂逆向物流解决方案的应用,并为智能能源物流解决方案提供新的物流机会,促进形成新的供应链(例如电子电池供应链以及能源收集、储存和分配等)。物流供应商可为希望减少对电网或化石燃料依赖的房屋或企业的按需移动电站提供新的供应,例如用于城市配送的电动车,既可以明显减少空气污染物和噪声的排放,又可降低运输成本。

(7)智能操作和管道物流。各种新型技术装备的广泛、深入应用,也将会改变货运物流的操作模式,使之朝更加自动化、机械化、智能化的方向发展。例如,英国开发了鼹鼠货运管道系统,催生了管道物流的新业态;亚马逊、DHL、顺丰、UPS 等快递企业也都在尝试使用无人机进行快递配送。

第三章
我国运输服务发展目标

在人类的物质性需求得到满足的前提下,对安全、社会交往和社会公正等社会性需求,以及更高层次的心理性需求需进一步得到满足。运输服务应使人民群众满意,满足人民群众对交通权、可靠感和个性化三个层次的需求,满足社会生产生活产生的交通需求,使人民群众体验感好、获得感强。运输服务的发展目标是进一步实现运输服务的安全高效、便捷通达、公平个性,但在不同发展阶段,标准要求不同。基于我国运输服务发展历史和现状分析,在对我国运输服务发展面临的宏观和微观形势进行综合预判的前提下,我们借鉴部分发达国家经验,提出主要发展指标(表4-6),展望我国运输服务 2030 年及 2045年的发展目标。

运输服务主要指标体系   表4-6

准 则 层	指 标 层
安全高效	道路交通事故万车死亡率
	物流费用占国内生产总值(Gross Domestic Product,简称 GDP)比例
便捷通达	旅客运输服务"123 交通圈"人口覆盖率
	快速货运服务"123 物流圈"人口覆盖率
	干线铁路交通服务覆盖度
	年人均航空出行次数
	民航国际网络覆盖度
公平个性	行政村通公路客运服务、通快递服务比例
	老少边穷地区航线网络通达率
	城市无障碍交通设施覆盖率
	共享交通发展水平("出行即服务"联运经营人平台发育程度、货运一体化服务平台发育程度)

第一节 2030 年发展目标

到 2030 年,基本建成"安全、便捷、高效、绿色、经济"的现代化综合交通运输体系。运输服务在安全经济、便捷通达、公平个性三个方面得到长足进步,切实实现"人便其行、货畅其流、国惠其昌",在交通运输服务领域进入交通强国行列。

一、安全经济

运输服务将更强调安全可靠性和经济高效性,既能够保障交通运输中人民群众的生命财产安全,又能够保障人民群众的出行尊严,并进一步消除区域间、城乡间的交通差距,提升运输服务效率。

1. 安全可靠

道路交通事故万车死亡率低于 0.5;货运安全风险管控体系全面建立,各种运输方式货损货差率显著下降,集装箱运输实现 100% 全程监控定位。各种类型运输服务准点率明显提升。

2. 经济高效

深入推进客货运服务市场,形成统一开放、竞争有序的格局,构建综合性跨区域的运输经营组织体系,运输结构进一步优化,运输服务一体化、智能化、低碳化水平大幅提升,综合运输成本显著下降,物流费用占 GDP 的比例下降到 10% 以下。大宗物资铁路、水路货物周转量占比明显提升,集装箱多式联运量占比显著增长。建成 1 个以上国际航运中心,我国与周边国家、其他区域、其他大洲之间交通物流服务更加紧密连接。

二、便捷通达

到 2030 年,运输服务的速度和覆盖范围将进一步得到提升,服务的便捷性也显著提高。

1. 全程速度

提高"门到门"交通速度(尤其是客运速度)是建设交通强国的主要目标之一,货运对速度的要求也应进一步提升。

以城市群交通圈时间作为全程速度发展的主要目标。目前,多数发达国家城市群的通勤时长控制在 1h 之内,并且还在大规模研发更高速度的轨道交通。例如,日本 JR 东海铁路集团正在修建一条连接东京与大阪的磁悬浮铁路,运营速度将超过 500km/h。而我国城市圈和城市群交通仍然高度依赖干线公路系统,轨道交通发展较为滞后,不同出行方式间衔接有待进一步优化,导致城市圈内和城市群内交通时间偏长。截至2018年,我国仅有部分城市群形成了1~2h的交通圈,包括长三角、珠三角和京津冀等。当前,既有规划多以1~2h交通圈作为发展方向,未来在新型轨道交通技术和更高衔接换乘能力的支持下,我国城市交通圈将更加紧凑。到2030年,建成主要都市圈1h通勤圈、主要城市群2h商务圈、全国主要城市间3h交通圈的"全国123客运服务交通圈"。轨道交通最高运营速度进一步提高,大型高速铁路车站实现多种轨道交通方式连接,有需求的机场与高速铁路或城际铁路连通。同时,城市群交通圈的提速也与城市交通拥堵等因素密切相关,因此,应进一步降低城市拥堵指数。

货运将更加便捷高效。到2030年,重点快递企业应实现省会及重点城市间快件72h投递率超过95%的目标。

2. 服务覆盖

在保障基本公共服务水平基础上,客货运服务的覆盖率都将进一步扩大。到2030年,95%以上人口可在3h内抵达服务区际和城际交通的铁路场站。

近年来,我国民航覆盖率得到显著提升,但是与欧美等国家和地区相比,在航线网络覆盖广度和深度上都存在较大差距,北京、上海、广州等城市国际航空枢纽虽然规模庞大,但是旅客中转、国际航线覆盖范围和国际航班频次较低,通用航空与欧美等国家和地区相比市场规模较小。对标欧美国家和地区,到2030年,我国民航服务覆盖率将进一步提升,人均航空出行次数超过1次,地面100km航空服务覆盖所有县级行政单元,尤其要打造"空中丝绸之路"。国际航线网络覆盖全球七大洲,通达每一地区重要国家的主要城市,构筑畅行全球、高效通达的国际航线网络,使通用航空服务深入人们生活和生产活动各个方面。

三、公平个性

到2030年,我国的运输服务既能更好地满足人民群众追求更为个性化交通的要求,也能够实现对人民群众基本交通权的保障。

1. 公平共享

2030年,基本交通公共服务实现均等化,行政村100%通公路客运服务及快递服务。全面实施基本航空服务计划,实现老少边穷地区航线网络基本通达,推进航空服务公平、协调发展,保障偏远地区人民群众的交通出行权,打造更加协调的"通用航空+廉价航空"的高覆盖率"民生航空"服务体系。地级及以上城市实现无障碍交通设施全覆盖,结合政府资助的需求响应服务,为老龄、残障等弱势群体提供接近普通人群的交通可达性。

2. 舒适个性

运输活动更加绿色低碳,从而优化人类生存条件,使运输服务能够在更低的单位运输消耗能源资源成本下更好地满足人民群众舒适、自由的出行需求。交通空间更加舒适宜人,尤其在城市中,停止销售传统燃料汽车,城市公共客运系统实现零排放。

到2030年,各种客运方式的运行质量和效率进一步提升,旅客体验更加美好,一站式、多样化、个性化的客运交通服务实现普遍化。推动各类运输服务提质升级,增加客运服务的观景、休闲、商务、购物等功能,丰富铁路、公路、城市公共交通等集约化交通方式的中高端运输服务供给。形成丰富的低空飞行、邮轮游艇、汽车营地、景观铁路、观光巴士等体验交通产品体系。

建成覆盖全国的综合出行信息服务平台,市场上形成若干个受消费者认可的可服务于全国并提供"全程管家"式服务闭环的"出行即服务"联运经营人平台。建设融合共享的交通信息平台,提供小批量、个性化的全程货运服务,进一步提升货运的"定制化"服务水平。医药、汽车等高端物流领域的立体自动化、智能化应用水平进一步提升。营运货车联网联控系统车辆入网率和上线率均达到100%。基本实现货物多式联运协同调度平台化,货运一体化服务形式成熟完善,与物流业、制造业、农业等以及移动互联网高度联动、融合。

第二节 2045 年发展目标

到2045年,建成高标准"安全、便捷、高效、绿色、经济"的现代化综合交通运输体系,交通运输服务在安全经济、便捷通达、公平个性三个方面达到世界先进水平,实现"人享其行、物优其流、国倚其强",成为世界领先的交通强国。

一、安全经济

匹配、适应信息革命和新工业革命发展趋势,广泛深入应用自动化、信息化、数字化、智能化技术和装备,使客货运的安全性、高效性、灵敏性、实时性、可控性及人性化得以实现。

1. 安全可靠

道路交通事故万车死亡率低于0.3;航运服务达到世界先进水平,货运实现全程监控定位。

2. 经济高效

大幅降低货运物流服务成本,物流成本占 GDP 的比例进一步下降到 7% 以下。实现服务网络在国际、区际、城际、城乡、乡村等各空间层次的高度匹配可达性,与区域经济协同和互动发展。

二、便捷通达

随着经济社会发展及技术水平的进一步提高,既有的多层次、多种方式的交通系统之间的区别逐渐模糊。未来的交通有距离之分,但无城乡之别;有功能之分,但无层级之别。

1. 全程速度

到 2045 年,新式高速交通装备实现规模化运营[如低真空管(隧)道高速磁悬浮铁路、个人城市交通系统等新型交通装备]。中型以上机场实现连通轨道交通的比例进一步提升,各种运输方式基本实现"零换乘"。在新技术支撑下,城市交通运行效率得到极大提升,交通拥堵情况基本消除。货运速度进一步提高,形成国内 1 天送达、周边国家 2 天送达、全球 3 天送达的"全球 123 快货运输物流圈"。

2. 服务覆盖

2045 年,客运服务覆盖率大幅提升,98% 以上人口可在 2h 内抵达服务区际和城际交通的铁路场站;航空服务覆盖度进一步提升(包括通用航空),国际航线网络进一步拓展,覆盖广度和深度达到世界领先水平。货运物流服务网络实现在国际、区际、城际、城乡、乡村等各空间层次的高度匹配可达性,与区域经济协同和互动发展,能够满足不断分层化、分散化和细化的市场,以及敏捷应对供应链的各种调整和变化。从全球视野出发,建成较为完善的泛亚交通网,形成中蒙俄、新亚欧大陆桥、中国—中亚—西亚、中国—中南半岛、中巴、孟中印缅六大经济走廊。

三、公平个性

到 2045 年,我国人民群众的基本交通权得到更好的保障,且使人民群众拥有更多高品质、自由化、个性化的运输服务选择。

1. 公平共享

到 2045 年,均等化的基本交通公共服务水平进一步提升,形成"泛城市化"的城乡一体交通,使城乡居民能够享受无差别的交通服务;实现城市无障碍交通设施全覆盖,通过需求响应、自动驾驶等交通模式改进和交通技术创新,为老龄、残障等生理性弱势群体提供与普通人群相同的交通可达性。

2. 舒适个性

到 2045 年,客运服务的体验更加美好,无人车、无人船、无人机、个人城市交通系统等新型交通装备使交通"新时空"在发挥本源功能的同时,还能具备休闲、娱乐、消费等多重属性,与旅游、住宿、餐饮等不同产业逐渐融合,共同形成经济新业态。体验交通的内涵和组成不断丰富、完善,与便捷高效的综合运输系统相互融合,形成系统的景观铁路、景观公路、休闲步道、汽车营地等体验交通服务。建成服务覆盖全球的"出行即服务"联运经营人平台。在城市中,以"完整街道"概念为步行等与自然环境直接接触的交通方式提供系统、充分的空间。

到2045年,构建货运物流服务的大平台,实现货运物流全链条一体化、一单式的世界一流服务,提升全程货运物流服务的效率,紧扣用户体验、产业升级和消费升级需求,匹配、适应我国产业迈向中高端的发展趋势,实现货运物流行业与制造业、商贸流通业、农业、金融等相关行业甚至军事领域的高度协同融合发展,支撑和引领经济结构优化升级。适应和改造全球生产贸易体系,打造全球物流和供应链体系,提升我国在全球价值链中的地位,提升全球连接、全球服务、全球解决方案的能力。

第三节　发展路线

我国运输服务发展路线如图4-5所示。

时间	2030年	2045年
安全高效	道路交通事故万车死亡率低于0.5,货运安全风险管控体系全面建立,各种运输方式货损货差率显著下降	道路交通事故万车死亡率低于0.3;货运全程监控定位
	综合运输成本显著下降,物流费用占GDP的比例降至10%以下	物流成本占GDP比例下降到7%以下,实现货运服务网络在国际、区际、城际、城乡、乡村等各空间层次的高度匹配可达性,与区域经济协同和互动发展
便捷通达	建成"全国123客运服务交通圈"	新的、更快的交通装备实现规模化运营;建成"全球123快货运输物流圈"
	服务区际和城际交通的铁路覆盖率明显提升;航空服务达到人均出行1次	铁路、航空服务覆盖广度和深度达到世界领先水平
公平个性	100%行政村通公路客运服务、通快递服务;地级以上城市无障碍交通全覆盖	基于公共服务均等化水平进一步提升,形成"泛城市化"的城乡一体交通
	多种体验客运得以发展;形成一站式、一单式服务平台	形成具备多重属性的交通"新时空";实现货运物流的全链条一体化发展

图4-5　我国运输服务发展路线

第四章
我国运输服务发展新思路

推动我国运输服务发展的战略思路应从拓展服务内涵出发,并注重转变发展理念。

第一节　内涵拓展

客户的所有直观感受都来自服务,随着交通运输行业的发展,未来应从全构成、全链条、全参与的角度更深入地理解运输服务。

(1)全构成:运输服务是运输产业的最终供给产品,所有相关投入产出都是为了给客户提供运输服务。而运输服务依赖于各种基础设施、载运设备和运营组织,否则就是"无本之木,无源之水"。

(2)全链条:运输服务将向全链条进行拓展,客运方面将拓展至"全出行链",货运方面将拓展至"全供应链"。客运"全出行链"从时间上包含行前、行中、行后三个维度,在空间维度上包括起点、中转、到达等多个枢纽场站以及载运装备内部空间。因此,应基于人的价值,从人的需求入手将提升旅客全出行链体验作为发展目标。

随着经济贸易等活动密度的强化、"互联网+"等信息化技术的成熟和运输、装卸技术的进步,货运规模越来越大、距离越来越远、速度越来越快,尤其是涉及的产业越来越多,运输权与贸易权、物权、信息权、金融控制力等联系越来越密切。货运的内涵从运输产业向物流业拓展的同时,更向商流、物流、信息流、资金流、人流"五流合一"进化。从计划、供应、生产、销售、回收等全产业链条的视角出发,货运价值更多体现在增强企业竞争力、提高服务水平、加快商品流通、促进经济发展,进而上升至保护环境、创造社会效益和附加价值等,通过提升"全供应链"整体效率达到提升社会全价值链条的目标。

（3）全参与：从客户体验出发，统筹协调参与运输服务的各方关系，实现各司其职，包括运营组织者、监管者、消费者等多类参与者。

第二节 理念转型

发展理念由"以物为本"向"人民交通"转变，即在继续追求快速、高效、灵活的主轴下，由规模扩张式发展向注重安全、公平、环保、舒适、便捷的人性化发展转变。

第一，高效、快速、灵活是交通运输价值取向一以贯之的发展主轴，也是实现交通运输现代化的首要任务，即要求交通运输以更高性价比更快克服空间距离。

第二，随着经济社会发展水平的提高，交通运输的人文底线也将显著提升，交通运输活动应更加尊重生命，使人民群众的生命财产安全得到更好保障。同时，更为关注公平，给予全体人民更好的生存发展条件。

第三，提高生存基线，将绿色低碳作为交通运输发展的重要价值取向。人类的活动需要在资源环境能够消化的红线之上进行，交通运输的发展需要以人与自然的和谐共处为前提。

第四，追求高端体验将是现代化进程中的必然导向，这与人民群众追求更好生活的根本欲望密切相连。

参与主体从"以政府为主"向"以市场为主"转变。从政府的角度提供"全程覆盖"保障，更好地发挥政府在宏观调控中的作用，为通达、快速、公平、安全的运输服务提供必要的基础条件，以提升全体民众享受运输服务的可达性和快速性。完善运输服务现代市场体系，建立公平开放、统一透明的交通运输市场，淘汰不合格的供给主体，使供给主体更具合法性和正当性。从市场角度提供"全程优选"服务，提供全链条的流畅客货运服务闭环，依托"天网"和"地网"（互联网和交通运输网络），由多种运营商提供全程性、智慧化的运输服务。

第五章
我国运输服务发展战略

基于运输服务发展目标提出客货运服务提升战略,目的是为人民群众美好生活提供快速、可靠、公平、自如的全程化、多元化、高端化的运输服务,构建新型运输服务生态系统。

第一节 我国客运服务发展战略

为促进客运服务更好发展,实现建设交通强国目标,本报告从提高服务质量、促进服务均等化和创新出行模式等方面提出我国客运服务发展战略。

一、提供高质量一站式"门到门"客运服务

经济社会发展和文明进步意味着人民群众的时间价值将有显著提升。当前,我国的客运服务仍然需要进一步提升速度和覆盖度,尤其应注重缩短方式间、线路间衔接换乘所需时间,从而使客运服务在更短时间内以更快的速度克服空间距离。因此,需要依托全面覆盖和更加快速的客运交通基础设施网络,研发应用高科技载运装备,构建一体化、智能化服务共享平台,提供高质量一站式"门到门"客运服务,支撑客运"123交通圈"的实现。

1. 优化服务网络

为提供覆盖更为全面的高质量"门到门"客运服务,需要优化提升基础设施和载运设备。在此基础上,优化全面覆盖国土的运输服务网络,强化东中西部、南北部之间的交通联系,提升老少边穷地区客运服务水平。以推动客运服务均衡化、高级化发展为导向,适度增加铁路、公路、航空等既有快速客运方式的覆盖范围和密度,探索更高速的新型客运

服务方式。

完善中西部与东部之间的交通联系,提高中西部与东部地区对角连接直达客运服务能力,进一步沟通加强西南至华北地区、西北至东南地区的联系。

提升东部城市群间南北向运输大通道能力。依托跨渤海通道,形成东北与华东地区的陆上直线联系运输服务,形成环渤海地区—长三角—珠三角的超级高速铁路快速客运服务。依托北京、上海、广州、深圳等城市的国际航空枢纽,打造高效便捷的空中快线。

优化中西部客运服务。进一步完善中部、西部的省际运输服务,构筑省际快速对外运输通道主骨架。持续对标全国平均水平,提升既有革命老区、民族地区、边疆地区和贫困地区等经济欠发达地区以干线铁路、高速公路、国省干线、内河水运、民航机场、邮政线路为骨架的综合运输网络服务水平。全面推进"四好农村路"建设,进一步提高农村公路通达深度和通畅水平,提高交通运输基本公共服务水平和平衡化程度。

以城际铁路和高速公路等快速客运方式拉开城市群空间骨架。到 2030 年,长江三角洲城市群、珠江三角洲城市群、京津冀协同发展区、长江中游城市群、成渝城市群等重点城市群形成较为完善的城际轨道交通服务网络,有效支撑都市圈同城化和通勤交通圈建设。到 2045 年,群内人口达到 1000 万以上的城市群的城际轨道交通服务网络基本建成,形成城市群复合多向交通走廊,实现大型城市群的空间结构由"点轴式"向"网络式"转变,实现城际交通运输网络功能由单中心放射型向多枢纽互联型转变,打造对更广泛区域具有辐射和带动作用的战略新高地。同时,新增新能源汽车、智能汽车等交通服务新能力。

全面提高航空服务覆盖率。加快民用运输机场和通用机场布局建设,构建覆盖广泛、分布合理、功能完善、集约环保的机场网络。加强国内主要城市间的航空网络建设,提高通达性和通畅性以及国内航空运输服务水平。重点布局加密中西部地区机场,加快通用机场建设,鼓励非枢纽机场增加通用航空设施,鼓励在偏远地区、地面交通不便地区建设通用机场,形成大众出行、高端定制出行、空中游览、飞行体验、无人机作业等多种形态兼具的航空服务体系。

2. 形成智能化服务能力

我国客运信息系统仍存在"信息孤岛"等问题,需要构建成熟的跨系统信息与服务共享平台,为社会公众提供实时交通运行状态查询、出行路线规划、"随时随地"购票、一票服务"全程有效"、智能停车等服务,以票务一体化为重点为旅客提供随身服务,构建"一站式"场外服务体系。为管理者提供决策支持、实时管理、规划设计等相关数据支撑。为多种客运服务提供商规划具体运营方案、实施调配运行方案、售票和售后服务等,并进行信息沟通和实施组织方案配合,通过大数据预测等手段按需制定开行方案。

研发交通基础设施的自主智能服务能力,推动交通网络数字化、智能化进程,实现车路协同,为中低速飞行交通装备提供低空交通规划与管理控制等。

3. 完善联程联运组织

受行业、行政壁垒影响,我国客运方式间的服务配合水平仍然不高,需要进一步优化、完善联程联运组织水平。增加重要线路方向的服务频率,优化完善多种运输方式的开行方案,促进"零换乘"的实现,提高位移过程的完整性、方便性和快速性。以城市中的铁路综合客运枢纽为重点抓手,加强各类铁路与城市轨道交通、地面公共交通等多种交通方式的线路组织衔接,有效促进长途、城际、城市客运轨道系统"三网融合"。以机场为重要节点,实现轨道交通网络与枢纽机场的衔接联动,有效发挥高速铁路和航空运输的"双高"优势。

新建及改扩建客运枢纽场站要更加注重美化设计,优化场站布局结构,注重塑造场所感,站内广泛使用智能化、自动化设施设备,车站普遍实现"刷脸"识别进站,或使用全社会通用的电子支付方式进站。普遍推行机器人智能安检和车站引导等,配套构建多方式间相互契合的运行方案,实现旅客联运在时间安排上的"无缝衔接""随到随走",提升旅客出行服务体验。

二、推动交通运输基本公共服务均等化

受发展阶段限制,我国经济欠发达地区的交通基本公共服务水平仍然不高,与经济发达地区之间的差距较大。而经济发达地区的交通基本公共服务水平与发达国家相比也存在较大差距,同时,对弱势群体的交通权保障尚不到位。因此,需要推动地域间、群体间普遍享有客运服务,打造公平的客运服务体系。

1. 推动地域空间公平

对标东部、经济发达地区,持续提升中西部、经济欠发达地区客运服务水平。依托城市群实现中心城市、小城镇、乡村协调互动发展。加强小城镇与交通干线、交通枢纽城市的连接,提高中小城市和小城镇公路技术等级、通行能力和铁路覆盖率,并向乡村拓展中小城市和小城镇交通基础设施网络。推动城市交通公共服务向市郊、农村延伸,扩大城市对乡村地区的辐射带动作用,并分散城市人口和交通压力。

2. 促进不同群体公平

对客运交通环境进行无障碍化改造,实现无障碍交通设施全覆盖。以大、中型城市为重点先行一步,以枢纽场站为关键点,进一步完善和落实相关规范标准。逐步形成系统

化、网络化和连续性的无障碍化交通基础设施,尤其是步行网络和公共交通网络。将各项规范依法纳入城市规划、设计、建设、验收和管理等审核内容,切实保障标准规范的监督落实,对交通基础设施、运力等方面的无障碍设施的建设、维护等进行严格的定期检查。从生理性弱势群体的角度出发处理基础设施的设计、管理等方面的细节。创造条件,促进社区、社会组织等共同参与和协作,发挥政府与社会的共治作用。

对公共交通提供补贴并大力发展需求响应交通。政府对低收入人群的公共交通出行进行补贴,更好地保障这一群体的交通权力。积极利用交通新技术,大力发展需求响应、自动驾驶等交通模式,作为传统公交服务的补充,改善生理性弱势群体出行的条件,为老龄、残障等弱势群体提供接近普通人群的交通可达性。

三、创新交通出行模式

在现阶段,我国客运服务理念和水平与发达国家比较还存在一定差距,人民群众对美好生活的追求要求打造全程自由、体验丰富、美丽宜居的交通"新时空"。

1. 创新"全程管家"模式

打造"出行即服务"的联运经营人平台,以此为媒介提升旅客对出行全程的掌控能力,形成真正的"大共享"交通,以高精尖技术提供大众化服务,完成"门到门"的"全程管家"式个性化服务闭环。借助智能手机的普遍应用、自动驾驶技术的进步、共享经济的概念,整合各种交通出行服务,实现从个人拥有出行装备到将出行作为服务进行消费的转变。

(1)打造"出行即服务"的联运经营人平台。参考"滴滴"平台模式,借助智能手机的普遍应用和互联网的迅猛发展,打造"出行即服务"联运经营人平台,以统一组织主体整合各种交通出行服务,共享使用社会客运出行设施设备等公共和私人资源。将一次联运出行定义为一个完整、一体的产品来进行销售,形成创新性的商业模式,承担全程组织责任,以"一站式"服务将旅客从自行组织出行的工作中解放出来。行前,为用户规划包括多种运输方式的、不仅覆盖全国且覆盖全球的最优化出行路径,提供全程所有路段的具体组织安排;行中,使用户可获得实时信息,能够"随时随地"对行程进行切入式的再安排;行后,可无忧办理报销等后续手续。同时,基于用户的出行需求共享数据帮助交通运营者改善服务。

(2)在全程出行中配套提供"出行即服务"平台的互动式服务。以枢纽场站为重点,与"出行即服务"平台结合,配套提供互动式服务。例如,自动预先办理检票、登乘等手续,全面推开枢纽场站内的"全景"导航,为旅客随身提供枢纽场站内动线流程指示,提供旅客"刷脸"验证进站,进行全程行李托运等服务。

（3）创新"客运＋"服务新模式。依托大数据、互联网等，支持运输企业与餐饮、健身、酒店、商业等服务型企业开展合作，发展交通出行过程中的综合服务。在此基础上，推动"客运＋旅游""客运＋休闲农业""客运＋健康"等多种跨界融合发展模式，构筑新型产业生态圈。

2.加快体验客运建设

在满足旅客位移需求的同时，还要使旅客在出行中获得美感、舒适感以及其他精神层面的享受，发展多元化的体验客运服务。

（1）强化既有客运服务的体验功能。充分利用市场机制，创新运输服务差异化、多元化、个性化供给，满足不同类型、不同层次出行者的需求。提高既有铁路、城市轨道、长途公路大巴、小汽车等运输装备的技术标准和运输服务标准，鼓励通过创新不同等级车厢设置、推出高端定制服务、完善精细化过程服务等方式，丰富铁路、道路客运、城市公共交通等集约化交通方式的中高端运输服务供给，增强客户体验性。

开发交通生态廊道，优化选线、绿化美化沿线景观，与沿线自然环境、人文景观协调统一，使交通线路本身成为一道风景线，通过线性路线将点、面状的自然风光及人文风貌连接成网；完善各类沿途服务设施，健全骑行、私人小客车、私人游艇等个性化交通方式的服务保障。

提升枢纽场站等交通空间服务水平，加强对公路铁路场站、机场、港口等枢纽设施的体验化设计，配套设置商业、游览、居住、公共交流、聚会等活动便利设施，拓展休闲、商务、娱乐等功能，引入文化元素，提升交通出行与换乘的舒适性、便捷性，更好地发挥交通空间作为公共空间的作用。

（2）统筹推动新型体验服务建设。鼓励和支持各类市场主体创新开展各类体验式运输服务模式，鼓励开辟以海陆空等多种交通方式为主题的体验线路，发展集历史文化风貌知识了解、行中360°观景、健身娱乐、探险求变等多种功能于一体，满足不同人群需要、可选择性强、创意性突出的出行体验服务。

打造休闲步道、风景道、景观铁路、邮轮游艇等新型体验客运系统，在培育形成国内目标市场的同时，向洲际、国际市场拓展。建设国家步道体系，在最大限度尊重自然与不破坏自然风貌的基础上，对一些历史悠久的古道、马道，以及山区旅游镇的现有步道进行挖掘，依据地形走向相互连通，依照旅游资源类型设置登山、休闲步道，串联文化古迹、自然景区、民俗村、采摘园等元素，形成覆盖全国的国家步道体系。打造国家风景道体系，从国家层面、省域层面、市县级层面，结合地理环境、地形风貌、历史文化和民俗风情，构建旅游休闲公路体系。开发建设不同类型的风景道（如森林风景道、草原风景道、山地风景道、峡谷风景道、滨水风景道、滨海风景道和文化遗产风景道等），展示不同区域的人文文化和自然风景。同时,强化配套路侧和集结点设施建设,如标识系统、加油充电、观景平台、汽车营地、急救中心和游客服务中心等,进一步满足自驾游旅客的需求。推进景观铁路建设,将国家景观铁路总体规划纳入国家铁路网规划范畴,从国家整体布局、重点区域规划、景点景区实施等层面,结合当地景观资源,对景观铁路的线路走向、目标定位、实现功能以及与其他交通方式的衔接等,结合发展地方旅游、休闲农业、特色产业等作出科学合理的规划。拓展水上休闲游,依托各地内河水系、海洋和港口资源,发展邮轮、游艇、游船服务,大力发展、构筑水上休闲、水上运动、水上旅游、水上购物、水上美食等体验客运系统。发展低空飞行、太空旅行等高新技术型体验客运服务,包括滑翔机、热气球、载人火箭等多种运输方式,满足少数人群的求变、求新体验。提升枢纽服务品质,把旅客舒适度和满意度作为衡量标准,着力提升枢纽运行品质,在中转换乘、乘降、步行距离等各项指标上,提供人本化服务;在增强安全保障和提升服务品质等方面,不断从空间品位、环境品位、文化品位和服务品位等维度进行综合考虑,真正做到以人为本。

3. 打造共享宜人城市交通

提升公共交通服务水平。提高公共交通运输能力,改善城市公共汽电车、城市轨道交通乘车环境,加快形成布局合理、换乘便捷、舒适可靠的城市公共客运系统,促进城市交通结构优化。发展商务快线、旅游专线、大站快车、社区接驳公交、高峰通勤班车和需求响应交通等多样化特色公共交通服务,发展其他技术先进的公共交通。

发展共享交通,降低私人机动化交通对城市的负面影响。加强交通综合管理,有效调控、合理引导个体机动化交通需求,倡导绿色出行,部分城区建成"无车城"。创新管理体制机制,鼓励交通运输领域共享经济发展,规范城市出租汽车、专车、汽车租赁、共享汽车、共享单车等发展,提高运输装备利用率,降低静态交通压力。构建"全城一体共享"系统,借助互联网、大数据等先进技术,依托"出行即服务"平台、多式联运经营人平台等,将客运共享交通服务范畴拓展至全国,形成交通全系统共享提供者的服务集合平台。创新"智慧自动共享"技术,探索供给无人驾驶小汽车等共享交通装备。

实现"完整街道",使慢行交通空间成为重要的公共生活空间。形成连续的慢行交通路线,使慢行交通在街道上具有与机动化交通同样重要的地位,实现与公共交通的完美配合。美化步行、自行车等慢行交通设施环境,拓展慢行交通空间功能,使街道成为人们交往、休憩等享受城市生活的公共空间。将具备条件的郊野铁路改造为旅游铁路,将城市休闲客流运送至郊区步道、风景道等系统,整合文化资源,带动休闲需求,引入旅游消费。

第二节　我国货运服务发展战略

为促进货运服务更好发展,实现建设交通强国的目标,本报告从优化货运结构、提高服务质量、打造旗舰企业和促进跨界融合发展等方面提出我国货运服务发展战略。

一、采取综合措施调整货运结构

围绕标准化、低成本、高可达的发展方向,将货运物流服务所需的各种硬件和软件资源进行充分的互联互通和协同运作,调整优化货运结构,充分发挥各种运输方式技术经济优势,从而降低整体运输成本,降低货运物流成本占 GDP 的比例。

1. 强化国内综合设施网络高效联通

强化国内各区域间、方式间、城乡间货运及物流基础设施的互联互通和高效转运,紧密围绕国家区域经济发展战略,提升支撑区域产业发展轴带的货运物流通道效能,加强货运物流节点体系规范化、集约化发展,整合资源完善城乡货运物流及配送设施体系,支撑国内货运物流高效、便捷运行。

近中期,加强综合运输大通道内铁路、水路货运能力建设,优化道路货运网络的层级匹配,持续推进民航空域结构与航线优化。有序推进各种运输方式货运物流节点体系建设,促进区域间、干支间、城乡间运输网络无缝衔接。推进综合运输通道内重点货运物流枢纽场站建设,优化货运枢纽(物流园区)规划布局,支持完善多式联运基础设施,拓展多式联运服务功能,发展货物集拼、中转分拨、邮政快递等服务,完善集疏运体系,强化综合货运枢纽对各种运输线网的集约组织和优化配置功能。

2. 加强与周边及国际通道联通畅通

加强与周边国家交通基础设施的互联互通,拓展民航和海运全球化服务网络,促进国际贸易运输规则标准化、一体化和监管互认,打造陆海统筹、全面开放的高层次货运物流网络。

近中期,围绕新亚欧大陆桥、中蒙俄、中国—中亚—西亚、中国—中南半岛,以及中巴、孟中缅印等经济走廊,结合"大湄公河次区域""中亚区域互联互通蓝图"等国际合作战略,推进国际铁路、道路运输双多边协定的制(修)订和签署实施,构建便利运输网络,推动形成"一带一路"国际运输走廊。

3. 建设统一开放竞争有序市场体系

消除市场壁垒,提高资源配置效率,促进企业间业务运营网络的充分衔接,提升企业网络化、规模化运营能力。

近中期，着力清理阻碍货物多式联运以及企业规模化、网络化发展的制度和政策，推动出台运输企业异地设立非法人分支机构、增设经营网点便利化的政策措施，打破各种形式的行业垄断，支持多业联动和跨界融合，促进运输资源的有序流动。

4.推进信息互联及物联网协同发展

大力发展由互联网、大数据、云计算、物联网、人工智能（包括机器人、无人机、无人车）等先进信息技术和装备支撑的智能货运物流决策、调度及运转系统，推动共同配送发展，强化技术体系标准化和市场监管规范化，促进设施、装备、运营、管理等各层面的协同发展。

近中期，推进智慧物流，引导企业研发应用货物动态跟踪系统，推广电子运单，实现货物状态全程监控、流程实时可查。规范引导各类网络平台型企业健康发展，有序推广第三方应用软件（APP）服务产品，促进供需信息直通和资源高效整合。推动共同配送发展，在平台型企业的统一计划、统一调度下开展多家物流公司与多家货主相互配合的高效共享配送，可由一家物流服务公司为多家货主提供服务，或由多家物流公司互相利用对方设施设备为不同货主提供服务。充分利用国家交通运输物流公共信息平台，整合各种货运方式以及海关、检验检疫等信息资源，促进多式联运基础信息互联、共享。推进部、省、市三级道路运政管理信息系统互联互通，推动实现运政管理与执法信息的跨区域协调联动，加强与超限超载治理信息系统联网管理与信息共享。

二、实现"一单式"货运服务

围绕全链条、大平台、一体化的发展方向，将运输链、物流链、供应链和产业链上下游各主体及其生产和交易组织进行高效衔接和一体化运作，提供全供应链的"一单式"货运服务，通过提升管理水平，降低货运物流成本。

1.深化铁路货运组织及市场化改革

改造传统"运能紧缺型"的生产和经营模式，大力发展联运装备，完善联运规则，在补齐多式联运链条和物流链短板的基础上，支持铁路企业向货运集成商、现代化综合型物流企业转型。

通过改革传统铁路运输经营管理组织模式，使国铁参与市场竞争所需要的产品开发模式、运价形成机制、交易实现手段等得以优化提升，进而激发系统内部各组成部分的市场活力。

2. 培育多式联运经营人整合运输链

完善国内相关贸易及运输法律法规,加强与国际规则体系的对接,夯实经营主体市场化运作的法制基础,完善支持多式联运发展的行业政策环境,鼓励新型运输组织模式创新和多种经济组织形式的一体化运作。促进各运输及物流领域中若干具有一定载运能力、较强资本实力、强大信息系统整合及决策能力的企业,通过契约或并购等形式延伸服务链条,形成全国性或大区域性的多式联运经营人,承担全程运输任务。

近中期,把发展多式联运、全程运输作为综合货运服务体系建设的主导战略,着力构建设施高效衔接、枢纽快速转运、信息互联共享、装备标准专业、服务一体对接的多式联运组织体系,重点发展以集装箱、半挂车为标准运载单元的多式联运,推进铁水、公铁、公水、陆空等联运模式的有序发展。研究制定多式联运规则,完善多式联运经营人管理制度,建立涵盖运输、包装、中转、装卸、信息,以及价格、税收等各环节的多式联运全程服务规范。支持基于标准化运载单元的多式联运专用站场设施建设和快速转运设施设备的技术改造,提高其标准化、专业化水平。引导多式联运关联企业加强信息系统互联互通和协同建设,推进多式联运信息资源共享。鼓励以多式联运产品开发为纽带的跨运输方式经营合作,探索资源整合共享的一体化运作模式。引导和支持具备条件的运输企业加快向多式联运经营人转变,推行"一单制"联运服务。

3. 降低物流链生产成本和交易费用

强化货运物流重点领域和薄弱环节建设,加强对物流发展的规划和用地支持,鼓励通过"先租后让""租让结合"等多种方式向物流企业供应土地,大幅降低货运物流企业用地成本。鼓励铁路领域企业自备载运装备的共管、共用,提高企业自备载运装备的运用效率。推动多式联运、甩挂运输取得实质性突破,推广应用高效便捷物流新模式,通过搭建互联网平台,创新物流资源配置方式,扩大资源配置范围,实现货运供需信息实时共享和智能匹配,减少迂回、空驶运输和物流资源闲置。支持地方建设城市共同配送中心、智能快件箱、智能信包箱等,提高配送效率。结合国家智能化仓储物流基地示范工作,提升仓储、运输、分拣、包装等作业效率和仓储管理水平,降低仓储管理成本。加强物流装载单元化建设,促进包装箱、托盘、周转箱、集装箱等上下游设施设备的标准化,推动标准装载单元器具的循环共用,做好与相关运输装备的衔接,提升物流效率,降低包装、搬倒等成本。保持治理超限超载运输工作的延续性,合理确定过渡期和实施步骤,推广使用中置轴汽车列车等先进车型,促进货运车辆标准化、轻量化。拓展物流企业融资渠道,支持符合条件的国有企业、金融机构、大型物流企业集团等设立现代物流产业发展投资基金,鼓励银行业金融机构开发支持物流业发展的供应链金融产品和融资服务方案,实现对供应链上下游客户的内外部信用评级、综合金融服务及系统性风险管理。

探索建立物流领域审批事项的"单一窗口",降低制度性交易费用,完善道路货运证照考核和车辆相关检验检测制度,精简快递企业分支机构、末端网点备案手续。加大降税清费力度,结合增值税立法,统筹研究统一物流各环节增值税税率,全面落实物流企业大宗商品仓储设施用地城镇土地使用税减半征收优惠政策,科学合理确定车辆通行收费水平,开展物流领域收费专项检查,着力解决"乱收费、乱罚款"等问题。大力促进多式联运经营人、货运代理企业、报关报检企业、货运及物流行业协会等中介机构专业化规范化规模化发展,提高供需匹配效率,降低搜寻费用、信息费用、议价费用、决策费用、违约费用等运营过程中的交易费用。深化货运通关改革,加强内陆海关与沿海、沿边口岸海关的协作配合,推动 AEO 互认国际合作,构建国际贸易规则制定平台,探索安全智能锁在跨境铁路、公路运输班列的应用试点,探索海关跨境联网协作,促进信息互换、监管互认和执法互助。

4. 提升供应链物流管理和服务水平

鼓励传统运输、仓储企业向供应链上下游延伸服务,建设第三方供应链管理平台,为制造业企业提供供应链计划、采购物流、入厂物流、交付物流、回收物流、供应链金融以及信息追溯等集成服务。加快发展具有供应链设计、咨询管理能力的专业物流企业,着力提升面向制造业企业的供应链管理服务水平。支持大型商贸企业的平台化运作及其自建物流系统的社会化经营,发挥大型商贸企业特别是大型零售企业灵活掌握市场供需的优势,紧扣用户体验,优化制造企业敏捷供应链管理。

鼓励货运物流企业着力优化联合库存管理、供应商掌握库存(Vendor Managed Inventory,简称 VMI)、供应链运输管理、连续库存补充计划(Continous Replenishment Program,简称 CRP)、分销资源计划(Distribution Requirements Planning,简称 DRP)、准时制(Just in Time,简称 JIT)、快速响应(Quick Response ,简称 QR)、有效客户反应(Efficient Consumer Response,简称 ECR)等供应链物流管理方法,全面提升物流要素能力以及物流运作能力。

三、打造旗舰企业引领货运发展

围绕品牌化、集团化、国际化的发展方向,打造若干资本雄厚、业务广泛、服务优质的"航母级"货运物流企业,做强服务品牌,引领行业发展前沿和全球化服务标准。

1. 打造全球领先的航运综合物流商

大力拓展全球化航运网络,提升国际贸易运输规则话语权,改善大型班轮企业的管理能力和经营绩效,加快整合陆上运输体系,向货运集成商和综合物流供应链服务商转变,进一步提升企业的全球排名。

近中期,加强海运船队建设,提升重点物资运输的保障能力,大力发展现代航运服务业,加快推进国际航运中心的建设。进一步推进海运企业深化改革,完善法人治理结构,调整运力结构,促进转型升级,特别要通过促进规模化和专业化的经营,来提升国际竞争力。在"规模增长、盈利能力、抗周期性和全球公司"战略维度,着力布局航运、物流、金融、装备制造、航运服务、社会化产业及基于"互联网+相关业务"的商业模式及创新产业集群,全力打造全球领先的综合物流供应链服务商。

2. 打造国际铁路货物联运知名品牌

在国际铁路货物联运领域,深化完善"中欧班列"建设发展体制机制,努力构建高层次亚欧陆上贸易运输体系,打造"中欧班列"国际品牌。

近中期,强化国际班列运行机制顶层设计,建立跨省域、跨部门联席会议制度,有效整合中欧、中亚国际集装箱运输班列资源,统筹线路和网络结构布局,优化班列运行组织和调度计划,构建成组集结、零散中转、合理匹配的多层次节点体系,推动形成"统一品牌标识、统一运输组织、统一全程价格、统一服务标准、统一协调平台"的中欧班列国际物流品牌。加强境内外货源组织,鼓励国内物流企业、快递企业"走出去"开拓国际市场,支持货代企业增设海外网点,加强与国外企业合作,完善境外经营网络,扩大境外揽货能力。重点开发回程货源,积极发展国际邮政包裹、跨境电商快件运输等业务。推动与过境国铁路运行图顺畅对接,促进与口岸作业无缝衔接。加强与上下游产业互动合作,强化境外集装箱分拨和转运能力,延伸服务链条,提供"门到门"式国际运输服务。规范政府补贴性政策,统筹对外价格谈判,推动形成中欧、中亚铁路班列与国际海运、国际航空运输合理的比价关系,构建符合市场规律的价格形成机制,提升中欧班列的市场竞争力。

3. 打造国际综合性快递物流运营商

拓展航空货运服务网络,支持骨干快递企业建设辐射国内外的大型航空快递枢纽和集散中心,加快包括高速铁路在内的铁路快递物流发展。鼓励骨干快递企业拓展服务领域,提升仓储、冷链、运输、金融、供应链管理等能力,加快向综合性快递物流运营商转型。

近中期,完善国际航线设置,有序推进新增航点和加密航班,重点开辟和发展中远程国际航线,加密欧洲、北美地区航线航班,增设连接南美、非洲的国际航线。支持民航货运服务企业深化与国际专业服务机构合作,拓展国际航空货运服务市场,提高国际竞争力。利用双边(多边)国际合作机制,积极参与国际航空服务业相关标准、规则制(修)订,增强国际话语权和影响力。推进寄递服务与跨境电子商务联动发展,完善国际邮件处理中心布局,支持建设一批国际快件转运中心和海外仓。因地制宜推进各类口岸国际邮件交换站和国际快件监管区建设。推动提高国际快件通关效率,开发国际航空快递专线。

四、促进"交通 +"跨界融合发展

围绕高协同、深嵌入、新生态的发展方向,实现货物流通业与制造业、商贸流通业、农业等相关行业甚至军事领域的高度协同融合发展,形成互利共赢的产业经济生态圈。

1. 推动货运物流与制造业联动发展

鼓励货运物流企业与制造企业深化战略合作,建立与新型工业化发展相适应的制造业物流服务体系,加快融入生产、流通和消费等环节,形成内嵌式的协同作业模式以及标准化的协同作业流程,形成一批具有全球采购及配送能力的供应链服务商。

近中期,鼓励运输企业根据制造企业流程需要,建立供应链战略合作关系,强化技术与组织改造,把物流服务融合到生产供应链各个环节,满足制造企业定制化生产、精准供应链管理以及产供销一体的物流需求。适应智能制造的需要,推进智慧物流服务,统筹规划制造业集聚区配套物流服务体系,引导物流企业完善智能货运与物流系统,促进物流业与制造业实现相关标准对接、资源交互、信息共享。

2. 推动货运物流与流通业联动发展

鼓励货运物流企业与新零售时代下的商贸企业互动发展,大力发展集展示、交易、仓储、流通加工、运输、配送、信息功能于一体的物流平台,实现"线上"和"线下"的联动发展。

近中期,充分发挥交通运输作为商贸流通业基础支撑和服务主体的重要作用,加快构建便捷高效的综合运输服务体系和顺达、通畅的城乡物流网络,支持内贸流通创新发展。加强货运枢纽(物流园区)与大型商品交易市场、农产品批发市场、城市商业网点、综合服务中心等流通基础设施的运输服务衔接,鼓励运输企业为商贸流通发展提供仓储、加工、运输、配送等一体化物流运输服务,引导运输企业依托网络布局和站场设施优势向第三方电子商务物流企业转型。推动国家交通运输物流公共信息平台与重点商贸流通信息系统有效对接,实现互联互通和资源共享。全面适应电子商务海量订单、碎片化需求以及快速分拨、精准配送等特点,推进邮政快递业与电子商务深度融合,促进线上线下互动创新,共同发展体验经济、社区经济、逆向物流等便民利商新业态,协同构建安全高效的电子商务物流体系。加强交通运输、商贸流通、供销、邮政等相关单位物流资源与电商、快递等企业的物流服务网络和设施共享衔接,鼓励多站合一、资源共享。

3. 推动货运物流与农业联动发展

结合国家"乡村振兴"战略,加强货运物流与农业现代化发展的联动,改变原有的农产品、农用设备等工业品以及农村消费品的流通组织模式,促进农村地区商品的双向流通。

近中期,适应农业现代化发展要求和新农村建设需要,探索建立以便捷货运为引导的现代农业产业体系发展模式,推动形成"三农"发展新格局。服务全国农产品市场体系建设,遵循"客货并举、运邮结合、资源共享"的原则,配套完善农村物流网络,创新农村物流服务新模式,统筹推进农村客运和农村物流、农村邮政的融合发展。鼓励货运企业拓展农村物流服务,发展农村电子商务,支持与农产品基地、农民专业合作社、农村超市等的广泛合作与对接。鼓励快递企业加强与农业、供销、商贸企业的合作,构建农产品快递网络,打造"工业品下乡"和"农产品进城"双向流通渠道、服务产地直销、订单生产等农业生产新模式,下沉带动农村消费。

4. 依托货运物流枢纽发展枢纽经济

打造适应国内和国际产能的城市产业链和生态圈,引导制造、商贸、物流、金融等企业紧密围绕供应链和产业链实施集聚和深度整合,促进货运物流与城市经济发展和国土空间开放开发融合发展。

近中期,打通通达城市产业经济需求腹地的对外运输通道瓶颈路段,适应货运及物流需求,建立综合货运物流枢纽统一规划、一体设计、同步建设、同期运营、协同管理的联动工作机制,创新货运物流枢纽一体化运营管理模式,发展专业化、实体化枢纽运营管理企业。推动铁路、公路、民航、水路、邮政、快递等服务标准在枢纽内相衔接,加强与港口、机场、公路货运站、口岸以及大型商品交易市场、农产品批发市场、城市商业网点、综合服务中心等基础设施的统筹布局、服务衔接和联动发展,优化运输组织和货运枢纽场站两端集运、配送物流组织,强化综合货运枢纽对各种运输线网的集约组织和优化配置功能及其他综合效能。

5. 促进货运物流领域军民融合发展

加强国防交通建设,促进军民融合发展,大力发展应急物流体系和军事物流保障体系,建立完整的军民一体化物流组织体系,并保障体系能够高效实现平战转换、资源共享。同时,加强我国海外军事力量对国际贸易运输的保障。

近中期,要着力建立从中央到地方多层级、一体化的现代军民融合物流运行机制,加强合理分工、沟通协调;从国家安全和发展的战略高度,统筹军地物流基础设施建设、人才队伍培养;构建安全的物流调度指挥信息平台,及时获取、分析、发布军地物流动态信息,保障信息互通;调整完善国家战略物资储备体系,实现军队战备储备和国家战略物资储备、中央救灾物资储备的有机融合;积极制定及持续更新应急物流专项规划,打造应急物流指挥调度平台,做好充分的应急物资储备、完善应急采购预案、统筹应急生产能力,构建完善的应急物流网络,发展实用的应急物流技术装备,建立一支专业化的应急物流保障队伍,制定配套的应急物流标准规范。此外,还应不断加强法律制度建设,确保每个部门、每个环节都有明确的法律依据和严格的问责追责机制,不断推进军民融合式物流体系建设法治化、正规化。国家以大、中型运输企业为主要依托,组织建设战略投送支援力量,增强战略投送能力,为快速组织远距离、大规模国防运输提供有效支持。鼓励企业与国防后勤部门在运输配送、仓储管理、物资采购、信息融合、科研创新、力量建设、拥军服务、配套支撑等方面展开深入合作,实现军队后勤物流"成系统、整建制、全覆盖"。

第六章
落实运输服务战略的具体措施

为落实我国运输服务提升战略,需要打造现代化治理体系,完善相关制度与政策保障。

第一节　健全法规制度标准

我国关于交通运输活动具有直接操作性的法律规范大多集中在各部委和地方政府制定的法规和规章上,法律约束力及效力层次较低,且部分存在多头分散管理、交叉重叠、互相矛盾甚至无章可循的问题,迫切需要进行理顺与调整。因此,需加快完善客货运服务法律、行政法规体系,系统规范运输服务市场规则、市场主体行为等。推进综合交通运输服务标准体系建设,重点制定货物多式联运相关运营服务规范,统筹推进国家标准、行业标准、地方标准、企业标准及团体标准的协调发展,强化标准化建设对货运物流服务发展的技术支撑与基础保障作用。出台多式联运发展推进办法,推进出台相关快递条例,配套完善相关部门规章。

出台适应运输服务发展新形势的新型行政法规。新技术革命所造成的影响,可能会改变交通运输行业的业态,进而对客货运输服务方式造成影响。政府应根据技术进步引起的变化程度,适时出台新型行政法规并予以规范,以更好地引导社会化应用和发展。在"互联网＋"交通发展趋势下,可能形成共享交通、"出行即服务"等新业态模式。未来应基于传统法律关系,从交通行为法的层面制定相应法规并加以规范,以及对这些新兴生产、服务模式予以支持。

第二节 加大政策支持力度

研究建立支持综合运输服务发展的保障政策,积极协调有关部门运用财政、金融、税收、土地等政策手段推动综合运输服务发展,重点加强基本公共服务财政保障。

出台提升运输服务的专项资金政策,创新政府与社会资本合作模式,引导带动更多社会投资参与综合运输服务领域重大项目,并加强资金使用的监督管理和绩效考核。

优化运输企业健康发展的政策环境。推动协调研究营业税改增值税导致运输企业税负增加的问题,推进货运物流服务领域商事制度改革,全面深化涉企收费制度改革等。

统筹利用好国家对中小微企业的扶持政策,引导大型运输服务企业整合并购、做大做强。扶持共享交通等新型企业发展,支持无车承运人等运输组织加快发展,逐步放松由地方政府进行审批的传统限制。鼓励港口、海运等企业发展全程物流服务,支持铁路运输有效融入联程联运服务,发展铁路全程物流和总包物流。

第三节 发挥市场决定作用

充分发挥市场配置资源要素的决定性作用,完善运输服务现代市场体系,建立公平开放、统一透明的运输服务市场。

(1)分类建立负面清单,改革市场准入制度。放开所有交通运输行业竞争性环节或领域,尤其要推进铁路市场化改革,吸引更多市场主体进入铁路服务领域。研究完善运输服务价格形成机制,推动放开运输服务竞争性环节价格,形成不同运输方式间的合理比价关系,依法明确公益性或准公益性运输领域的政府定价补偿机制。

(2)加强市场监管,推进运输服务市场分类管理,建立同业公会制度,提高行业自律和监督水平。畅通相关渠道,鼓励和引导社会组织依法自律、社会公众有序参与交通服务治理。对新涌现的共享交通等互联网平台公司,应进行与时俱进的市场监管。

(3)建立健全行业信用体系。建立全国统一的交通运输行业信用信息平台,推进与公安、工商、税务、金融、安监等部门信用系统的有效对接和信息共享。针对不同交通运输服务从业主体、消费主体,逐步建立具有监督、申诉和复核机制的综合考核评价体系,制定并落实守信激励和失信惩戒制度,建立健全"黑名单"制度,实施动态监管。

第四节 强化科技创新驱动

加强交通服务领域技术创新,打造相应的人才队伍,进一步提升行业创新力和核心竞争力。

（1）通过国家组织重点技术攻关，推动产业研发快速转化提高国家创新能力。支持综合客货运输服务领域"产、学、研"相结合的科研平台和重点实验室建设，鼓励企业申报建立国家级、省部级企业技术中心。开展客货多式联运、枢纽协同管理、跨方式信息交互、大数据应用、智慧运输服务等方面关键技术基础研究、联合攻关和示范应用，建立有利于技术创新和科技成果转化的工作机制。

（2）激发各类市场主体开展创新的积极性，激发企业家的创新精神。充分发挥企业在创新成果转化方面的主体作用，政府通过投资、补贴、税收优惠等方式鼓励各类市场主体开展技术创新和服务模式创新。发展综合运输服务众创空间，协调争取有关科研项目资金支持，培育综合运输服务科技领军人才，推动科研人员与社会资本结合，强化产研结合，促进先进科研成果产业化等，鼓励科技成果等生产要素合理参与收益分配。

（3）拓宽人才发展空间，培育分梯次、分技能的专业人才队伍，形成完善的激励机制。加强对运输服务行业技术人员、职业经理人和跨界人才的培养与储备，特别要适应未来一些交通新业态和新领域发展需求，适时更新知识和技能体系。建立以人才资本价值实现为导向的分配激励机制，形成分层次、分性质薪酬系统，建立规范有效的人才奖励制度。

参 考 文 献

[1] 国务院新闻办公室.中国交通运输发展[R].北京:人民出版社,2016.

[2] 罗仁坚.中国综合运输体系理论与实践[M].北京:人民交通出版社,2009.

[3] 杨传堂,李小鹏.奋力开启建设交通强国的新征程[J].求是,2018(2):22-24.

[4] 国家发展和改革委员会综合运输研究所课题组.我国现代交通运输发展战略研究[R].中国宏观经济研究院2015年院重点课题报告.

[5] 吴文化,宿凤鸣,等.中国交通2050[M].北京:人民交通出版社股份有限公司,2017.

[6] 李连成.交通现代化的内涵和特征[J].综合运输,2016(38):43-49.

[7] 荣朝和.运输发展理论的近期进展[J].中国铁道科学,2001(22):1-8.